FORCES for GOOD

Forces for Good : The Six Practices of High-Impact Nonprofits
by Leslie Crutchfield and Heather McLeod Grant
Copyrights ⓒ 2008 by John Wiley & Sons, Inc.
All rights reserved

Korean translation edition ⓒ 2010 by Sodong Publishing Co.
Published by arrangement with John Wiley & Sons, Inc.
via Bestun Korea Agency, Seoul, Korea
All rights reserved.

선을 위한 힘 –성공한 사회적 기업과 비영리단체의 6가지 습관

지은이 | 레슬리 R. 크러치필드, 헤드 머클로우드 그랜트
옮긴이 | 김병순
초판 펴낸날 | 2010년 10월 27일
4쇄 펴낸날 | 2013년 11월 25일

펴낸곳 | 소동
펴낸이 | 김남기
표지 디자인 | 박대성
출력 | 스크린 인쇄 · 제본 | (주)상지사 P&B

등록 | 2002년 1월 14일(제 19-0170)
주소 | 413-170 경기도 파주시 신촌동 236-1
전화 | 02 338 6202 팩스 | 02 338 6206
블로그 | http://blog.naver.com/sodongbook 전자우편 | sodongbook@naver.com

ISBN 978 89 94750 00 2 (03320)
값 18,000원

*잘못된 책은 바꾸어드립니다.

FORCES for GOOD

선을 위한 힘

레슬리 R. 크러치필드 · 헤더 머클로우드 그랜트 지음

김병순 옮김

소동

차례

추천의 글 6
저자의 글 15

서론 　비영리단체, 변화의 중심에 서다 19
이 책은 왜 나왔나? 왜 지금인가? 22 | 비영리단체를 생각하는 새로운 방식 27
왜 이 책을 읽어야 하는가? 29 | 이 책을 읽는 방법 33

제1장 　선을 위한 힘 35
영향력이 큰 열두 개 비영리단체 38 | 비영리단체 경영에 대한 신화 깨뜨리기 44
성공한 비영리단체의 여섯 가지 습관 47 | 사회 변화의 극대화 54
우리의 연구 방법론 56

제2장 　정책 활동과 현장 활동을 함께 하라 63
현장 활동과 정책 활동의 만남 68 | 선순환 구조 70 | 정책 활동과 현장 활동을 연결
하는 세 가지 방법 75 | 무엇이 비영리단체들을 머뭇거리게 만드는가? 87
정부 정책을 바꾸기 위한 다섯 가지 원칙 90 | 현장 활동과 정책 활동의 결합 98

제3장 　시장을 움직이게 하라 103
일을 잘하는 것과 효과적으로 하는 것 109 | 기업을 이용하는 세 가지 방법 112
위기관리 133 | 실용적 행동주의 140

제4장 　열성 지지자를 양성하라 145
외부 사람을 회원으로 만들기 151 | 포용의 원칙 155 | 변화의 물결 178

제5장 　다른 비영리단체들과 연대하라 183
네트워크형 사고방식 채택 189 | 비영리단체 네트워크를 키우는 방법 194
독자 노선을 선택하는 경우 210 | 모든 분야의 단체들과 협력하기 212
조직 사이의 연대가 미래다 216

제6장 완벽하게 적응하라 221

적응력의 순환 227 | 무엇이 혁신을 이끄나? 230
서로 다른 문화가 적응력을 높인다 234 | '적응력의 순환'에 이르는 지름길 245
포기해야 할 것 253

제7장 리더십을 공유하라 261

집단지도체제의 힘 266 | 한 가지 유형이 모두에게 적합한 것은 아니다 270
두 명의 최고 지도자 — 2인자 275 | 집행부 조직의 리더십 공유 279
위대한 지도자는 오래 간다 284 | 설립자 증후군과 후계 구도 287
보이지 않는 막강한 힘, 이사회 292 | 리더십 문제 298

제8장 영향력 유지하기 303

균열을 넘어서 309 | 영향력을 유지하기 위한 세 가지 핵심요소 313
미래의 영향력 확대를 위한 발판 340

제9장 실천하기 345

선순환 350 | 여섯 가지 경영 습관 실천하기 354 | 선을 위한 힘 되기 367

부록 371

이 책의 연구 방법론 372 | 이 책의 사례 연구 지침과 질의 내용 387
이 책에 선정된 비영리 단체 소개 390

주석 427
감사의 글 438
옮긴이의 글 443

좋은 일을 하려는 사람들의 필독서

– 스티브 케이스(아메리카 온라인 창업자, 케이스 재단 이사장)

1997년에 아내 진과 함께 케이스 재단을 설립할 때, 우리는 개인 재산을 좀 쓰면 오늘날 절박한 세상 문제를 해결하는 데 도움을 줄 수 있으리라 확신했다. 우리 둘은 모두 사업에서 성공한 사람이었다. 인재를 적재적소에 고용할 줄 알았고, 사업 계획을 세울 줄 알았으며, 성공을 가로막는 장애물을 확인하고 극복할 줄 알았다. 우리는 "비영리사업 부문에서 성공하는 것이 뭐가 그리 힘들겠어?"라고 자만했다.

그로부터 10년이 지난 지금, 우리는 그것이 정말 힘든 일임을 깨달았다. 이 부문 고유의 복합적 특성을 올바르게 인식하려고 애를 많이 썼지만, 비영리사업을 잘 운영해나가기는 정말 쉽지 않았다. 또 일을 효과적으로 하기 위해서는 특별한 전문성이 필요하다는 사실도 깨달았다. 실제로 지난 몇 년 동안 비영리단체 지도자 가운데, 사회 곳곳에 영향력을 확산시키고 조직을 크게 성장시킨 이는 그리 많지 않다.

오늘날 전 세계에 걸쳐 기부자 수가 빠른 속도로 늘어나면서 비영리사업 부문은 인류의 미래를 더 낫게 만들 매우 좋은 기회를 맞았다. 그러나 이것은 사람들이 그 착한 뜻을 눈에 보이는 결과로 바꿀 때만 가능하다.

《선을 위한 힘》이라는 이 책이 시의적절하고 반가운 것은 바로 그 때문이다. 이 책은 기업가, 정책 결정자, 자선사업가, 비영리단체 지도자에게 오랫동안 필요했던 정보들을 친절하게 알려준다. 비영리사업 부문에서 지속적으로 성공하기 위해 필요한 핵심요소를 풍부한 자료와 연구로 분명하게 분석했다. 레슬리 크러치필드와 헤더 머클로우드 그랜트는 "거대한 조직을 제대로 돌아가게 하려면 비영리단체 지도자가 무엇을 해야 하는가?"라고 묻지 않는다. "홀로 성취할 수 있는 것을 뛰어넘어 비영리단체 지도자가 더 넓은 영역으로 영향력을 펼치려면 무엇을 해야 하는가?"라고 묻는다. 그리고 조직 변화 일정표를 제공해 그에 따라 바로 행동할 것을 촉구한다.

기부 행위는 사회에 영향력을 크게 미친다. 사람들이 그런 기부 행위에 관심을 집중하는 세상을 상상해보자. 비영리단체가 기업과 협력해 좋은 목적으로 시장의 힘을 이용하고, 사업 기획과 운영 능력이 뛰어난 기업인을 이 일에 참여하게 만드는 모습을 상상해보자. 기업 임원과 이사회가 이해관계를 뛰어넘어 경쟁자와 함께 출자하고, 지지자들을 네트워크로 묶어 그들이 사회 모든 영역에서 적극적으로 활동하게 하는 모습을 상상해보자. 비영리단체 지도자들이 혁신의 자세로 조직을 비영리사업 시장에서 변화에 잘 적응하게 만들고, 언제나 창조적인 생각으로 조직의 운영 구조를 새롭게 다듬어가는 모습을 상상해보자.

책의 저자들은 미국의 비영리단체 가운데 선두에 서 있는 단체들을 수백 번씩 인터뷰하고 몇 년 동안 깊이 있게 연구한 결과를 바탕으로, 비영리단체 집행부라면 반드시 따라야 할 습관들을 정의했다. 사회적 책임과 관련된 분야에 초점을 맞춘 것은 분명하지만, 이 책이 보여주는 교훈은 다른 분야에도 똑같이 적용될 수 있다.

씨티그룹의 최고경영자든 시티 이어의 최고경영자든 상관없이 사회적 기업의 목적을 이루려 한다면 이런 습관들을 이해하고 실천해야 한다. 세상은 매우 빠르게 변하고 있다. 기업과 정부, 자선단체를 구분하는 경계는 계속해서 왔다

갔다 한다. 미국과 세계의 가난을 모두 해결하려면 분야를 가로지르는 협력 관계가 절실하다. 협동과 기업가 정신은 선택사항이 아니다. 지속적으로 문제를 풀어나가려면 반드시 필요한 것이다.

나는 기업 활동과 케이스 재단을 통해 이런 습관들을 바탕으로 하는 사회적 기업가 정신이 번창하는 분위기를 만들려고 애쓰고 있다. 최근에는 회사를 하나 새로 만들었다. 레볼루션 헬스(건강 혁명)는 소비자가 중심인 새로운 의료회사다. 영리가 목적이지만, 아픈 아이가 일요일에도 제때 치료받게 하고, 소비자들이 믿을 만한 의료기관 정보를 얻게 하며, 의료비 마련 수단을 조언하는 건강 포털 서비스를 제공하기 때문에 공익적인 구실도 함께 한다.

사적인 영역과 비영리단체의 영역은 서로 꿰뚫을 수 없는 벽으로 가로 막혀 각자 반대편에서만 움직인다고 생각하는 사람이 아직도 많다. 한쪽은 돈벌이에 몰두하고, 다른 한쪽은 사회봉사에만 치중한다고 말이다. 그러나 두 세계의 좋은 점을 하나로 통합할 수 있다면 더 좋은 일이다. 기업은 '이익만 좇지 않고' 비영리단체는 자본 운용 능력, 조직 유지 능력 같은 기업의 장점을 배워 끊임없이 사회를 변화시키도록 서로 도와야 한다.

직업과 교육 수준, 사회·경제적 지위에 상관없이 개인은 누구나 세상을 바꿀 힘을 가지고 있다. 성공하기 위해, 선을 위한 힘이 되기 위해 필요한 것은 오직 지금 지닌 능력을 가지고 동참하겠다는 의지뿐이다. 기업에 있든 비영리단체에 있든 아니면 정부기관에 있든, 고등학생이든 할아버지든 이 책은 당신이 사회를 더 정의롭게 만들어가도록 하는 데 큰 영향을 미칠 것이다.

한국 사회적 부문의 발전에 크게 기여할 책

양용희(호서대학교 사회복지학과 교수, 한국비영리학회 이사)

21세기 들어와 세계는 급속히 변하고 있다. 정보통신의 발달과 세계화의 확산
은 국제관계뿐 아니라 사람들의 사고와 행동에도 영향을 미치고 있다. 또한 환
경오염, 각종 재난, 난민문제, 테러는 지역적인 문제가 아닌 전 지구적인 사회
문제가 되고 있다. 세계화의 영향으로 시장이 국경을 넘어 전 세계로 확대되면
서 기업의 영향력은 더욱 커지고 있다. 반면에 다원화 사회에서 정부의 영향력
은 점차 줄어들고 있다. 정부가 모든 사회문제를 해결하기에는 자원과 대처 방
법이 한계에 도달한 것이다. 이러한 변화와 더불어 가장 주목받는 것이 비영리
단체다. 비영리단체는 지난 30여 년 사이에 규모와 영향력 측면에서 급성장했
다. 특히 비영리단체의 미션인 사회 가치 실현뿐 아니라 경제 가치 측면에서도
큰 영향을 미치고 있다. 비영리단체의 자산 규모가 급속히 증가하고 있으며, 비
영리단체가 국민총생산과 고용에서 차지하는 비율이 높아지고 있다. 이는 비영
리단체가 가장 발달한 미국뿐 아니라 전 세계적 공통 현상이라고 할 수 있다.
비영리단체가 이렇게 성장하는 것은 그만큼 비영리단체의 기능이 중요해지고
있음을 말해 준다. 비영리단체가 환경·복지·교육·문화 등 사회 전반에서 해
야 할 일이 많아지고 있다는 것이다.

　　그러나 비영리단체의 성장은 그만큼 비영리단체의 운영과 사업에도 많은

문제와 과제를 안겨주고 있다. 조직과 사업 규모가 커짐에 따라 비영리단체들은 더 많은 인적 · 물적 자원을 필요로 하게 됐다. 하지만 비영리단체의 전통적인 자원이라 할 수 있는 정부의 지원과 기부금만으로는 비영리단체가 필요로 하는 자원을 감당하기 힘든 것이 사실이다. 또한 비영리단체 자체도 규모가 커짐에 따라 과거와 같은 운영방식이 아닌 보다 효과적이고 효율적인 운영이 요구되고 있다. 이와 같은 급속한 성장으로 비영리단체는 영향력이 확대되는 동시에 단체가 해결해야 할 많은 문제와 맞닥뜨리게 되었다.

이런 도전에 직면한 비영리단체에게 가장 필요한 해답을 제시하는 책이 바로 레슬리 크러치필드와 헤더 머클로우드 그랜트가 공동으로 저술한 《선을 위한 힘 – 성공한 비영리단체의 6가지 습관》이다. 두 저자는 최근 비영리단체의 환경과 비영리단체의 변화를 직시하고 이 책을 저술했다. 빠르게 변화하는 세상 속에서 정부, 시장, 비영리단체의 역할과 기능을 분석했다. 동시에 최근에 가장 성공한 비영리단체의 성공 요인이 무엇인지 조사했다. 그들은 12개의 비영리단체를 선정하여 60회 이상의 인터뷰와 심층 연구를 실시했다. 그들이 선정한 12개 비영리단체는 단지 규모가 성장했기 때문이 아니라 가장 혁신적인 방법으로 사회변화를 이끌어냈기 때문에 선정되었다.

이 책의 저자들은 이들 비영리단체에게서 비영리단체의 본래 목적인 미션 달성을 위한 혁신을 보았다. 그들은 성공한 비영리단체는 정부 그리고 기업과 함께 사회문제 해결을 위한 혁신적인 방법을 모색하고 있음을 발견했다. 자연히 이들 섹터들의 관계는 과거와 같이 반목과 견제가 아니라 동반자로서 변화되고 있으며, 그 핵심에는 성공한 비영리단체가 촉매로 역할하고 있음을 발견했다. 그리고 변화하는 환경 속에서 성공한 비영리단체에게는 다른 섹터들과의 관계와 파트너십, 환경의 적응, 리더십 등에서 6가지의 공통된 습관이 있음을 발견했다. 그들은 성공한 비영리단체가 어떻게 만들어졌으며 운영했는지 분석했다. 더 나아가 비영리단체가 급변하는 환경 속에서 무엇을 해야 하는지, 수많은 비영리단체의 지도자들의 사고와 자세는 어떠해야 하는지 분명한 메시지를 던져준다.

그동안 수십 년간 비영리단체에서 일하고 비영리단체를 연구해온 사람으로서 이 책의 내용에 매우 신선한 충격을 받았다. 그동안 막연하게 생각해오던 비영리단체를 둘러싼 환경 변화와 비영리단체의 문제를 《선을 위한 힘》은 매우 구체적이면서 명쾌한 해답으로 제시하고 있다. 지금까지 우리나라에 소개된 어떤 책보다도 비영리단체의 바람직한 방향을 제시하는 책이라 할 수 있다. 따라서 비영리단체의 활동가, 임원, 이사뿐 아니라 정부, 공공단체, 기업의 임직원들도 반드시 읽어야 할 책이라 생각한다.

오늘날 급속히 변화하는 환경 속에서 비영리단체는 '성장과 위기'라는 두 가지 도전에 직면해 있다. 사회와 세계를 위해 비영리단체가 해야 할 일이 많아졌으며 또한 그런 일을 하기 위해서는 스스로 해결해야 할 과제도 많이 안고 있다. 그런 의미에서 이번에 한국어로 번역돼 우리에게 소개되는 《선을 위한 힘》이 한국 비영리단체의 발전에 크게 기여하리라 기대하고 있다.

타성을 넘어 함께 하는 길

이원재(한겨레경제연구소 소장)

"성명서로 세상을 바꿀 수 있던 시대는 갔다."

한 비영리단체 경영자가 단체 운영의 어려움을 토로하면서 내게 했던 말이다. '활동가들만 있는 기자회견장에서 딱딱한 성명서를 읽고 다음 날 아침 조간신문을 뒤지는 활동'의 비애를 털어놓는 운동가도 있었다. 2010년 현재, 한국 비영리단체는 어느 때보다도 어려워 보인다.

한겨레경제연구소가 2008년 말 실시했던 비영리단체 경영자 설문조사 결과를 보면, 이런 특성이 두드러진다. 경영자의 3분의 2가 "지금 비영리조직은 위기"라고 답했다.

실제 회계 스캔들에 휘말린 조직도 있었다. 국민들뿐 아니라 종사자 스스로도 비영리조직 운영이 비효율적이라고 생각하고 있었다. 각종 조사에서 '시민단체'의 신뢰도는 2000년대 들어 가장 낮은 수준으로 떨어져 있다. 혁신이 필요한 시점인 것만은 분명하다.

그런데 한국의 비영리단체는 늘 비효율적이고 혁신이 필요한 곳이라고 여겨지는 곳이었을까? 전혀 그렇지 않다. 오히려 혁신을 누구보다 앞서 일으키고, 사회를 이끄는 곳이었다.

IMF구제금융 이후, 재벌개혁을 실질적으로 이끈 사람들은 비영리단체에 있었다. 주총장에서 소액주주 자격으로 발언하며 여론의 스포트라이트를 받았다. '1인 시위'라는 기발한 합법적 시위 방법을 개발해 국세청 앞에 서서 재벌 총수의 부도덕성을 질타했다. 한국 언론뿐 아니라 외신의 주목까지 받았던 이런 사회운동의 뒤에는 물론 혁신적 감수성을 지니고 있던 비영리단체 활동가들이 있었다.

한국 시민의 재활용 문화를 혁신적으로 바꾼 것도 비영리단체였다. 2000년 설립된 비영리단체 아름다운가게가 그 주인공 중 하나다. 아름다운가게는 "남이 쓰던 중고 물품은 사지 않는다"는 한국인의 터부를 보기 좋게 깨뜨려 버렸다. '기부'라는 키워드를 가지고 다양한 마케팅활동을 펼친 결과였다. 남이 입다가 아름다운가게에 기부한 옷을 사서 자식에게 입힐 수 있는 문화가 상식이 됐다. 그 수익으로 아름다운가게는 지역 커뮤니티를 도왔다. 세상을 바꾸는, 혁신적 모델이었다.

왜 그런 혁신적 기운이 줄어들고, '위기'라는 단어까지 거론되는 상황이 됐을까? 경영학자 도널드 설의 언어로 설명하자면, '활동적 타성 active inertia' 때문이다. 비영리 부문 전체의 성공을 이끈 초기 요인이 시간이 흐르면서 외부환경 변화로 유효성이 줄었지만, 여전히 그 성공요인에 매달려 있는 타성이 비영리단체의 발목을 잡고 있는 것이다.

이 책, 《선을 위한 힘》은 그 타성을 극복할 수 있는 길을 보여 준다. '성공한 비영리단체의 6가지 습관'이라는 부제목이 보여주듯이, 어떤 경영 습관이 비영리단체가 사회에 높은 영향을 끼치고 성과를 내도록 하는지를 알려주는 책이다.

미국의 대표적 비영리단체 이야기지만, 음미해 보면 고개를 끄덕이게 만드는 습관이 많다. 플랫폼보다는 미션을 중요하게 생각하고, 미션을 이루기 위해서라면 정책 활동이든 현장 사업이든 가리지 말고 여러 가지를 추진해야 한다는 이야기가 대표적이다. 중요한 것은 미션과 비전이다. 또 시장 및 기업과 함께 하라는 이야기 역시 공감이 간다. 기업 사회공헌과 사회적기업이 비영리 부문의 주요 화두 중 하나로 떠오르고 있는 한국적 상황과 무관하지 않다. 자원봉사자를 잘 개발하는 일 역시 여가가 늘어나고 있는 한국적 상황에 잘 맞는 지혜다.

다른 비영리단체들과 연대하라는 충고는 서로 경쟁적인 한국 비영리 부문 환경에서 새겨들을 만하다. 끊임없이 변화하라는 충고는 활동적 타성을 극복하기 위한 핵심적 충고다. 인재를 키우고 리더십을 공유하라는 이야기는, 많은 비영리단체들이 대표자 1인의 능력과 인지도에 의존하고 있는 한국적 현실에서 꼭 새겨 들을 만한 이야기다.

한겨레경제연구소는 한국 비영리 부문의 '활동적 타성'을 극복하기 위해 '경영'이 필요하며, 네 가지 지점에서 비영리 경영을 다시 생각해 봐야 한다는 결론을 2008년 내렸다. 미션에 충실한 사업 전개가 첫 번째였다. 투명성과 책임성이 두 번째였다. 창의적 마케팅 활동과 합리적 파트너십이 세 번째였다. 조직원의 비전을 고려한 인적자원 관리가 네 번째였다. 상당 부분 이 책의 문제의식과 겹친다. 태평양을 건너왔지만, 그 고민의 출발점과 해결점은 크게 다르지 않은 모양이다.

국가도 시장도 해결하지 못하는 문제는 점점 더 늘어나기만 한다. 어찌 보면 비영리단체의 공간은 더욱 늘어나고 있는 셈이다. 이 공간을 어떻게 얼마나 활용하느냐는 비영리단체 스스로의 몫이다. 효과적인 경영은 그 핵심 키워드다. 《선을 위한 힘》은 이런 노력을 하려는 활동가가 빠뜨려서는 안 될 중요한 충고를 건넨다. 일독을 권한다.

　　　　　사회적 부문의 새로운 저술 작업

레슬리 크러치필드 Leslie R. Crutchfield는 2003년 어느 서늘한 봄날, 자료를 준비하고 있었다. 버지니아 주 알링턴 시에 있는 세계적인 비영리단체인 아쇼카를 방문할 새로운 사회적 기업가 집단을 맞이하기 위해서였다. 아쇼카는 사회 혁신을 주도하는 사람들을 적극 지원하는 세계적인 비영리단체로, 레슬리는 지난 2년 동안 이 단체의 북아메리카 부문을 책임지고 있었다. 그녀는 자신이 맞이할 사회적 기업가 집단이 어떻게 하면 사회를 크게 변화시킬 수 있을지 알고 싶어 한다는 것을 알았다. 그러나 그녀도 대답을 가지고 있지는 않았다.

　레슬리는 자신이 만날 사회적 기업가들에게 필요한 정보를 제공하기 위해 이리저리 자료를 찾아봤지만, 그들이 직면한 고유한 문제에 딱 들어맞는 것을 발견하지 못했다. 비영리단체의 경영, 기금 모금, 조직 개발 같은 문제를 다룬 자료는 적지 않았다. 위대한 영리기업을 위대하게 만드는 것이 무엇인지에 대해 쓴 책은 숫제 책장 가득이었다. 그러나 뛰어난 성과를 올린 비영리단체나 그들이 어떻게 그런 성과를 거두게 됐는지 면밀하게 연구한 자료는 없었다. 레슬리는 문득 자신이, 이름 있는 경영학 서적과 방법론, 사례 연구를 뒤죽박죽 두드려 맞추고 있다는 것을 깨달았다. 그녀는 자신에게 필요한 것이 그게 아니라고 생각했다.

그때, 머릿속에 떠오른 것이 바로 이 책이었다. 레슬리는 듀크 대학 푸쿠아 경영대학원의 사회적기업진흥센터를 설립한 그레그 디스에게 전화를 걸었다. 레슬리를 오랜 동안 후원해온 이 현장 전문가는 그런 책이 필요하다고 인정했다. 그리고 CASE가 그 연구를 후원하겠다고 제안했다.

때마침 헤더 머클로우드 그랜트 Heather McRoed Grant는 스탠퍼드 사회혁신센터와 오미디아르 네트워크를 비롯해 샌프란시스코 베이 에어리어에 있는 여러 자선사업가와 비영리단체를 자문하고 있었다. 그녀는 이 부문의 연구에 커다란 구멍이 나있음을 현장에서 직접 경험했다. 특히 비영리단체가 사회적 영향력을 어떻게 창조하는지에 대해서는 알려진 것이 거의 없었다. 그녀는 레슬리와 마찬가지로 사회적 부문의 경험에 관한 연구 조사가 매우 절실하다는 사실에 동감했다. 그때까지 나온 경영학 서적만으로는 충분하지 않았다. 새롭게 비영리단체를 시작하는 수많은 사회적 기업가가 과거에 시도한 것과 실제로 성공한 것의 차이를 정확하게 이해하지 못한 채 계속해서 헛바퀴를 돌리고 있었다. 레슬리는 연구 계획을 헤더에게 제안했고, 헤더는 바로 합류했다.

우리는 1990년대 중반, 사회적 기업가를 위한 잡지 〈누가 돌보나 – 사회를 변화시키는 도구상자 Who cares - The Tool Kit for Social Change〉를 공동 창간한 전직 동료며 친구 사이다. 우리는 이 야심만만한 연구를 수행하기 위해 다시 한번 손을 잡았다.

《선을 위한 힘》을 연구하고 저술하는 과정에서 발견한 것들은 우리 두 사람 모두를 놀라게 했고 영감을 불러일으켰다. 지난 몇 년 동안 연구한 열두 개 비영리단체는 정말 훌륭했다. 우리는 거기서 많은 것을 배웠다는 데 자부심을 느낀다. 우리는 이제 즐겁게 그들의 성공 비결을 독자들과 함께 나누고자 한다. 독자들도 우리처럼 거기서 큰 영감을 느끼길 바란다.

"우리 사회의 가장 절박한 문제들을 푸는 해법은
어느 한 기관에 있지 않고 집단의 노력 속에 있다."

우리는 지금 전 세계 사회 단체가 혁명을 경험하는 것을 보고 있다. 전 세계가 이 분야에서 지출하는 돈은 국제 총생산액의 5퍼센트 가까이 되는 1조 1000억 달러에 이른다. 큰 정부는 설 자리를 잃고 있으며, 대신에 시장 중심 자본주의가 그 자리를 차지하고 있다. 정부의 사회복지 재정 규모가 줄면서 전통적으로 정부 영역이던 일들을 비영리단체가 제공하고 있다.

우리에게는 천천히 조금씩 변화할 겨를이 없다. 오늘날 우리가 전 세계에 걸쳐 직면한 복합적인 문제들을 풀기 위해서는 변화가 급격하게 일어나야 한다.

FORCES for GOOD

서론

비영리단체, 변화의 중심에 서다

서론 비영리단체, 변화의 중심에 서다

최근 수십 년 동안, 비영리단체의 새로운 핵심 세력이 사회에 놀랄 만큼 큰 영향력을 행사하기 시작했다. 이 '변화를 주도하는 세력'은 현재 점점 성장하고 있는 공공부문의 선봉에 서 있으며, 오늘날 미국 경제에서 1조 달러가 넘는 가치를 창출하고 있다. 이들 조직은 흔히 '회색지대 grey space'라고 잘못 정의된 정부와 시장의 틈새에서 활동하고 있지만, 어느새 우리 세상을 새롭게 바꾸어가는 데 점점 더 중요한 역할을 하고 있다.

4년 전, 우리 시대의 가장 성공한 비영리단체가 어느 단체인지 연구하고 글을 쓰려고 한 까닭이 바로 이것이다. 우리는 비영리단체 경영자 수천 명을 조사하고, 그 가운데 이 책에 나온 대표적인 단체 열두 개를 골라서 60회 이상 인터뷰했다(표 0.1 참조).

그 다음 열두 단체를 2년 동안 심층적으로 연구해서 그들이 성공한 비결을 밝히는 작업을 했다. 우리는 그들이 그렇게 영향력이 커진 요인이 무엇인지 알고 싶었다. 그 과정에서 우리가 알게 된 것은 정말 놀라웠다.

우리는 이 연구에서 위대한 비영리단체들에게 뜻있는 결과를 얻게

단체 이름	활동 분야
피딩 아메리카(Feeding America)	기아 구호
예산과정책우선순위센터 (Center on Budget and Policy Priorities)	연방과 주 정부 예산 분석
시티 이어(City Year)	전국 봉사단체, 청소년 리더십
환경방위(Environmental Defense)	환경 문제
익스플로라토리움(Exploratorium)	박물관, 과학교육
해비타트(Habitat for Humanity)	빈민 주택 문제
헤리티지재단(The Heritage Foundation)	보수주의 공공정책
전미라라자위원회 (National Council of La Raza)	남미계 미국인 지원
셀프헬프(Self-Help)	주택과 경제적 자립 지원
셰어 아워 스트렝스(Share Our Strength)	기아 구호
티치 포 아메리카(Teach For America)	교육 개혁
유스빌드 유에스에이(YouthBuild USA)	청소년 지도자 양성, 주택, 직업훈련

표 0.1   12개 대표적인 비영리단체

만든 여섯 가지 습관을 발견했다. 그것은 우리가 전에 알고 있던 비영리
단체의 경영에 관한 틀에 박힌 지식과는 전혀 달랐다. 위대한 비영리단
체를 위대하게 만든 것이 무엇인지 이해하려면 새로운 사고의 틀이 필
요하다. 이 책은 새로운 사회 변화는 새로운 사고방식에서 온다는 것을
알려줄 것이다. 고맙게도 여기에 나온 열두 단체는 우리에게 그 방법을
가르쳐준다.

비영리단체, 변화의 중심에 서다

이 책은 왜 나왔나? 왜 지금인가?

영향력이 큰 비영리단체에 관한 우리의 연구는 전 세계에 걸쳐 사회적 부문이 널리 발전하고 있는 현실을 반영한다. 실제로 우리는 이 부문의 발전이 우리 시대에서 가장 알려지지 않은 이야기 가운데 하나라고 생각한다.

미국 한 나라만 놓고 보더라도 현재 150만 개의 비영리단체가 국가 경제 연수입 가운데 1조 달러 이상을 차지하고 있다.[1] 지난 15년 동안 비영리단체는 전체 경제 발전 속도보다 더 빨리 성장했으며, 해마다 비영리단체가 3만 개 이상 새로 생겼다. 실제로 오늘날 미국에서 비영리 부문은 소매업과 도매업의 뒤를 이어 세 번째로 큰 산업이며 건설업, 금융업, 통신업보다 규모가 크다.[2] 비록 시민사회 civil society, 시민 부문 the citizen sector, 사회적 부문 the social sector, 비영리 부문 the nonprofit sector, 제3부문 the third sector이라고 다양하게 부르고 있지만, 이 분야의 중요성만큼은 부인할 수 없다.

세계적으로도 이와 비슷한 추세가 전 세계 시민사회의 성장을 보여준다. 존스 홉킨스 대학의 시민사회연구소 소장 레스터 샐러먼 교수는 이렇게 말한다. "지난 30년 동안, 최근처럼 전 세계에서 민간단체, 비영리단체, 자원봉사 단체, 시민사회 단체가 이렇게 급격하게 성장한 적이 없습니다. 우리는 지금 '전 세계 단체가 혁명을 경험하는 것'을 보고 있어요."[3] 전 세계가 이 분야에서 지출하는 돈은 국제 총생산액의 5퍼센트 가까이 되는 1조 1000억 달러에 이른다.[4] 그리고 이 수치는 해마다 점점 늘어나고 있다.

몇 가지 동력이 이런 성장을 뒷받침했다. 첫째 기업체가 설립한 재단, 민간 자선사업가, 개인 기부자 등이 자선단체에 출연하는 금액이 전례 없이 많이 늘어났다. 현재 미국의 기금 조성 재단들이 관리하는 자산만 해도 거의 5000억 달러에 이른다.[5] 또한 2050년까지 계속해서 양도될 금액은 43조 달러로 추정된다. 이 가운데 일부는 자선단체로 갈 것이다.[6] 더욱이 기부자들이 살아 있는 동안 적극적으로 자선활동에 참여하는 '생전 기부'가 점점 늘어나며 새롭게 주목받고 있다. 따라서 민간의 부를 이용해 공공문제를 풀어내는 중개자로서, 시장과 정부의 중간 지대에서 활동하는 비영리단체의 역할이 점점 더 중요해지고 있다.

동시에 정치적 압력과 경제 현실 때문에 많은 정부가 기능 축소 압박을 받고 있다. 큰 정부는 설 자리를 잃고 있으며, 대신에 시장 중심 자본주의가 그 자리를 차지하고 있다. 정부의 사회복지 재정 규모가 줄면서 그 틈새를 비영리단체들이 메우고 있고, 전통적으로 정부 영역이던 일들을 이들 단체가 제공하고 있다. 미국에서는 사회적 지출을 위한 연방 예산이 삭감되고 그 일들을 지방 정부에 넘기라는 압력이 거세지면서, 지역사회에 근거를 둔 단체들에게 더욱 많은 일을 의존할 수밖에 없게 됐다. 이런 추세는 세계의 다른 선진국들도 마찬가지다.

또 신기술과 전 세계가 동시에 소통하는 통신 덕분에 연약한 지구가 직면한 기후변화, 자연재해, 인종과 문화 갈등, 핵 확산, 에이즈와 전염병, 기아와 주택 문제, 끊임없는 가난 같은 문제들에 관한 세계인들의 인식이 높아졌다. 이 모든 문제는 세계 인구의 급격한 증가와 더불어 지구의 한정된 자원을 빠르게 고갈시키고 있다. 이 문제를 시급하게 해결해야 한다는 생각과 더불어, 이런 문제에 적절하게 대처할 제도나 조직이 없다는 인식도 늘어나고 있다.

따라서 사회적 부문의 선도 단체들은 이런 세계적 문제를 해결하기 위해 정부·기업과 함께, 그리고 그들을 통해 혁신적 해결책을 모색하는 방안을 찾고 있다. 지금까지 나온 가장 좋은 방안은 사회적 기업이다. 이들 기업의 지도자들은 변화에 빨리 적응하고, 혁신적 사고를 바탕으로 틀에 박힌 해결 방식에서 벗어나 새로운 방식으로 문제에 접근하며, 근본 원인을 발견해서 대규모 조직 변화를 가져온다. 이 책에 나온 열두 개 단체를 포함해서 사회적 기업은 사회적 분야의 선봉에 서 있다. 이들 성공한 비영리단체는 성공한 영리기업과 마찬가지로 사회 변화에 천천히 대응하는 것에 만족하지 않는다. 사업 성공을 가로막는 전통적 지식을 인정하지도 않는다. 이들은 늘 함께 사회를 변화시킬 새로운 모형을 창조하기 위해 애쓴다.

그리고 전 세계의 권력 엘리트는 주목하고 있다. 오늘날 다보스세계경제포럼에 모인 지도자 가운데 사회적 기업가 부류에 들지 않는 사람은 아무도 없다.[7] 세계의 시급한 사회문제와 환경문제의 혁신적 해법을 고민한다는 점만 빼면, 이들 지도자는 기업 부문에서 성공한 사업가와 비견될 정도로 사회적 부문에서 성공한 사람들이다. 따라서 두 집단의 협력은 놀라운 일이 아니다. 이제 자선 사업은 새로운 모습으로 재조명받고 있다.

오늘날 대기업 사업가들은 단순히 부를 모으는 것에 만족하지 않는다. 그들은 **살아 있는 동안** 더 뜻있는 일을 하고 싶어 한다. 마이크로소프트의 빌게이츠, 이베이의 피에르 오미디아르와 제프 스콜, 아메리카 온라인의 스티브 케이스, 구글의 세르게이 브린과 래리 페이지처럼 신기술 산업을 선도하는 기업의 지도자들은 살아가면서 재산을 사회에 기부하고 있다. 전 세계 자선사업의 방향은 이제 돈을 벌어서 후계자에게 물려주거나 또는 자기가 다닌 학교, 지역의 문화예술 단체, 유나이티드 웨이 같은 자선단체에 기부하는 쪽으로는 더 이상 몰리지 않는다. 새로운 자선사업은 기업가의 자세로 변화 요소에 적절하게 대응하고 투자함으로써, 재원을 잘 운용해서 사회에 대한 영향력을 급격하게 확대하는 것이다. 이것이 바로 우리가 알고 있는 사회에 영향력이 큰 자선사업의 전체 얼개다.

이 모든 추세를 하나로 모으면, 선두에 선 사회적 기업가들과 그들 조직체가 하는 일이 과거에 하던 일보다 훨씬 더 커졌다는 사실이 전혀 놀랍지 않다. 이제는 단순히 이사회를 크게 늘리고, 목적에 맞게 일을 수행하고, 비영리단체를 효과적으로 운영하는 것만으로 충분하지 않다. 진정으로 선을 위한 힘이 되려면 생각하고 행동하는 방식을 완전히 새롭게 바꿔야 한다. 사회적 기업가, 비영리단체 지도자, 이사회 임원, 자선 사업가가 사회를 변화시키도록 도와줄 잘 정리된 정보가 오늘날처럼 필요한 적이 없었다.

그러나 현존하는 비영리단체 경영에 관한 책들을 찾아보라. 오늘날 이처럼 새롭고 빠르게 변하는 지구적 환경에서 사회에 의미 있는 영향을 끼칠 방법을 보여주는 책이 없음을 알게 될 것이다. 비영리단체의 규모에 관한 초기 연구는 영향력을 확대하는 수단으로서 대부분 **사업 복제**에 초점을 맞추고 있다.[8] 영리기업 부문에서 상품 개발과 유통을 연구하는 것과 마찬가지다. 이것은 위대한 기업이 성공하기 위해 필요한 기능이기는 하지만, 전체로 볼 때 아주 작은 한 부분에 지나지 않는다. 실제로 비영리 부문은 당시 새로 등장하기 시작했기 때문에 비영리단체 연구는 낯선 학문 분야였다. 초기에 이 분야를 연구한 학자들은 비영리단체 자체에 주목하기보다는 그 분야 전반에 관심이 더 많았다.

최근 10년 동안 비영리단체는 사업을 더 효율적으로 이끌기 위해 조직력을 강화하는 쪽으로 관심의 축을 옮겼다.[9] 학자들은 비영리단체 지도자들이 영향력을 극대화하기 위해서 어떻게 조직을 효율적으로 만들고 경영하는지 관찰했다. 비영리단체가 한 단계 더 성숙하는 데 필요했지만 오랫동안 무시돼왔던 조직 개발에 학자들의 관심이 모이는 것을 많은 활동가들이 환영했다. 그러나 이런 생각이 아직 그 분야에 남아 있는 전통적 사고를 완전히 넘어서지는 못했다. 비영리단체가 그 같은 일을 하기 위해서는 조직 기반을 견고하게 다져야 한다는 데 관심을 기울이는 기부자나 기금 제공자가 여전히 너무 적다.

아주 최근 들어 비영리 부문과 기업이 서로 교류하는 기회가 많아지면서 비영리단체들은 모범 성공 사례로 기업 부문을 바라보기 시작했다. "비영리단체들은 좀더 기업처럼 운영될 필요가 있다"는 말은 누구나 한다. 비영리단체가 상대편인 기업에서 입증된 경영 습관을 배울 필요가 있다는 말은 옳지만, 그것만으로는 여전히 부족하다. **비영리단체가 기업에게 더 좋은 경영 습관을 배운다고 하더라도 사회를 급격하게 변화시키지는 못한다.** 서서히 조금씩 바꿀 뿐이다. 그리고 아무리 최고의 기업이라고 하더라도 세계를 바꿀 방법을 알려주지는 못한다. 그들의 기본 목적이 아니기 때문이다.

우리에게 그 길을 보여줄 존재는 우리 사회를 진정으로 바꾸는 데 영향력을 크게 발휘한 최고의 비영리단체들뿐이다. 우리가 다른 연구자들처럼 기업에서 훌륭한 경영 습관들을 뽑아 사회적 분야에 적용하려고 하지 않고, 비영리단체 가운데 최고들을 대상으로 연구한 까닭이 바로 여기에 있다.

비영리단체를 생각하는 새로운 방식

1980년대와 1990년대 초 비영리단체가 한 일은 좋은 사업 모델을 복제하는 것이 다였다. 최근 10년 동안 비영리단체는 조직을 효과적으로 만드는 데 전념했다. 우리는 앞으로 비영리단체가 **변화의 촉매제**로서 도약해야 한다고 생각한다. 이제 비영리단체를 단순히 사방이 벽으로 가로막힌 폐쇄된 조직이 아니라, 전체 사회체계 안에서 활동하면서 그것을 바꾸는 촉매로서 연구하고 이해해야 한다. 효과적으로 활동하는 비영리단체를 보면, 정부와 기업과 공공기관과 다른 비영리단체를 **좋은 일을 위한 동반자**로 이용함으로써, 혼자 이룰 것보다 훨씬 더 큰 사회 변화를 이끌어내는 조직운영 전략을 쓴다.

　우리는 이번 연구에서 위대한 비영리단체가 더 큰 영향력을 얻기 위해 따르는 여섯 가지 경영 습관을 발견했다. 이 습관들은 각 장에서 자세하게 설명한다. 지금보다 더 큰 영향력을 얻으려는 비영리단체들이 어떻게 해야 할지 요약하면 다음과 같다.

- 단체가 해야 할 본연의 일을 잘하는 것은 물론 일과 관련된 정부 정책을 바꾸기 위해 정부기관들을 비롯한 관련 단체들과 협력하라.

- 시장의 힘을 이용하고, 기업을 멸시하거나 무시할 적이 아니라 강력한 동반자로 생각하라.
- 자원봉사자가 의미 있는 경험을 할 수 있도록 기회를 주고, 대의를 위해 스스로 활발하게 행동하는 열성 지지자로 만들어라.
- 다른 비영리단체들을 한정된 자원을 놓고 서로 다투는 경쟁자가 아니라, 목적이 같은 동맹 세력으로 보고 그들과 함께 네트워크 조직을 만들고 연대하라.
- 전략적 자세와 혁신적 사고로 변화하는 환경에 재빠르게 대응하라.
- 리더십을 공유하고 다른 세력들에게 선을 위한 힘이 되도록 권한을 줘라.

아주 단순하고 분명해 보이지만 실제로는 그렇지 않다. 우리는 연구 대상 비영리 단체에서 이런 경영 습관들을 추려내고 확실하게 정리하기까지 여러 해 동안 시행착오를 숱하게 겪었다. 그리고 그로부터 많은 것을 배울 수 있었다.

비영리단체가 그 모든 것을 실행한다고 해도 사회의 다른 부문들이 서로 협력하지 않는다면 목적을 달성하지 못할 것이다. 기업, 정부, 관심을 가진 시민이 비영리단체와 함께 열린 자세로 일해야 하며, 그들 스스로 선을 위한 힘이 돼야 한다. 기부자는 위대한 일의 개념을 재정립해야 한다. 비영리단체 여러 곳에 전체 기부금의 몇 퍼센트씩을 골고루 나눠주는 것처럼 별로 의미 없는 측량법은 피하고, 영향력이 큰 단체들에 집중해서 자원을 제공해야 한다. 말하자면 우수한 집단과 그렇지 못한 나머지 집단을 분리해야 한다는 말이다.

이런 행동 지침에 주목하지 않는다면 우리가 바라는 변화는 천천히 조금씩 다가올 수밖에 없다. 기후변화와 같은 거대한 문제에 대응해서는 한 발짝도 나아가기 어려울 것이다. 여기저기 찔끔찔끔 자금을 지원하는 것으로는 빈곤의 악순환을 끊지 못한다. 어린이 수백만 명이 계속해서 굶주리고 의료 혜택도 받지 못할 것이다. 의약품을 값싸게 제공할 방법을 찾아내지 못한다면 결국 지구 전체로 전염병이 퍼질 것이다. 따라서 우리가 지금처럼 (기부가 만들어내는) 산출물과 결과보다 기부하는 행위와 과정을 더 중요하게 생각한다면 이런 상황은 바뀌지 않고 계속될 것이다.

우리에게는 천천히 조금씩 변화할 겨를이 없다. 오늘날 우리가 전 세계에 걸쳐 직면한 복합적인 문제들을 풀기 위해서는 변화가 급격하게 일어나야 한다. 모든 부문에서 위기가 고조되고 있으며, 우리는 그 도전을 극복해야 한다. 사회 변화에 영향력을 더 크게 미칠 수 있는 중요한 기회가 있음에도 그렇게 하지 않는 것은 시간 낭비다. 다행히도 이들 위대한 비영리단체와 그들이 보여주는 교훈은 우리에게 새로운 길을 제시한다.

왜 이 책을 읽어야 하는가?

사회 변화를 일궈내려는 사람들, 또는 좀더 넓게 말해 비영리 분야에 관심이 있는 사람들은 이 책을 읽어야 한다. 이 책은 사회적 영향력에 관심을 가지는 사람이라면 누구에게나 중요하며, 다음과 같은 일을 하는 사람과 밀접한 관련이 있다.

전국적, 세계적 단위의 조직을 이끄는 지도자 | 거대한 비영리단체의 지도자라면 성공한 비영리단체의 여섯 가지 경영 습관을 어떻게 조직에 적용해야 극적으로 변화를 가져올 수 있는지 이 책을 보고 알게 될 것이다. 실제로 몇 가지 습관을 벌써 실천하고 있을지도 모른다. 그러나 우리가 연구한 위대한 집단 가운데 많은 단체가 그런 것처럼, 여섯 가지 습관을 모두 익혀야 한다. 어떤 것은 다른 곳보다 더 잘해야 한다. 이 책은 영향력을 키우기 위해 무엇을 해야 하는지 생각하는 시발점을 제공한다. 우리는 나중에 제9장에서 더 위대한 일을 하기 위해 이 습관들을 어떻게 실행해야 하는지 알려줄 것이다.

지역 비영리단체 지도자 | 비록 우리 연구가 전국 또는 세계에 중요한 영향력을 미친 비영리단체에 한정됐지만, 우리는 이들의 경영 습관이 지역 차원의 비영리단체에도 적용될 수 있다고 생각한다. 아직 정치 개혁을 위한 홍보 활동이나 기업과의 연대 활동을 하고 있지 않다면, 왜 그런 활동을 해야 하는지 그 까닭을 배울 것이다. 의미 있는 경험을 통해서 더 많은 개인이 단체 활동에 참여하게 만들고, 그들이 단체의 목적을 널리 알리는 열성 지지자가 되도록 바꾸는 방법을 배울 것이다. 그리고 다른 비영리단체들과 협력해서 얻을 수 있는 힘이 무엇인지 이해하게 될 것이다. 그들의 힘을 이용하면 조직을 더 크게 키우지 않고도 지역에서 더 큰 영향력을 갖게 될 것이다.

기부자, 이사회 임원 또는 자원봉사자 | 부자든 일반 봉급생활자든 또는 전국 수백만 저소득층 가운데 한 사람이든, 해마다 많은 사람이 시간과 돈을 들여 자선행사에 참여한다. 어떤 단체가 가장 주목할 만한지 알고 싶다면, 우리는 자기 단체가 보유한 자원을 이용해서 가장 효과적으로

결과를 만들어내는 위대한 비영리단체가 어딘지 보라고 권한다. 이 책은 기부금의 가치를 더 크게 만들 방법을 가르쳐 줄 것이다. 물론 영리를 위해 투자하는 경우에도 같은 방법을 쓸 수 있다. 성공한 비영리단체들의 여섯 가지 경영 습관을 이해하는 것은 어떻게 투자해야 하는지 그 기준을 제공하고, 선을 위한 힘으로서 더 큰 구실을 할 수 있게 도와줄 것이다.

재단 대표 또는 자선사업가 | 재단 대표나 자선사업가는 사회 변화를 창조하기 위해 그들만의 중요한 구실을 한다. 자기 분야의 중요한 자원을 통제하며, 직분을 이용해 정부와 기업, 개인에게 투자를 요청할 수 있다. 또한 효과적인 경영 방침을 지지하고, 혁신을 권장하며, 지식을 전파하고, 우선순위에 따라 일을 조정한다. 또한 비영리단체 지도자로서 이 여섯 가지 경영 습관을 자기 조직에도 적용할 수 있다.

기업 대표 | 비영리단체들은 시장 경제의 여러 가지 힘을 이용하는 방법과, 목적을 이루기 위해 기업과 함께 일하는 법을 배우고 있다. 이제 기업들은 비영리단체를 지금까지보다 더 절실하게 동반자로 이해할 필요가 있다. 반대운동을 적극 펼치는 행동가 집단이든, 실용주의 동맹세력이든 또는 사회적 책임을 강조하는 집단이든, 비영리단체는 이제 더 이상 무시해서는 안 되는 존재다. 이 책은 최고의 비영리단체들이 무슨 생각을 하는지 이해하고, 사회적 부문의 동반자가 바라는 것이 무엇인지 알게 도와준다. 또 이 책은 사회적 책임과 지역사회에 대한 의무를 더 넓은 시각으로 바라볼 통찰력을 제공하기도 한다. 당신의 앞날은 조화와 균형에 달려 있다. 당신은 엄청난 힘과 자원을 가지고 있다. 이들 비영리단체는 당신이 그것을 이용해 좋은 일을 잘할 수 있도록 그 방법

을 가르쳐줄 것이다.

공직자와 정책 결정자 | 우리는 정치 지도자들이 비영리단체를 그저 정부 계획이나 공공 서비스를 대행할 편리한 대상으로 보지 말기를 바란다. 비영리단체는 정책 개발과 사회 혁신에 뛰어난 생각을 제공할 원천이다. 최고의 비영리단체들은 여러 가지 사회문제를 해결하는 데 정부의 동반자가 될 수 있으며, 함께 머리를 맞대고 문제를 해결하자고 기업과 시민을 독려할 수도 있다. 한편 비영리단체도 목적을 달성하려면 정부의 자원이 필요하다. 정부에게는 돈과 정치권력과 분배 능력이 있다. 비영리단체에게는 사회 변화를 이끌어낼 재능과 네트워크, 지식, 저돌성이 있다. 이들이 함께 협력한다면 더 강력해질 것이다.

비영리단체 자문역 또는 고문 | 비영리단체의 사업 전략, 운영, 기금 모금, 인사 같은 문제를 자문하고 있다면 이 책은 당신에게 중요한 정보를 제공할 것이다. 이 책을 다 읽었다면 전통적인 경영 지식에서 벗어나, 초점을 비영리단체 자체에서 그 너머로 확장하고 전체 틀에서 비영리단체를 이해해야 한다. 조직을 강력하게 만드는 것은 꼭 필요한 작업이지만, 그것이 성공한 비영리단체가 되기 위한 충분조건은 아니다. 우리는 이 책이 비영리단체의 활동에 대해 다르게 생각하는 계기가 되기를 바란다.

학자 | 사회적 부문을 연구하는 사람에게는 특별한 책임이 있다. 비록 우리 방법론이 귀납적이고 실제 조사를 바탕으로 이뤄진 것이 사실이지만, 우리는 우리가 발견한 것을 학문 영역에서 학자들이 더 많이 탐구하고 검증해서 세련되게 발전시키기를 바란다. 우리는 위대한 비영리단체를 위대하게 만드는 것이 무엇인지, 그들이 영향력을 극대화시키기 위

해 어떻게 조직을 운용하는지에 대해 이제 겨우 겉모습만 훑었을 뿐이다. 우리는 학자들이 우리의 발견을 발판으로 앞으로 더 진전된 연구를 하기를 바란다. 학자들의 연구 결과를 기대한다.

이 책을 읽는 방법

제1장에서는 우리가 발견한 여섯 가지 경영 습관을 검토하고, 우리가 연구 과정에서 잘못 알고 있던 비영리단체 경영의 신화와 이 책의 개요를 좀더 자세하게 설명한다. 또 앞서 표로 요약했던 비영리단체들을 소개하고, 우리의 연구 방법론을 간단하게 설명한다. 이 책의 나머지 부분을 이해하려면 제1장을 먼저 읽는 것이 중요하다. 제1장은 또한 우리가 연구한 일을 빠르게 요약해서 볼 수 있게 해준다. 만약 바쁘다면 제1장을 먼저 읽은 뒤 나중에 필요할 때 더 자세하게 다음 장들을 찾아 읽을 수 있다.

제2장에서 제7장까지는 효과적인 조직을 갖춘 비영리단체들이 영향력을 더 크게 키우기 위해 사용하는 경영 습관들을 하나씩 자세하게 탐구한다. 개념 하나하나에 생명력을 불어넣기 위해서, 각 장은 우리가 연구한 사회적 기업가와 단체 이야기, 거기서 나온 교훈을 수록했고, 이들의 경영 습관을 현장에 적용할 수 있도록 효과적으로 전체 얼개를 구성했다. 각 장 끝에는 주요 내용을 간단하게 요약한 요점 정리를 두어서 그 장의 내용을 한눈에 파악할 수 있게 했다. 이 여섯개의 장을 차례로 읽을 수도 있고, 흥미가 있거나 현재 몸담고 있는 현장에 알맞은 장을 골라서 깊이 있게 읽을 수도 있다.

제8장은 영향력 확대·유지에 필요한 인재, 자본, 강력한 기반 구조 같은 비영리단체의 핵심요소를 조명한다. 위대한 비영리단체는 영향력을 극대화시키는 여섯 가지 경영 습관에 익숙하고, 그 영향력을 계속 유지하기 위해서 조직을 효과적으로 만든다. 효과적인 조직을 건설하지 않고 여섯 가지 경영 습관만 익히려고 한다면 목적을 달성할 수 없다. 반대로 자기 조직 관리에만 몰두해도 영향력을 확대할 수 없기는 마찬가지다.

제9장은 여섯 가지 경영 습관이 서로 어떻게 조화를 이루며, 동시에 실행될 때 그 결과가 어떻게 복합적으로 나타나는지 보여준다. 또한 무엇이 달라지고 거기서 시사하는 내용이 무엇인지 설명한다. 이 장은 이 책에서 배운 것을 실천에 옮기도록 도와준다. 끝으로 열두 개 비영리단체나 우리의 연구 방법론을 더 많이 알고 싶다면 부록을 참조하면 된다. 부록에는 각 단체를 소개하는 '개요'와 우리의 연구 방법론을 더 자세히 설명해두었다. 뒤에 수록한 주석과 참고문헌은 더 많은 정보를 제공한다.

비영리단체 지도자든 자선 사업가든 기업 경영자나 기부자, 자원봉사자 또는 이사회 임원이든 또는 그저 세상을 바꾸는 법을 알고 싶어 하는 사람이든, 우리는 이 책을 통해 당신이 선을 위한 더욱 강력한 힘으로 거듭날 수 있기를 바란다.

제1장

선을 위한 힘

Forces for Good

비영리단체 성공의 비밀은 정부, 기업, 비영리단체, 일반 대중 같은 사회의 모든 분야를, 선을 위한 힘이 되도록 얼마나 잘 동원해내느냐에 달려 있다. 달리 말하면 '비영리단체의 위대함은 조직 내부 운영보다는 조직 외부에서 어떻게 활동하느냐와 더 관계가 깊다.' 끊임없는 자금 조달, 잘 조직된 이사회, 효과적인 조직 관리처럼 교과서적인 경영 전략이 필요한 것은 사실이지만, 그것만으로는 충분하지 않다.

FORCES for GOOD

"내게 충분히 긴 지렛대를 준다면 혼자서도 세상을 들 수 있다." – 아르키메데스

제1장 선을 위한 힘

무엇이 위대한 비영리단체들을 위대하게 만드는가?

아주 간단한 질문 같지만 수수께끼를 풀 때처럼 쉽게 답이 나오지는 않는다. 이 질문에 답하기 위해 우리가 애쓴 결과가 바로 이 책이다.

이 책은 사회에 영향력이 큰 비영리단체들이 사회 변화를 최대화하기 위해 사용하는 여섯 가지 습관에 관해 쓴 것이다. 이 습관들은 세상을 바꾸려고 애쓰는 조직이라면 어떤 단체에도 적용될 수 있다. 몇 년에 걸쳐 연구한 결과, 여기서 소개하는 열두 개 비영리단체는 최근 미국 역사에서 가장 성공한 비영리단체다. 우리는 미국 사회에 영향을 얼마나 크게 미쳤는지를 기준으로 이들 단체를 선별하고 세밀한 연구에 들어갔다.

이 책은 미국에서 경영 능력이 뛰어난 비영리단체 이야기가 아니다. 널리 알려진 인지도에 따라 단체를 선별하지도 않았다. 또한 여기서 소개된 단체들은 수입을 가장 많이 올리거나 비용을 최소화한—사회적 분야를 평가할 때 이것들을 비영리단체의 실제 성과 지표로 설정하는 경우가 매우 많다—비영리단체도 아니다.

우리가 이들 열두 개 단체를 연구 대상으로 선정한 까닭은 이들이 진정한 사회 변화를 만들어냈기 때문이다. 이들 단체는 혁신적인 방법으로 사회문제들을 해결했으며, 이런 생각을 미국 전역 또는 전 세계로 확산시켰다. 이들은 매우 중요하고 지속적인 결과들을 만들어냈고, 불과 몇 십 년도 안 되는 동안에 엄청난 규모의 변화를 창조했다. 일반 기업에 비유하면 설립한 지 몇 년 만에 '〈포춘〉지 선정 세계 500대 기업'의 반열에 오른 구글이나 이베이와 비슷하다고 볼 수 있다.

연구 대상 가운데 어떤 단체는 가난한 사람 100만 명에게 집을 지어주었다. 또 어떤 단체는 산성비 강우량을 줄이는 데 크게 기여해 기후변화에 대처하는 새로운 모델을 창조했다. 또 한 단체는 전국적인 봉사프로그램을 만들어 청소년 자원봉사자 수십만 명을 지원했다. 이들 단체 대부분은 이민자 정책에서 전반적인 사회복지 개혁에 이르기까지 중요 정책의 입법 과정에 영향력을 크게 행사했다. 끊임없이 활동하도록 기업에 압력을 넣고 기아, 교육개혁, 환경 같은 문제를 해결하기 위해 시민을 동원해서 행동에 나서게 했다.

사회적 기업가들이 (그들이 스스로 그렇게 인정하든 말든) 설립하고 이끄는 이들 비영리단체는 진정으로 선을 위한 힘이 됐다.

영향력이 큰 열두 개 비영리단체

티치 포 아메리카Teach For America는 이런 비영리단체 가운데 하나다. 1989년 프린스턴 대학 졸업반 웬디 콥이 얼마 안 되는 자본으로 사무실을 빌려 시작한 이래, 오늘날 4400개 기업의 후원 아래 1만 2000명이 넘는 졸업생을 배출했다. 미국 명문대학을 졸업한 많은 학생들이 아주 낮은 급여만 받고 2년 동안 환경이 열악한 공립학교에서 학생을 가르친다. 지난 10년 동안 티치 포 아메리카의 규모는 네 배가 넘었으며, 2007년에는 예산이 1000만 달러에서 7000만 달러로 크게 증가했고, 교사 수도 500명에서 4400명으로 늘었다. 이후 몇 년 안에 그 목표치는 다시 두 배로 늘어날 예정이다.[1]

그러나 이런 급격한 성장은 전체 이야기의 일부일 뿐이다. 이보다 더 중요한 것은 티치 포 아메리카가 한때 불가능하다고 생각한 일들을 성공으로 이끌었다는 사실이다. 이 단체는 교사 자격에 대한 기존 생각을 바꾸었고, 공립학교에서 학생들을 가르치는 일을 '멋진 일'로 만들었으며, 미래의 미국 지도자들이 앞장서 이끌어야 할 교육개혁의 모델을 창조했다. 이제 이 단체는 골드만삭스나 매킨지 같은 일류 기업체와 더불어 아이비리그 대학 졸업생들이 가장 들어가고 싶어 하는 단체다.[2] 이 단체가 제공한 프로그램을 1990년대에 경험한 졸업생들은 오늘날 공적 자금을 지원받아 자율형 공립학교를 설립하거나, 교육 관료를 맡거나, 교육재단을 운영하거나, 학교 교장으로 활동하고 있다. 티치 포 아메리카는 훗날 언젠가 이 단체의 프로그램을 이수한 졸업생이 미국 대통령이 될 것이라고 믿고 있다.

해비타트 Habitat for Humanity 또한 훌륭한 비영리단체다. 단체 설립자 밀러드 풀러는 성공한 기업가로서 1976년 사재를 털어 "세상에서 가난 때문에 집이 없어 고통받는 사람을 없애는 것"을 목표로 해비타트운동을 시작했다. 오늘날 해비타트 자원봉사자 수천 명이 전 세계에서 빈곤층 가정에 집을 지어준다. 이들은 주택 건설 자금을 무이자로 대출해주며, 집을 짓는 과정에 직접 참여하기도 한다. 현재 100여 개 나라에서 2100개가 넘는 지역 단체가 활동하고 있으며, 전체 예산은 자그마치 10억 달러에 이른다. 해비타트는 〈크로니클 오브 필랜스로피 Chronicle of Philanthropy〉 비영리단체 관련 전문잡지로 자선단체, 기금조성자, 자선사업가 들에게 격주로 정보를 제공하며 온라인으로도 운영한다가 선정한 '재원이 가장 풍부한 25개 비영리단체' 가운데 하나다.[3]

이런 통계수치보다 더 인상적인 것은 해비타트운동이 주택개선운동으로 끊임없이 자발적으로 확산되고 있다는 점이다. 풀러는 다른 단체를 조직하지 않았다. 대신에 자원봉사자 수백만 명이 '온 정성을 다해' 가난과 주택 문제를 해결하는 운동을 벌이기를 바랐다. 불과 지난 몇 년 사이에 이 단체는 망치를 투표권으로 바꾸기 시작했다. 가난과 집 없는 사람을 만들어내는 근원인 경제체계와 정치체계에 영향력을 행사하기 위해서였다.

환경방위 Environmental Defense는 1960년대 말에 설립된 당시로서는 매우 앞선 비영리단체로, 맹금류를 멸종 위기로 몰아넣던 DDT 살충제의 사용에 반대하는 과학자들이 설립했다. 환경방위는 환경문제와 관련해 법정에서 수많은 승리를 이끌어낸 것으로 잘 알려져 있지만, 사실은 그보다 시장을 기반으로 하는 전략을 처음으로 시도해서 기업들이 오늘날처럼 경제 활동을 바꿀 수 있도록 한 것으로 더 유명하다. 환경방위가 고안한 총량거래제 cap-and-trade 방식은 대기오염방지법 Clean Air Act, 미국, 1970년 제정의 핵심요소다. 오염물질배출거래제는 산성비를 유발하는 아황산가스의 배출을 줄이는 데 기여했으며, 지금은 기후변화를 막기 위한 매우 중요한 모델이 되었다.

환경방위는 또한 프레드 크루프의 지휘로 맥도날드, 페덱스, 월마트 같은 기업체와 혁신적인 협력 관계도 구축했는데, 처음에는 다른 비영리단체들에게 배신자라는 원성을 듣기도 했다. 1990년대 초, 환경방위는 맥도날드가 포장 쓰레기를 15만 톤 이상 줄이도록 이끌었고, 페덱스에서 사용하는 중형트럭을 친환경 하이브리드 차량으로 바꾸게 했다.[4] 최근에는 월마트와 협력 관계를 선언하고 이 회사가 친환경적인 사업 모델을 계속 구축해나가도록 돕고 있다.

환경방위는 상근 활동가가 거의 300명에 이르고, 회원 수는 약 50만 명이며, 한 해 예산만 7000만 달러다. 최근 5년 동안 규모가 거의 두 배에 이르는 엄청난 성장 곡선을 그렸다. 처음 이 단체를 만든 사람들은 비영리단체의 경영을 전혀 몰랐지만, 이제는 다른 비영리단체들이 따르려는 사회 혁신의 모델이 됐다. 환경방위는 대담하게 '일이 작동하는 방법을 찾음'으로써 다른 환경단체뿐 아니라 정부 정책과 기업 활동에도 큰 영향을 미쳤다.

앞에서 설명한 세 비영리단체는 저마다 다 자신만의 이야기가 있다. 이 책은 우리가 3년에 걸쳐 연구한 열두 개 비영리단체가 어떻게 성공했는지 그 비밀을 밝혀나간다. 표 1.1은 이 단체들이 무엇이고 어떤 일을 하는지 간략하게 보여준다. 더 자세한 내용은 부록 390쪽 〈이 책에 선정된 비영리단체 소개〉에서 볼 수 있으며, 이들 단체의 이야기는 책 전체에 걸쳐 펼쳐질 것이다. 이 장 후반부에서는 이들 단체를 어떻게 선정했고 어떻게 조사했는지 설명한다.

단체명	설립 연도, 소재지	2005회계년도 수입(달러)	하는 일
피딩 아메리카	1979, 시카고, 일리노이	5억 4300만 (현물 기부 포함)	기증받은 식량과 식료품을 지역 풀뿌리단체에 배급하고 기아퇴치 관련 정책 활동
예산과정책우선순위 센터	1981, 워싱턴 D. C.	1300만	주와 연방의 예산과 재정 정책을 연구, 분석하고 저소득층 관련 정책 활동
시티 이어	1988, 보스턴, 매사추세츠	4200만	시민 봉사와 리더십 교육, 사회적 기업 교육을 통해 민주주의 육성. 전국적인 봉사 활동과 관련한 정책 활동
환경방위	1967, 뉴욕 시	6900만	환경문제 관련 연구, 정책 활동, 시장의 창조적 활용과 기업 제휴를 통해 창조적 해결책 제시
익스플로라토리움	1969, 샌프란시스코, 캘리포니아	4400만	새로운 형태의 교육 모델로 고안된 인지 과학, 미술 관련 쌍방향 박물관
해비타트		10억(전 세계 지부 포함)	빈민 주택 개선과 무주택자 해소를 위해 집을 짓고 홍보하는 등 주택 관련 정책 활동
헤리티지재단	1976, 워싱턴 D. C.	4000만	자유기업, 자유, 전통 가치, 정부 권한 축소, 강력한 방위력을 기반으로 하는 보수주의 정책 입안과 추진
전미라라자위원회	1968, 워싱턴 D. C.	2900만	남미계 미국인의 시민권과 관련한 정책 활동과 기회 향상을 위해 노력
셀프헬프	1980. 더럼, 노스캐롤라이나	7500만	주택 대출, 부동산 개발 등의 연구와 정책 활동을 통해 저소득층의 경제력 향상을 위해 노력
셰어 아워 스트렝스	1984, 워싱턴 D. C.	2400만	굶는 아이 문제를 해결하기 위해 개인과 기업이 함께 노력하도록 행사 개최
티치 포 아메리카	1990. 뉴욕 시	4100만	대학을 갓 졸업한 학생들이 2년 동안 환경이 열악한 학교에서 교사로 일하는 전국적인 교사 단체로 교육개혁 지도자 육성
유스빌드 유에스에이	1988, 보스턴, 매사추세츠	1800만	16~24세의 저소득층 청소년을 대상으로 종합 교육을 실시하고 이들을 지역 주택 사업에 참여시켜 직업기술과 리더십 육성

표 I.1 12개 대표적인 비영리단체 개요

전국 200개가 넘는 식품은행 유통망이 해마다 5만 개가 넘는 지역 비영리단체에 식품 20억 파운드를 분배해서 굶주린 미국인 2500만 명에게 먹을 것을 공급한다.

빈민들을 위한 프로그램에 쓰일 연방지원금 수십억 달러의 삭감을 막아냈다. 30개 주에 있는 지부, 6000개 지역단체와 협력한다. 주 정부와 협력해서 국제예산프로젝트(IBP)를 설립했다.

미국 내 17개 도시에 청소년 봉사단이 있으며 남아프리카공화국에서도 졸업생 8000명을 배출했다. 해마다 전국에서 자원봉사자 7만 명이 활동하는 아메리콥스 설립에 영향을 주었다. 청소년 봉사활동과 사회적 기업 분야 육성에 기여했다.

대기오염방지법과 교토의정서를 포함해서 중요한 환경 정책에 영향력을 행사했다. 적극 활동 회원이 50만 명에 이른다. 맥도날드, 페덱스, 월마트 같은 기업들이 좀더 지속 가능한 경영을 하도록 돕는다.

해마다 관람객 50만 명이 방문한다. 124개 제휴 박물관과 웹사이트를 찾은 방문객이 2200만 명에 이른다. 전 세계에 쌍방향 과학 센터와 박물관 바람을 몰고 왔다.

100개 나라에 2100개 지부가 있으며, 지금까지 집 27만 5000채를 지었고, 100만 명에게 주거공간을 제공했다. 미국을 비롯해서 전 세계에 수백만 명의 자원봉사자가 있다.

레이건 정부에 정책 의제를 제공하기 위해 설립됐다. 1990년대 의회에 보수주의 혁명을 일으키는 데 일조했다. 전국에 있는 2500개 관련 단체와 협력하며 개인 회원은 27만 5000명에 이른다.

300개가 넘는 풀뿌리 지부와 함께 현장 활동을 한다. 남미계 미국인의 교육, 보건, 시민권 관련 개혁 프로그램을 운영하고 이민법 제정과 관련해서 강력한 영향력을 행사했다.

금융기관들과 제휴관계를 맺어 5만 명이 넘는 소규모 영세 상인과 저소득층 개인에게 45억 달러가 넘게 돈을 빌려주었다. 약탈적대부업자퇴치운동을 전국적으로 이끌었고 22개 주에서 그와 관련한 개혁 법안을 통과시켰다.

20년 동안 60개 도시에서 기아 퇴치를 위한 '전국 요리 시식회' 행사를 개최하여 2억 달러의 기금을 모금했다. '위대한 미국인의 즉석 구이 빵 판매' 행사에는 해마다 전국에서 자원봉사자 100만 명이 참가한다. 부문을 가리지 않고 혁신적인 제휴 관계를 맺는 것으로 유명하다.

지금까지 1만 2000명의 교사단원이 250만 명의 학생을 가르치며 교육 개혁의 선구자들을 길러냈다. 많은 교사 훈련과 자격 제도 수립에 영향을 미쳤다.

지금까지 6만 명이 넘는 청소년이 주택 1만 5000채를 짓는 데 참여했다. 226개 관련 단체와 함께 협력한다. 6억 5500만 달러의 연방 기금을 새로 조성하는 입법안 마련에 영향을 미쳤다.

비영리단체 경영에 대한 신화 깨뜨리기

우리는 MBA에서 배운 대로 이들 비영리단체에게서 조직 경영을 구성하는 전통적 요소인 리더십, 지배력, 경영 전략, 사업 계획, 개발, 마케팅 등을 조사했다. 우리는 기업 관련 베스트셀러 책을 보면 언제나 나오는 것처럼, 위대한 비영리단체는 다른 단체들과 달리 오랜 세월에 걸쳐 유효성이 입증된 뭔가 강력한 경쟁력을 지니고 있을 거라고 생각했다. 예를 들면 뛰어난 마케팅 능력이나 완벽한 조직 운영, 정밀한 경영 전략과 사업 계획 같은 것 말이다. 우리는 이들 단체의 설립에는 뭔가 남들이 모르는 '비밀 요소'가 있을 거라고 상상했다. 그 비밀을 정확하게 파악해서 다른 단체들로 확대, 적용할 수 있다면 파급효과가 더 클 것이라고 생각했다.

그러나 결과는 놀랍게도 우리가 이미 알고 있던 사실과 전혀 달랐다. 사회에 커다란 변화를 가져오는 일은, 어떤 단체를 만들고 규모를 확대하고 다른 곳으로 확산시키는 것만으로는 이뤄지지 않았다. 사회에 영향력을 크게 미친 비영리단체 가운데 많은 곳이 완벽한 관리 능력을 지닌 것도 아니었다. 오히려 적어도 이들 단체의 절반 정도는 전통적인 경영 평가 순위로 볼 때 낮은 등급에 속했다. 이들은 비용을 낮추기보다는 사회에 영향력을 미치는 부분에 노력을 더 많이 기울였다. 이들은 목적을 달성하기 위해 필요한 것을 한다.

연구가 점점 더 진행되면서 위대한 비영리단체가 만들어지는 과정을 우리가 처음에 잘못 생각했다는 것이 밝혀지기 시작했다. 실제로, 사회적 부문의 경영을 다루는 서적들은 비영리단체의 사회적 영향력에 초점을 맞추지 않는다. 그러나 우리는 이 연구를 하면서 뛰어난 비영리단체의 공통된 신화를 지지할 만한 증거를 거의 찾지 못했다.

신화 1_완벽한 관리 | 우리가 연구한 몇몇 단체는 전통적 의미에서 조직 관리를 특별히 잘하지 않는다. 일부 단체는 조직 체계와 운영, 전략 계획을 우선순위에 따라 중요하게 다루었지만, 그런 것들이 매우 혼란스럽고 '계획'을 그저 형식적으로 짜는 단체도 적지 않았다. 철저히 관리해야 하는 부분이 어느 정도 있지만(제8장에서 설명할 것이다) 이들 단체가 그렇게 높은 영향력을 행사하는 이유를 관리만으로 설명하기는 너무 부족하다.

신화 2_높은 지명도 | 비록 우리가 연구한 단체 몇몇은 대중에게 널리 알려진 것이 사실이지만, 놀랍게도 몇몇 단체는 자신을 알리는 활동을 전혀 하지 않는다. 전통적인 대중 홍보를 사회에 영향력을 주기 위한 핵심 전략으로 생각하는 단체도 있지만, 중요하게 생각하지 않는 단체도 있다.

신화 3_뛰어난 창의성 | 혁신적인 생각을 내놓은 단체도 있지만, 옛날 생각으로 목적을 달성한 단체도 있다. 나중에 살펴보겠지만, 이들 단체의 성공 비결은 대개 새로운 생각이나 모델 자체보다는 그를 어떻게 실행하고 혁신적으로 수행하느냐에 달려 있다.

신화 4_사업 목적의 선언 | 이들 비영리단체는 모두 훌륭한 사명과 미래상, 공유 가치 아래에서 움직인다. 실제로 조직 관리가 완벽하지 않아도 내부 조직활동이 일관된 것은 이런 것들이 영향을 주기 때문이다. 그러나 조직의 사업 목적을 미세하게 다듬어 문서로 작성한 단체는 매

우 적다. 오히려 그런 데 시간을 쏟기보다는 실제로 현장에서 활동하느라 너무 바쁜 단체가 대부분이다.

신화 5_전통적 의미에서 높은 평가 | 채러티 네비게이터 Charity Navigator, 미국의 비영리단체들을 평가하는 독립된 비영리기구가 비영리단체의 효율성에 매기는 점수처럼 전통적인 평가방법으로 볼 때, 이들 단체의 점수는 썩 좋은 편이 아니다. 별 다섯 개 가운데 한두 개를 받은 단체도 있다. 또 비영리단체의 등급을 매기는 웹사이트들은 이들 단체가 얼마나 비용을 덜 썼는지 보여줄 수는 있지만, 사회에 영향을 얼마나 미쳤는지는 알려주지 못한다.

신화 6_대규모 예산 | 비영리단체가 사회에 영향력을 행사하는 것과 조직 규모는 별로 상관관계가 없다. 대규모 예산을 보유한 비영리단체가 사회에 영향력을 크게 미치는 경우도 있지만, 비교적 적은 예산으로도 영향력을 막강하게 행사하는 단체도 있다. 이들 단체는 모두 나름대로 자금 조달 전략을 가지고 있다.

위대한 비영리단체를 위대하게 만든 전통적 지식을 거두어들이자, 우리는 연구를 시작하면서 가정한 전제에 오류가 있음을 인정하기 시작했다. 우리는 연구를 시작하면서 이들 조직을 위대하게 만든 고유한 어떤 요소가 있을 거라고 가정했다. 그러나 위대한 비영리단체가 된다는 것은, 조직을 거대하게 만들고 더 많은 사람에게 영향을 끼치기 위해 조직을 끊임없이 확대하는 것을 말하지 않는다. 적절한 투자 없이 너무 빨리 성장하는 것은 오히려 조직 활동을 약화시키거나 파괴할 수 있다. 조직의 성장이 영향력을 향상시킬 하나의 전략이 될 수는 있지만, 이들 비영리단체가 성공한 유일한 방법은 아니다.

성공한 비영리단체의 여섯 가지 습관

이들 비영리단체를 연구하면서 파악한 사실은 우리를 깜짝 놀라게 했고, 그 분야에서 오랫동안 활동한 사람들의 호기심을 불러일으켰다. 우리는 우리가 발견한 뼈대가 사회적 부문을 이해하고 사회를 크게 변화시키는 데 필요한 새로운 시각을 제공하리라고 믿는다. 사회적 영향력을 키우고 싶은 단체라면 누구든 지금부터 자세하게 설명하는 여섯 가지 습관을 따라할 수 있다.

비영리단체 성공의 비밀은 정부, 기업, 비영리단체, 일반 대중 같은 사회의 모든 분야를, 선을 위한 힘이 되도록 얼마나 잘 동원해내느냐에 달려 있다. 달리 말하면 비영리단체의 위대함은 조직 내부 운영보다는 조직 외부에서 어떻게 활동하느냐와 더 관계가 깊다. 물론 끊임없는 자금 조달, 잘 조직된 이사회, 효과적인 조직 관리처럼 교과서적인 경영 전략이 필요한 것은 사실이지만, 그것만으로는 충분하지 않다. 우리가 연구한 성공한 비영리단체들은 '충분히 좋은' 조직을 구축하고 있었지만, 체계의 거대한 변화를 촉진시키기 위해 조직 외부에서 시간과 노력을 쏟아 붓고 있었다. 위대한 조직은 홀로 성취할 수 있는 것보다 더 큰 영향력을 창조하기 위해 다른 이들과 함께, 그리고 그들을 통해서 활동한다.

"내게 충분히 긴 지렛대를 준다면 혼자서도 세상을 들 수 있다." 이것은 아르키메데스가 한 말로 널리 알려져 있다. 이들 열두 개 비영리단체는 거대한 변화를 창조하기 위해 지레의 원리를 이용한다. 사연과학에서 지레는 지렛대를 이용해서 얻는 기계력을 뜻한다. 사회과학에서 지레는 사람, 사건, 의사결정에 영향을 미치는 능력으로 이해된다. 기업에서는 적당한 소규모 초기 투자로 높은 수익을 얻는 것을 뜻한다. 어떻게 해석하든지 이 지레의 개념은 위대한 비영리단체가 하는 일을 아주 정확하게 포착한다. 지렛대와 받침대만 있다면 자기 몸무게의 세 배를 들 수 있는 것처럼, 이들 단체는 단순히 규모나 구조로 발휘할 수 있는 영향력보다 훨씬 더 큰 영향력을 가지고 있다(그림 1.1). **이들 단체는 더 적은 것으로 더 많은 일을 하기 위해 다른 단체들에게 영향을 미치고 그들을 변화시킨다.**

이 책에 나오는 단체들은 사회운동의 씨앗을 뿌리고 그 밭을 일군다. 이들 단체는 정부 정책을 다듬고 기업의 활동 방식을 바꾼다. 수백만 명의 개인들을 끌어들이고 마음을 움직여서 대중의 태도와 행동 양식을 바꾸게 한다. 다른 단체와 경쟁하기보다는 서로 협력해서 더 커다란 비영리단체 연대 기구를 만든다. 자기 조직을 어떻게 구축할까 걱정하기보다는 외부와 어떻게 관계를 맺고 다른 단체에게 얼마나 영향력을 줄지에 신경을 더 많이 쓴다. 영향력이 큰 비영리단체들은 자기 조직에만 집중하지 않고 끊임없이 외부와 활동하고 그 결과를 추구한다.

오랫동안 이들 단체를 연구 · 검토하고 우리가 생각한 것을 검증하고 재검증하고 나서야 비로소 이들의 활동 방식에 어떤 일관된 행동 양식이 있음을 알게 됐다. 우리는 이런 행동 양식 가운데 여섯 가지를, 성공한 비영리단체들의 여섯 가지 습관으로 최종 정리했다. 비록 이들 단체가 **여섯 가지 습관**을 모두 다 지니고 있지는 않았지만, 각각 적어도 열두 단체 가운데 열 단체에는 있었으며, 그렇지 않은 것은 '일관된 행동양식'이라고 간주하지 않았다.

여섯 가지 습관 중 앞에 나오는 네 가지는 이들 비영리단체의 외부 활동과 관련이 많으며, 이들 단체가 조직 밖에서 어떻게 영향력을 극적으로 확대하는지 잘 보여준다. 이 습관들은 외부 이해관계자들을 움직여서 비영리단체가 더 적은 것으로 더 많은 일을 하게 한다. 우리는 이런 외부 요소들을 면밀하게 관찰한 결과, 이들 단체의 **외부 활동**이, 자신들이 처한 환경에 더 효과적으로 대처하도록 특별한 **내부 활동을 이끌어낸**다는 사실도 알았다. 따라서 네 가지 습관 외에도 내부 활동과 관련된 두 가지 습관이 따로 있음을 발견했다. 그 내부 활동은 위대한 비영리단체들이 외부 세계에서 성공적으로 활동하고 서로 다른 경계들을 넘어설

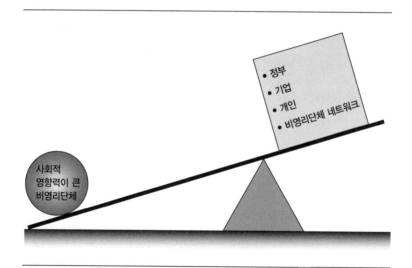

그림 1.1 지렛대는 영향력을 증대시킨다

수 있도록 도와준다.

　다시 말해서, 사회적 분야에서 활동하는 위대한 비영리단체들이 다음과 같은 여섯 가지 습관을 지니고 있었다.

1. 정책 활동과 현장 활동을 함께 하라 | 영향력이 큰 단체들은 한 가지 일에만 집중하지 않는다. 처음에는 훌륭한 프로그램으로 사업을 시작할 수도 있지만, 마침내는 그런 프로그램을 제공하는 것만으로 근본적인 변화를 불러올 수 없다는 것을 깨닫는다. 따라서 그들은 관련 정책 발의나 지지 활동을 추가로 한다. 정부 지원을 받거나 관련 법률을 개정하고, 따라서 영향력을 확대해나간다. 사업이나 정책 홍보에 먼저 힘쓰고 나중에 풀뿌리 사업을 전개함으로써 전략을 최대화하는 단체도 있다. 결국 이들 단체는 사업 수행과 관련 정책 지원이나 홍보 활동을 동시에 진행한다. 그리고 그 두 가지를 모두 잘 수행한다. 자신의 주장을 더 널리 알리고 사업 수행을 잘하면 잘할수록 사회에 끼치는 영향력은 점점 더 커진다.

2. 시장을 움직이게 하라 | 순수한 이타주의에 호소하기보다 개인의 이익 추구나 경제학 원리를 자극하는 것이 훨씬 효과적이다. 위대한 비영리단체들은 더 이상 전통적인 자선 개념에 기대지 않으며, 기업 부문을 적으로 보지 않는다. 오히려 이들은 시장과 함께 작동하고 '기업 활동에 이익이 되면서 사회적으로 좋은 일을 하도록' 돕는 방법을 찾는다. 이들 단체는 기업에 영향력을 행사하는 동시에 동반자 관계를 형성하고 수익사업을 개발한다. 더 거대한 규모로 사회를 변화시키기 위해 시장의 힘을 이용하는 것이다.

3. 열성 지지자를 양성하라 | 위대한 비영리단체들은 자원봉사자를 무보수로 일해주는 사람 정도로 생각하지 않는다. 회원으로서 의무를 수행하는 사람보다 훨씬 더 소중하게 생각한다. 이들 단체는 자원봉사자들의 서로 다른 감성적 경험들을 자기 단체의 사명이나 핵심 가치와 연결시키는 중요한 방법들을 찾아낸다. 이들 단체는 자원봉사자, 기부자, 자문위원을 시간과 돈, 지식으로 단체에 도움을 주는 사람으로만 보지 않는다. 단체의 대의를 자발적으로 널리 알리는 사람으로 생각한다. 이들 단체는 이들과 강한 공동체 관계를 맺고 유지하면서 단체의 더 큰 목표 달성을 돕게 한다.

4. 다른 비영리단체와 연대하라 | 비영리단체 대부분은 서로 협력한다고 말하지만 실제로는 서로를 희소한 자원을 두고 다투는 경쟁자로 본다. 그러나 성공한 비영리단체들은 다른 비영리단체와 네트워크를 만들고 연대하며 활동 영역을 넓히는 데 시간과 노력을 아끼지 않음으로써 그 경쟁이 좋은 성과를 이루게 한다. 이들 단체는 다른 단체와 자금, 전문 기술, 재능과 능력을 자유롭게 나눈다. 특별히 덕이 높아서가 아니라 각자에게 이익이 되기 때문이다.

5. 완벽하게 적응하라 | 이 책에서 소개하는 비영리단체는 자신들의 재능을 성공에 필요한 것으로 바꿀 줄 아는 적응력이 특별히 뛰어났다. 이들은 변하는 환경에 대응해서 한 가지 혁신을 또 다른 혁신으로 연속해서 바꿀 줄 알았다. 그 과정에서 실수도 있었고 좌절도 있었다. 그러나 이들 단체는 일반 비영리단체들과 달리, (영향력을 적절하게 유지하게 만들어주는) 외부 요소에 어떻게 접근해야 할지에 관해 남의 말을 귀담아 들으며, 거기서 배우고 수정하는 능력이 뛰어났다.

6. 리더십을 공유하라 | 이 책에 나오는 지도자 가운데는 카리스마가 엄청난 사람이 많지만, 그렇다고 자기중심적인 것은 아니다. 이들 지도자는 전략적으로 사고하며 기업가 기질을 타고났지만, 선을 위한 더 강력한 힘이 되려면 다른 사람과 능력을 공유해야 한다는 것을 알고 있었다. 이들은 자기 단체뿐 아니라 다른 비영리단체와 네트워크를 만들어 리더십을 공유하고 다른 단체들이 따라오도록 이끈다. 또한 힘 있는 후계자를 키우고, 오랜 기간 동안 단체를 이끌 강력한 집행부를 구성하며, 더 큰 영향력을 발휘하기 위해 열심히 활동하는 이사회를 만든다.

열두 개 비영리단체는 이런 여섯 가지 경영 습관을 모두 또는 대부분 지니고 있다. 모두가 처음부터 그렇게 시작하지는 않았다. 처음에는 그중 몇 가지만 가졌다가 시간이 지나면서 다른 습관들이 추가된 단체도 있다. 또 어떤 단체는 특정 습관을 다른 습관보다 더 중요하게 생각하고 실천한다. 여기서 중요한 것은 이들 단체가 다른 단체들보다 이런 습관에 더 익숙하다는 점이다. 관료주의나 형식주의에 빠져 허우적대기보다는 끊임없이 새로운 방향으로 움직이며, 좀더 효과적으로 활동하도록 발전할 줄 안다. 다른 단체와 함께 활동함으로써 영향력을 기하급수적으로 증가시킬 '충분히 긴 지렛대'를 늘 발견한다. 그림1.2는 이런 여섯 가지 경영 습관이 서로 어떻게 맞물리는지 보여준다.

이런 힘들을 동시에 모두 적용할 때 비영리단체가 성공할 수 있는 계기는 더 가까워진다. 해비타트 자원봉사자 가운데 한 사람은 이렇게 말한다. "눈덩이를 언덕 아래로 굴리는 것과 비슷해요. 처음에 눈덩이를 굴리려면 힘이 많이 들어가지만, 한 번 굴러가기만 하면 계기가 만들

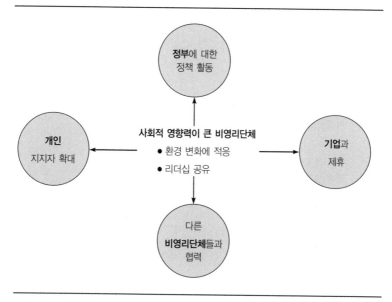

정부에 대한
정책 활동

사회적 영향력이 큰 비영리단체
● 환경 변화에 적응
● 리더십 공유

개인
지지자 확대

기업과
제휴

다른
비영리단체들과
협력

그림 1.2　사회적 영향력이 큰 비영리단체의 활동 구성

어지면서 저절로 구르기 시작하지요."

　우리는 이 여섯 가지 경영 습관을 확인하고 자세하게 연구하면서 이
습관들이 서로를 강화시키는 방식으로 매우 긴밀하게 상호 작용할 수
있음을 알게 됐다. 서로 독립된 구성요소들이 복합적으로 작용하는 유
기체처럼, 전체는 부분의 합보다 더 크다. 예를 들면 비영리단체들의 네
트워크를 만들고 사람들이 자발적이고 적극적으로 활동하도록 고무시
키는 것은, 이들 단체가 정부 정책이나 기업 활동에 영향력을 더 크게
행사하는 데 큰 힘을 준다. 이들 단체는 리더십을 함께 나누면서 다른
단체들이 그들을 위해 행동하도록 영향을 준다. 또 뛰어난 적응력을 발
휘해서 끊임없이 변화하는 환경 속에서 적절하게 살아남는다. 이 책에

서는 이런 습관들이 각자 어떻게 영향력을 더 크게 창조하는지 살펴본
뒤, 제9장에서 이들이 어떻게 서로를 강화하는지도 살펴볼 것이다.

사회 변화의 극대화

연구가 막바지에 접어들면서 우리는 이들 비영리단체가 조직의 성장과
완성에 집중하는 것이 더 쉬운데도 왜 선을 위한 다양한 힘들을 이용하
는지 스스로에게 물었다. 그 해답은 진정한 영향력을 창조하려는 흔들
리지 않는 신념에 있었다. 이들 단체와 이들을 이끄는 뛰어난 개인들은
이 세상을 괴롭히는 가장 큰 문제인 기아와 가난, 교육의 불평등, 기후
변화를 해결하길 바란다. 이들은 세상을 바꾸고자 열망한다.

이들은 **폭넓은 사회 변화**를 성취하기 위해 애쓰는 만큼 사회에 **끊임없**
이 영향을 주기를 바란다. 단순히 사회문제를 응급 처방하는 데 만족하
지 않는다. 그런 사회 질병을 유발시킨 근원을 공격해 뿌리 뽑으려고 한
다. 티치 포 아메리카는 교실에서 학생들의 시험 성적을 올리는 것으로
만족하지 않는다. 교육체계 전체를 완전히 바꾸려 한다. 해비타트는 집
을 짓는 것만으로 만족하지 않는다. 가난한 사람의 허름한 가옥과 무주
택 문제가 세상에서 사라지게 하는 것이 꿈이다. 시티 이어City Year는
몇몇 청년 기업을 성공시키는 것으로 만족하지 않는다. 전국 젊은이들
이 모두 자기 지역사회에서 1년 동안 봉사하기를 바란다.

가능성이 없어 보이는 상황에서도 끊임없이 성공을 추구하는 자세
는 비영리단체에는 어울리지 않을 것 같은 사회적 기업가의 특징이다.

아쇼카 재단의 설립자 빌 드레이턴의 말처럼 "사회적 기업가는 단순히 사람들에게 물고기를 잡아주거나 물고기 잡는 법을 가르치는 것으로 만족하지 않는다. 그들은 수산업 전체가 완전히 바뀔 때까지 노력을 멈추지 않는다."[5] 이 말은 사회적 기업가 정신이란 조직 외부에 중심을 두고 행동하는 것임을 의미한다. 그 모든 것은 과정이 아니라 결과에 대한 것이다. 이들의 활동이 때때로 산만하고 혼란스러워 보이는 까닭은 바로 이런 이유 때문이다.

이들 단체의 지도자들이 그런 명칭을 인정하든 안 하든 그 사고방식은 사회적 기업가의 견해와 일치한다. 그들은 사회 가치를 창조한다. 새로운 기회를 끊임없이 추구한다. 현재의 한정된 자원에 구애받지 않고 대담하게 행동한다. 그들은 혁신하고 적응하며, 무엇보다 결과를 중요하게 생각한다.[6] 셀프헬프 Selp-Help의 설립자 마틴 익스는 이렇게 말한다. "내가 하는 일은 정당함을 넘어서 사회에 더 많은 영향력을 끼쳐야 한다." 사회적 기업가들은 어떤 일이 비록 자기 자신을 억누르게 하고 개인이나 단체의 욕구를 부차적인 것으로 만든다고 해도, 그 일을 이루기 위해 필요한 것은 무엇이든 한다.

환경방위에서 대외 협력을 지휘하는 그웬 루타는 이렇게 말한다. "우리는 실용주의자예요. 결과를 중요하게 생각하죠. 신뢰할 만한 결과를 얻을 수만 있다면 누구와 함께 일하든 문제가 안 돼요. 우리는 사업을 진전시킬 수 있다면 수단과 방법을 가리지 않죠. 사람들에게 간청하기도 하고, 기업과 손잡기도 해요. 의회에 청원하기도 하고, 일반 대중을 교육하기도 하죠. 이 하나하나가 모두 우리의 도구입니다. 목표를 달성하기 위해 필요할 때마다 적합한 것을 골라 사용해요."

영향력에 대한 강한 집념과 실용적 이상주의라는 공통된 마음자세는 이 사회적 기업가들이 더 거대한 사회 변화를 창조하게 하는 궁극적인 요소다. 그들이 이끄는 단체들을 위대한 비영리단체로 선정한 것은 바로 놀라운 영향력 때문이다. 우리가 연구하려고 한 것은 '완벽한' 비영리단체가 아니었다. 우리는 가장 성공한 비영리단체를 찾고 있었다. 그러나 우리는 이들 단체가 어떻게 그처럼 큰 성공을 이뤘는지 알아보기 전에 먼저 이들 단체를 선정하고 연구하기 위한 방법론을 생각해내야 했다.

우리의 연구 방법론

2004년 연구를 시작했을 때 우리에게 닥친 첫 번째 문제는, 어떤 것이 성공인지 정해진 기준이 없는 분야에서 '높은 사회적 영향력'이 무엇을 뜻하는지 정의하는 것이었다. 기업 세계에서 조직의 영향력을 정의하고 측정하는 작업은 그보다 훨씬 더 간단하다. 사람들은 대기업을 정의할 때 우량 기업의 S&P 500지수와 관련해서 경영 성과나 주가 실적을 보고 따진다. 그러나 비영리단체는 다르다. 목표가 사회적 영향력이라고 해도 그것이 의미하는 보편적인 정의는 없으며, 측정할 수 있는 명확한 기준도 없다. 그리고 조직마다 추구하는 사업이나 목표가 매우 다양하다(더 자세한 내용은 부록 372쪽 〈이 책의 연구방법론〉을 참조하라).

따라서 우리는 비영리단체를 고를 때 단체들이 보유한 영향력을 서로 비교하며 정의했다. 이들의 영향력은 서로 매우 밀접하게 연결돼 있기 때문이다. 우리는 영향력의 정의를 두 부분으로 나눴다. 한 부분은 비영리단체가 혜택을 준 사람 수나 생산한 성과물 같은 구체적인 결과 수치였다. 우리는 이 단체가 미국 전체나 지구촌 차원에서 근본적인 성과를 지속적으로 거뒀는가를 따졌다. 우리가 내린 정의의 두 번째 부분은 좀더 질적인 것이었다. 우리는 정부 정책이나 일반 관습처럼 더 커다란 시스템에 영향력을 발휘한 단체를 선정했다. 그리고 그 단체가 하나의 완전한 시스템에 영향을 미쳤는가를 따졌다.

우리의 연구 방법론에서 한 가지 중요한 특징은 비영리단체의 성장을 평가할 때 얼마나 많은 지역사회에서 활동하는지, 또는 전체 예산이 얼마나 큰지와 같은 전통적인 잣대로 영향력의 크기를 정의하지 않았다는 것이다. 어떤 비영리단체는 활동 무대를 한 지역 이상 확장하지 않고도 영향력을 대규모로 발휘했다. 헤리티지재단The Heritage Foundation이나 익스플로라토리움Exploratorium처럼 이 책에 소개된 여러 단체에게서 관찰되는 현상이다. 나아가 우리는 예산 규모를 성공의 지표로 삼지 않았다. 왜냐하면 그것은 짐 콜린스가 《사회적 분야의 좋은 기업에서 위대한 기업으로 Good to Great and the Social Sectors》에 쓴 것처럼, 산출물(결과)이 아니라 투입물(자금 제공)을 측정하는 것이기 때문이다.[7]

또한, 직접 관련 있는 공동체에만 영향력을 행사하는 단체에는 초점을 맞추지 않았다. 예를 들면 병원이나 학교, 빈민 무료급식소처럼 어떤 지역에는 도움을 주거나 필요한 서비스를 제공하지만, 더 광범위하게 영향력을 미치려는 목표가 없는 단체는 대상에서 제외했다. 또한 미국 밖에서 설립된 국제 비영리단체도 연구 대상에서 뺐다. 이들이 활동을 시작한 사회·정치·경제적 배경이 연구 주제와 현저하게 다르기 때문이었다. 그렇다고 이들 국내외 단체가 우리의 발견을 조직에 적용할 수 없다는 말은 아니다. 우리는 이들도 우리가 선정한 비영리단체들에게서 많은 것을 배울 수 있다고 생각한다.

또 우리는 1965년과 1994년 사이에 설립된 비영리단체를 집중해서 연구했다. 상대적으로 짧은 기간에 영향력을 크게 미친 단체를 연구하는 데 관심이 있었기 때문이다. 이 단체들은 비슷한 다른 단체와 비교할 때 짧은 기간 안에 '무에서 거대한 존재로' 성장했으며, 서로 사회·정치·경제적 조건이 비슷했다. 연구를 시작할 때 설립한 지 10년이 안 되는 단체는 배제했다. 영향력을 충분히 입증할 만큼 역사가 오래되지 않았기 때문이다. 또한 적십자처럼 지난 세기에 세워져 오랜 세월 성장해온, 역사 깊은 거대 비영리단체도 제외했다.

끝으로 우리는 기본적으로 광범위한 공익을 위해 활동하는 미연방법 501(c)(3)에 의거한 비영리단체 ^{미 연방 소득세 면세를 받는 비영리단체}만을 연구 대상으로 삼았다. 교회 같은 종교단체는 배제했고 공제조합처럼 단일 집단을 위해서 활동하는 회원제 단체도 제외했다. 또 공익기금조성재단도 대상에서 뺐다. 비영리단체 대다수가 직면하는 자본 제약 요인을 겪지 않기 때문이다. 표 1.2는 연구 대상 단체의 선정 기준을 간략하게 보여준다.

우리는 연구 변수들을 정의하고 연구 기간 3년을 네 단계로 나눈 뒤 우리 기준에 적합한 단체들을 골라 연구하기 시작했다. 이들 단계에 대한 더 자세한 설명은 부록 372쪽 〈이 책의 연구방법론〉을 참조하라.

1단계_미국 전역의 비영리단체 조사 | 우리는 정해진 기준이 없는 까닭에

구분	기초 선정 기준	배제 기준
1. 조직 형태	• 501(c)(3)에서 정한 비영리단체 • 미국에서 설립된 단체	• 교회, 회원제 단체 • 기금 조성 재단 • 미국 밖에서 설립된 단체
2. 영향력 정의	• 근본적, 지속적인 성과를 거둠 • 더 커다란 전체 시스템의 변화	• 근본적이지도 않고 지속적이지 않은 영향력
3. 규모	• 전국적, 세계적 규모의 영향력	• 지역에 한정된 영향력
4. 설립 시기	• 1965 ~ 1994년 설립	• 1965년 이전이나 1994년 이후 설립
5. 최종 자료	• 발행 지역, 지리적 위치, 규모, 사 업 모델에 따라 다양한 자료를 신중하게 선택	• 모든 기준이 일치한 일부 단체는 배제함

표 1.2 **위대한 비영리단체 선정 기준**

비영리단체 지도자들에게 도움을 요청해 가장 영향력이 큰 비영리단체
들을 선정했다. 우리는 짐 콜린스와 제리 포라스가 가장 유망한 기업을
선정하기 위해 〈포춘〉지 선정 500대 기업의 CEO와 〈인크 Inc〉지 선정
100대 기업가를 조사한 《성공하는 기업의 8가지 습관 Built to Last》을 참
조했다.[8] 그리고 〈크로니클 오브 필랜스로피〉가 뽑은 400대 비영리단
체의 지도자를 포함해 비영리단체 대표를 2800명쯤 조사했다. 조직의
크기, 지리적 위치, 활동 분야의 다양성을 대표하는 표본이었다. 우리
는 이들에게 "지난 35년 동안 미국과 지구촌에 영향을 가장 많이 끼친
비영리단체 다섯 곳을 선정하고 그 이유를 설명하라"고 요청했다. 온라
인으로 답변을 500통 이상 받았고 비영리단체 수백 곳을 추천받았다.
2단계_사회적 분야 전문가 면담 조사 | 우리는 교육, 환경 같은 다양한 분
야에서 일하는 60명이 넘는 전문가와 함께, 추천받은 비영리단체들을

면밀히 조사했다. 언론인, 학자, 재단에서 활동하는 사람, 사상적 지도자처럼 특정 분야에 지식이 깊은 전문가들을 골랐는데, 비교적 객관적인 견해를 대표하기 때문이었다. 우리는 이 전문가들을 두 차례에 걸쳐 면담했다. 그들은 추천받은 비영리단체들을 분석하고 토론하면서 우리가 순위를 매기도록 도와주었다. 또한 사회에 매우 중요한 영향을 끼쳤지만 세상에 널리 알려지지 않았거나, 초기 비영리단체 조사에서 발견되지 않은 단체를 찾아내 알려주기도 했다.

1단계 조사 결과와 함께 전문가 면담 조사, 정부 자료에서 뽑아낸 추가 정보를 종합해서 사회에 영향력을 크게 발휘한 비영리단체 35개를 추렸다. 그런 다음 활동 자금 구성, 조직 구조, 사업 내용, 활동 분야, 지리적 위치를 기준으로 다시 분류한 뒤, 각 분야를 광범위하게 대표하는 열두 개 단체를 신중하게 골랐다. 각 분야에서 공통으로 나타난 성공 유형들은 전체적으로 해당 비영리단체가 자기 분야에서 더욱 영향력을 크게 발휘할 수 있게 하는 요소였다.

3단계_사례 연구와 분석 | 다음으로 우리는 이들 열두 개 비영리단체가 어떻게 그처럼 강력한 영향력을 갖게 됐는지 그 방법을 이해하기 위해 1년 동안 심도 있게 연구했다. 우리가 찾을 수 있는 공개 자료(기사, 책, 사례 연구, 인터넷 자료)를 바탕으로 이들 비영리단체를 하나하나 분석했다. 그리고 열두 개 단체 간부들과 이사회 회원, 설립자나 대표들을 면담했다. 각 단체 본부와 관련 단체들을 직접 방문해서 조사하기도 했다. 또한 연차보고서, 설립년도부터 지금까지의 고급재무제표, 보상 체계, 단체 조직도 같은 내부 정보를 요청하고 검토했다. 면담에서는 경

영, 마케팅, 사업 전략, 조직 관리, 리더십, 사업 운영과 계획, 자금 조달을 두루 아우르며 폭넓게 질문했다 (면담할 때 질문한 샘플 목록은 부록 387쪽 〈이 책의 사례연구 지침과 질의 내용〉을 참조하라). 그리고 이들 단체가 어떻게 영향력을 갖게 됐는지 제한 없이 자유롭게 물었다. 그런 다음 각 단체에서 수집한 자료를 요약하고 사례별로 주제를 정리했다.

4단계_유형 정의와 검증 | 마지막으로 우리는 이들 단체를 관통하고 이들이 영향력을 형성하는 데 기여했다고 생각되는 공통된 유형 또는 습관을 정의하기 위해 사례 연구 자료를 모두 분석했다. 어떤 규칙적인 유형이 나타날 때마다 자료와 배치되지 않는지 검사하고, 전문가의 의견을 참조하며, 우리가 이미 알고 있던 비영리단체의 경영 습관들과 비교하는 과정을 반복했다. 우리는 또한 현장 활동가, 사상적 지도자들과 토론하면서 우리가 세운 가설을 현장에서 검증했다. 이 과정에서 우리가 발견한 유형이 이들 비영리단체와 일반 단체를 가르는 기준이 된다는 것을 확인받고 싶었다. 우리는 또한 새로운 통찰력을 찾고자 노력했고, '자금 조달 방법을 다각화하는 것'처럼 누가 보든 명백한 사실에 집중하는 것은 신중하게 피했다. 이런 과정을 반복하면서 생각을 정리하기 위해 더 많은 자료를 수집하며 가설을 계속 검증했다. 마침내 우리는 이런 유형 가운데 이 책에서 제시하는 위대한 비영리단체의 여섯 가지 경영 습관을 뽑아냈다.

다음 장에서 우리는 이 여섯 가지 경영 습관 가운데 첫 번째 습관을 소개한다. 성공한 비영리단체들이 거대한 사회 변화를 이끌어내기 위해 정책 주장 능력을 어떻게 활용하는지 샅샅이 살펴본다. 당신도 우리가 과거에 그랬던 것처럼 우리가 발견한 깃들과 이 비범한 비영리단체들에 푹 빠져들 거라고 믿는다.

정책활동과
현장활동을 함께 하라

Advocate and Serve

정책과 현장 활동을 둘 다 진행하는 작업은 매우 복잡하다. 정책 활동으로 위기를 겪을 수도 있다. 하지만 그 결과는 매우 중요하다. 셀프헬프는 초기에 가난한 서민에게 직접 대출하는 형태로 활동하다가 그것만으로는 약탈적인 고리대금업체의 관행을 막을 수 없다는 것을 깨닫고는 정책 활동에 뛰어들었다. 예산과정책우선순위센터는 어렵게 통과시킨 정책을 제대로 시행하기 위해서는 현장 프로그램이 필요하다는 사실을 나중에 깨달았다.

성공한 비영리단체들은 정부의 힘을 이용할 줄 알며 그것을 더 큰 선을 위한 힘으로 활용한다.

FORCES for GOOD

제2장　정책 활동과 현장 활동을 함께 하라

1998년 어느 날 한 통학버스 운전기사가 담보대출 갱신을 상담할 곳을 이리저리 찾다가 노스캐롤라이나 더럼의 셀프헬프 사무실을 찾았다. 운전기사는 최근에 죽은 아내와 함께 마련한 집에서 딸 하나를 키우며 살고 있었다. 그러나 기사 수입만으로는 대출금을 갚기가 매우 어려워서 한 달 뒤면 집을 빼앗길 처지였다.

셀프헬프 활동가들은 기사의 재산 상태를 점검했다. 그들은 기사가 14퍼센트의 높은 이자율로 4만 4000달러를 융자받았다는 사실을 알고 곤혹스러웠다.[1] 심지어 그게 다가 아니었다. 좀더 자세히 조사하자 실제로 융자받은 금액은 2만 9000달러임이 밝혀졌다. 대부업체가 기사에게 '신용보험' 대금으로 1만 달러를 부가했고 거기에 수수료로 5000달러까지 받았기 때문이다. 대출금은 무려 50퍼센트나 늘어났다.

셀프헬프 활동가들은 지금까지 15년 동안 저소득층 사람들이 그처럼 돈을 빌려왔는지 전혀 알지 못했다. 단체의 설립자 마틴 익스는 남자를 만난 때를 떠올렸다. "몸집이 큰 흑인이었지요. 내게 이렇게 말했어요. '그 집을 빼앗길 수는 없어요. 내 손으로 직접 지은 집이에요. 아홉 살짜리 딸이 죽은 자기 엄마와 연결된 곳이라고는 그 집 말고는 없어요.'" 익스는 분통이 치밀었다. "대부업체는 한밤중에 총을 든 범죄자도 할 수 없는 일을 하고 있었어요. 바로 집을 훔치는 짓이지요."

익스를 비롯한 셀프헬프 활동가들은 통학버스 운전기사를 돕기로 했다. 돈을 빌려준 대부업체와 대화하려는 노력이 실패로 끝나자, 셀프헬프는 기사가 대부업체를 상대로 소송을 벌이도록 도왔다. 마침내 운전기사는 소송에서 이겼고 자기 집을 지켜냈다. 비록 법적 소송에서 승리를 거두기는 했지만, 그 사건만으로 부당한 대출 행태를 끝낼 수는 없었다.

셀프헬프는 해마다 노스캐롤라이나 주민 1만 명이 약탈적인 대부업체에게 집을 빼앗긴다는 사실을 알았다. 대부업체의 먹잇감은 저소득층 채무자들이었다. 대부업체는 교육 수준이 낮은 사회적 약자거나 사기를 당해도 저항하지 못하는 노년층에게 과도한 수수료와 높은 이자율로 돈을 빌려주었다. 이런 부가 비용 때문에 파산한 채무자가 실제로 한둘이 아니었다.

노스캐롤라이나의 저소득층 주민을 돕기 위해 셀프헬프를 설립한 익스는 "그런 관행은 우리가 지난 20년 동안 이루기 위해 애썼던 모든 것을 조롱거리로 만들었어요"라고 말한다. 익스는 셀프헬프를 통해 약탈적인 대부업체들과 한판 혈전을 벌이기로 마음먹었다. 가난한 채무자 수천 명을 교육하는 것으로는 문제를 해결할 수 없다는 것을 깨닫는 데는 시간이 오래 걸리지 않았다. 그 대신 익스와 셀프헬프는 대출 산업을 더 강력하게 규제하도록 대정부 홍보 활동에 나서기로 했다.

셀프헬프는 우선 연방 의회에 주택소유권보호법의 허점을 보완하라고 촉구했다. 그러나 연방법 개정은 쉽지 않았다. 그 점이 분명해지자 셀프헬프는 자신의 지역 기반이며 영향력을 더 행사할 수 있는 노스캐롤라이나로 방향을 바꿨다. 셀프헬프는 그곳에서 공적 자금을 지원받는 자율형 공립학교와 주택융자 사업 영역에서 입법청원운동을 한 경험이 있었다.

셀프헬프는 주 전역에 걸쳐 신용조합, 교회, 미국은퇴자협회, 전미유색인종진보협회를 포함한 70개 단체에게서 지원을 이끌어냈다. 지역 신문들은 운동 기사를 실었다. 익스는 노스캐롤라이나를 대표할 만한 몇몇 은행에 이 새로운 법규가 제정되도록 뒷받침해야 할 윤리적 책임이 있음을 일깨웠다.

단체의 정책 홍보 활동은 1999년 끝났다. 노스캐롤라이나 주 정부는 그해 마침내 약탈적대출금지법을 제정했다. 이 법은 대부업체가 저소득층 주민에게 감당할 수 없는 조건으로 돈을 빌려주는 것을 금지했다. 그러자 곧 미국 전역의 관련 단체들로부터 셀프헬프로 자기네 주에서도 비슷한 법률이 제정되도록 도와달라는 요청이 쇄도했다. 익스는 미국 전역에서 자행되는 약탈적 대출을 막기 위해 셀프헬프가 다른 주의 관련 단체를 적극적으로 지원해야 한다고 생각했다. 셀프헬프는 2002년 마침내 주 정부와 연방 정부 차원에서 정책 개혁을 연구하고 홍보하며, 각 지역 단체가 대출 관련법을 개정하게 돕는 '책임있는대출센터 Center for Responsible Lending'를 설립했다.

노스캐롤라이나에서 극빈층의 주택소유권을 지켜주기 위해 25년 전 한 지역에서 시작한 사업이 이제 미국 전역의 정책 개혁에 엄청난 영향력을 발휘하는 거대한 힘으로 성장했다. 셀프헬프는 자신들이 직접 마련한 대출 사업으로 미국 전역 5만 가구에 45억 달러 이상을 빌려주었다. 그와 별개로 소규모 영세 사업자와 지역 개발 사업에 대출한 것도 3000건에 이른다. 또 셀프헬프는 정책 홍보 활동을 통해 22개 주에서 약탈적대출금지법이 통과되도록 지원하여, 미국 전역에서 가장 취약한 계층이 소유한 수십억 달러의 자산을 보호했다. 셀프헬프는 **본연의 사업과 정책 홍보 활동을 적절히 조화시킴**으로써 마침내 거대한 사회 변화를 이뤄냈다.

현장 활동과 정책 활동의 만남

사회적 분야에서 활동하는 단체는 대개 두 부류로 나눌 수 있다. 하나는 지역사회에서 직접 프로그램을 운영하는 현장 활동 단체고, 다른 하나는 일반 대중의 인식을 각성시키고 정책 개혁을 추진하는 정책 활동 단체다. 여성 문제 관련 분야에서 활동하는 단체를 예로 들면, 주니어 리그와 전국여성단체는 서로 성격이 다르다. 주니어 리그는 매 맞는 여성에게 안식처를 제공하는 자원봉사 단체인 반면, 전국여성단체는 남녀에게 평등한 임금 체계와 낙태권 인정을 위해 싸우는 정책 활동 단체다. 두 단체 모두 여성의 생활 향상이 목적이지만, 목적 달성 방식은 매우 다르다.

우리는 연구를 진행하는 과정에서 놀랍게도 우리 직관과는 반대되는 사실을 발견했다. 사회에 영향력이 큰 비영리단체들은 **현장 활동과 정책 활동을 모두 잘한다.** 이들 단체는 두 가지 활동을 조화롭게 연결한다. 우리가 연구한 단체들은 현장에서 프로그램을 수행하는 동시에 지역과 주, 전국 차원에서 정책을 바꾸기 위해 정책 활동을 전개한다. 현장 활동은 가난한 사람들에게 시급한 음식이나 주택을 제공하는 일이며, 정책 활동은 일반 대중의 행동을 바꾸거나 정부 차원의 해결책을 개발함으로써 더 커다란 사회체계를 개혁하는 일이다.

더 큰 의미에서 볼 때 정책 활동은 환경이나 교육개혁 같은 문제들을 포괄하는 행동주의를 말한다. 정부 관리를 뽑는 과정이나 정치 환경에 영향력을 행사하기 위해 유권자운동을 하는 것에서부터 대언론 활동에 이르기까지 활동 유형은 다양하다. 때로는 법을 개정하거나 공공정책을 바꾸는 것이 목표가 되기도 한다. 또 어떤 경우에는 일반 대중의 행동까지 바꾸려고 한다. 로비 활동이라고 말하는 정책 홍보 활동은 공공정책을 바꾸거나, 사회적 프로그램에 쓰일 자금을 정부로부터 지원받기 위한 특별한 활동을 말한다. 이 활동이 바로 여기서 초점을 맞추는 부분이다.

로비 활동이라고 하면 유력한 정치 중개인이 워싱턴 국회의 정책 입안자와 함께 화려한 음식점에서 점심을 먹는, 부정적인 뉘앙스를 줄 수 있다. 사회적 분야에서 로비 활동이 도대체 무엇인지 혼란스러울 수 있지만, 1976년 미국 의회를 통과한 법에 따라 로비 활동은 '비영리단체의 정당한 기능'으로 완전하게 인정받았다. 그 법은 비영리단체가 면세 지위를 위협받지 않고 로비 활동을 할 수 있도록 확장됐지만, 한편으로는 제약사항도 명확하게 규정했다(비영리단체의 로비 활동을 포괄적으로 이해하려면 미국 비영리단체들의 네트워크 조직인 인디펜던트 섹터에서 발간한 《비영리단체의 로비 활동 길잡이 The Nonprofit Lobbying Guide [2]》를 참조하라).

정책 홍보 활동은 사회를 크게 바꿀 아주 강력한 도구가 될 수 있지만, 그럼에도 그런 활동을 주저하는 비영리단체가 많다. 어떤 정책을 법으로 제정할 수 있을지 분명하지 않기도 하고, 정치 활동에 너무 깊이 빠져들거나 지지자들에게 비판받을지도 모른다고 두려워한다. 정책 활동은 관리하기 어려우며, 직접 현장에서 프로그램을 수행하는 것과는 다른 종류의 조직 기술이 필요하다. 더욱이 정책 활동은 성과를 평가해야 하는 어려움도 있다. 실제로 현장 활동과 정책 활동 모두를 수행하는 것이 본디 일을 꼬이게 만들 수 있다고 우려하는 비영리단체 지도자가 많다. 그리고 전통적으로 비영리단체는 어느 한 가지 활동에만 집중해야 한다는 생각이 우세했다.

따라서 이 책에 소개되는 비영리단체들이 이 **두 가지 활동을 모두 수행**하고 있다는 사실은 더욱 놀랍다. 단체 대부분이 처음에는 현장 활동을 중심으로 프로그램을 수행했지만, 어느 시점에 이르러서는 더 중요한 근본 변화를 이루려면 정치 과정에 영향력을 행사해야 한다는 사실을 깨달았다.

선순환 구조

우리는 이들 비영리단체가 정책 활동과 현장 활동을 모두 수행하는 방법과 이유를 자세하게 검토하면서, 이 두 가지 활동이 동시에 선순환 구조를 만들어낸다는 사실을 발견했다. 이 두 가지 활동은 함께 조화를 이루면서, 조직의 방향을 잃게 만들거나 영향력을 약화시키기보다는 오히려 부분의 합을 넘어서는 영향력을 창조할 수 있다.

이 단체들은 현장에서 프로그램을 운영하면서, 유권자들에게 직면한 문제들을 직시하게 하고 조직의 영향력을 직접 확인하게 한다. 이들 단체는 '고객과 가까이' 있다. 현장에서 활동하는 비영리단체가 지역의 당면 문제를 해결하면, 그것은 바로 그 단체의 정치적 위상을 사람들에게 알리는 계기가 된다. 이들 단체는 현장에서 무엇이 작동하고 무엇이 작동하지 않는지 알 수 있으며, 필요에 따라 활동 방식을 조정할 수도 있다. 또한 지부들을 엮어서 거대한 연합체를 만들어 그들과 함께 일하고, 현장 프로그램에 개인들을 참여시키는 과정에서 회원이나 동맹자 같은 유권자를 얻는다(제4장과 제5장을 참조하라). 이들 단체의 정치적 위상 뒤에는 이처럼 진정한 유권자의 힘이 있다.

한편, 때때로 비영리단체들은 정책 홍보 활동을 수행하면서 현장 프로그램으로 실행될 수 있는 새로운 정책 방안을 발견하기도 한다. 자신들이 발견한 새로운 정책이 입법화에 성공할 경우, 이들 단체는 정부로부터 신뢰를 얻고 자신들의 정치적 위상을 공고히 할 수 있다. 때로는 연방이나 주 정부의 기금을 지원받아 자신들이 운영하는 프로그램들을 확산시킬 추가 재원을 확보하기도 한다.

단체의 정책이 현장 프로그램으로 개발되고 현장 프로그램이 정책으로 발전할 때, 비영리단체는 두 활동을 모두 더 효과적으로 수행한다(그림 2.1 참조).

현장 프로그램들이 어떻게 정부 정책으로 발전하는지 전미라라자위원회 National Council of La Raza(NCLR)를 예로 살펴보자. 이 위원회는 연방정부의 지원으로 라라자위원회주택소유권네트워크 NCLR Home-ownership Network를 출범시켰다. 애리조나 지부들과 함께 개발한 혁신적인 시범

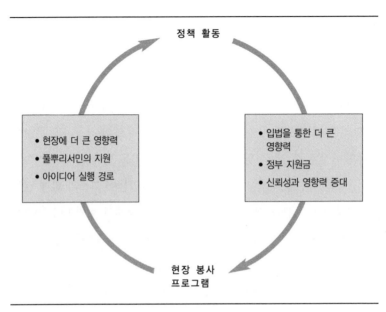

정책 활동

- 현장에 더 큰 영향력
- 풀뿌리서민의 지원
- 아이디어 실행 경로

- 입법을 통한 더 큰 영향력
- 정부 지원금
- 신뢰성과 영향력 증대

현장 봉사
프로그램

그림 2.1   정책 활동과 현장 활동의 결합이 영향력을 증대한다

사업이었다. 본디 남미계 이민자들이 미국에서 처음 집을 장만할 때 재무 상담을 제공하는 프로그램이었는데, 이 사업을 시행하면서 남미계 이민자의 주택 소유가 크게 증가했고 대출금 연체나 압류 건수도 줄었다.[3] 그러자 라라자위원회는 연방 정부의 주택도시개발부에 로비 활동을 전개해 자금을 지원받았고, 그 자금을 바탕으로 미국 전역으로 사업 모델을 확대했다. 오늘날 15개 주 40개 지부가 주택도시개발부에서 보조금을 받고 있으며, 라라자위원회의 기술 지원을 받아 사업을 수행하고 있다. 주택소유권네트워크의 활동에 힘입어 주택을 소유하게 된 남미계 이민자 수는 미국 전역에 걸쳐 수천 명에 이른다. 이제는 에이콘 ACORN, 가톨릭자선단체연합Catholic Charities, 전미도시연맹National Urban

League 같은 비영리단체가 후원하는 비슷한 프로그램들도 연방 정부로부터 자금을 지원받는다.

정책 개발이나 홍보 활동이 새로운 현장 프로그램을 만들어낼 때, 거기서 발생하는 시너지 효과는 또 다른 방향으로 흘러간다. 예를 들면 라라자위원회는 정부 정책을 분석하면서 남미계 이민자들의 교육 현실이 매우 열악하다는 것을 발견했고, 그 결과 엑셀계획 Project EXCEL(Excellence in Community Education Leadership)이 탄생했다. 이 사업으로 미국 20개 지역의 남미계 이민자 자녀들은 정규 학교 수업이 끝난 뒤 국민윤리와 수학, 과학 과목을 두 언어로 배울 수 있게 됐다. 엑셀계획은 마침내 남미계 학생들에게 교육 기회를 제공하는 데 초점을 맞춘 전국 단위의 라라자위원회자율형공립학교네트워크를 탄생시키는 계기를 마련했다. 라라자위원회가 교육 정책을 연구하지 않았다면 이 프로그램을 시작하게 만든 결함을 발견하지 못했을 것이고, 결국에는 훨씬 더 큰 공익사업을 위한 발판을 구축하지 못했을 것이다.

처음부터 두 가지 활동을 병행하기로 결정한 라라자위원회의 방침은 비영리단체 활동에 대한 전통적인 생각과 달랐다. 찰스 카마사키 라라자위원회 수석부회장은 이렇게 말한다. "정책 활동을 하는 동시에 현장 프로그램이 지역사회에 직접 안착하게 한다는, 미래에 대한 담대한 희망이 있었어요. 대다수 조직의 경영 지침과는 반대되는 생각이었죠. 지불해야 할 비용도 크고요. 그러나 두 활동이 조화롭게 움직인다면 더 많은 것을 이룰 수 있어요."

불행하게도 정책과 현장 프로그램을 결합한 활동 방식은 비영리단체 영역에서 일반적이지 않다. 오히려 정책 분석과 프로그램 수행을 서로 분리해서 활동하는 것이 더 전형적이다. 대개는 어떤 두뇌 집단이 제기된 문제를 연구해서 발표하면, 그 결과를 옹호하는 단체들은 일반 대중과 정치인들에게 널리 알리고, 정치인들은 그것을 다시 법안으로 만든다. 관련법이 통과되면 정부는 관련 사업을 시행하기 위해 지역 단체들을 만난다.

복잡해 보이는가? 그렇다. 그리고 대개 별로 효과적이지 못하다. 《성공한 비영리단체 High Performance Nonprofit Organizations》의 저자들은 "아이디어를 생산하는 주체와 실행하는 주체가 공공정책을 수립하는 과정에서 여러 단계로 분리되고 말지요"[4]라고 말한다. 대개 민간 이익단체나 두뇌 집단은 어떤 문제를 연구하지만 현장에서 프로그램을 직접 운영한 경험이 없기 때문에, 그들이 전제하는 가정은 이론일 뿐이다. 또한 현장에서 활동하는 조직들은 프로젝트를 수행하면서 얻은 통찰력을 법안으로 완성하는 방법을 잘 알지 못한다.

셀프헬프는 직접 대출 프로그램을 운영한 경험이 있었기 때문에 대부업체들이 대출 제도를 악용해서 가난한 사람들의 주택을 빼앗는다는 사실을 밝힐 수 있었다. 이 단체는 약탈적인 대출 행태가 저소득층의 재산을 침해할 수 있다는 것을 금방 알아차렸고, 대부업체들 때문에 시장이 실패하는 모습을 보았다. 셀프헬프는 대출 업무를 하고 있었기 때문에 다른 금융업 종사자들에게 신뢰를 받았고, 대출 관련 법제 개혁 때 그들에게서 적극적인 도움을 받을 수 있었다. 대형 은행들과 정치인들은 이 단체가 시장을 이해한다고 보았다. 셀프헬프는 또한 거대한 비영리단체 연합 네트워크에서 개인 수천 명이 활동하는 단체였기 때문에 노스캐롤라이나에서 정치적 영향력이 엄청났다.

셀프헬프가 처음 생각처럼 저소득층에게 돈을 빌려주는 일만 꾸준히 했다면 아마도 소수 계층과 백인 사이에 벌어진 빈부격차를 아주 느리지만 조금씩이나마 줄여나갈 수 있었을 것이다. 그러나 대부업계의 나쁜 관행은 결국 이런 노력조차 성공하지 못하게 만들었을 것이다. 따라서 셀프헬프는 정치적으로 이들 산업을 규제해야 했고, 더 큰 선을 위한 힘이 돼야 했다.

정책 활동과 현장 활동을 연결하는 세 가지 방법

우리가 연구한 비영리단체 가운데 많은 수가 셀프헬프처럼 처음에는 현장에서 프로그램을 운영하다가 나중에 정책 활동으로 발전했다. 그러나 헤리티지재단, 예산과정책우선순위센터 The Center on Budget and Policy Priorities 같은 몇몇 단체는 그 반대다. 처음에는 전국적인 정치개혁운동으로 시작해서 나중에 주와 지역 차원에서 현장 프로그램을 운영하는 형태로 진행했다. 또 시티 이어와 전미라라자위원회는 처음부터 정책 활동과 현장 활동을 결합했다. 이들은 이 두 가지 활동을 결합하는 전략이 비영리단체 세계에서 널리 인정받지 못한다는 사실을 알면서도 일찍부터 그 방법의 우수성을 믿었다.

무엇보다 중요한 사실은 이들 열두 개 비영리단체가 모두 조직이 점점 발전해가는 어느 시점에 이르러서는, **현장 활동과 정책 활동이 결합시키면 영향력을 더욱 확대할 수 있다**는 사실을 깨달았다는 것이다. 하지만 이들 단체는 거기에 이르기까지 각자 나름대로 세 가지 방법 가운데 하나를

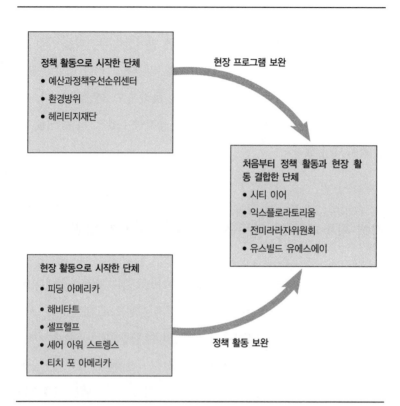

그림 2.2　정책 활동과 현장 활동의 진화

따랐다(그림 2.2 참조).

현장 활동 먼저, 정책 활동 나중

이 책에 나오는 열두 개 비영리단체 가운데 가장 많은 수가 처음에는 현장 프로그램을 운영하다가 단체 설립 한참 뒤에 정책 활동을 전개했다.

단체명, 설립년도	공식적으로 정책 활동을 시작한 해
피딩 아메리카 1979년	1996년 복지개혁법 제정 후 정부 관계 공공정책 부서 신설
해비타트 1976년	2005년 정책 전담 조직 신설
셀프헬프 1980년	1995년 정책담당 이사 고용, 2002년 책임있는대출센터 출범
셰어 아워 스트렝스 1984년	2004년 굶는아이퇴치운동 시작
티치 포 아메리카 1990년	2002년 연구와 공공정책 부서 신설

표 2.1 정책 활동은 언제든 시작할 수 있다

활동 방향을 선회하게 된 계기는 저마다 다르지만, 현장 프로그램 운영만으로는 한계가 있음을 깨달은 것은 모두 같았다(표 2.1 참조). 이들이 정책 활동에 본격적으로 뛰어들게 된 근본 원인은 같았다. 당면 문제들을 해결하기 위해 더 많은 영향력을 갖기 위한 것이었다.

전미식품은행네트워크인 피딩 아메리카Feeding America, 아메리카 세컨드 하베스트(America's Second Harvest)에서 2008년 9월 피딩 아메리카로 명칭이 바뀜는 진행 중이던 전국 규모의 핵심 프로그램이 중단될 위기에 처했다. 활동 방향을 재정립해야 할 결정적인 순간이었다.[5] 1994년 공화당은 상원과 하원을 모두 장악한 뒤, 정부 예산의 수지 균형을 맞추고 연방 정부의 적자를 줄인다는 명목으로 의회의 입법 기능을 마비시켰다. 지방의 식품은행과 노숙자 쉼터에 4000만 달러를 지원하는 연방 식량 원조 계획인 임시긴급식량지원프로그램 TEFAP의 예산은 완전히 삭감될 항목 명단에 올라 있었다. 당시 피딩 아메리카의 회장이며 대표인 크리스틴 블라디

정책활동과 현장활동을 함께 하라

미로프 수녀는 프로그램을 살리기 위해 뭔가 중대한 조치가 시급하다고 생각했다.

피딩 아메리카는 본디 가난한 사람들을 돕는 교회, 무료급식소, 노숙자 쉼터, 지역 자선단체에 식량을 기부하고 분배하는 식품은행네트워크로 설립됐다. 오래 전부터 지역 활동가 가운데는 공공정책 활동에 관여하는 것을 불편하게 생각하는 사람이 많았다. 때문에 몇몇 식품은행은 활동가의 정책 활동 참여를 제한했으며, 어떤 곳은 연방 정부의 지침에 익숙하지도 않았다. 심지어 "정부가 시행하는 공공정책은 언제나 부적절하다"고 생각하는 사람도 있었다. 피딩 아메리카의 대정부담당 이사 엘리너 톰슨은 지역 식품은행에 대해 "그들은 스스로를 현장에서 직접 뛰는 활동가로만 생각했어요"라고 말한다.

크리스틴은 그 모든 것을 바꿨다. 그녀는 TEFAP처럼 전국적인 프로그램을 살리지 않으면 굶주리는 사람이 훨씬 더 많이 생겨날 거라고 생각했다. 그녀는 당장 사라질지도 모를 연방 정부의 식량프로그램을 방어하기 위해 더그 오브라이언을 로비스트로 고용해서 의회와 직접 결판 내기로 작정했다. 오브라이언은 상원 농업영양임업위원회의 핵심 인물로, 오랫동안 식량과 빈곤 문제를 깊이 다룬 인물이었다. 오브라이언은 크리스틴이 상원에서 증언하고, 입법 전략을 개발하고, 연방 의원들에게 직접 발언할 수 있도록 도왔다. 또한 나중에 TEFAP를 살리기 위한 법률 초안 작성에 힘을 보탰고, 법안이 의회에서 통과되도록 세심하게 감시하기도 했다.

1996년 피딩 아메리카는 의회에 제출된 복지개혁법안을 손질함으로써 또 다른 정책 활동을 전개했다. 복지개혁법안은 식량배급프로그램 기금을 대폭 축소하고 여러 가지 중요한 빈민 구제 계획 기금을 없애려는 법이었다. 결국 피딩 아메리카와 여러 단체가 노력한 끝에, TEFAP를 지원하는 식량배급프로그램 지원금이 정부의 필수 예산항목 안에 들어갔다. 식품은행에 기부할 식량은 안전하게 확보됐으며, 이들 비영리단체는 저소득층의 복지를 보호하는 데 기여할 수 있었다.

피딩 아메리카가 제안한 복지개혁법안 개정은 지역의 비영리단체들이 정부가 지원하는 식량 배급을 떠맡는 방향으로 확대됐다. 복지개혁법안 이전에는 많은 주에서 정부가 직접 나서서 지역사회에 식량을 지원했다. 따라서 사람들은 무상으로 지원되는 '정부 원조 식량'을 받기 위해 주차장에 서 있는 지원 차량 뒤에 줄을 섰다. 그러나 새로 정책이 시행되자 피딩 아메리카 식품은행, 식료품 저장실, 무료급식소, 노숙자 쉼터들이 정부의 초보적인 식량 배급 체계를 대신했다. 또한 이들 비영리단체는 정부 지원 식량 정책을 이용해서 민간의 식량 기부를 증가시킬 수 있었다. 언제나 고르지는 않았지만, 가난하고 굶주린 사람들이 더 지속적으로 식량을 제공받을 수 있게 됐다.

피딩 아메리카가 정책 활동을 전개한 뒤로 해마다 가난한 사람들을 위해 연방 정부에서 지역사회에 지원하는 금액은 4억 달러가 넘는다. 1994년에 전액 삭감될 뻔한 지원금의 열 배가 넘는 액수다. 1996년 복지개혁조례가 제정된 이래 피딩 아메리카와 산하 식품은행들은 정부가 식품배급표나 아동영양공급프로그램 예산을 더 이상 삭감하지 못하도록 중요한 역할을 했다. 실제로 2002년 농업법과 2004년 아동영양공급 재허가법안은 식량원조프로그램 지원금 수십억 달러를 새로 정부 예산에 책정하게 했다. 오브라이언은 이렇게 말했다. "1996년이 분수령이었어요. 우리가 단결해서 한 목소리로 효과적으로 발언하면서 강력하게 맞서야 한다는 것을 기아퇴치운동 단체들에게 보여준 해였지요."

물론 이 모든 입법화를 피딩 아메리카 혼자 힘으로 성취해낸 것은 아니다. 예산과정책우선순위센터, 식량연구와행동센터 FRAC 등 다른 기아퇴치운동 단체도 비슷한 법안 제정을 강력히 밀어붙이고 있었다. 그러나 1996년에 승리를 쟁취하게 된 결정적인 계기는 피딩 아메리카의 지도력과 정책 활동이었다.

이처럼 이 단체가 정책 활동을 성공적으로 수행할 수 있었던 것은 무엇보다 이들이 산하 식품은행네트워크를 통해 끊임없이 지역 현장 프로그램을 운영하고 연구하면서 그것들을 정책 활동과 결합시켰기 때문이다. 하원의원 선거구가 있는 전국 모든 지역에 식품은행이 있다는 사실은 지역 하원의원들에게 영향을 크게 미쳤다. "최근에 대통령이 예산 결의안에서 식량배급예산을 삭감하자고 제시했어요. 그때 나는 미네소타에서 놈 콜먼 상원의원과 만나고 있었지요. 콜먼 의원을 비롯해 공화당 소속 상원의원 여러 명은 식량배급예산을 삭감하자는 대통령의 제안을 지지하지 않을 거라고 말했어요. 그건 협상할 수 있는 사안이 아니라고 했지요"라고 오브라이언은 설명했다. "콜먼 의원은 미네소타 선거구에 있는 식품은행들에게서 의견을 들었어요. 그들은 단호했지요. 식량배급예산은 조정의 여지가 있을 수 없다는 주장이었어요."

피딩 아메리카 네트워크의 활동에 참여하기를 주저하던 몇몇 식품은행도 이들의 활동이 지역의 가난한 사람들에게 식량을 더 많이 제공하도록 근본적이고 직접적으로 영향력을 발휘하는 것을 목격하고는 생각을 바꿨다.

초기의 복지 개혁 활동이 성공한 이후 단체의 정책 활동은 이전보다 훨씬 더 강력하게 성장했다. 2001년에서 2006년까지 대표를 역임한 밥 포니의 지도력 아래 피딩 아메리카의 공공정책 부문은 정책 전담 요원을 워싱턴에 다섯 명, 시카고에 세 명 두는 데까지 확대됐다. 포니는 이렇게 설명했다. "처음에는 우리가 가장 잘 아는 것, 식량을 확보하고 분배하는 일만 잘하면 된다고 생각했지요. 그런데 25년이 넘는 동안 우리는 놀랄 만큼 바뀌었어요. 이제 사람들은 정부가 제대로 역할을 하지 않고는 미국의 기아문제를 해결할 수 없다는 사실을 이해합니다."

정책 활동 먼저, 현장 활동 나중

환경방위, 헤리티지재단, 예산과정책우선순위센터 같은 단체는 처음에 정부의 정책 변화를 유도하는 활동을 중심으로 하다가 나중에야 현장에서 직접 활동하는 형태를 갖췄다. 이들 세 단체 모두에게 정책 활동은 단순히 정부의 지원금을 받기 위한 수단이 아니다. 영향력 획득을 결정짓는 핵심요소다.

환경방위를 설립한 과학자들이 DDT 살충제 사용을 중지시키려고 처음 한 조치는 관련 기업과 정부기관을 고소하고 새 연방법 제정을 위해 로비를 벌이는 일이었다.[6] 환경방위는 "나쁜 자들을 고소하라"(처음 몇 년 동안 이 단체가 내세운 비공식 표어)라는 초기 활동 방식이 효과가 있는 것은 사실이지만, 주나 지역 차원에서 정책 활동을 더 잘 알릴 환경 프로그램 모형을 만든다면 훨씬 더 영향력을 발휘할 수 있을 거라는 사실을 깨달았다.

환경방위는 캘리포니아에서 물을 거래할 때 허가를 받게 하는 시범사업을 시작했다. 새로운 것을 개발하기보다는 자연환경을 보존하는 공익사업에 보상을 주는 제도로, 나중에 대기오염을 줄이기 위한 총량거래제로 발전했다(더 자세한 내용은 제3장을 참조하라). 이 단체는 자신들의 정책 아이디어를 현장에서 시험해보고 그것을 완성시키기 위해 이 같은 지역사업을 시범적으로 이용했다. 예를 들어, 환경방위는 미국 산업체들에게 총량거래제를 적용해서 아황산가스의 배출을 줄여 미국 북동부 지역에서 산성비를 없애는 프로그램을 설계했다. 이 프로그램은 이후 지역 차원을 넘어 전 세계 차원으로 확대됐다. 산성비의 급격한 감소는 환경방위가 국제적 차원에서 기후변화에 대처하는 정책 활동을 전개할 기반이 된다는 것을 입증했다.

영향력 획득과 관련해, 상대적으로 규모가 작은 단체일수록 정책 활동을 중심으로 시작하는 것이 더 효과적이다. 예를 들어 예산과정책우선순위센터는 한 해 예산이 1500만 달러도 안 됐다. 우리가 연구한 비영리단체 가운데 가장 낮은 규모였다. 그러나 미국 저소득층 수백만 명의 생활에 영향을 주는 연방과 주 정부의 정책과 예산 결정에 커다란 영향력을 행사한다. 납세자가 낸 세금이 목적에 맞게 쓰이도록 만드는 훌륭한 사례다.

처음에 이 센터는 연방 정부의 법규와 예산 결정이 저소득층과 가난한 노동 계층에게 어떻게 영향을 끼치는지 분석하는 데만 주력했다. 센터가 최초로 이룬 성과는 1984년과 1986년에 걸쳐 근로장려세법안^{EITC,} 일정 소득 이하의 근로 소득자를 대상으로 소득에 비례한 세금공제액이 소득세액보다 많은 경우 그 차액을 환급해주는 저소득층 세금 경감책을 통과시키는 데 중요한 막후 역할을 한 것이다. 이 단체는 식량 배급 정책에도 중요한 영향력을 행사했다. 예를 들면 2002년 식량배급제저소득 빈민층에게 식품구입권(food stamp)을 지급하는 프로그램를 재승인하는 법안 조항의 90퍼센트가 이 센터에서 기획됐다. 이런 변화들은 이 단체의 정책 참여를 크게 증대시켰다.[7]

비록 연방 정부 차원의 정책 연구와 개발 활동에서 큰 몫을 담당했지만, 이런 프로그램들이 주 정부와 지역 차원에서 제대로 시행되지 않는다면 개혁이 의도한 혜택은 여전히 쓸모없이 방치되고 말 거라는 사실을 센터는 깨달았다. 그래서 연방 정부에서 통과된 정책들을 지역에서 수행하는 방법을 지역 단체들에게 알리고 훈련시키는 프로그램도 개발했다. 오늘날 이 단체는 가난한 노동자들이 저소득층세금공제와 아동건강보험이라는 두 가지 주요 공익 혜택을 받도록 도와주는 여러 가지 중요한 프로그램을 운영하고 있다.

예를 들어 1986년 조세개혁법은 근로소득세 공제를 늘려 더 많은 노동자 계층이 혜택을 받을 수 있게 했다. 그러나 이 법에는 결함이 있었다. 프로그램의 혜택을 받으려면 근로소득세 공제를 위해 특별한 양식의 문서를 작성해야 하는 등 복잡한 과정을 여러 번 거쳐야 했다. 센터는 근로소득세 공제 혜택이 신청자가 없어서 쓸모없이 사라질 수 있다고 생각했다. 프로그램의 혜택 대상자들이 자신에게 그런 자격이 있는지 몰라 소득세 반환을 아예 신청하지 않거나, 대상자인지 알더라도 어떻게 신청해야 하는지 방법을 알지 못했기 때문이었다. 만약 그리 된다면 저소득층과 가난한 노동자 계층을 도우려던 당초 목적은 탁상공론이 되고 말 것이었다.

센터는 이에 대응해 신속하게 조치를 취했다. 각 주에서 활동하는 현장 단체들을 동원해서 미국에서 가장 가난한 사람들을 대상으로 대규모 풀뿌리교육운동을 전개했다. 6000개가 넘는 비영리단체, 정부기관, 기업체가 거의 20년 동안 이 운동에 참여했다. 센터는 이것을 "미국 전역에서 공익을 촉진시키기 위해 가장 오랫동안 전개한 민간 운동"이라고 설명한다. 이 운동에는 정부 관리, 시장, 노동조합, 동업자 단체, 탁아소, 지역개발 단체가 두루 참여했다. 그 결과 이제는 수백만 명이 넘는 저소득층과 가난한 노동자 계층이 자신들을 돕기 위해 개발된 세금 혜택이 무엇인지 알고, 어떻게 받을 수 있는지도 이해한다.

센터는 이 운동의 성공으로 전국 단위의 정책 연구와 개발 활동이 현장 프로그램과 결합하는 것이 얼마나 중요한지 확인했다. 처음부터 현장에 필요한 풀뿌리프로그램을 제공할 목적으로 설립되지는 않았지만, 연방 정부의 혜택이 가난한 사람들에게 이르지 못한다면 센터가 전개하는 정책 활동이 쓸모없어질 거라는 사실을 깨달았다. 센터의 설립자 겸 대표인 밥 그린스타인은 "아무도 나서지 않았다면 결과는 심각했을 거예요. 아무도 하려 하지 않으니 우리라도 해야지요"하고 말한다.

처음부터 정책과 현장 활동을 결합

우리가 연구한 비영리단체 가운데 네 곳이 처음부터 또는 조직 발전의 초기 단계에서 현장 프로그램과 정책 활동을 결합했다. 익스플로라토리움과 유스빌드 유에스에이 YouthBuild USA는 일찍부터 정부에 접근했다. 자신들이 개발한 현장 프로그램이나 모형을 확대하기 위한 재원을 마련하기 위해서였다. 시티 이어와 전미라라자위원회는 청소년과 남미계 이민자에게 영향을 미치는 정책 결정에 영향력을 행사하고 필요한 기금을 마련하기 위한 수단으로 정책 활동을 전개했다. 네 비영리단체의 동기가 무엇이든, 이들은 정책과 현장 활동의 결합이 얼마나 큰 힘을 발휘하는지 잘 알고 있었으므로, 두 활동을 분화시키려는 압력을 단호히 거부했다.

우리는 이들 단체에서 두 가지 중요한 패턴을 관찰했다. 이들 단체를 이끄는 지도자들은 현장 프로그램을 민간 기금으로 지역에 확산시키는 것만으로는 궁극적 목표인 거대한 사회변화를 절대로 이룰 수 없음을 이미 알았다. 그래서 자체 조직을 세우는 한편, 국가 정책에 영향력을 행사하는 데 노력을 집중했으며, 어떤 경우에는 조직을 확장하기 위한 수단으로 연방기금을 활용했다. 또한 이 지도자들은 정부도 해결책의 한 부분이어야 한다는 생각을 모두 갖고 있었다. 정부 정책을 개혁하는 동시에 이들 단체가 제안하는 변화가 사회 전체에 꼭 필요하다는 신호를 국가에 보낸 것이다.

전미라라자위원회는 두 가지 패턴의 구성요소가 무엇인지 잘 보여준다. 라라자위원회는 시민권운동이 일어나기 시작하던 1968년에 남미계 이민자에게 의료, 교육, 주택 지원 같은 기초 복지 서비스를 제공하기 위해 만들어졌다. 이 비영리단체는 또한 남미계 미국인이 주택 소유와 직업 선택에서 동등한 권리를 갖게 하고, 인종차별금지법 제정을 촉구하여 그들의 시민권을 옹호했다. 단체의 설립자들은 지역사회를 강화하는 동시에 더 큰 단위에서 정책 변화를 이끌어내려는 비전을 처음부터 함께 갖고 있었다.

전미라라자위원회는 초기에 포드 재단의 지원을 받아 남서부 지역

세 개 주에 일곱 개 지부 조직을 세웠다. 위원회는 지역 남미계 미국인 가운데 지도자를 길러내고 유권자등록운동이나 경제력육성프로그램, 지역 정책 개발 같은 활동을 지원하기 위해 지부 조직에 자금을 분배했다. 그러나 1969년 의회는 조세개혁법안을 통과시키면서 정책 활동 단체에 자금을 지원한 재단에 적대적인 자세를 취하자, 포드 재단은 직접적인 현장 프로그램 지원을 빼고는 라라자위원회의 모든 활동에 대한 지지를 철회했다.

몇 년 뒤 라라자위원회의 대표가 된 라울 이사게레는 정책 활동을 계속할 방법을 찾아야 한다고 생각했다. 그는 기업체의 협력을 받아내고 연차총회 같은 여러 가지 행사를 개최해서 라라자위원회의 자금 재원을 다각화하려고 애썼다. 라라자위원회는 1975년 '남미계 미국인에 대한 정보 부족'을 보완할 목적으로 연구정책분석사무소를 세웠다(당시에는 남미계 미국인 집단에 대해 알려진 것이 거의 없었다. 1980년에야 비로소 '남미계 미국인'이라는 항목이 미국 인구조사 분류에 포함됐다). 라라자위원회는 정책 연구 분야에서 새로운 영역을 개척했다. 이들의 연구는 주택, 이민자 정책, 직업 훈련, 대외 무역 같은 영역에서 향후 20년 동안 커다란 영향을 미칠 핵심 법안을 제정할 때 중요한 자료로 사용됐다. 예를 들어 라라자위원회가 1990년에 발표한 연구 결과는 국가제공주택법 제정에 영향을 크게 미쳤고, 남미계 미국인들 또한 그 법의 혜택을 받았다.

그러나 1980년대 들어 상황은 역전됐다. 라라자위원회는 정책 분석과 개발을 매우 효과적으로 수행했지만, 몇몇 이사회 회원은 지부와 여러 가지 프로그램을 없애려고 했다. 이사게레는 그때를 이렇게 회상했다. "우선 우리의 공공정책 접근 방식을 이사회에서 승인받기가 힘들었어요. 우리는 한 표 차이로 승리했지요. 5년 뒤에도 프로그램들을 없애려는 움직임이 있었어요. 정책 활동과 현장 프로그램을 모두 지키기 위해 이사회와 격렬하게 싸워야 했지요."

라라자위원회의 간부들은 이 두 가지 활동을 분리하려는 조직 안팎의 압력에도 자신들의 생각을 굳게 지켰다. 이사게레의 말이다. "두 가지 활동을 모두 할 수 없다면 그 둘 가운데 어느 것도 잘할 수 없다고 생각했어요. 현장 프로그램은 공공정책에 아이디어를 주고, 공공정책을 바꿀 수 있는 수단을 제공하지요. 또 정책 활동을 하지 않으면 현장 프로그램이 성공할 가능성은 더 멀어지지요."

오늘날 전미라라자위원회는 남미계 미국인 사회를 이끄는 전국적 조직으로, 정책 활동과 현장 프로그램을 모두 성공적으로 수행하고 있다. 위원회는 연방 차원에서 역사상 비할 바 없이 훌륭한 정책 활동을 수행하는 한편, 지역사회에 지부 조직 300개를 건설하고 활동하며 영역을 넓혀갔다. 라라자위원회는 또한 현장에서 전국 조직망을 통해서 교육, 노동력 개발, 보건, 법률과 이민 자문과 관련된 프로그램을 운영한다. 라라자위원회는 정책 활동과 현장 활동을 분리하지 않음으로써 사회를 변화시킬 수 있는 엄청난 세력으로 성장했다.

무엇이 비영리단체들을 머뭇거리게 만드는가?

이렇게 정책 활동과 현장 활동을 결합하는 비영리단체들이 있음에도 두 활동을 결합하지 못하는 단체가 많다. 전통적으로 지역에서 직접 프로그램을 운영하며 활동하는 것에 집중했던 단체가 정책 활동으로 도약하기 위해서는 매우 커다란 변화가 필요하다. 그 과정에서 조직이 정말 위기에 처할 수도 있다. 조직의 핵심 자원봉사자나 기부자를 잃을 수도 있다. 해비타트의 도시계획담당 이사 스티븐 사이델은 이렇게 말한다. "현장에서 직접 망치를 들고 일하려는 사람들은 어떤 사안에 투표권을 행사하는 활동에 적극 참여하지 않는다는 문제가 있어요. 사람들은 정치를 좋아하지 않아요. 만일 그 길을 벗어나면 일반 서민의 신뢰를 잃지 않을까 걱정합니다."

또 몇몇 지도자는 정치적인 문제에 너무 몰입하면 기업체에서 지원을 받지 못할지도 모른다고 우려한다. 대체로 기업들은 어떤 문제에 태도가 편향된 집단과 교류하는 것을 경계한다. 라라자위원회는 이런 문제점을 극복하기 위해 협력업체들이 바라는 게 무엇인지 잘 파악하고 관리한다. "우리는 어떤 기업이든 협약서에 서명할 때 이렇게 말하지요. '우리는 남미계 미국인 사회에 의미가 있는 일에 대해서만 주장을 내세웁니다.' 언제나 우리가 옹호하는 집단을 먼저 생각한다는 사실을 분명히 하지요." 라라자위원회의 전임 수석부회장 에밀리 간츠 매케이의 말이다.

이들 단체는 또한 현장에서 끊임없이 활동하면서 동시에 정책 활동에 필요한 기술을 익히는 위험한 줄타기를 계속해야 한다(그 반대도 마찬가지다). 셀프헬프의 최고운영책임자 에릭 스타인은 이렇게 인정한다. "정책 활동은 제대로 관리하기가 매우 어려워요. 현장에서 대출 프로그램을 담당한다면, 업무를 서로 분리하고 계량화할 수 있어요. 사람들은 좋은 조건으로 돈을 빌려주는 곳이 어딘지 잘 알아요. 목표가 무엇인지도 분명히 알지요." 그러나 정책 활동은 그처럼 단순하지 않다. 여러 목표를 동시에 추구하고, 서로 부딪치는 영역에서 다른 역할을 하기도 하며, 그 때문에 심각한 위기를 겪기도 한다고 그는 말한다.

정책 활동은 대개 다른 단체들과 연대해야 하기 때문에 계획이 성공했을 때 누가 잘했는지 공을 다투기 어려울 수 있다. 단체의 기금이 얼마나 많이 확보될지 간접적으로 알아볼 활동 성과의 '계량화'도 어렵다. 해비타트의 사이델은 이렇게 말한다. "정책 활동의 영향력을 어떻게 측정할지가 우리들에게 남은 숙제지요. 어떤 정책 활동의 영향력을 측정하는 것보다 그냥 지어놓은 주택 수를 세는 것이 더 쉬워요."

이런 어려움을 감안할 때 우리는 많은 비영리단체 지도자들이 현장 프로그램에 집중하거나 조직을 키우는 데만 집중하는 까닭을 쉽게 이해할 수 있다. 그러나 장기적으로 사회 변화를 이루는 데 초점을 맞추기보다 자신들의 프로그램을 완성시키는 데 더 관심을 둔다면 그 단체는 '사회적 기업의 함정'에 빠진다. 비영리단체가 "현장 구축이나 정책 개발, 더 광범위한 사회변혁에 전문성과 능력을 이용하지 않은 채 프로그램을 개발하고 확대하려고 할 때"[8] 이런 일이 발생한다고 시티 이어의 공동 설립자인 마이클 브라운은 주장한다.

조직에는 내부 역량이나 자체 프로그램을 강화해야 하는 때가 여러 번 온다. 그러나 그렇다고 하더라도 비영리단체의 지도자들은 조직의 더 큰 대의를 발전시키는 다른 활동들을 희생시켜서는 안 된다. 여기에 소개되는 열두 개 비영리단체를 운영하는 사회적 기업가들은 이런 함정에 빠지지 않는다. 이들은 조직이 영향력을 더 크게 행사하려면 자체 프로그램 운영에 전념하는 데서 벗어나 일을 더 많이 해야 한다고 생각한다. 이들은 정책 활동이 조직 발전에 직접 도움이 되지 않을 수도 있다는 사실을 인정한다. 그러나 그럼에도 그것이 자신들이 명분으로 삼는 대의를 한 발짝 더 크게 발전시킬 수 있다는 것을 안다.

정부 정책을 바꾸기 위한 다섯 가지 원칙

지금까지 본 것처럼 이들 단체는 각자 다양한 방식으로, 다양한 이유 때문에 정책 활동을 채택했다. 그러나 자세히 살펴보면, 이 단체들이 정책 활동과 현장 활동을 성공적으로 결합하도록 이끈 공통된 특징을 몇 가지 발견할 수 있다.[9]

이상주의와 실용주의의 조화

우리가 연구한 열두 개 비영리단체는 모두 '실용적 이상주의'라는 역설적 개념을 보여준다. 모두 강력한 이상 아래 만들어졌지만, 순수한 이상주의를 지향하는 곳은 한 군데도 없다. 1930년대 급진 사회주의자나 1960년대 신좌파 활동가들이 '체제' 자체에 항거한 것과 다르게 이들 비영리단체는 이상주의를 실용주의와 조화시킨다. 그렇다고 자신들의 영혼까지 내다팔 정도로 멀리 가지는 않는다. 이들은 성과를 거두는 것과 본분을 유지하는 것 사이에서 균형을 유지할 줄 안다. 그 모습은 아주 우아하고 섬세하며 영원히 끝나지 않는 춤과 같다.

　이들을 실용주의자라고 부르는 것은 당연하다. 단순히 문제에 관심을 갖는 데 그치지 않고 해결책을 찾는 데 초점을 맞추기 때문이다. 우리가 연구한 성공한 비영리단체 가운데 사회 변화를 성취하기 위해 극단적 이상주의 방식을 사용하는 조직은 없다. 유스빌드 유에스에이의 회장 도로시 스톤맨은 이렇게 말한다. "우리는 사람들이 풀고자 하는 중요한 문제의 해결책을 제공하죠. 우리가 쓰는 전략은 어떤 것을 못하게 막기보다는 의회에 영향력을 행사하면서 대안을 제시하고 정교하게 일하는 방식입니다."

이들 단체는 어떤 시스템을 바꾸기 위해서 그 시스템 안에서 일하는 방법을 찾아냈다. 그리고 정치의 중심에서 눈여겨볼 사회문제들의 해결책을 만들어내는 방법들을 발견했다. 예를 들면 환경방위는 더 큰 목표로 한 발짝 나아가기 위해 '일하는 방법'을 찾는다. 역사적으로 그린피스 Greenpeace는 고래잡이배를 나포하기도 했고, 어스 퍼스트! Earth First!는 스스로를 나무에 결박하는 활동가도 있었다. 몇몇 환경운동 단체는 문제점을 사회에 부각시키기 위해 매우 급진적이고 투쟁적인 방법을 사용했다. 이 행동주의자들이 체제 바깥에서 자본주의나 정치체제를 비판하는 반면, 우리가 연구한 환경방위를 비롯한 비영리단체들은 현재의 경제체제와 정치체제를 인정하면서 그 안에서 목표를 달성하려고 한다. 환경방위의 부회장 데이비드 야널드는 이렇게 말한다.

"우리는 미국 주류에서 벗어나 길을 잃은 환경운동의 대안을 찾고 있어요. 그린피스는 오늘날 세계 환경운동의 얼굴이에요. 그러나 그들이 현재의 우리를 대표하지는 않아요. 우리 존재는 현재 감춰져 있어요."

급진적인 운동 방식이 사회를 바꾸지 못한다고 말하려는 것은 아니다. 그런 방식도 언론매체의 관심을 끌고 일반 대중에게 문제의 심각성을 인식시킴으로써 사회를 바꾸는 데 분명히 기여할 수 있다. 그러나 급진 단체들이 과연 그런 방법들로 효과를 장기적으로 유지할 수 있을지는 의문이다. 이것은 우리가 연구 대상 단체를 선정하면서 현장 전문가들과 면접할 때 자주 나온 주제였다. 대다수 사람들에게 최대로 영향력을 행사하려면 자신을 지지하는 사람 중심으로 편향된 자세를 취하기보다는, 광범위한 정치의 중심 부분에 주장을 호소하는 편이 더 합리적이다. 바꿔 말하면 급진 단체를 지지하는 사람들은, 대개 논쟁의 양 극단에 서지 않는 중도 집단을 지지하는 사람들보다 규모가 작다. 한 방향으로 너무 멀리 나가는 비영리단체는 개별 자원봉사자, 기부자 또는 지원 기업체와 소원해짐으로써 자신들이 목표로 하는 장기적인 영향력을 서서히 감소시킨다.

현실 중심의 초당파주의

이들 단체는 기존 체제 안에서 일해야 하므로 정책 활동에서도 초당파적인 자세를 취하는 데 능숙하다. 단순히 말로만 그러는 것이 아니라 실제로 그렇다. 이들은 자신들이 제기하는 문제들을 정당정치보다 상위에 두고, 그 목적을 달성하기 위해서는 누구와도 손잡을 자세가 돼 있다. "우리는 정말로 정치적 당파성을 뛰어넘어야 해요. 그렇게 해야 할 뿐만 아니라 그럴 필요가 있기 때문이죠." 전미라라자위원회의 부회장 세실리아 뮤노스의 말이다.

미국의 양당 정치체제와 마찰을 빚지 않고 관계를 맺기 위해 이들 단체 대부분은 법규나 공공정책을 만들 때 공화당과 민주당 모두와 긴밀하게 접촉한다. 환경방위의 기업제휴담당 이사 그웬 루타는 이렇게 말한다. "우리를 (다른 환경단체들과) 비교한다면, 다른 단체들은 환경을 보호하는 최선의 방법은 (정치) 행정부를 바꾸는 것이라고 생각하죠. 그 말이 맞을 수도 있어요. 그러나 우리 목표는 그보다 훨씬 더 현실적이죠. 우리는 힘이 있다면 누구와도 일할 거예요."

주요 환경단체들은 조지 부시 행정부의 환경 정책 일반을 광범위하게 비판했지만, 환경방위의 회장 프레드 크루프는 우리와의 면담에서 백악관이 2005년에 유황과 질소 방출을 줄일 대기오염방지법을 제정한 것을 칭찬했다. "나는 부시 대통령이 역사상 최악의 환경 대통령이라고 인정합니다. 하지만 그가 2005년에 (이런) 대기오염 가스의 방출을 70퍼센트나 줄이는 놀라운 업적을 이뤘다고 말하는 환경단체 지도자를 지금까지 본 적이 없어요. 어떤 정치집단이든 칭찬받을 만한 일을 했으면 그 공로를 인정해야 한다고 생각해요."

전미라라자위원회 또한 초당파주의의 오랜 역사적 경험을 가지고 있다. 라라자위원회의 지역사회개발 대부조직인 라자개발기금의 대표 톰 에스피노자는 이렇게 말한다. "라라자위원회는 라울 이사게레와 남미계 미국인 사회에 중심을 둔 그의 능력을 바탕으로 만들어졌어요. 공화당이 정권을 잡든 민주당이 정권을 잡든 우리는 거리낌 없이 말할 수 있었어요. 라울은 지도자로서 언제나 주장이 확실했고, 공화당이나 민주당 어디에도 절대로 흡수되지 않을 만큼 자세가 확고했어요."

이들 비영리단체는 대의를 정당정치보다 상위에 두기 위해 많은 고통을 감내한다. 비록 어떤 정치 집단이 자신들을 지지한다 해도 전술적으로 그들과 일정한 거리를 유지한다. 예를 들어 헤리티지재단은 보수적인 가치와 정책을 대변하고 옹호하지만 공화당과는 거리를 두려고 애쓴다. 스튜어트 버틀러 국내경제정책담당 부회장은 이렇게 말한다. "우리는 정부를 비판해야 할 때면 비판하고 공격했어요." 예를 들어, 헤리티지는 2005년 의료현대화법으로 시행된 부시의 조제약 정책을 "잘못된 공공정책"이라고 비난했다. "어떤 정권이 들어서든 백악관과 연결돼 있는 단체로 알려지기를 바라지 않아요."

미국 흑인 의원 모임의 표어인 "영원한 동지도 영원한 적도 없다. 영원한 이해관계만 있을 뿐이다"는 이런 초당파적 정신을 잘 나타낸다. 환경방위의 크루프가 말한 것처럼 말이다. "공명정대하고 (정치적) 통로를 가로지를 줄 알아야 힘이 생겨요. 만일 우리가 제기하는 문제가 한 정당에서만 지지받는다면 그 문제를 절대로 해결할 수 없을 겁니다. 이런 문제들은 당파성을 넘어서 있어야 해요. 한쪽으로 편향되면 안 되지요."

신뢰성과 순수성의 보존

실용적인 것과 순수성을 유지하는 것 사이에는 아주 가는 경계선이 있다. 우리가 연구한 비영리단체들은 이 경계선 위를 넘어지지 않고 잘 걸을 줄 알았다. 따라서 이들 단체는 실용적 가치를 얻기 위해 이상과 타협할 때가 언제며, 이런 협상이 실제로 자신들의 신뢰성을 해치는 때가 언제인지 안다. 특히 정책을 분석하고 연구, 개발하는 데 집중하는 단체에게 성공을 위해 무엇보다도 중요한 것이 신뢰성이다. 이들은 조직의 대의를 지지하기 위한 수단으로 정보를 이용하기에 앞서, 그 정보들을 자료와 사실에 근거해서 정확하게 얻어내야 한다. 그렇지 않으면 단기적 전투에서는 이길지 모르지만 더 큰 전쟁에서는 참패하고 말 것이다.

환경방위는 과학자들이 집단으로 설립했으며, 정책 개발의 기반을 만들기 위해 고도의 기술적 연구를 중요하게 생각한다. 노스캐롤라이나 지부장 제인 프레이어는 이렇게 설명한다. "우리는 연구의 중심에 과학을 두고 그것이 무엇이든 진실을 유지합니다. 바로 신뢰성에 관한 것이지요. 비록 그 결과가 대중적이지 않더라도 그것에 충실합니다."

예산과정책우선순위센터와 헤리티지재단은 고품질의 정책 연구와 분석으로 명성이 자자하다. 같은 사회문제라 하더라도 두 단체의 해결책이 서로 다를 수 있다. 하지만 사실을 기반으로 엄격하게 분석해서 결과를 제공한다는 점에서는 같다. "우리는 자료의 정확성과 시의성, 품질의 기준을 정말로 매우 높게 잡아요"라고 센터의 법무책임자 엘렌 니센바움은 말한다. 비록 헤리티지재단이 보수적인 정책을 옹호하고, 예산과정책우선순위센터보다 이념적으로 편향된 단체라고 평가받기도 하지만, 재단 이사장 풀너와 헤리티지 선임정책분석가들은 자신들의 해석이 자료에 근거한 것이라고 변호한다.

정책 경험의 활용

비영리단체가 정책 활동을 하기 위해서는 그 활동에 필요한 기술들을 익히거나 사야 한다. 의회나 주 정부 입법부와의 관계를 직접 개발하거나, 정책과 로비 활동에 지식이 깊거나 경험이 많은 상근 활동가나 자문 인원을 고용해야 한다는 뜻이다. 실제로 우리가 연구한 열두 개 단체 가운데 열한 곳이 워싱턴과 강력한 관계를 맺고 있다. 이들 단체 중 세 곳은 워싱턴 D. C.에서 설립됐다(예산과정책우선순위센터, 헤리티지재단, 셰어 아워 스트렝스Share Our Strength). 한 곳은 본부를 애리조나 피닉스에서 워싱턴 D. C.로 옮겼다(전미라라자위원회). 나머지 일곱 곳은 연방 차원으로 정책 활동을 확장하면서 워싱턴 D. C.에 사무실을 개설했다.

워싱턴 사무소에 중요한 정치 경력을 가진 전문가들을 고용하는 것은 당연하다. 도로시 스톤맨은 비록 현장 풀뿌리운동으로 전국적인 유스빌드 프로그램을 창안했지만, 그 프로그램이 올바로 진행되려면 전문가의 도움이 필요하다는 사실을 깨달았다. 그래서 스톤맨은 의원들과 자유로이 교류하는 데 도움을 받기 위해 워싱턴의 로비 회사 라포자 어소시에이츠와 계약을 맺었다. 셀프헬프는 노스캐롤라이나의 로비스트 마이크 칼혼을 고용했는데, 칼혼은 현재 이 단체의 연구와 공공정책을 담당하는 외곽 단체를 운영하고 있다. 환경방위에서 두 번째로 큰 사무소가 워싱턴에 있는데, 이곳에는 현장 활동과 더불어 정책 활동을 수행하는 핵심 요원들이 상주하고 있다. 다른 단체들도 사정은 비슷하다.

그러나 이들 단체는 정책 활동을 로비와 미디어 전문가에게만 의존하지 않는다. 각 단체 지도자들은 정책 개혁 활동이 벌어질 때마다 거기에 깊숙이 개입한다. 시티 이어의 공동 설립자 앨런 카제이와 마이클 브라운은 1990년대 아메리콥스AmeriCorps, 1993년 클린턴 정부 때 세워진 연방 차원의 지역사회 봉사활동프로그램에 지원하는 기금이 삭감당할 위기에 처하자 의회에 로비하기 위해 주마다 비행기를 타고 보스턴에서 워싱턴으로 날아갔다. 도로시 스톤맨은 워싱턴 의사당에서 유스빌드의 정책 활동 전략을 조율하고, 공화당과 민주당 모두에 영향력 있는 인사들을 심어두었다. 셀프헬프의 마틴 익스는 금융 산업 규제와 지역사회 대출 관련 사안에 관해 의회에서 정기적으로 증언한다.

정책 활동을 위한 재원 확보

비영리단체가 부딪히는 가장 큰 어려움 가운데 하나가 정책 활동 자금을 공급해줄 믿을 만한 재원을 마련하는 일이다. 기부금을 내는 개인 후원자들은 자신들이 동의하지 않는 정책이 나온다면 당장 지원을 철회할지도 모른다. 개별 기부자에게 광범위한 정책 연구와 분석, 또는 결과가 불분명한 집단행동에 필요한 기금을 제공해달라고 설득하기는 쉽지 않다. 대개 법규 제정은 시간이 오래 걸린다. 법규 제정에 성공하더라도 그 성과를 단순히 개별 단체의 공으로 돌리기는 어렵다.

그러나 이들 단체는 아무 조건 없이 정책 활동을 지속적으로 지원해줄 재원을 개발했다. 전미라라자위원회는 거의 40년에 이르는 역사를 거치며 수많은 기금 마련 전략을 개발했다. 라라자위원회는 닉슨 행정부 시절에 연방 기금이 대폭 삭감되자 처음으로 민간 재단에 눈을 돌렸다. 이들 민간 재단은 새로운 연방법이 기금 제공자들에게 '예고'될 때까지 이 단체의 정책 활동을 지원했다.[10] 연방 기금과 민간 재단의 지원금이 모두 줄어들었을 때는 연차총회 같은 다른 행사들로 정책 활동 기금을 조달했다. 이런 행사로 거둬들이는 수입은 현재 모두 100만 달러가 넘는다. 이 금액은 해마다 이 단체의 로비 활동에 쓰이는 평균 액수의 두 배에 가깝다. 라라자위원회는 또한 여러 기업체와 협력 관계를 맺어 특정하게 자금 용도가 지정되지 않은 기금을 추가로 제공하게 했다.

헤리티지재단, 환경방위 같은 다른 단체들은 전략적 유연성을 확실히 하기 위해 광범위한 민초들의 지원을 확보하는 데 우선권을 둔다. 오늘날 이 두 단체는 27만 5000명과 50만 명의 개인 기부자를 확보하고 있다고 자랑한다. 이들 개인 회원은 법으로 정해진 테두리 안에서 한 사람당 최소 25달러를 기부한다. 이 자금은 이들 단체의 정책적 입장에 부당하게 영향력을 행사하려는 거액 기부자들에게 "그만 됐어요"하고 말할 여유를 제공한다.

어떤 단체들은 고유 사업 모델 덕분에 안정적으로 활동 재원을 마련하는 행운을 누리고 있다. 해비타트가 그런 것처럼 셀프헬프 또한 수입의 많은 부분이 주택자금융자상환금에서 발생한다. 셰어 아워 스트렝스는 개인 기부자들에게 여러 가지 행사의 표를 팔아 기금을 마련한다. 셀프헬프와 셰어 아워 스트렝스는 민간 재단으로부터 추가로 자금 지원을 받지만(셀프헬프는 책임있는대출센터의 예산 650만 달러의 3분의 2를 민간 재단 지원금으로 충당한다) 광범위한 민초들의 지원을 감안할 때 정책 활동을 위해 굳이 민간 자금에 손을 벌릴 필요는 없다.

현장 활동과 정책 활동의 결합

정책 활동에 성공하기는 쉽지 않다. 특히 전통적으로 지역 현장에서 프로그램만 운영하거나 직접 봉사활동만 했던 조직은 더욱 그렇다. 정책 활동은 한 비영리단체가 무수히 많은 활동에 관여해야 한다는 것을 의미한다. 따라서 위험과 불확실성이 따르게 마련이며, 단체의 지도자에게는 매우 높은 수준의 적응력이 필요하다(이 부분은 제6장에서 좀더 깊이 다룰 것이다). 그리고 로비 활동은 기금 조달 방법부터 다른 비영리단체들과의 협력 방안에 이르기까지 모든 것과 관련 있다.

우리가 이 장에서 설명한 기본 원칙 말고도 비영리단체의 정책 활동에 영향을 미치는 다른 요소가 두 가지 있다. 하나는 개인들을 어떻게 집단으로 조직하고 동원할 것인가 하는 문제고, 다른 하나는 비영리단체들의 연대 조직을 어떻게 건설할 것인가 하는 문제다. 이것은 나중에 다시 검토할 것이다. 우리는 제4장에서 위대한 비영리단체들이 어떻게 개인을 단순한 자원봉사자나 기부자가 아니라 조직의 대의를 널리 알리는 열성 지지자로 만드는지 보여줄 것이다. 이들은 지지자들의 강력한 공동체를 만들어 유권자의 힘과 일반 대중의 목소리를 정책 활동에 적극 활용한다. 또한 이들 단체는 기업체나 정부 지도자들을 포섭해서 비영리단체의 대의를 위해 영향력을 행사하게 한다. 제5장에서는 위대한 비영리단체들이 영향력을 더 크게 발휘하기 위해 공식 또는 비공식으로 다른 비영리단체들과 어떻게 연대하는지 보여준다. 이들 비영리단체는 다른 단체들을 경쟁자로 보지 않고 자원과 지식, 재능을 함께 나누며 강력한 연합체를 건설할 동료로 생각한다. 이들은 풀뿌리운동을 전개하거나 법령 개혁을 추진할 때 이들 연대조직과 협력한다.

정책과 현장 활동을 둘 다 진행하는 작업은 매우 복잡하다. 정책 활동으로 위기를 겪을 수도 있다. 하지만 그 결과는 매우 중요하다. 앞에서 말한 것처럼 현장 프로그램 운영과 정책 개혁 활동을 동시에 진행하는 것은 대다수 조직을 끊임없이 단련시키고 강화시킨다. 두 가지 활동을 많이 하면 할수록 사회에 미치는 영향력은 더욱 커진다.

이 책에 소개된 단체들은 거의 대부분 사회 변화를 가져오는 중심 요소로 정책 활동을 강조한다. 비록 정책 활동을 처음부터 하지 않은 단체라도 일정 시점에 이르러서는 반드시 정책 활동을 전개했다. 셀프헬프는 초기에 가난한 서민에게 직접 대출하는 형태로 활동하다가 그것만으로는 약탈적인 고리대금업체의 관행을 막을 수 없다는 것을 깨닫고는 정책 활동에 뛰어들었다. 예산과정책우선순위센터는 어렵게 통과시킨 정책을 제대로 시행하기 위해서는 현장 프로그램이 필요하다는 사실을 나중에 깨달았다. 시티 이어와 전미라라자위원회는 처음부터 이 두 가지 활동의 유용성을 잘 알고 있었다.

이들 단체가 정책과 현장 활동을 함께 결합하기로 결정한 때가 언제든 상관없이, 성공한 비영리단체들은 정부의 힘을 이용할 줄 알며 그것을 더 큰 선을 위한 힘으로 활용한다.

정책 활동과 현장 활동을 함께 하라

■ **정책 활동은 사회를 변화시킬 강력한 힘이다.**

성공한 비영리단체들은 정책 개혁을 추진하거나 정부 권력 또는 자원을 활용하지 않고는 성과를 최대한 얻을 수 없다고 생각한다. 사회를 크게 바꾸기 위해서는 정부가 해결책의 한 부분을 담당할 수밖에 없다.

■ **성공한 비영리단체들은 정책 활동과 현장 활동을 함께 한다.**

이들 단체는 더 큰 영향력을 행사하기 위해 현장 프로그램이나 활동과 함께 정책 개혁 활동도 전개한다. 이들은 현장에서 직접 프로그램을 운영함으로써, 유권자가 직면한 문제점들을 직접 확인하게 하고, 자신들이 제안한 정책을 직접 시험해보고 사람들에게 알릴 수도 있다. 또 이들 단체는 기존 정책을 연구, 분석하고 개혁안을 마련함으로써, 법률 제정에 영향을 미치고 새로운 현장 프로그램의 필요성을 확인할 수 있다. 결국 이 두 활동은 서로를 더 강화하는 결과를 가져온다.

■ **정치 문제로 발전하는 것을 두려워하지 않는다.**

현장 활동에 치중하는 비영리단체들은 정책 개혁 활동에 나서기를 주저한다. 후원자가 지원을 중단할지도 모르며, 정책 활동의 영향력은 측정하기가 어렵다고 생각하기 때문이다. 또한 정치권에 로비 활동을 할 줄 모르기 때문에 그런 활동에 나서기를 두려워한다. 그러나 위대한 비영리단체들은 이런 문제들을 극복한다.

■ **아무리 늦었더라도 정책 활동은 해야 한다.**

여기서 소개하는 열두 개 비영리단체 가운데 적어도 절반은 처음에 주로 현장에서 활동하다가 나중에야 비로소 정책 활동을 추가했다. 일찍부터 정책 활동을 한 곳도 있고, 거의 30년이 지나 정책 활동을 도입한 곳도 있다.

■ 성공하기 위해 몇 가지 원칙을 따른다.

이들 단체는 서로 다른 목적 때문에 정책 활동을 전개하지만, 놀랄 만큼 비슷한 방식으로 그 일을 수행한다. 이들 단체가 따르는 기본 원칙은 다음과 같다.

- **이상주의와 실용주의의 조화** | 이들 비영리단체는 극단적 자세로 활동하지 않는다. 광범위한 미국 일반 대중에게 호소할 수 있는 중도적 해결 방법에 초점을 맞추고, 기존 정치체제 안에서 활동한다.
- **현실 중심의 초당파주의** | 이들 단체는 주장을 정책에 반영하기 위해 공화당과 민주당 양당과 모두 협력하며 공개적으로 신뢰를 보낸다. 그러나 대의를 잊지 않고 본분을 지킬 줄도 안다.
- **신뢰성과 순수성의 보존** | 이들 단체는 기초 자료, 과학적 사실, 분석을 볼모로 정책을 협상하지 않는다. 사람들의 주목을 받기 위해 주장을 과장하는 단체는 단기적인 전투에서는 이길지 몰라도 더 큰 전쟁에서는 진다.
- **정책 경험의 활용** | 이들 단체는 워싱턴에 사무소를 적어도 한 개씩은 가지고 있으며, 의회에서 중요한 의사결정을 내리는 핵심 인물들에게 접근하기 위해 경험 많은 로비스트를 여러 명 고용하고 있다.
- **정책 활동을 위한 재원 확보** | 후원자들이 모두 정책 활동을 지지하는 것은 아니기 때문에 기금 확보 사업이나 개인 기부 같은 유연한 재원을 확보하고 있다.

시장을 움직이게 하라

Make Markets Work

환경방위의 회장 프레드 크루프는 1987년 어느 날 세 아이와 함께 맨해튼의 맥도날드 가게에서 해피밀 햄버거를 먹고 있었다. 식사를 마칠 즈음 주위를 돌아보니 스티로폼, 비닐 포장지, 요란한 색상의 일회용 종이가 식탁 위에 수북했다. 크루프는 "우리가 도우면 더 잘할 수 있을 거야"라고 생각했다. 그날 밤 크루프와 아들은 맥도날드사의 사장에게 편지를 보냈다. 맥도날드는 환경방위와 6개월에 걸쳐 협력한 끝에 합성수지로 만든 햄버거 용기를 폐기하고, 종이가방 같은 친환경 포장지와 재생 가능 섬유소로 만든 냅킨을 사용하게 회사 방침을 바꿨다. 이런 결정은 10년 동안 쓰레기 포장지 15만 톤을 줄이는 효과를 가져왔다. 다른 패스트푸드 업체들도 맥도날드의 방침에 뒤따라서, 마침내는 훨씬 더 큰 쓰레기 감소 효과를 이끌어냈다.

FORCES for GOOD

제3장 시장을 움직이게 하라

1980년대 말, 쓰레기 처리가 사회문제로 부각됐다. 미국에서 뉴욕 시만큼 이 문제가 심각한 곳은 없었다. 쓰레기처리장은 폐기물로 넘쳐났다. 가까운 해역에서는 쓰레기 나르는 배가 인근 해변에 떠다니는 쓰레기들을 주기적으로 걷어냈다. 많은 사람들은 맥도날드 같은 패스트푸드 식품 회사가 그 문제에 특히 책임이 크다고 비난했다. 패스트푸드를 먹은 '많고 많은 사람들'은 음식을 싸고 있던 일회용 포장을 마구 내버렸다. 사람들은 패스트푸드를 먹으려는 미국인의 게걸스러운 식욕이 해마다 쓰레기를 수십만 톤씩 만들어냈다고 말했다.[1]

환경방위의 회장 프레드 크루프는 1987년 어느 날 세 아이와 함께 맨해튼의 맥도날드 가게에서 해피밀 햄버거를 먹으면서 맥도날드 포장지 쓰레기 문제와 직면했다. 식사를 마칠 즈음 주위를 돌아보니 스티로폼, 비닐 포장지, 요란한 색상의 일회용 종이가 식탁 위에 수북했다. 크루프는 "우리가 도우면 더 잘할 수 있을 거야"라고 생각했다. 그날 밤 크루프와 아들은 맥도날드사의 사장에게 편지를 보내 맥도날드가 끊임없이 만들어내는 쓰레기를 줄이기 위해 환경방위와 협력할 것을 제안했다.

1년 동안 환경방위와 맥도날드사는 여러 차례 만나면서 크루프의 생각을 꿈에도 생각하지 못했던 두 조직 사이의 협력 관계로 발전시켰다. 일반인에게는 놀라운 사건이었다. 환경방위는 초기 몇 년 동안 "나쁜 자들을 고소하라"를 비공식 구호로 내세웠다. 초기의 많은 환경단체들처럼 환경방위도 환경을 오염시키는 자들과 다툴 때 공격적인 대국민 선전 활동과 함께 주로 법적 소송 같은 실력 행사에 매달렸다. 그러한 수단은 실제로 미국 정부가 DDT 살충제의 사용을 금지하고 석면과 납의 사용을 제한하도록 이끌었고, 안전음용수법 같은 법률을 제정하게 만들었다.

　　그러나 크루프는 미래의 성공을 위해서는 더욱 실용적인 접근 방식이 필요하다고 생각했다. 그는 환경보호운동에도 '제3의 물결'이 필요하다고 말하며 그와 같은 내용을 1986년 〈월스트리트저널〉에 기고했다. "미국의 일반 국민은 경제적 복지를 향상시키는 것과, 건강과 천연자원을 보호하는 것 사이에서 갈등이 일어나기를 바라지 않습니다. 환경방위가 경험한 바에 따르면 두 가지는 공존할 수 있습니다.[2] 환경방위는 앞으로 법적 소송보다는 시장을 바탕으로 하는 압력 수단에 집중할 것이며 '새로운 협력 관계, 심지어 과거에 적이던 상대와의 협력'에도 힘을 기울일 것입니다."

　　이런 전략은 전통적인 환경보호운동과 전혀 일치하지 않았다. 많은 환경단체들은 환경방위가 맥도날드와 협력 관계를 맺은 것에 대해 악마와 손을 잡았다고 맹렬히 비난했다. 시에라 클럽의 지도자 데이비드 브로어는 "우리 이상에서 너무 멀리 벗어난 운동입니다. 결과를 지나치게 먼저 생각한 결정이지요. 꿈을 가진 사람들을 경영학 석사MBA들이 대체하고 있어요"[3]라고 한탄했다.

그러나 환경방위는 그런 비난이 잘못임을 입증했다. 맥도날드는 환경방위와 6개월에 걸쳐 협력한 끝에 무색투명한 합성수지로 만든 '햄버거 용기'를 폐기하고, 종이가방이나 상자 같은 친환경 포장지와 재생 가능 섬유소로 만든 냅킨을 더 많이 사용하게 회사 방침을 바꿨다.[4] 이런 맥도날드의 결정은 10년 동안 쓰레기 포장지 15만 톤을 줄이는 효과를 가져왔다. 다른 패스트푸드 업체들도 그 분야의 선두주자인 맥도날드의 방침에 뒤따라서, 마침내는 훨씬 더 큰 쓰레기 감소 효과를 이끌어냈다.

환경방위는 이런 성공을 바탕으로 1990년대 페덱스가 친환경 포장 시스템을 도입하도록 자문하고, 수송 체계를 혁신적으로 바꾸게 했다. 2003년 페덱스는 탄소 배출을 90퍼센트까지 줄이고 휘발유 사용량을 50퍼센트 줄이기 위해, 휘발유와 전기를 함께 사용하는 하이브리드 트럭 스무 대를 시험 운행한다고 공표했다.[5] 회사의 목표는 앞으로 10년 동안 택배 트럭 3만 대를 모두 하이브리드 트럭으로 바꾸는 것이다. 이렇게 되면 휘발유 전용 택배 트럭은 모두 사라지고 만다. 최근 들어 환경방위는 월마트를 자문해서 회사가 계속 발전할 수 있도록 돕겠다고 발표했다.

기금 확보 전략으로 기업체와 제휴 관계를 맺는 비영리단체와 달리 환경방위는 협력 관계를 맺은 기업체에게 자금을 지원받지 않는다. 환경방위는 오히려 협력 관계에서 발생하는 혁신에 대한 권리를 계속 소유한다. 그웬 루타 기업제휴담당 이사는 이렇게 말한다. "혁신은 회사 것이 아니에요. 거기에서 어떤 결과가 나오든, 우리는 그 기업체 경쟁자들의 문을 두드리고 똑같이 하도록 요구할 거예요." 그녀는 유피에스와 미국 우편서비스, 프리토-레이에서도 최근에 하이브리드 트럭을 시험 운행한 사례를 언급했다. 다른 햄버거 체인점들이 맥도날드 포장 체계를 따른 것처럼, 택배 회사들도 모두 페덱스 모델을 따르고 있다.

환경방위는 이런 방식으로 과거보다 훨씬 더 큰 영향력을 사회에 끼쳤다. 환경방위는 손꼽히는 기업들과 협력 관계를 맺음으로써, 그 기업들이 사회 혁신을 초기에 채택하는 선두주자 역할을 하도록 하는 전략적 방법을 사용한다. 이런 전략은 전체 산업이 이들 기업이 채택한 혁신을 따르게 만들어 훨씬 더 강력한 사회 변화를 이루게 유도한다.

환경방위의 이 같은 혁신적 방법은 기업체와 협력 관계를 맺는 것으로 끝나지 않는다. 새로운 시장이 생겨나도록 이끌어서 훨씬 더 큰 규모로 기업체의 행태가 바뀔 수 있도록 한다. 예를 들어 환경방위는 1990년에 부시 행정부에게 대기오염방지법을 개정하라고 처음으로 제안했다. ('총량거래제'라고 알려진) 그것은 탄소 배출 총량을 제한하고 그것을 사고파는 시장을 만드는 제도였다. 석탄을 때는 화력발전소 같은 공익사업체가 탄소를 정해진 양보다 적게 배출했다면, 미래에 필요할 때를 대비해 은행에 남은 배출량을 저장하거나, 정해진 배출량보다 탄소를 더 많이 배출해야 하는 기업에 팔 수 있다.

이 제도는 오염 물질을 거래하는 시장을 만들었고, 그 과정에서 환경 피해를 줄이는 데 기꺼이 동참하는 기업체에게 경제적 보상을 주었다. 마침내 이 새로운 법규는 대기의 아황산가스 농도를 50퍼센트까지 줄였고, 아주 적은 비용으로 미국 북동부 지역의 산성비 강우량을 줄일 수 있었다. 총량거래제는 1996년에 발표한 교토의정서의 기본 틀이 되었으며, 최근에는 캘리포니아 주가 주 차원에서는 최초로 온실가스 배출량을 제한하는 지구온난화방지법 Global Warming Solutions Act(AB32)을 제정하게 한 모태가 됐다.

환경방위가 대기업들과 협력할 때도 비난을 많이 받았지만, 이처럼 시장 중심의 접근 방식은 전통적인 환경단체들로부터 훨씬 더 심한 비난을 받았다. 이들은 비영리단체가 기업에게 "돈을 내고 오염물질을 사용하도록 허락했다"고 몰아붙였다. 그러나 오늘날 환경방위는 환경운동의 반역자가 아니라 혁신적인 운동을 창안한 개척자로 인식된다. 심지어 가장 급진적인 그린피스조차도 환경방위에 대한 생각을 바꿨다. 커트 데이비스 그린피스 연구이사는 〈월스트리트 저널〉에 기고한 글에서 "우리는 이제 총량거래제가 탄소 가스 배출을 줄이고, 탄소 가스의 대량 감축에 필요한 보상을 제공하는 가장 적절한 제도라고 생각한다"고 했다.[6] 새로운 세기가 도래하면서 환경방위가 "나쁜 자들을 고소하라"고 외치던 초기의 작은 조직에서 엄청나게 큰 조직으로 발전했다는 것은 분명해졌다. 따라서 환경방위는 더 실용적인 시장 중심의 접근 방식을 잘 표현하는 구호를 새롭게 채택했다. "일하는 방식 발견하기"다.

일을 잘하는 것과 효과적으로 하는 것

환경방위의 경험은 우리가 이들 비영리단체를 연구하면서 발견한 일정한 활동 패턴을 아주 뚜렷하게 보여준다. 이들 비영리단체는 시장의 힘을 이용할 줄 알고, 기업의 자원과 능력을 활용해 독자적으로 활동할 때보다 더 큰 파급효과를 만들어낼 줄 안다. 이들 단체는 기업이 사회에 강력한 영향력을 미치는 조직임을 이해한다. 기업은 악을 위한 힘이 될 수 있는 한편 선을 위한 힘이 될 수도 있다. 이들 비영리단체는 경제학자들이 오래 전부터 알고 있던 것을 깨달았다. 이기심을 자극하는 것이 이타주의에 호소하는 것보다 효과가 훨씬 더 크다는 사실이다. 이들 비영리단체는 기업체가 일을 효과적으로 하면서 동시에 일을 잘하도록 돕는 방법을 끊임없이 찾고 있다. 그리고 이들은 사회적 책임과 이윤 추구가 서로 배타적이지 않음을 입증하고 있다. 실제로 이 두 가지는 심지어 하나가 다른 하나를 더욱 강화시킬 수 있다.

이런 발견은 우리를 놀라게 했다. 우리는 둘 다 경영학 석사^{MBA} 출신이지만, 많은 비영리단체들은 여전히 기업체와 자본주의를 회의적이라고 생각한다. 예로부터 '좌파'는 행동주의로 사회 변화를 추구했다. 지금도 사회적 분야 전반에 걸쳐 비영리단체가 기업과 협력 관계를 맺거나 더 나아가 심지어 기업처럼 활동해야 하는지 격렬한 논쟁이 진행되고 있다.

아직도 기업 부문을 회의적인 시각으로 바라보는 지도자가 많다. 이런 태도는 낡은 '신좌파'들에게서 연유된다. 그들은 기업체와 협력하면 본분을 잊거나 기업 논리에 흡수될지 모른다고 우려한다. 몇몇 비영리단체는 기업체를 감시하며 극단적인 자본주의의 세계화에 저항한다(대개는 목적이 선한 행동이다). 그리고 최근 발생한 수많은 기업체 비리는 기업 이미지 개선에 도움을 주지 못했다. "기업을 적으로 보는 비영리단체가 아직도 많아요"라고 셰어 아워 스트렝스의 이사 마이크 매커리는 말한다.

한편, 사회적 기업가와 기업의 사회적 책임에 대해 더욱 실용적으로 접근하는 사람들은 오래 전부터 기업체와 비영리단체가 서로 협력함으로써 얻게 되는 이익과, 사회를 바꾸기 위해 시장의 힘을 이용하는 것을 매우 중요하게 생각했다. 이들은 기업의 이익은 사회적 책임을 다하는 데서 발생하며, 동시에 비영리단체는 기업의 능력을 이용해서 사회문제들을 해결함으로써 영향력을 확대할 수 있다고 주장한다. 사회적 기업을 지지하는 그레그 디스 교수는 이렇게 썼다.[7] "새로운 친기업적 시대정신은 영리를 추구하는 시도들을 더 인정하는 쪽으로 발전했다. 전 세계에 걸쳐 자본주의가 명백히 승리한 것과 함께 시장의 힘은 이제 널리 칭송받고 있다."

더욱이 최근 몇 년 사이 더 책임 있고 전문화해야 한다는 압력을 받으면서, 많은 비영리단체가 기업체의 경영 도구와 방식을 차용하기 시작했다. 우리가 연구한 단체들을 포함해 일부 비영리단체는 기업 세계의 유능한 인재들을 고용했다. 기업과 손잡은 비영리단체도 많다.

우리가 연구한 성공한 비영리단체들은 두 영역을 휩쓸며, 그 사이의 경계를 허무는 이 커다란 흐름의 맨 앞에 서 있다. 셜리 사가와와 엘리 시걸은 기업과 비영리단체의 협력에 관해서 쓴 《공동 이익, 공동 선 Common Interest, Common Good》에서 이렇게 말한다.[8] "이 새로운 패러다임은, 자신들의 사회적 배경이 어떻게 이익에 영향을 주는지 아는 통찰력 있는 기업과, 기업 논리가 사회적 사명을 더 효과적으로 수행할 수 있게 한다는 사실을 새롭게 이해하는 사회적 기업가 사이에서 형성된다."

시티 이어, 셰어 아워 스트렝스, 전미라라자위원회 같은 단체는 1980년대 또는 1990년대 초 기업과의 협력이 낯선 시기에 이미 그것을 시작했다. 유스빌드 유에스에이와 익스플로라토리움 같은 단체는 처음에는 이런 기업 부문을 무시하거나 경멸하기까지 했다. 그러나 시간이 흐르면서 기업과 협력하는 것이 사회를 바꾸려는 목표를 달성하는 데 도움이 된다는 사실을 서서히 깨달았다. 열두 개 비영리단체 대부분은 이제 기업의 행태에 영향력을 행사하거나, 기업의 능력을 이용하기 위해 협력하거나, 자체 재정 사업을 운영하면서 기업 부문의 힘을 기꺼이 받아들인다. 실제로 열두 단체 가운데 예산과정책우선순위센터 한 군데만이 시장의 힘을 활용하거나 기업과 협력하기를 거부했다.

성공한 비영리단체들에게서 인상적으로 느낀 것은, 과거에 기업과 협력하던 전통적인 모델과 달리 이들 단체는 특정한 사명감이나 가치를 가지고 있다는 점이다. **이들 단체는 기업의 능력을 최대한 이용하지만, 그렇다고 그만큼 기업을 따라 행동하지는 않는다.** 그렇게 함으로써 이들은 다른 비영리단체가 기업과의 협력 관계, 시장의 힘을 이용해 사회문제를 해결하는 것 등에 관해 생각하는 방식을 재구성했다. 이들 비영리단체는 기업과 함께 일함으로써 근본적으로 집단의 사회적 영향력을 늘린다. 전체는 부분의 합보다 더 크다. 이들 단체는 사회적 부문과 기업 부문의 장점만 모아서 선을 위한 더욱 강력한 힘으로 성장할 줄 안다.

기업을 이용하는 세 가지 방법

우리가 연구한 열두 개 비영리단체는 자신들이 목표로 하는 사회적 영향력을 성취하기 위해 기업과 협력하는 뚜렷한 방법 세 가지를 찾아냈다. 이들은 대부분 두세 가지 방법을 동시에 섞어서 썼다. 이 방법은 나중에 자세히 설명하기로 하고, 여기서는 간략하게 개요만 알아보겠다.

1. 기업의 관행을 바꿔라 | 어떤 경우, 이들 비영리단체는 기업이 좀더 사회적으로 책임감 있게 행동하게 하도록 **기업의 관행을 바꾼다. 그렇게 함으로써 산업 전체가 변하는 경우가 많다.** 이들 단체는 오염 물질을 줄이고 부당 노동행위를 없애기 위해 기업의 운영 방식을 완전히 뜯어고치도록 돕거나, 그동안 거들떠보지 않던 시장에 기업들이 진입하도록 돕는다. 대개 기업은 자신들과 제휴한 비영리단체의 대의만큼 이익을 얻는다. 이들 비영리단체는 단순히 기업의 윤리적 책임에만 호소하지 않는다. 대신 기업의 변화가 그들에게 이익을 얼마나 많이 돌려주는지 설득할 수 있는 사례를 만든다.

2. 기업과 협력하라 | 여기서 협력은 단순히 기업으로부터 기부금이나 자원봉사자를 지원받는 것만을 의미하지 않는다. 전략적인 차원에서 공동 사업을 전개하는 것까지 망라하는 모든 협력 관계를 의미한다. 이런 협력 관계는 대개 시장의 힘을 이용하려는 비영리단체가 가장 쉽게 출발할 수 있는 시작점이다. 기업과 협력하는 일이 점점 많아지면서 어느 시점에 가면 전략적인 제휴 관계로 발전한다.

3. 직접 수익사업을 경영하라 | 또한 자체 수익사업을 운영함으로써 시장에 직접 뛰어들 수도 있다. 이들 비영리단체는 상품이나 서비스를 제공해 돈을 벌고, 그 수입을 다시 자체 자금으로 사용하여 조직의 재무 안정성을 증가시킨다. 예를 들어 셰어 아워 스트렝스는 기업과 공동으로 커뮤니티 웰스 벤처스라는 자문 회사를 설립해서, 다른 비영리단체들

에게 어떻게 기업과 협력 관계를 맺을지 자문하여 수입을 창출하고 있다. 이런 노력은 마침내 사회적 기업이라는 영역이 만들어지는 데 크게 기여했다.

이 세 가지 방법은 서로 배타적이거나 방법 사이의 경계가 명확하지 않다. 어떤 한 조직이 세 가지 방법을 모두 쓸 수도 있고 한 가지나 두 가지에만 집중할 수도 있다. 우리가 연구한 비영리단체 가운데 여러 곳이 전통적인 기업 협력 관계를 활용하면서 자체 수익사업으로 수입을 발생시킨다. 실제로 여러 가지 방법을 동시에 사용함으로써 시너지 효과도 있을 수 있다. 그러나 그 방법들을 수행할 때 여러 가지 다른 일이 일어날 수 있기 때문에 대개는 한 번에 한 가지나 두 가지 방법만 사용한다. 환경방위 같은 비영리단체는 기업과 협력하면서 그들의 관행을 바꾸지만 어떠한 자금 지원도 받지 않는다. 왜냐하면 기업의 지원이 이해관계의 갈등을 유발할 수 있다고 믿기 때문이다.

기업의 관행을 바꿔라

기업은 납득할 만한 경영상 이익이 발생하지 않는다면 기존 관행을 크게 바꾸려 하지 않는다. 영향력이 큰 비영리단체들이 기업의 관행을 바꾸기 위해 단순히 윤리적 책임만을 강조하지 않고 사업상 이익이 되는 사례들을 제시하려고 애쓰는 까닭이 바로 여기에 있다. 이 방법은 기업이 정의로운 일을 하도록 유도하기 위해 강력한 재무적 보상을 제공한다. 이것은 기업의 운영 방식을 바꾸며, 그 과정에서 그 기업이 속한 산업 전체를 바꿀 수도 있다. 비영리단체는 여기서 두 가지 접근 방식을 선택할 수 있다. 하나는 기업이 그동안 환경이나 노동 조건에 끼쳤던 부정적인 영향력(경제학자들이 '부정적 외부 효과'라고 부르는 것)을 최소화하도록 이끄는 방법이다. 다른 하나는 기업이 그동안 진입하기 주저했던 시장에 참여하게 하거나 저소득층에게 경제적 도움을 주도록 권장해 그들이 선을 위한 힘이 되게 돕는 방법이다. 어느 방식이든 비영리기관은 시장이 더욱 효과적으로 작동하게 도와, 모두에게 이익이 되게 만든다.

예를 들면 환경방위는 환경에 부정적인 영향을 줄이기 위해 맥도날드나 월마트 같은 기업과 손을 잡는다. 그래서 상대적으로 적은 시간과 돈을 투자해 더 큰 시장의 실패를 막는다. 이 비영리단체는 지난 17년 동안 수십 개 기업과 협력 관계를 맺었으며, 이런 협력은 패스트푸드, 소매업, 포장업 같은 여러 산업의 표준을 올바르게 바꾸는 사회 혁신을 수없이 만들어냈다.

셀프헬프는 역사적으로 기업이 거들떠보지 않았던 저소득층이나 소수자 계층의 시장에 참여하도록 애썼고, 그 과정에서 미국의 주택 융자 산업은 큰 변화를 맞이했다. 노스캐롤라이나의 셀프헬프는 처음에는 전통적으로 주택 융자를 받지 못하던 소수자 계층과 미혼모, 빈민층을 대상으로 주택 융자 사업을 실시했다. 대출 신청자들을 신중하게 검토해서, 대출금을 상환할 수 있다고 믿을 만한 사람들에게 돈을 빌려주었다. 이 단체는 곧 저소득층 대출자의 채무불이행 비율이 중산층과 비슷할 정도로 매우 낮다는 사실을 발견했다.[9]

그러나 단체의 설립자 마틴 익스는 주택 융자 사업이 성공할수록 자신들이 가진 자산의 규모가 주요 금융기관들과 비교할 때 너무 작다고 생각했다. 그는 오랫동안 거들떠보지 않았던 이 시장에 자금을 공급할 더 큰 손을 설득해야 했다. 이 단체의 최고운영책임자 에릭 스타인은 이렇게 말한다. "더 많은 사람들에게 대출을 해주기 위해서는 대형 은행들의 힘이 필요했어요. 우리가 가장 부러워한 것은 대형 은행들의 유통망이었죠."

몇 년에 걸친 노력 끝에 마틴 익스는 와코비아 은행장 L. M. 베이커 주니어와 만났다. 익스는 그에게 와코비아는 아주 중요한 사업 기회인 미혼모 시장을 놓치고 있다고 말했다. 처음에 익스는 주장을 입증할 만한 증거를 갖고 있지 않았다. 그러나 셀프헬프가 그 시장이 매우 수익성이 있을 수 있음을 증명하자 베이커는 귀를 기울이기 시작했다. 그는 이렇게 말했다. "마틴, 회의가 끝나는 대로 곧바로 시범 사업을 진행하겠소. 시범 사업 자금으로 1000만 달러를 지원할 테니 당신 마음대로 해보시오."

여섯 달 뒤 그 결과는 매우 좋았다. 와코비아는 저소득층과 미혼모, 소수자 계층 가정을 대상으로 주택 대출 자금을 4000만 달러로 늘렸고, 다시 8000만 달러로 증액했다가, 마침내 5억 달러까지 늘렸다. 두 기관은 모두 이익을 얻었다. 와코비아 은행은 새로운 수익 시장을 발견했고, 전국 차원에서 은행에 재투자를 요구하는 공동체를 만났다. 셀프헬프는 저소득 계층 공동체들이 수백만 달러의 주택 지분을 소유할 수 있도록 도왔다.

그러나 와코비아 은행이 얼마나 큰 위험을 감수해야 하느냐 하는 한계가 있었다. 대다수 상업은행들이 그런 것처럼 와코비아 은행도 전통적인 대출 상품이 아닌 상품에는 일정 비율 이상 투자할 수 없다는 자체

상한선이 있었다. 그러나 셀프헬프는 비영리단체라 그런 제한이 없었다. 셀프헬프는 과거 시장 경험을 바탕으로 엄격하게 심사한다면 이자율과 채무불이행의 위험을 안전하게 관리할 수 있다고 믿었다.

그리하여 셀프헬프는 와코비아 은행이 발행하는 주택저당채권을 샀다. 은행이 주택을 담보로 돈을 빌려주고 그 대가로 주택저당채권을 발행해서 그것을 채권 유통시장에서 투자자들을 대상으로 파는 것을 샀다는 뜻이다 따라서 와코비아는 셀프헬프를 통해서 저소득층 시장에 주택 융자를 계속해서 더 많이 공급할 수 있었다. 나아가 셀프헬프는 와코비아로부터 1800만 달러를 빌려 저소득층에 다시 대출하기도 했다. 셀프헬프는 더 많이 대출해주려면 2차 시장발행된 채권을 사고파는 유통시장이 있어야 한다는 것까지 깨달았다. 그래야 패니메이와 프레디맥이 소득 수준이 높은 계층에게 주택 융자를 하는 것처럼 은행들이 자본을 재활용하면서 지속적으로 저소득층 가정에 돈을 빌려줄 수 있을 거라고 생각했다. 셀프헬프는 이 복잡하지만 뛰어난 방법을 이용해서 저소득층 주택소유자에게만 대출해주는, 미국에서 가장 큰 2차 시장을 만들어냈다.

셀프헬프는 뜻밖의 강력한 난관을 만나 주춤한 적도 있다. 저소득층 주택 융자를 계속 확대하려면 금융 회사로부터 주택저당채권을 매입해야 하는데 셀프헬프는 담보물이 많지 않아 빚을 질 수밖에 없었다. 셀프헬프가 이렇게 자본 차입을 통해 저소득층 주택 융자를 확대하기 위해서는 금융 회사와 전략적 관계를 맺는 것이 필수였다. 익스는 재빠르게 다른 거대 금융기관들로 이 혁신적인 방법을 확산시켰다.

1998년, 전국적인 주택 융자 기관인 패니메이는 자신들의 요구 조건을 충족하는 저소득층 가정들로부터 주택저당채권을 열심히 사들였다. 동시에 셀프헬프는 저소득층에 대한 대출이 은행 입장에서 구매력이 있음을 입증했다. 패니메이는 셀프헬프가 저소득층 가정에 융자한 1억 달러에 이르는 주택저당채권을 사겠다고 제안했다. 이것은 셀프헬프가 자신의 금융자산을 재활용하면 제휴 관계에 있는 은행에서 저소득층 주택저당채권을 더 많이 구매할 수 있다는 것을 의미했다. 대다수 비영리단체라면 이렇게 효과를 두 배로 늘리는 제안이 왔을 때 (셀프헬프는 여전히 담보대출의 위험을 부담하고 있었지만) 당연히 감동했을 것이다. 그러나 익스는 벌써 그보다 더 큰 계획을 꾸미고 있었다. 그는 셀프헬프의 초기 후원자 가운데 하나인 포드 재단이 매우 큰 규모의 투자처를 찾고 있다는 사실을 알았다. 익스는 재단에게 셀프헬프의 위험 감수 능력을 급격하게 상승시킬 수 있도록 위기 대응 적립금으로 5000만 달러를 지원해달라고 요청했다. 그러고는 패니메이와 포드 재단에서 지원받은 기금을 합해서 그 결합 자본을 저소득층 주택 구입자들에게 대출해줄 20억 달러에 대한 담보로 전환했다.

오늘날 셀프헬프의 주택 융자 프로그램은 뱅크 오브 아메리카, 씨티은행, 와코비아, 선트러스트, 비비앤티를 포함해서 약 마흔 개의 거대 상업 대출기관을 통해 49개 주에서 시행되고 있다. 이들은 모두 셀프헬프가 지금까지 저소득층에게 총 5만 건의 주택 융자를 하면서 45억 달러의 자금을 조달했다고 말했다. 거대 은행들은 셀프헬프의 개입이 없었다면 여기에 뛰어들지 않았을 것이다. "우리는 돈을 빌려주고, 혁신하고, 더 많은 돈을 빌려주고, 그런 다음 거대 금융기관들에게 가서 널리 알리죠. 이게 우리의 사업 모델입니다"라고 이 단체의 최고재무경영자 랜디 챔버스는 말한다. 영향력이 막강한 기업들이 셀프헬프와 손을 잡은 것은 그렇게 하는 것이 **윤리적**이어서가 아니라 셀프헬프가 그것이 **돈**이 **된다**는 것을 입증했기 때문이다.

이 방법은 또한 셀프헬프 자체의 운영 자금을 조달하는 중요한 도구임이 입증됐다. 셀프헬프는 2차 시장에서 매입하는 대출담보증권에서 발생한 수익과 여러 가지 다른 수익사업에서 생긴 돈으로 자체 운영 경비를 모두 충당했다. 이것은 셀프헬프가 막대한 자금 부담에서 해방되게 하고, 계속해서 성장할 수 있도록 충분한 자본을 만들어낸다. 셀프헬프는 비영리단체로서 세금 혜택을 받으면서도 상업적 영리와 사회적 이윤을 함께 내는 2중의 수익사업을 운영하고 있는 셈이다.

"우리는 영리를 추구하지 않는 시민단체지만 우리 목적을 달성하기 위해 기업과 법이라는 도구를 사용했어요"라고 익스는 말한다. 그는 이 방법을 자전거에 비유한다. "자전거 앞바퀴는 우리가 해야 할 임무에요. 그것이 가장 먼저죠. 앞바퀴는 지배권을 갖고 당신을 이끌지요. 뒷바퀴는 우리의 자금력입니다. 이 두 가지가 함께 굴러가야 거대한 영향력을 만들어냅니다. 어느 한 가지만으로는 그런 힘을 얻을 수 없어요."

기업과 협력하라

기업 제휴는 비영리단체가 기업과 협력하는 가장 일반적인 방법이다. 많은 기업들이 오래 전부터 사회에서 자선활동을 해왔지만 1980년대와 1990년대에 그 추세는 가속화하기 시작했다. 기업의 사회 기부 활동은 그 규모가 꾸준히 증가했을 뿐 아니라 기업체들 또한 사업 목표를 촉진하기 위해 기업 전략 차원에서 비영리단체들과 협력하는 제휴 관계를 더 적극적으로 모색하게 됐다. 이와 함께 비영리단체들도 전략적 이익을 위해 기업과의 제휴 관계를 적극 추진했다.[10]

이런 기업과 비영리단체의 제휴 관계는 모델이 여러 가지다. 이를 자세하게 연구한 책도 있다.[11] 가장 기본이 되는 모델은 대개 전통적인 기부금 약정 같은 형태. 우리가 연구한 몇몇 단체는 이런 초기 단계를 넘지 않았다. 유스빌드와 익스플로라토리움은 몇 안 되는 기업이 기부자나 기본 후원자 구실을 한다.

이런 관계는 때때로 대의 마케팅이나 후원 약정, 경영 협력을 통해 두 조직 사이의 더 큰 협력이나 전략적 통합으로 발전한다. 우리가 검토한 대다수 비영리단체들은 전통적인 '수표책' 기부 방식을 훨씬 뛰어넘어 우리가 이 장에서 주목하는 더 전략적인 제휴 관계를 지향하고 있다.

이런 제휴 관계 속에서 비영리단체는 광범위한 영역의 자원을 이용할 수 있고, 제휴 기업은 비영리단체가 아이디어와 활동을 널리 펼치도록 도울 수 있다. 또한 기업은 운영 경비를 줄이고 노동생산성을 높이며 매출 증대 같은 무시할 수 없는 금전적 이득을 얻을 수 있다. 두 조직은 사회적 부문과 기업 부문에서 최고의 도구들을 활용해서 사회문제들을 함께 풀어나가는 과정에서 서로에게 많은 것을 배운다.[12]

더 나아가 마케팅 관점에서 볼 때도 두 조직은 큰 이익을 공유한다. 비영리단체는 대의를 세상에 널리 알릴 수 있고 그에 따라 명성도 커진다. 기업은 이미지를 향상시킨다. 회사의 명성을 더욱 굳건하게 세우고 소비자와 직원, 유통업자와 주주들의 충성도도 더 높인다. 마침내는 이런 제휴 관계가 기업의 매출과 수익을 높이는 결과를 가져올 수 있다.[13] 그러나 마찬가지로 놓치지 말아야 할 사실은, 두 조직이 사회문제들을 풀기 위해 함께 노력함으로써 근본적으로 그들 공동의 사회적 영향력이 증대한다는 점이다. 더 많은 자원이 그들이 내세운 대의로 흘러들어오고 일반 대중의 인식은 더 높아진다. 지난 15년에 걸쳐 이런 대의 마케팅 제휴 관계가 무려 수십 억 달러에 이를 정도로 급격하게 증가했다는 사실은 그리 놀랄 일이 아니다.[14]

이렇게 역동적으로 서로에게 이익이 되는 제휴 관계 중 가장 눈에 띄는 사례는 아마도 전미식품은행네트워크인 피딩 아메리카일 것이다. 이 비영리단체는 미국의 기아문제를 상당 부분 해결했을 뿐 아니라, 미국 전역에 식품을 재분배하는 2차 시장을 창출하고 제휴 기업들에게 막대한 이익을 가져다줌으로써 미국의 식품산업 전체를 완전히 바꿨다.[15]

1960년대 말 피딩 아메리카와 식품은행이 활동하기 전에는 미국에서 굶주린 사람들에게 남는 식량을 공급해줄 유통 시장이 전혀 없었다. 그때만 해도, 남는 식량이나 약간 불량이라도 먹을 수 있는 식량을 그냥 버리는 기업이 많았다. 자선단체에 기부하는 경우가 종종 있었지만, 그 규모는 매우 작고 지역 단위에 한정돼 있었다. 미국 정부로서는 농민들의 생산자 가격을 보장해주기 위해 잉여 농산품이 시장에 들어오는 것을 막아야 했다. 수백만 명이 굶주려도 전통적인 시장에서 팔리지 않은 농산품은 무엇이든 폐기해야 했다.

피딩 아메리카의 설립자 존 반 헹겔은 이렇게 남는 식량을 필요한 사람들에게 나눠줄 분명한 기회를 보았고, 그 전망을 구체화하기 위해 애리조나 주 피닉스 시 외곽에 미국에서 처음으로 식품은행을 세웠다. 그 아이디어는 인정받기 시작했고, 그에 따라 공동체들은 지역 차원에서 식량을 저장할 냉장 창고를 짓고 지역 단체에게 식품을 재분배했다.

이것은 "먼저 시작하라, 그 다음은 저절로 될 것이다"의 전형적인 모습이었다. 전국 단위의 식품은행네트워크가 만들어지지 않았다면 미국 전역에 식량을 재분배할 시장이 작동할 방법이 없었을 것이다. 기업과의 제휴가 없었다면 그 또한 시장이 움직이지 않았을 것이다. 기업은 피딩 아메리카가 재분배하는 식품의 주요 원천이다.

대기업이 오늘날처럼 언제나 식품은행과 잘 협력하고 많이 기부한 것은 아니다. 피딩 아메리카의 회원서비스담당 수석부회장 앨 브리스레인은 이렇게 말한다. "기업들은, 자선단체가 기부한 식품을 제대로 처리하지 못하는 경우를 많이 보았어요. 모두 걱정이 많았지요. 기업들은 식품은행을 믿지 못했어요. 기업들은 우리에게 '당신들이 우리 식품을 제대로 처리할지 알아야겠소'라고 말했지요."

이런 압력 때문에 피딩 아메리카는 이제 제휴 기업을 관리하고 해당 산업의 표준을 정하는 일에 집중하고 있다. 브리스레인은 말한다. "우리 주요 업무는 식품을 기부받고 일의 표준을 정하는 거예요. 우리는 검증된 단체지요. 식품산업은 이제 우리를 믿고 기부해요. 우리는 일하는 기준이 있어요. 전국의 기업과 협력해서 식품을 얻지요."

1970년대 말 식품은행의 표준이 자리를 잡으면서 크라프트, 나비스코, 켈로그스 같은 주요 기업들이 이 단체에 식품을 대량으로 기부하기 시작했다. "세이프웨이가 소형트럭에 빵을 가득 실어 기부하는 것과 켈로그스가 대형화물트럭에 시리얼 상자를 가득 채워 기부하는 것은 분명 차이가 크죠"라고 브리스레인은 말한다. 이런 거대 기업의 기부는 피딩 아메리카의 운영 규모도 확장하게 만들었다. 브리스레인은 이어서 말한다. "사업을 시작한 첫 해에 피딩 아메리카는 식량 500만 파운드(2268

단체명	주요 제휴 기업
피딩 아메리카	코나그라 푸드, 크라프트, 팸퍼드 셰프, 크로거, 월마트
시티 이어	뱅크 오브 아메리카, 컴캐스트, 시에스엑스, 팀버랜드, 티-모바일
환경방위	월마트, 페덱스, 맥도날드
익스플로라토리움	암젠, 소니, 아이비엠
해비타트	티엠 리벤트, 씨티그룹, 월풀, 홈디포트
전미라라자위원회	펩시코, 스테이트팜, 제너럴 모터스, 뱅크 오브 아메리카, 씨티, 제이앤제이
셀프헬프	패니메이, 뱅크 오브 아메리카, 와코비아
셰어 아워 스트렝스	아메리칸 익스프레스, 시스코, 팀버랜드, 타이슨푸드, 퍼레이드
티치 포 아메리카	와코비아, 암젠
유스빌드 유에스에이	홈디포트, 뱅크 오브 아메리카

표 3.1   기업 제휴 사례

톤)를 식품은행 열다섯 곳에 나누어 주었어요. 하지만 지금 보면 그건 소규모 식품은행 한 곳이 평균적으로 배분받는 양에 지나지 않아요."

피딩 아메리카는 이제 한 해에 20억 파운드가 넘는 식품을 기부받아 미국 전역의 200개가 넘는 식품은행과 5만 5000개 지역사무소를 통해 2500만 명이 넘는 사람을 먹여 살린다. 이 단체는 여러 가지 면에서 전형적인 비영리단체보다는 전국 체인망의 식료품점을 닮았다.

이 비영리단체는 미국 전역에서 기아를 몰아내려는 동시에 거대 식품 기업의 골칫거리를 해결하는 데 도움을 준다. 이제 이들 기업은 초과 생산량을 자선단체에 기부해서 해결할 수 있다. 정부는 시장 가격에 영향을 주지 않으면서 잉여 농산품을 가난한 사람들에게 무상으로 분배할 수 있다. 데이비드 프렌더개스트 기술기획담당 수석부회장은 이렇게 말한다. "우리는 기업과 정부 양쪽에 모두 해결책을 내놓지요. 우리는 서로 다른 부문과 함께 일하는 것에 능숙합니다. 말하자면 기아를 걱정하는 단체의 중심인 셈이죠."

이 책에 나오는 열두 개 비영리단체는 모두 합해서 기업 수백 곳과 제휴 관계를 맺고 있다(표 3.1 참조). 시티 이어는 영향력을 확대하기 위해 기업과 강력하게 제휴 관계를 유지하는 또 다른 훌륭한 본보기다. 시티 이어는 단체의 목적을 달성하기 위해 더 많은 자원을 얻고 동시에 기업 사회가 지방 민주주의 강화에 앞장서도록 기업과의 제휴를 이용한다.

앨런 카제이와 마이클 브라운이 1988년에 전국 단위의 시범 사업으로 청소년봉사단체를 처음 설립했을 때, 그들은 주로 기업 부문에 공을 들였다.[16] 정부 지원에 의존하는 청소년단체가 많은 것과 대조적으로, 카제이와 브라운은 기업의 창조력과 함께 기업 부문의 엄청난 자원을 이용하는 방법을 더 신뢰했다. 또한 기업들은 이익의 일부를 사회에 되돌려줘야 할 윤리적 책임이 있으며, 그렇게 하는 것이 사업에도 이익이 될 수 있다고 생각했다. 그들은 새로운 형태의 기업 후원의 모델로서 1984년 올림픽을 떠올렸다. 1984년 올림픽에서 올림픽 정신이라는 대의와 참여 기업은 모두 이익을 얻었다. 브라운은 〈잉크〉 잡지에 기고한 시티 이어에 관한 초기 글에서 "이기심과 공공선은 분리될 수 없다"라고 말했다.[17]

시티 이어의 제휴 기업들은 단체에 활동 자금을 지원하고, 자신들과 긴밀하게 협력할 지역 조직을 후원한다. 이 단체 회원들은 후원 기업의 로고가 붙은 단체복을 입고 이사회에서 발표하며, 지역 봉사의 날에는 제휴 기업 직원들과 함께 봉사활동을 한다. 제휴 기업 대표들은 청소년들을 후원하고, 때로는 장래의 직업을 자문하고 지도하기도 한다. 이런 협력은 언제나 전략적 차원에서 서로에게 이익이 됐다. 시티 이어는 지역 기업들로부터 자금과 기술, 마케팅, 현물을 지원받고, 기업들은 회사 이미지와 직원 사기를 높이고 심지어 이 단체를 통해 새로운 인재를 공급받기도 한다. 두 조직은 자기 지역의 공통된 문제점을 함께 해결하려는 과정에서 서로에게 배운다. 최고운영책임자 짐 발판즈는 이렇게 말한다.

"시티 이어 모델의 강점을 기업의 기술과 함께 이용하겠다는 생각은 지난날 수표책 기부 방식을 넘어섭니다. 우리가 하는 일에 기업이 참여하면서 생기는 좋은 점은 복합적이지요. 단순히 자금 조달 전략을 뛰어넘어 그것은 우리가 해야 할 일의 일부가 됐어요."

오늘날 시티 이어는 17개 도시의 지역 기업들을 포함해서 350개가 넘는 기업으로부터 후원받고 있다. 이 단체에 가장 많이 지원하는 여섯 개 후원 기업은 2년에 적어도 100만 달러를 투자하고, 시티 이어의 프로그램을 후원하기 위해 인력과 아이디어를 제공하기로 약정한다. 뱅크 오브 아메리카, 컴캐스트, 시에스엑스, 페퍼리지팜스, 티-모바일, 팀버랜드 컴퍼니가 여기에 속하는데, 특히 팀버랜드 컴퍼니는 시티 이어가 시범적으로 여름캠프를 열었을 때 처음으로 장화를 기부한 이래 지금까지 1200만 달러 이상을 지원했다.

시티 이어는 비영리단체가 기업과 전략적 제휴 관계를 발전시키는 데 언제나 앞장 서왔다. 시티 이어는 단순히 보조금을 받는 처지에 머무르지 않고, 중요 단계에서 기업의 이익을 고려하려고 애쓴다. 낸시 로스 개발담당 부회장은 이렇게 말한다. "우리는 효과 높은 동반자 관계, 말하자면 기업의 목표와 전략에 부합되는 그런 제휴 관계를 찾고 있어요. 새로 관계를 맺는 후원 기업에게 기부 목적과 더불어 기업의 목표가 무엇인지 물으면 놀라면서도 기분 좋아하지요. 대개는 그런 질문을 들어본 적이 없거든요."

기업은 시티 이어에 기부하고, 시티 이어는 기업이 목적을 달성할 수 있도록 돕는다. 예를 들면 케이블 TV 회사인 컴캐스트가 (AT&T를 인수하면서) 보스턴에 처음 진입할 때, 시티 이어는 보스턴 본사에서 지역 관리들과 지역사회 구성원, 여론을 주도하는 지도급 인사들을 참여시킨 공식 환영 행사를 열었다. 시티 이어는 실제로 이 행사를, 컴캐스트가 편안하게 시장에 진입하게 하기 위해 지역사회와 관계를 맺는 기회로 활용하게 했다. 컴캐스트는 현재 시티 이어에 한 해에 100만 달러가 넘는 돈을 기부한다. 그리고 지금까지 1800만 달러가 넘는 텔레비전 광고를 무료로 제공했다.

한편, 티-모바일은 시티 이어 상근 활동가에게 블랙베리 휴대폰을 기부해 무료로 통화하게 했고, 청소년봉사단체 회원에게는 휴대폰을 기부했다. 이렇게 함으로써 티-모바일은 미국의 청소년층과 여러 주요 고객 집단에게 자사 상품을 홍보하는 효과를 얻는다. 티-모바일은 또한 시티 이어의 케어포스프로그램시티 이어와 제휴 기업의 직원들이 공동으로 지역 청소년들을 위해 교육, 오락, 주거 시설들을 개선하는 봉사활동에서 함께 활동하는 지역 비영리단체와 학교에게 인터넷을 이용할 수 있게 통신망을 연결해주었다. 시티 이어는 이런 기업의 봉사활동을 중간에서 매개한다. 이 과정에서 혜택을 받는 곳은 시티 이어만이 아니다. 지역사회도 마찬가지로 혜택을 받는다. 발판즈는 이렇게 말한다. "여기서 중요한 것은 우리가 기업과 지역사회를 이어주는 접착제라는 사실이에요. 우리는 그들이 가진 자원을 공유하는 방법을 찾을 수 있어요."

시티 이어는 최근 페퍼리지팜스와 제휴를 맺으면서 이 회사의 골드 피시(금붕어) 크래커를 본뜬 신제품 '스타피시(불가사리)'를 공동 홍보하고 있다. 제품의 포장 뒷면에는 불가사리 한 마리를 구하는 것이 어떻게 세상을 바꿀 수 있는지 알리는 시티 이어 이야기를 써놓았다(그 이야기에 대해서는 제4장을 참조하라). 시티 이어가 전통적으로 대외에 표방하는 희망과 낙관주의, 어린이의 권리가 페퍼리지팜스의 상표 이미지와 일치하기 때문이다. 로스는 이렇게 말한다. "그들은 세상을 어떻게 바꿀지 그리고 그것을 위해 자신들의 상표를 어떻게 쓸 수 있을지 생각하기 시작했어요. 그것이 바로 시티 이어가 그들을 제휴 기업으로 선택한 까닭이지요."

시티 이어 처지에서 보면 이런 연계는 조직의 경계를 넘어서 사회에 더 큰 영향력을 발휘할 수 있게 한다. 발판즈는 이렇게 말한다. "시티 이어는 미국 기업들을 지역사회에 참여시키고 그들이 가진 자원을 그 지역사회로 옮기는 것이 임무라고 생각합니다. 그러나 우리는 그 일을 기업에 가치를 더해주는 방식으로 진행하죠. 그래야 그 기업이 하는 일을 주주들에게 이해시킬 수 있기 때문입니다."

직접 수익사업을 경영하라

직접 사업을 운영하면서 별도로 수입을 올리는 비영리단체가 많다. 말하자면 자체 상품과 서비스를 거래하는 새로운 시장을 만든다. 비영리사업과 영리사업을 구분하는 유일한 차이는 수익이 얼마만큼 사회적 목적을 위해 환원됐느냐이다. 비영리단체에게 수익사업은 조직의 핵심 활동이 아니다. 거기서 발생하는 수입은 기껏해야 전체 수입의 아주 작은 부분에 불과하다.

이들 비영리단체는 아무 조건 없이 운영비로 사용할 수 있는 수입이 지속적으로 발생할 필요가 있음을 발견했다. 재단이나 정부의 보조금이나 개별적인 대형 기부(이런 것은 대개 특정한 프로그램에 쓰도록 용도가 정해져 있다)와 달리, 비영리단체가 적법한 수익사업으로 직접 벌어들인 수입은 적절하다고 생각하는 방식으로 마음대로 할당할 수 있기 때문이다. 재정 안정성을 위해 직접 수익사업을 벌이는 비영리단체가 점점 늘어나는 것은 놀라운 현상이 아니다.

예전부터 일부 집단은 본능적으로 자신들이 개발한 상품과 서비스를 더 쉽게 사고팔 수 있는 사업 모델을 가지고 있었다. 예를 들면 대학은 강의료를 받고, 박물관은 입장료를 받고, 비영리병원은 치료비를 받는다. 그러나 수입원이 분명하지 않은 단체조차도 수익사업을 벌이는 방법을 배웠다. 걸스카우트단체가 과자를 구워 팔고 굿윌 Goodwill, 소외 계층에게 교육, 기술 훈련, 취업 알선 서비스를 제공하는 미국의 비영리단체이 중고품 할인판매점을 운영하는 것이 대표적인 사례다.

우리가 연구한 비영리단체 가운데 몇몇은 자연스럽게 자신들 일과 연계된 수익사업을 진행한다(표 3.2 참조). 셀프헬프처럼 주택자금을 대출해주는 비영리단체는 주택 융자 시장에서 차입해서 운영하는 자금과 더불어, 저소득층 대출상환금과 지역사회 개발을 위한 대출금 이자의

단체명	수익사업
시티 이어	케어포스
익스플로라토리움	입장권 판매, 기념품 가게, 출판, 엑스넷(ExNet) 전시물 임대
전미라라자위원회	라자개발기금, 연차총회
셀프헬프	2차 주택담보융자시장 수입, 주택과 보육원 임대, 벤처 기금
셰어 아워 스트렝스	커뮤니티 웰스 벤처스, 대의 마케팅 제휴
유스빌드 유에스에이	주택 분양, 임대(지부를 통해서)

표 3.2　자체 수익사업

주. 해비타트는 대출상환금을 '자체 근로 소득'이 아니라 자발적 납부로 분류한다.

형태로 고유의 수입원을 가지고 있다. 유스빌드 유에스에이와 전미라라자위원회도 각자 주택융자프로그램을 통해 이와 비슷한 자금 조달 수단을 개발하기 시작했다.

　고유한 수익사업 모델이 없는 단체도 있었다. 이런 비영리단체가 자그마하게나마 수익사업에 착수하려면 더 창조적인 노력을 기울여야 하는 것은 당연했다. 예를 들면 시티 이어는 케어포스라는 소규모 자문 사업을 시작했다. 시티 이어의 지역사회 봉사활동 전문 경험을 이용해서 기업이 자체적으로 자원봉사 행사를 진행할 수 있도록 도와주는 사업이다. 익스플로라토리움은 오래 전부터 박물관을 운영하면서 입장료를 재정에 충당했는데, 그밖에도 어린이용 과학책 여러 종을 발간하고 다른 박물관에 전시품을 빌려줘 별도로 수입을 올렸다. 전미라라자위원회는 연차총회, 알마 ALMA(스페인어로 '영혼')상, 미디어상 시상식으로 기업체 후원을 받았고 광고 수입을 올렸다.

　그런가 하면 셰어 아워 스트렝스는 아마도 사회적 대의를 위해 기업을 운영하는 '사회적 기업'을 촉진시킨 조직으로 가장 널리 알려진 비영리단체이다. 이 단체는 처음에는 아주 기초적인 기업 제휴로 시작했지만 시간이 흐르면서 기업과 점점 더 통합된 대의 마케팅 제휴 관계를 발전시켰다. 그 뒤 셰어 아워 스트렝스는 공동체의 부 community wealth, 사회 변화를 촉진하기 위해 영리기업을 통해 창출한 자원가 얼마나 중요한지 역설하면서 수많은 자체 수익사업과 다른 비영리단체들의 수익사업을 만들어내는 데 초점을 맞추기 시작했다.[18] 셰어 아워 스트렝스는 1984년에 빌리 쇼어와 여동생 데비가 미국에서 굶주리는 사람이 없도록 하기 위해 식품과 음식점 산업을 동원할 목적으로 설립했다. 이 단체는 초기에 '전국 요리 시식회 Taste of the Nation'와 같은 기업체 후원 행사로 수백만 달러의 아동 기아 퇴치 기금을 모금했다. 이런 첫 번째 단계의 후원은 곧이어 더 전략적인 제휴 관계로 발전했다.

이 단체는 1993년에 비약적으로 발전했다. 아메리칸 익스프레스가 후원한 '기아 퇴치를 위한 카드 사용 The Charge Against Hunger'이라는 전국적인 기아 퇴치 캠페인은 3년 동안 무려 2100만 달러를 모금했다. 셰어 아워 스트렝스는 아메리칸 익스프레스가 음식점 산업과 연계할 수 있도록 도왔다. 그 대가로 아메리칸 익스프레스는 이 캠페인에 수백만 달러의 마케팅 비용을 투자했다. 이 행사로 셰어 아워 스트렝스는 혼자서 모금했을 때보다 수백만 달러나 많은 기아 퇴치 기금을 모금했고, 아메리칸 익스프레스는 자사의 신용카드 사용량이 늘어나 이익이 증가했다. 이것은 업계에서 널리 연구되고 활용되는 사례다.

셰어 아워 스트렝스는 오늘날 **사회적 대의 마케팅**이라고 알려진 강력한 수단을 발견했다. 이 단체는 1990년대 말 칼팔론, 반스 앤 노블, 에

비앙 같은 기업들과 거의 100개에 이르는 대의 마케팅 제휴를 맺었다.[19]
또한 '위대한 미국인의 즉석 구이 빵 판매 Great American Bake Sale, 해마다 즉
석에서 구운 빵이나 과자를 판매해 기금을 모으는 행사' '전국 요리 시식회' '기아구호
를 위한 음식점 Restaurants for Relief' '전국순회만찬회 A Tasteful Pursuit, 미국
최고의 요리사들이 전국을 돌며 기금을 모금하는 만찬 행사'를 포함해서 기업들이 후원
하는 기금 모금 행사를 꾸준히 진행하고 있다. 이 단체는 대의 마케팅을
만들어내는 데 뛰어난 능력을 발휘한다.

셰어 아워 스트렝스는 이제 비영리단체도 단순히 기부해줄 곳을 찾
는 데서 벗어나 기업의 마케팅 부서와 **전략적 협력 관계** strategic partnership
를 맺는 쪽으로 움직여야 한다고 아주 정확하게 통찰하고 있었다. 이 단
체는 기아 퇴치 모금을 위해 기업의 마케팅 부서와 함께 일함으로써 사
회적 영향력을 높이고 동시에 기업의 이익을 증대시키는 데 도움을 주
었다. 이런 형태의 협력 관계는 단순한 자선 형태의 기부보다 기업과 기
업 사이의 제휴와 더 비슷했다. 예를 들면 셰어 아워 스트렝스는 자신들
의 로고를 캘리포니아 포도주병에 사용할 수 있도록 허락했다. "그건
디즈니가 라이온 킹 캐릭터를 버거킹에서 쓸 수 있게 한 것과 다를 바
없어요"라고 쇼어는 말했다.[20]

셰어 아워 스트렝스가 이런 대의 마케팅에 매우 능란한 까닭에, 어
떻게 비영리단체들과 제휴해야 더 가치를 높일지 자문을 요청하는 기업
이 많았다. 애슐리 그래험 리더십개발담당 이사는 이렇게 말한다. "6년
전만 해도 저는 하루 종일 전화로 기업에 후원을 요청해야 했어요. 이제
는 그들이 우리에게 전화하고 있어요. 그리고 그들이 무엇을 어떻게 하
는지 묻고 있지요."[21] 다른 비영리단체들도 수익사업을 하기 위해 자기

들이 가진 능력을 어떻게 이용해야 하는지, 또는 기업과의 대의 마케팅은 어떻게 해야 하는지 배우기 위해 셰어 아워 스트렝스를 찾아왔다.

셰어 아워 스트렝스는 이런 요구에 부응해 1998년에 영리 회사를 설립했다. 커뮤니티 웰스 벤처스CWV는 비영리단체에게는 수익사업과 대의 마케팅 제휴로 수입을 올리도록 하고, 기업에게는 더욱 전략적으로 기부해서 이익을 증대시키도록 돕는 사회적 기업 자문 회사다. 이 회사의 목표는, 사회 변화를 위해 시장을 기반으로 하는 접근 방식을 사용하는 것에 대한 비영리단체와 기업의 기존 생각을 모두 바꾸도록 만드는 것이다.

셰어 아워 스트렝스의 이런 활동 뒤에는 "비영리단체는 더 이상 조그마한 자선에 기댈 이유가 없으며, 오히려 사회 변화를 창조하는 동시에 경제적 가치도 창조해야 한다"는 빌리 쇼어의 세계관이 깔려 있다. "우리는 오직 한 가지 단순한 이유 때문에 (CWV를) 시작했습니다. 사회를 바꿔야 한다는 우리의 소명은 이미 사회적으로 입증된 프로그램들을 지원하기 위해 새로운 자원을 만들어낼 것을 요구하지만, 우리에게는 규모를 키워낼 성장 동력이 없습니다"라고 쇼어는 썼다.[22] 비록 그 꿈이 완전하게 실현되기까지는 시간이 더 걸리겠지만 CWV가 사회에 큰 영향을 끼쳤다는 사실을 의심할 사람은 없다.

CWV는 처음 8년 동안 셰어 아워 스트렝스에 100만 달러의 이익을 돌려주었다. 비록 그것은 셰어 아워 스트렝스 전체 예산의 5퍼센트에 불과하지만, CWV는 비영리 부문 안에서 사회적 기업에 관한 논의를 촉진시킴으로써 사회에 큰 영향을 미쳤다. 이 회사는 그동안 비영리단체의 수익사업과 기업과의 제휴를 진행하는 작업을 수백 건 이상 성사시켰으며, 그 과정에서 사회적 기업 분야를 정립하는 데 기여가 많았다. "우리는 시민운동 부문이 우리 사회에서 맡은 역할을 완전히 바꿀 수 있어요. 그리고 비영리단체와 기업이 함께 손을 잡고 변화를 창조하는 방법도 새롭게 만들어낼 수 있지요"라고 쇼어는 말한다.[23]

위기관리

이제 비영리단체가 기업 부문을 선을 위한 힘으로 이용할 수 있다는 것은 명백해졌다. 그 방법이 기업의 관행을 바꾸는 것이든 기업과 비영리단체가 제휴하는 것이든 아니면 자체 수익사업을 운영하는 것이든 상관없다. 우리가 연구한 비영리단체 가운데 예산과정책우선순위센터 한 곳을 빼고는 모두 영향력을 확대하기 위해 적어도 이런 방법 가운데 하나를 선택했다.

그러나 아직도 이런 방법을 따르는 것을 주저하는 비영리단체가 많다. 거기에는 나름대로 타당한 이유가 있다. 이런 방법이 수반하는 도전과 위험은 외부에서 엄청나게 커 보일 수 있다. 따라서 시장의 힘을 이용하려는 사람들은 반드시 조심해서 행동해야 한다. 다음에 나오는 것은 비영리단체가 기업과 협력할 때 발생하는 일반적인 위험 요소며, 한편으로는 그것을 잘 관리할 수 있는 요령이다. 이런 내용에 대해 더 자세하게 연구한 책이 많으므로, 여기서는 일반 개요만 설명해 어두운 바다를 헤쳐 나가도록 도우려 한다.

본분 망각에 대한 두려움

기업체와 제휴를 모색하거나 자체 수익사업을 운영하려는 비영리단체에게 아마도 가장 큰 고민거리는 그런 활동이 단체를 본연의 임무인 자선사업에서 멀어지게 하지 않을까 하는 문제일 것이다. 기업처럼 행동하거나 수익사업 운영에 마음을 빼앗겨 본연의 사회적 목적을 잃어버리지 않을까 하는 두려움이다. 커뮤니티 웰스 벤처스의 한 보고서는 이렇게 묻는다.[24] "우리는 지금 우리의 가치를 팔아버리고 있는 것은 아닐까? 사업에 몰두하면 우리의 영혼을 잃는 것은 아닐까?" 이것은 매우 중요한 질문이다. 그리고 몇몇 단체는 기업과 제휴하지 않거나 자체 수익사업을 벌이지 않는 것이 그 해답이라고 말한다.

그러나 우리가 연구한 성공한 비영리단체 가운데 이런 이유로 자기 본분을 잃고 표류하는 곳은 한 군데도 없었다. 모두 기업과 함께 일하면서 자신들이 소중히 여기는 가치에 충실했고, 목표 달성에 여전히 집중했다. 문제라면 영향력을 더 많이 발휘하려는 바람이 이런 제휴 관계를 더욱 가속화한다는 것이다. 그러나 아무리 실용적이라고 하더라도 만일 자신들이 추구하는 사회적 목적이 위기에 처한다면, 그들은 그러한 제휴 관계와 선을 긋는다.

예를 들어 시티 이어는 시스코 시스템스라는 인터넷 네트워크 관련 회사가 시티 이어 회원들을 이용해서 고등학교 기술훈련센터를 운영해 달라고 제안하자 거부했다. 회원들의 능력과 시간을 효과적으로 활용하는 방법이 아니라고 판단했기 때문이다. "회원들 교육 시간이 너무 많아서 실제로 해야 할 일을 못 할 수도 있었어요. 그래서 시스코에게 안

된다고 했지요. 매우 어려운 결정이었어요. 그러나 우리는 '그건 우리 일이 아니에요'라고 말할 수밖에 없었지요"라고 개발담당 부회장 낸시 로스는 말한다. 시스코가 제안한 특별프로그램은 시티 이어의 주요 활동과 거리가 멀었다. 시티 이어는 시스코와 다른 방식으로 협력하는 길을 찾았다. 기업과 제휴하거나 자체 수익사업을 운영하려는 비영리단체는 목적에 어긋나는 이런 종류의 제안을 끊임없이 경계해야 한다.

배신행위라는 생각

비영리단체의 주요 책임자들은 기업과 제휴하는 것을 배신행위로 보거나, 영리 때문에 가난한 사람에 대한 관심을 저버린다고 생각할 수도 있다. 그들은 기업과의 제휴가 개인이나 재단 또는 다른 형태의 기금 후원을 철회시킬 수 있다고 우려한다. 그러나 환경방위는, 초기에 기업과 제휴한 것을 두고 다른 환경단체들이 배신자라고 규정했을 때, 이사회나 상근 활동가, 후원자들로부터 어떠한 지지 철회도 받은 적이 없었다. 지금은 기업과 함께 일하는 환경운동가가 많다. 실제로 기업과의 제휴는 이제 일반적인 추세가 됐다. 환경방위 기업제휴담당 이사 그웬 루타는 이렇게 말한다. "오늘날 주요 환경단체들은 거의 모두 어떤 방식으로든 기업과 협력하고 있어요. 15년 전과는 완전히 달라졌어요."

사회적 부문이 기업과의 제휴를 더 편안하게 생각하고, 기업과의 제휴가 기부 문화를 확대할 수 있다고 생각하는 기부자가 많아지면서 그런 행위를 배신이라고 생각하는 경향도 점점 사라지고 있다. 이제 비영리단체들은 수많은 과제를 해결하기 위해 기업과 힘을 합치고 있다. 그리고 기업과 손잡는 것과 일반 기부자의 참여를 늘리는 것이 서로 배타적이지 않다는 사실을 입증하고 있다.

그럼에도 비영리단체는 협력 기업에 대해서 주의해야 한다. 특히 기업이 자신과 제휴를 맺은 동기를 경계해야 한다. 그래야 기업의 마케팅 목적에 휘둘리지 않을 수 있다. 예를 들면 환경방위는 월마트가 처음에 제휴를 제안했을 때 거부했다. 월마트가 자신들을 이용해서 '그린 워싱', 말하자면 친환경적으로 보이게 하는 부정 세탁을 하지 않을까 하는 우려 때문이었다. 환경방위가 월마트와 정식으로 제휴를 맺고 벤튼빌월마트 본사가 있는 아칸소 주의 도시에 사무실을 열어 전국 월마트 체인점들이 친환경 사업을 계속 영위하도록 돕기로 했다고 공식 발표를 한 것은, 월마트가 진심으로 영업 관행을 바꾸고 특별하고 중요한 조치들을 취하는 것을 확인한 뒤였다.

적절한 제휴 기업 고르기

제휴 관계는 그 협력 형태가 기부 중심이든 마케팅 중심이든 또는 경영 중심이든 그 밑바탕에 상호 신뢰가 깔려 있어야 한다. 두 당사자는 제휴 관계가 서로에게 적절하며 각자의 목표와 동기가 서로 일치한다고 확신해야 한다. 제휴를 맺은 기업이나 비영리단체 한 곳이라도 비리에 연루되는 경우가 생긴다면, 그것은 어렵게 이룩한 제휴 관계의 순수성과 신뢰성에 큰 타격을 줄 수 있다. 비영리단체가 제휴 기업의 비윤리적 행태 때문에 피해를 본 사례는 많다. 물론 우리가 연구한 비영리단체 가운데는 그런 종류의 비리에 연루된 곳이 하나도 없었다. 그들은 이런 제휴에서 순수성을 지키는 것이 얼마나 중요한지 이미 잘 알고 있었다.

예를 들면 전미라라자위원회의 지도자들은 위원회와 제휴 관계를 맺은 주요 기업(그들은 기업 이름을 밝히기를 거부했다)이 자기 작업장에서 일하는 남미계 이민노동자들을 착취하고 있다는 사실을 알아냈을 때를 기억했다. 처음에 위원회는 잘못된 노동자 관리 행태를 바꾸도록 회사에게 영향력을 행사하려고 했다. 그러나 그런 노력이 먹혀들어가지 않자 순수성을 지키기 위해 지원금을 거부하고 제휴 관계를 청산했다.

비영리단체는 어떤 기업이 지원하겠다고 제안할 때 성급하게 거기에 매달리기보다는 가능한 한 철저하게 조사해서 지원 동기나 목표, 순수성을 확인해야 한다. 따라서 기업과 제휴를 맺기까지는 시간이 많이 걸린다. 루타는 이렇게 말한다. "끈질긴 인내가 필요하죠. 처음에는 대화를 1만 7000번쯤 해야 해요. 제휴 대상 기업과 첫 데이트를 수없이 많이 합니다. 꼭 맞는 상대라는 생각이 들기 전까지는 그렇게 해야 해요."

다른 프로그램과의 갈등

기업 제휴와 비영리단체의 다른 프로그램 사이에 긴장감이 생길 수 있다. 정책 활동은 특히 그렇다. 만일 어느 제휴 기업이 반대하는 정치 문제에 비영리단체가 찬성 활동을 전개한다면, 이들 사이에 갈등 관계가 발생할 수 있다. 우리가 연구한 비영리단체들은 앞서 제2장에서 논의한 것처럼 이런 갈등 요소를 조심스럽게 관리했다. 예를 들면 전미라라자위원회는 이민자 정책을 포함해서 남미계 미국인 사회와 관련된 정치 문제에는 언제나 앞장선다. 따라서 제휴 기업들은 단체의 그런 정치 행동에 놀라지 않는다.

피딩 아메리카는 정책의 의사결정 권한이 단체 회장과 활동가들에게 있다. 이사회에는 제휴 기업에 소속된 사람이 많기 때문이다. 공공정책담당 부회장 더그 오브라이언은 이렇게 말한다. "식품업계가 우리의 공공정책 결정에 부당하게 영향을 미치는 것에 반대합니다. 처음에 이사회에는 식품업 종사자가 압도적으로 많았지요. 우리가 어떤 기업의 홍보 도구로 보이지 않도록 신중하게 처신해야 했어요."

나아가 이 단체는 기아와 관련된 정치 문제에는 확고하게 자세를 취하지만, 복지개혁처럼 좀더 광범위한 영역에는 너무 깊이 관여하지 않는다. 후원 기업들과 갈등을 일으킬 수 있기 때문이다. 오브라이언은 말한다. "우리가 본디 목적에서 멀리 떨어지면 떨어질수록 기업과 갈등 관계에 빠지기 쉬워요. 기업들은 대부분 식품배급표 지원을 지지합니다. 그러나 (더 높은) 최저임금제를 지지하는 정책 활동에는 문제를 제기할 수 있어요."

자체 수익사업의 한계

사회적 기업의 전망이 밝기는 하지만, 아직까지 비영리단체를 위한 대안으로 입증되지는 않았다. 목적과 분명하게 부합되는 수입원을 개발하지 못한 비영리단체는 작은 규모의 사업을 기획하거나 유지하기도 어렵다. 그런 사업을 운영한다고 해도 투자 시간이나 노력만큼 수입이 발생하지 않는 경우도 많다. 어떤 때는 사업 아이디어가 수익성이 없거나, 조직에 이익을 낼 능력이 없는 경우도 있다. 영리가 목적인 기업이 이익을 내기도 쉽지 않은데 하물며 비영리단체가 혼자 힘으로 수익을 내기란 정말 쉽지 않다.

한 예로 시티 이어는 팀버랜드와 공동으로 시티 이어 기어라는 상표로 의류사업을 시작하려 했다. 그러나 판매 소매상을 정비하지 못해 시티 이어는 조용히 그 시도를 접었다. 그에 비해 이 단체의 케어포스 사업은 성공적이었다. 시티 이어의 핵심 기술을 이용해 기업체가 자발적으로 봉사활동 행사를 조직할 수 있도록 자문하고 지원하는 사업이다. 하지만 이 사업이 벌어들이는 수입은 시티 이어 전체 예산의 일부에 지나지 않는다. 그리고 셰어 아워 스트렝스 산하의 사회적 기업인 커뮤니티 웰스 벤처스도 순수하게 돈 문제로만 따지면 기업과 함께 대의 마케팅을 진행할 때보다 수입이 훨씬 못하다.

대다수 비영리단체가 자금 부족에 시달린다고 해서, 비영리단체의 자체 수익사업이 거대한 금융 자본을 유입시키는 잠재적 통로가 되어서는 안 된다. 비록 용도 제한이 없는 자금이라고 하더라도 조심하지 않으면 비영리단체가 본분과 먼 사업에 매달릴 수 있으며, 심지어 사업 실패로 조직 재정에 큰 피해를 입힐 수도 있다. 성공적으로 자체 수입을 일궈내는 비영리단체는 이미 이익을 내는 사업 모델을 가진 단체들이다. 예를 들면 대출이나 주택담보융자 같은 부동산, 금융 투자 같은 사업 모델이 있는 단체가 그런 경우에 해당한다. 순수하게 현장 활동만 하거나 정책 활동에 매진하는 비영리단체들의 경우에는 본연의 임무를 망각하지 않으면서 순수익을 내는 사업(모든 비용을 제외하고도 수익이 남는 사업)을 진행하기는 훨씬 더 어렵다.

실용적 행동주의

위험이 있는 곳에 기회도 있게 마련이다. 여기에 나오는 이야기들은 비영리단체가 사회를 바꾸기 위해 기업 부문의 능력과 자원을 이용하고 시장의 역동성을 활용할 때 영향력이 확대된다는 것을 잘 보여준다.

다양한 사례들이 보여주는 것처럼 영향력을 확대하는 가장 쉬운 출발점은 기업이 자원봉사 인력이나 돈, 현물을 기부하는 기본적 기업 제휴 방식이다. 대개 이런 제휴 관계는 셰어 아워 스트렝스가 보여주는 다양한 전략적 대의 마케팅 협력 관계나 시티 이어가 지역사회에 기업들을 참여시키는 노력, 피딩 아메리카가 거대 식품업 경영에 공동 참여하는 것처럼 더 큰 통합으로 발전한다.

이보다 더 복잡한 접근 방식은 일부 비영리단체처럼 직접 자체 수익사업을 운영하는 것이다. 특히 셀프헬프나 전미라라자위원회 개발기금처럼 주택 시장에서 활동하는 비영리단체들이 성공한 방식이다. 우리가 연구한 다른 단체들은 자체 수익사업을 조직 기금 마련을 위한 보조사업으로 생각한다.

끝으로 일부 비영리단체는 제휴 기업과 함께 그 기업의 관행을 바꾸는 활동도 같이 한다. 환경방위는 기업에 대한 사회의 부정적 이미지를 줄이기도 했고, 셀프헬프는 기업들이 그동안 거들떠보지 않던 시장에 참여하도록 독려하기도 했다. 이들 비영리단체는 시장을 이용해서 기업이 옳은 일을 한다면 그에 합당한 경제적 보상이 뒤따른다는 것을 입증했다. 마지막 방법이 매우 어려운 것은 사실이지만 그만큼 영향력 또한 크다.

성공한 비영리단체들은 어떤 방법을 추구하든 상관없이 기업과 비영리단체의 협력이 더 강력한 영향력을 발휘한다는 사실을 잘 보여주었다. 이들은 시대와 보조를 맞추면서 자신들의 사회적 가치를 매우 현실적인 방법으로 실현할 줄 아는 실용적 이상주의자들이다. 셀프헬프의 설립자 마틴 익스는 이렇게 말한다. "우리 목표는 시민운동과 여성운동을 경제 영역으로 옮기는 것이었어요. 1960년대의 전투들은 지금까지 큰 승리를 거두었어요. 그러나 경제학적으로 해석되지 않는다면 별 가치가 없지요."

많은 비영리단체가 여전히 그런 것에 질색할 때, 환경방위는 시장의 힘을 이용하고 기업과 협력하기 시작했다. 이제는 기업의 후원을 받기 시작한 주요 환경단체가 많지만, 환경방위가 월마트와 맺은 제휴 관계처럼 더욱 진전된 관계로 나아가지는 못하고 있다. 환경방위는 다른 단체들이 잘못된 행태라고 보는 곳에서 기회를 포착하고 아칸소의 벤튼빌에 사무실을 열었다. 데이비드 야널드 경영 부회장은 이렇게 말한다. "주마다 1억 7500만 명이 월마트로 물건을 사러 옵니다. (우리가) 그들에게 올바른 환경의식을 조금이라도 심어줄 수 있다면 우리는 사회에 엄청난 영향을 미칠 수 있어요. 월마트는 물품 공급업체들에게 더 친환경적으로 사업을 수행하게 요구함으로써 경제 전반에 커다란 파급효과를 가져올 수 있지요."

환경방위 같은 위대한 비영리단체들이 궁극적으로 자신들의 관심 분야에 더욱 큰 영향력을 행사하게 만드는 것은 바로 이런 실용적인 접근 방식이다. 곧 제4장과 제5장에서 보겠지만, 우리가 위대한 비영리단체에서 발견한 또 다른 습관들은 (개인들을 비영리단체 활동에 참여시키고 비영리단체들끼리 연대하는 것 같은) 이런 방식에 더 큰 힘을 보태준다. 이들 비영리단체는 강력한 연대의 틀을 갖고 시장에 영향을 미치기 때문에 기업들은 이들 단체와 협력하기를 간절히 바란다.

"미국을 바꾸고 싶다면 미국 기업을 바꿔야 한다고 우리는 확신해요"라고 환경방위의 루타는 말한다.[25] 이들 비영리단체가 보여준 것처럼 미국의 기업들은 사회를 새롭게 건설하는 대화에 참여할 수 있다. 그리고 꼭 그래야 한다. 여러 가지 어려움이 있는 것이 사실이지만 이 방법은 세상을 바꿀 가능성을 가지고 있다.

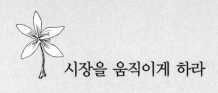

시장을 움직이게 하라

■ **기업을 바꾸지 않고 세상을 바꾸기는 어렵다.**

성공한 비영리단체들은, 기업 부문이 엄청난 자원을 가지고 있으며 막강한 능력을 지배하고 있다는 사실을 안다. 이들 단체는 기업을 적이 아니라 동맹으로 본다. 그리고 기업이 선을 위한 힘이 되도록 돕는다.

■ **시장의 힘을 이용하는 방식에는 세 가지가 있다.**

위대한 비영리단체들은, 영향력을 확대하기 위해 자유시장체계를 이용할 줄 안다.

1. 성공한 비영리단체들은 기업의 관행을 바꾸고 기업이 사회적 책임을 더 많이 느끼게 만들기 위해 기업과 협력한다.
2. 성공한 비영리단체들은 대의 달성을 위해 기부, 자원봉사, 대의 마케팅 형식으로 기업들과 제휴를 맺어 더 많은 자원에 접근한다.
3. 일부 단체는 자체 수입을 벌어들이기 위해 직접 수익사업을 운영한다.

■ **성공한 비영리단체들은 협상 테이블에 기업에게 줄 귀중한 자산을 가져온다.**

위대한 비영리단체들은, 기업에게 받는 만큼 줄 것도 많다는 사실을 안다. 기업 부문과 비영리 부문 사이의 효과적인 제휴는 양쪽 모두에 승리를 안겨준다.

■ **성공한 비영리단체들은 위기를 관리할 줄 안다.**

기업과 효과적으로 협력하기는 쉽지 않다. 자칫 잘못하다가는 기업의 이해관계에 속절없이 놀아날 수도 있다. 동료 단체나 시민들로부터 배신자라는 비난을 들을 수도 있다. 공동사업을 하거나 자체 사업을 하면서 온갖 위험에 노출될 수도 있다. 그러나 성공한 비영리단체들은 그런 위기 속에서 기회를 발견한다.

■ **자체 수익사업이 조직 재정에 도움이 될 수는 있지만 확실한 대안은 아니다.**

우리가 연구한 많은 단체는 자체 수익사업을 운영하는 여러 가지 방법을 고안했다. 운이 좋은 단체는 견고한 수입 원천을 보유하고 혜택을 받지만, 그렇지 않은 단체는 자체 수입을 올리기 위해 매우 창조적인 방법을 만들어내야 한다. 그러나 자체 수익사업이 비영리단체 모두에게 이익을 가져다주지는 못한다. 수익성이 떨어지는 사업 모델도 있기 때문이다.

열성 지지자를 양성하라

Inspire Evangelists

해비타트는 우리 시대에 가장 성공한 비영리단체 가운데 하나다. 1970년대에 조지아 주 농촌지역에서 설립된 해비타트는 오늘날 전 세계에서 자원봉사자 수십만 명이 활동하고 있으며, 지금까지 100여 개 나라에 20만 채가 넘는 집을 지었다. 그 명성은 스타벅스와 동급이라고 해도 지나치지 않다. 해비타트가 가장 크게 성장한 해는 1984년이었다. 해비타트 대표 풀러가 당시 조지아 주에 살던 지미 카터 전 대통령에게 해비타트의 홍보대사가 돼달라고 설득한 해였다. 300만 달러쯤이던 이 단체의 수입은 그로부터 10년 뒤 1억 달러로 늘어났다. 해비타트를 세상에 가장 널리 알린 열성 지지자 카터 덕분이었다.

FORCES for GOOD

제4장   열성 지지자를 양성하라

해비타트는 우리 시대에 가장 성공한 비영리단체 가운데 하나다. 비록 일반인들이 짐작하는 그런 이유 때문만은 아니지만 말이다. 1970년대에 조지아 주 농촌지역에서 설립된 해비타트는 오늘날 한 해 전체 예산이 10억 달러에 이르고, 산하에 지부 수천 개를 거느리고 있으며, 전 세계에서 자원봉사자 수십만 명이 활동하고 있다.[1] 지금까지 100여 개 나라에 20만 채가 넘는 집을 지었다. 그 명성은 스타벅스와 동급이라고 해도 지나치지 않다.[2] 해비타트는 1960년 이후 설립된 비영리단체 가운데 예산 규모별 순위로 '〈크로니클 오브 필랜스로피〉 400'에서 상위 25위 안에 올라있는 유일한 단체다. 따라서 사회적 부문을 이끄는 비영리단체가 어떻게 영향력을 확대했는지에 대해 쓴 책에 해비타트가 나오는 것은 놀랄 일이 아니다.

그러나 그동안 지은 주택 수로만 해비타트를 평가한다면 그다지 큰 감명을 받지 못할 수 있다. 해비타트가 지금까지 지은 집의 수는 부동산 개발업자들이 (영리 목적이든 비영리 목적이든) 지어놓은 다세대주택에 저소득층 수백만 명이 사는 것과 비교할 때 아무것도 아니다. 그러나 해비타트가 창조한 더 큰 공동체를 생각해보면 해비타트가 사회에 끼친 영향력은 분명해진다.

해비타트는 단순히 가난한 사람들에게 집을 지어주는 것만을 바라지는 않는다. 그보다는 오히려 가난한 사람들의 주택 문제를 해결하기 위해 공동체 구성원들이 모두 발 벗고 나서기를 바란다. 해비타트는 중산층 자원봉사자 수십만 명을 주택건설 사업에 동참하게 하여 그들이 생각과 행동을 바꾸고 올바르게 투표권을 행사하도록 영감을 불어넣는다. 이 단체의 사명에는 이렇게 쓰여 있다. "해비타트의 목표는 사람들이 살기에 알맞고 기본이 되는 주거시설을 지어서 이 세상에서 빈곤층의 주택 문제와 무주택자 문제를 없애는 것이다. 나아가 우리가 하는 모든 말과 행동은 **궁극적으로 사람들 가슴과 마음속에 편안하게 쉴 곳을 제공하기 위한** 것이다. 우리는 미국과 전세계가 다시는 사회 · 정치 · 종교적으로 빈곤층의 주택문제와 무주택자 문제를 용납하지 않도록 아주 강력한 방법을 동원하여 이 목표를 완수할 것이다." 해비타트는 가진 자와 못 가진 자 사이의 관계를 바꾸는 일 말고는 어떤 것도 추구하지 않는다. 이것은 바로 풀뿌리개혁운동의 전형적인 본보기다.

이런 담대한 목표와는 달리 해비타트가 만들어진 동기는 매우 단순하다. 해비타트는 1970년대 말 자수성가한 사업가 밀러드 풀러와 부인 린다가 함께 설립했다. 두 사람은 결혼 생활에서 분란을 겪은 뒤 돈 버는 일을 포기하고 조지아 주 농촌의 작은 기독교공동체 마을 코이노니아로 이사했다. '주택 봉사'의 생각은 바로 여기서 시작됐다. 풀러 부부는 아프리카에서 해비타트 모델을 시험한 뒤 전 세계를 여행하며 가난한 사람들에게 집을 지어주는 일에 동참할 기독교인 자원봉사자를 모집했다. 이들 부부는 함께 활동할 사람을 모으기 위해 교회 조직망을 이용했다. 풀러는 이렇게 말한다. "세상에서 현존하는 가장 큰 조직은 교회죠. (해비타트는) 그 거대한 조직을 지지 세력으로 만들기 위해 접근했어요. 그건 정말 놀라운 경험이었어요."

이 단체가 가장 크게 성장한 해는 1984년이었다. 풀러가 당시 조지아 주 플래인스 근처에 살던 지미 카터 전 대통령에게 해비타트의 홍보대사가 돼달라고 설득한 해였다. 카터는 이사회 일원으로서 단체의 대변인 역할을 맡고 기금 모금을 요청하는 편지에 서명하기로 했다. 그의 동참은 해비타트를 소규모 비영리단체에서 엄청난 기금을 모금하는 세계적인 단체로 성장시키는 원동력이 됐다. 300만 달러쯤이던 이 단체의 수입은 그로부터 10년 뒤 1억 달러로 늘어났다. 해비타트를 세상에 가장 널리 알린 열성 지지자 카터 덕분이었다. 오늘날 해비타트의 전체 예산은 지난 20년 동안 해마다 30퍼센트씩 늘어났다. 놀라운 성장이었다.[3]

해비타트의 사업 모델은 정말 놀랄 정도로 단순하다. 시세보다 낮은 가격으로 집을 마련하기 위해 그 집에 살 사람과 자원봉사자들이 수백 시간 동안 땀을 흘리며 함께 집을 짓는다. 해비타트는 자원봉사자들이 노동을 제공하고 기부받은 자재로 집을 짓기 때문에 원가가 상대적으로 싸다. 새 집의 주인이 될 사람은 무이자 주택담보융자금을 지불해야 하며, 그 돈은 그 지역의 해비타트 지부가 더 많은 집을 짓는 데 다시 투자된다. 사업 원가가 낮고 지속적으로 수입이 발생하기 때문에 단체는 계속해서 사업을 확장할 수 있다.

해비타트의 성과는 매우 구체적이어서(사람들이 보고 만질 수 있는 집) 자원봉사자와 기부자를 모으기가 다른 단체들보다 한결 쉽다. 기업제휴담당 이사로 지미 카터의 형수인 시빌 카터는 이렇게 말한다. "우리는 다른 비영리단체에게는 없는 것이 하나 있어요. 사람들이 실제로 사업에 참여할 수 있고, 시작과 끝을 눈으로 확인할 수 있는 체험 방식이죠. 누구라도 그 일에 참여할 수 있어요. 1년 뒤 그곳을 다시 방문해서는 '우리가 이 집을 짓는 일을 도왔지'하고 말할 수도 있어요. 그것이 바로 우리가 이 일에 빠지는 매력 가운데 하나죠."

해비타트는 처음부터 비영리단체 세계의 성배를 발견했다. 어느 한 요소가 다른 요소를 강화하는 선순환 구조를 이 사업 모델에서 찾아낸 것이다. 해비타트는 신앙이 바탕인 조직에서 강력한 가치관으로 무장한 개인들을 모으기 시작했다. 사람들은 해비타트의 사업을 지원하기 위해 시간과 돈을 기부했다. 그리고 함께 집을 지었다. 해비타트가 성장하면서 집짓기에 참여한 자원봉사자와 기부자는 주택 문제에 대한 해비타트의 대의를 세상에 널리 알리는 열성 지지자로 바뀌었고, 그 과정에서 자신의 생활도 새롭게 변화했다. 이 열성 지지자들은 해비타트가 끊임없이 영향력을 확대할 수 있도록 시간과 돈을 투자할 더 많은 사람을 조직으로 끌어들였다. 스티븐 사이델 미국도시계획담당 이사는 말한다.

"성장에 필요한 모든 것(자금, 자원봉사자, 능력, 건축자재)을 우리는 충분히 가지고 있었어요. 나는 자금이나 인력이 고갈될지 모른다는 걱정을 해마다 했지만, 그런 일은 전혀 일어나지 않았어요. 해가 바뀔 때마다 동참하겠다는 집단이 계속 새로 나타났고 기존 회원들도 더 열심히 참여하기를 바랐지요."

해비타트는 마침내 집보다 더 많은 것을 지었다. 빈곤층의 주택 문제 해결이 목적인 지구촌 공동체를 창조한 것이다. 해비타트는 우리가 연구한 어떤 조직보다 운동을 더 잘 펼쳤다. 풀러는 이렇게 말한다. "나는 조직을 만드는 것보다 운동을 펼치는 일에 더 관심이 많았어요. 운동에서 가장 중요한 요소는 자신을 버리는 것이에요. 망설이지 마세요. 열정과 소명 의식을 가지고 헌신하세요. 그러나 많은 사람들의 마음을 사로잡을 때만 운동이 성공할 수 있어요. 해비타트가 한 일이 바로 그것입니다. 해비타트는 수십만 명의 거대한 마음을 사로잡았지요."

외부 사람을 회원으로 만들기

해비타트 같은 단체들은 조직 바깥에 있는 개인을 자원봉사자, 기부자, 조언자, 후원자, 열성 지지자로 바꾸는 능력이 뛰어나다. 이들 단체는 조직 내부 구성원과 회원 사이에 공동체를 형성하는 것을 넘어서 더 커다란 사회 변화를 이루기 위해 일반 대중을 적극적으로 동원한다. 이들 단체는 점점 성장하면서 조직 경계를 끊임없이 밖으로 확장하고, 새로 충원된 개인들을 자신들의 대의를 믿고 따르는 사람들과 '변화 창조자'의 공동체로 견인한다.

우리는 앞에서 성공한 비영리단체들이 영향력을 확대하기 위해 사회의 다른 부문들을 어떻게 동원하는지 살펴보았다. 정책을 바꾸기 위해 정부에 로비하고 기업과 제휴를 맺는 행위가 바로 그런 과정이다. 이들 단체는 다들 개인과 집단을 끌어들이는 데 능숙하다. 이런 방식은 대중의 관심사를 전달하는 목소리로서, 시민사회의 약속을 지키는 도구로서, 참여민주주의의 보루로서 언제나 비영리단체가 맡았던 중요한 기능이다. 그러나 이들 단체가 단순히 옳은 일이기 때문에 개인의 참여를 적극적으로 유도한 것은 아니다. 거기에는 전략적인 이해관계가 있다. 그들은 그 대가로 중요한 보상을 받는다. 개인을 많이 동원하면 할수록 영향력은 더욱 커진다.

개인을 참여시키는 일은 비영리단체의 자원 전략에서 가장 중심이 될 수 있다. 해비타트의 사례에서 보는 것처럼, 사람은 자원봉사로 노동력을 제공함으로써 비영리단체가 적은 비용으로 많은 일을 할 수 있게 만든다. 더 중요한 것은 이 자원봉사자들과 회원들이 대부분 돈을 기부한다는 사실이다. 개인 기부자의 수가 많다는 것은 그 단체가 상대적으로 안정적이고 유연한 재정 기반을 보유하고 있다는 것을 뜻하며, 정부 보조금이나 재단과 기업이 지원하는 후원금과 달리 조직이 필요할 때 자유롭게 쓸 수 있는 자금이 많음을 의미한다. 개인 기부자 기반을 확대시키면 자금 사용이 반드시 특정 프로그램에 한정되지 않기 때문에, 조직의 역량을 늘리는 데 자금을 투자하거나 조직을 변함없이 혁신적이고 적응력 있게 유지하는 데 더 많은 자금을 지원할 수 있다.

개인들은 또한 비영리단체의 능력과 영향력을 높이게 돕는다. 개인은 모두 정부와 시장을 움직일 힘을 가진 유권자며 소비자다. 남미계 미국인이든, 보수주의 기독교인이든, 또는 자유주의 환경보호주의자든 비영리단체는 개인을 많이 끌어들임으로써 선거에서 압력을 행사할 기반을 저절로 가지게 된다. 우리가 제5장에서 예시하는 것처럼 시티 이어는 '아메리콥스 구하기 Save AmeriCorps' 캠페인을 벌이면서 지지자 수천 명과 비영리단체들을 동원하는 데 성공했고, 마침내 아메리콥스가 연방 정부의 지원을 다시 받을 수 있게 했다.

환경방위와 헤리티지재단 같은 단체는 공공정책에 영향력을 행사하기 위해 지지자를 수십만 명씩 끌어들인다. 최근 들어 해비타트는 정치권에 영향력을 미칠 방법을 찾기 위해 정책 전담 조직을 구성했다. 사이델은 이렇게 말한다. "아직 발굴되지 않은 지역사회 자원봉사자 수천 명을 전담 팀으로 활용할 예정입니다. 작업 현장에 망치를 들고 나타나 주택 문제를 하나의 사회 현안으로 연결시킬 수 있는 유권자들이죠."

개인은 시민사회를 구성하는 **시민**이면서 동시에 시장에서는 **소비자**다. 어느 비영리단체가 기업과 협력할 때(그것이 기업의 관행을 바꾸는 것이든 제휴 관계를 맺는 것이든 상관없이), 그 협력이 중요한 시장에서 많은 사람에게 영향을 준다면 그 단체는 더 유리한 위치에서 기업과 협상할 수 있다. 그 비영리단체는 해당 기업의 잘못된 관행에 항의하기 위해 소비자불매운동에 지지자들을 동원하거나 회원들에게 자기 단체의 대의를 지지하는 기업의 제품을 구매하도록 장려할 수 있다. (제3장에 나온) 아메리칸 익스프레스와 셰어 아워 스트렝스의 사례처럼, 행사에 잘 훈련된 지지자 수만 명을 참여시킬 수 있는 비영리단체의 능력은 사회 개혁을 위한 기업과의 제휴에서 큰 힘으로 작용한다.

시민들은 숫자로만 힘을 과시하지 않는다. 그들은 또한 지역공동체나 크게는 지역사회에도 영향력을 미친다. 이렇게 영향력을 미치는 사람 가운데 일부는 이사회 회원이나 고문으로서 자기 전문성을 단체에 기부한다. 그중 몇몇은 강력한 지도자(지미 카터 같은)들로 구성된 '초대형급 열성 지지자들'이어서 비영리단체가 미국 전역이나 국제사회에서 성과를 더 많이 올리게 영향력을 발휘하기도 한다. 만약 기업체 대표라면 기업과의 제휴 관계를 중간에서 조정할 수 있다. 정치인이라면 법을 제정하거나 정부 정책을 바꿀 때 힘이 될 수 있다. 유명 인사나 사회에서 저명한 인물이라면 언론매체의 관심을 끌어 대중이 행동하도록 고취시킬 수 있다. 이런 초대형급 열성 지지자의 지원은 비영리단체가 영향력을 훨씬 더 막강하게 발휘하도록 추진력을 실어준다.

반면에 개인도 중요한 것을 받는다. **사람들은 비영리단체의 대의를 위해 활동하는 과정에서 서로 연결되고, 영감을 받고, 생각과 행동이 바뀐다.** 비영리단체는 그들 내면의 가장 고귀한 가치들을 강화하고 신념을 행동으로 바꾸게 도와준다. 그것은 투표 행위나 자원봉사 활동, 기부 행위, 시위, 행사 참여 같은 형태로 나타날 수 있다. 사람들은 더 이상 시장에 끌려만 다니는 수동적인 소비자가 아니다. 서로 어깨를 걸고 사회를 새롭게 바꾸어나가는 공동 창조자다.

패트릭 핸론은 저서 《최고의 상표 만들기 Primal Branding》에서 "믿는 것은 속하는 것이다"라고 썼다.[4] "사람들이 신뢰하는 상표를 만들어낼 줄 안다면 소속감을 느끼게 해줄 단체도 창조할 수 있다. 이런 공동체 의식은 에이브러햄 매슬로의 유명한 인간 욕구의 5단계에서 가장 중앙에 자리 잡고 있다. …… 그것은 우리 모두가 자신보다 더 큰 어떤 것에 속하고 싶어 한다는 인간의 본성을 뜻한다." 비록 핸론은 이런 논리를 기업에 적용하지만 그 이론은 오히려 비영리단체에 더 적합하다. 이처럼 **목적 지향적**인 단체는 회원을 모집할 때 신념과 소속감을 바라는 개인의 욕구와 직면한다. 그리고 그 개인들이 살고 활동하는 공동체를 더 건강하게 만들도록 돕는다.

단순히 어떤 목적을 이루기 위한 수단으로서가 아니라 동등한 권리를 지닌 주체로 인정받을 때 사람들이 더 적극적으로 활동에 참여한다는 최근 연구 결과가 있다. 조엘 포돌니 교수는 스콜 월드 포럼 Skoll

World Forum, 1999년 제프 스콜이 설립한 스콜재단이 해마다 옥스퍼드에서 개최하는 사회적 기업 관련 공개토론회에서 이렇게 연설했다.[5] "외부 사람들은 비영리단체가 자신들을 무료로 노동력을 제공하는 사람이나 돈이나 내는 사람으로 대하지 않고 공동체의 소중한 구성원으로 생각해준다면, 그 단체가 더 큰 목표를 이룰 수 있도록 더 적극적으로 발 벗고 나설 의향이 있습니다. 궁극적으로 공동체는 그 자체가 목적으로 대우받아야 합니다."

이렇게 공동체를 만들어가는 과정에서 중요한 네트워크 효과들이 발생한다. 회원이 점점 늘어나고 그들이 조직의 대의를 전파하는 열성 지지자로 성장함에 따라, 그들은 자신이 맺고 있는 네트워크를 이용해서 자신이 속한 비영리단체로 친구들을 끌어들인다. 그 범위는 점점 밖으로 넓어진다. 이렇게 점점 회원 수가 많아지면 언론매체의 주목을 받게 되고 단체는 세상에 널리 알려진다. 그러면 다시 회원 수는 점점 더 늘어난다. 결국 이런 전환과 충원의 끊임없는 확장은 전체 사회로 더 거대한 파급효과를 만들어낸다.

포용의 원칙

우리는 성공한 비영리단체들을 좀더 자세하게 검토하면서 그들 대다수가 자신들의 대의를 외부 사람들에게 매우 잘 알리며, 외부 사람들을 조직에 헌신하는 열성 지지자로 포용하는 능력이 뛰어나다는 사실을 발견했다. 단체마다 조금씩 차이는 있지만 대부분 열성 지지자를 수만 명에서 수십만 명씩 확보하고 있었다. 여기서 더 중요한 것은 열성 지지자의 수가 아니라 질이다. 마케팅 용어로 '충성도가 높은' 열성 지지자가 얼마나 많은가가 더 중요하다는 말이다.

개인의 활동이 사회에 더 큰 영향력을 미치게 하는 강력한 지렛대임이 분명해지면서, 우리는 성공한 비영리단체와 그렇지 않은 비영리단체를 가르는 요인이 무엇인지 궁금해졌다. 비영리단체에 기여하는 개인이라는 개념—이는 사회적 부문의 본질을 매우 잘 드러낸 개념이다—은 그리 새로운 것은 아니다. 자원봉사자는 시간을 기부한다. 기부자는 돈을 낸다. 이사회 이사들은 (원칙적으로 많은) 시간과 돈을 둘 다 기부한다.

이 책에 나오는 열두 개 비영리단체는 자원봉사에 대한 전통적인 생각을 뛰어넘는다. 이들은 다른 단체들이 일반적으로 하는 것처럼 기부자에게 기금 모금을 위한 만찬 행사에 참석해달라고 요청하거나 자원봉사자에게 편지로 도와달라고 호소하지 않는다. 평범한 방법을 넘어서 비영리단체의 활동에 사람들이 **적극적으로 참여하고 경험할 기회를** 새로 만들어낸다. 이들 단체는 그것을 조직의 최우선 과제로 정한다. 회원을 끌어들이는 방법을 정성들여 만들고 그들과 의미 있는 관계를 형성하기 위해 시간과 자원을 어떻게 투입할지 신중하게 고민한다. 그리고 이들 단체는 가치를 공유하고 대의를 널리 퍼뜨리는 거대한 열성 지지자 집단을 유지하기 위해 있는 힘을 다한다.

우리는 성공한 비영리단체들이 자기 단체를 위해서 열심히 활동하는 거대한 열성 지지자 집단을 만들도록 이끈 몇 가지 원칙을 찾아냈다. 우리는 그것을 '포용의 원칙'이라고 부른다. 모두 네 가지인데, 이 네 가지 원칙은 첫 번째 원칙을 바탕으로 차례로 확장되면서 다른 원칙에

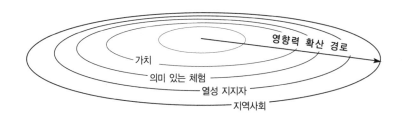

그림 4.1　영향력의 물결

파급효과를 준다(그림 4.1 참조). 비록 모든 단체에 네 가지 원칙을 똑같이 적용할 수는 없지만 대부분 이 구조를 따른다. 이 과정을 통해 이들 단체는 지지자들과 끊임없이 깊은 관계를 유지하는 방법을 찾아냈다.

조직의 사명과 전망, 가치를 전달하라

개인을 조직으로 포용하는 것은, 명백하지만 전혀 간단하지 않은 중요한 원칙에서 시작된다. 조직의 사명과 전망, 가치를 분명하고 설득력 있게 표현하는 것이 그 첫 번째 원칙이다. 외부 사람들에게 조직의 사명과 가치를 분명하게 설명하고 사람들이 조직의 전망에 따라 행동하도록 영감을 불어넣을 때, 비로소 그 단체는 무의식 속에서 사람들의 감정에 호소할 수 있다. 이런 교감은 사람들이 자신의 믿음과 가치를 표현하기 위해 그 단체에 가입하도록 이끈다.

　해비타트의 경우 이것은 분명한 사실이다. 도시계획담당 이사 스티븐 사이델은 이렇게 말한다. "지미 카터의 영향력을 빼더라도 사람들이 계속해서 자기 시간을 들여서 현장에서 망치를 두드리거나 돈을 기부하는 것은 해비타트가 정말로 사람들의 삶에 영향을 크게 미치기 때문이지요. 그들은 해비타트와 함께 일하면서 자신의 가치를 실현하는 겁니다."

조직의 가치를 전달하는 것은 전통적인 마케팅 기법을 뛰어넘는 것이다. 단순히 웹사이트를 멋지게 만들거나, 데이터베이스를 정교하게 구축하거나, 홍보물 발송을 잘하는 것처럼 마케팅 요소를 적용하는 수준이 아니다. 몇몇 위대한 비영리단체는 이런 요소들을 다 갖추고 있지만, 그렇지 못한 곳도 많다. 가치를 전달하는 것은 단체의 활동이 지지자의 신념과 연결돼 있다고 이야기하는 것이며, 사람들이 그 이야기를 듣고 단체에 가입하고 싶도록 만드는 것이다. 이들 단체는 그들이 기업체 사장이든 정부 관리든 또는 일반 열성 지지자든 자신들이 믿는 것을 행동으로 실천할 수 있게 고취하며, 그들이 직접 참여할 수 있도록 기회를 마련해준다. 질 클라플린 해비타트 국내언론담당 선임이사는 이렇게 말한다. "(밀러드 풀러는) 사람들에게 영감을 불어넣고 세상을 바꿀 수 있다고 생각하게 만드는 훌륭한 능력을 가졌어요. 훌륭한 이야기꾼이면서 사람들과의 소통에 뛰어난 사람이었어요."

해비타트는 설립자의 열정에도 불구하고 처음에는 마케팅에 필요한 조직의 구성요소들, 대중에게 호소력 있는 로고나 널리 알려진 명성 같은 것을 갖추지 못했다. 해비타트는 신앙 체계를 중심으로 공동체를 형성했다. 명성은 그 뒤였다. "우리 단체의 명성은 사람들과 현장에서 함께 일하면서 풀뿌리 차원에서 만들어졌어요"라고 크리스 클라크 언론담당 수석부회장은 말한다.

우리는 "그건 마케팅 이야기가 아니에요. 그건 우리가 전하려는 말에 관한 것이죠"라는 말을 수도 없이 반복해서 들었다. 공동체 자체가 (그리고 직접 참여해서 세상을 바꾸는 기회가) 사람을 끌어들인다. 사람들은 가치를 공유하는 공동체에 속하기를 바라고, 그곳에서 자신이 사회에서 받은 것을 되돌려줄 기회를 갖는다.

이 비영리단체들이 기업의 전통적인 마케팅 기법에서 놓치지 않는 것은, 지지자의 범위를 굳이 어느 한쪽으로 특정하게 한정시키지 않는다는 것이다. 팀 도허티 직접마케팅담당 선임이사는 이렇게 말한다. "해비타트는 우리가 목표로 삼는 사람들에게 지나치게 집중하지 않고 대중에게 광범위한 호소력을 가지고 있어요. 그것이 바로 이 조직이 지금처럼 큰 규모로 성장하게 된 이유죠. 대중에게 전달하는 메시지가 쉽다는 것은 아주 중요한 요소입니다. 사람들은 모두 집이 있고 가정의 중요성을 압니다. 그건 아주 이해하기 쉬운 개념이죠."

시티 이어는 해비타트의 경험을 그대로 반영한다. 그리고 대다수 마케팅 교과서에 나오는 내용을 무시한다. 짐 발판즈 시티 이어 최고운영책임자는 이렇게 말한다. "마케팅 교과서는 쪼개고 나누어 분석하는 것만 말하죠. 그러나 사회적 부문에서는 공통된 기반을 만들어내야 해요. 우리는 하나의 분야를 만들어 민주적인 조직에 필요한 어떤 것을 지향하려고 애쓰죠."

시티 이어와 해비타트 같은 단체는 사회에서 서로 다르게 활동하던 사람들을 하나로 연결시키기 위해 노력한다. 사회정의, 민주주의, 자유, 다양성 같은 더 큰 선에 대한 굳건한 신념을 바탕으로 하나가 될 수 있도록 애쓴다. 앞서 제2장에서 정책 활동에 관해 살펴본 것처럼 이들 단체는 여러 가지 현안에 관해 중립적 자세를 취하며, 당파 정치를 초월해서 초당적으로 활동을 펼칠 줄 안다. 이런 접근 방식은 다양한 사람들이 더 큰 공동체에 참여할 수 있게 하는 장점이 있다.

우리가 연구한 단체 가운데 시티 이어는 공통된 기반의 문화를 만들어내는 데 가장 큰 공을 들인 단체였다.[6] 시티 이어는 의도적으로 체력단련프로그램 같은 의례를 개발했다. 청소년단원들이 아침마다 같은 복장으로 공공장소에서 함께 미용체조를 하는 프로그램이었다. 이런 의식은 청소년단원들이 일체감을 갖는 데 도움을 주고, 조직의 존재를 과시하며, 다른 사람들에게 자신들의 이상을 공개적으로 알리는 효과를 줄 수 있다.

시티 이어는 처음부터 대중에게 호소하는 이야기와 의례, 상징을 통해 자신의 가치를 사회에 전달했다. 이런 상징화는 의식과 무의식 차원에서 동일하게 효과를 발휘한다. 단체의 공동설립자 마이클 브라운은 조지프 캠벨20세기 최고의 신화 해설자며 저술가의 생각을 인용하며 이렇게 설명한다. "체력단련프로그램은 우리가 하나의 인류라는 신화를 상징하죠. 신화는 진실보다 더 사실인 것들이며, 잠자지 않고도 우리 모두가 똑같이 꾸는 꿈입니다. 의례는 바로 우리가 그런 꿈을 만나는 방식이에요. 우리는 시티 이어에 그런 신화와 의례가 필요하다는 것을 깨달았어요."

시티 이어의 상근 활동가와 청소년단원이 모두 똑같이 입는 통일된 제복은 이상주의를 나타내는 빨강색과 다양성을 상징하는 여러 가지 색상에서 징병제를 연상시키는 군복 형태에 이르기까지 상징으로 가득하다. 시티 이어의 웹사이트는 로고의 상징성을 길게 설명한다. 로고 중앙의 원은 '공동체와 평등'을 나타내고 별이 폭발하는 모습은 청소년들을 촉매로 인간의 힘과 이상, 잠재성이 방출되는 것을 상징한다. 또 삼각형 모양들은 일곱 세대 후손에게 영향을 미칠 중대한 결정에 대한 아메리카인디언의 신화를 나타내며, 활자체는 시티 이어의 전신인 1930년대 시민보전단Civilian Conservation Corps의 것을 가져다 쓴다.

시티 이어는 또한 이상주의나 민주주의, 참여, 낙관주의, 봉사와 같은 조직의 핵심 가치를 잘 보여주는 '단체 설립 배경'이나 신화들을 기록했다. 이런 이야기들은 단체에서 발간한 작은 책자나 웹사이트에 기재되고 로버트 케네디, 마틴 루터 킹, 테레사 수녀, 마하트마 간디가 한 명언이 함께 인용된다. 예를 들어 '불가사리 이야기'는 시티 이어를 알리는 모든 곳에 등장한다. 파도에 밀려 해변으로 올라온 불가사리 수천 마리를 발견한 어린 소녀의 이야기다. 부질없게 보였지만 소녀는 불가사리를 한 마리씩 집어서 바다로 던져 넣기 시작했다. 처음에는 그 모습을 지켜보기만 하던 마을 사람들이 하나둘씩 동참하더니 마침내 해변에 올라온 불가사리를 모두 바다로 되돌려 보냈다. 시티 이어는 이 이야기를 '이상을 추구하는 행위들은, 심지어 아주 상징적인 행위일지라도 다른 사람들을 행동하게 만드는 힘을 가지고 있으며 문제 해결에 커다란 …… 영향력을 줄 만큼 많은 사람을 동원할 수 있다'고 해석한다.

이런 신화, 의례, 이야기는 모두 시티 이어의 전망과 가치를 다양한 차원에서 외부에 전달하고 사람들이 회원으로 가입하게 유도한다. 시티 이어의 이사 에일린 제이컵스는 이렇게 말한다. "이야기의 활용, 제복, 다양한 단체의 개념, 민주주의의 중심 요소로서 봉사의 개념 같은 것은 모두 서로 연결돼 있어요. 이야기의 한 요소에 열광하지 않더라도 다른 부분에는 열광할 수 있지요. 거기에는 사람들을 끌어들이고 포용하는 매력적인 요소가 많아요."

의미 있는 경험을 창조하라

성공한 비영리단체들은 말로만 자신들의 가치를 표현하지 않는다. 그들은 외부 사람들이 자신들의 활동을 경험할 수 있는 기회를 준다. 기업 세계에서 '경험 마케팅'이라고 부르는 방식이다. 이 방식은 전통적인 홍보 기법보다 훨씬 더 긴밀하며, 소비자들이 상품이나 서비스를 직접 겪고 느끼게 한다. 이 경우에는 사람들에게 무엇을 사게 하려는 것이 아니라, 단체의 대의 달성에 기여하게 하는 것이 목표다. 위대한 비영리단체들은 외부 사람들이 육체적이나 감성적인 행사를 통해 사회를 바꾸는 일에 참여하도록 해서, 그들을 조직 안으로 끌어들인다. 이들 단체는 사람들이 조직을 이해하고 조직이 내세우는 가치와 더 많이 교감하도록 도와줌으로써 마침내 적극적으로 단체의 활동에 참여하게 만든다.

해비타트 같은 단체는 사람들이 이런 경험을 쉽게 하게 만드는 사업 모델을 가지고 있다. 해비타트의 전 최고운영책임자이며 현재 메이크 어위시 재단의 회장인 데이비드 윌리엄스는 이렇게 말한다. "해비타트의 자원봉사자 모집, 기부자와의 긴밀한 유대, 개별 회원과의 연계는 다른 어떤 것과 바꿀 수 없는 중요한 요소지요. 암 연구를 하면서 자원봉사자에게 시험관과 실험복만 주며 '자, 이제 가서 일해요'라고 말할 수는 없어요. 사람들은 자신들이 직접 현장에서 땀을 흘리며 일할 기회가 있다는 것에 온통 마음을 빼앗깁니다. 수혜자와 자원봉사자 사이의 교류는 값을 따질 수 없는 정말 소중한 경험이죠. 함께 일하면서 그들이

단체 명	행사
피딩 아메리카	• 전국 기아 체험 주간
시티 이어	• 서바톤 : 하루 동안 지역에서 자원봉사하며 기금 모금 • 방문의 날 : 지정된 날에 누구든 방문, 참여 가능
환경방위	• 유명인사, 주요 기부자들과 래프팅 여행
익스플로라토리움	• 밤샘 박물관 체류
해비타트	• 주택건설업자 캠페인, 지미 카터 특별건축사업
헤리티지재단	• 프레지던트 클럽 회의 : 유명인사만 초대

셰어 아워 스트렝스	• 위대한 미국인 즉석 구이 빵 판매, 전국 요리 시식회
	  : 기아 퇴치 기금 마련을 위한 자원봉사자들의 행사
	• 희망 달기 : 유명인사로 구성된 소집단과 함께 전 세계의 가
	  난한 지역 탐방

티치 포 아메리카	• 티치 포 아메리카 주간 : 기업 대표, 정치인, 유명인들이 수 업 계획을 짜고 공립학교에서 실제로 학생을 가르침

표 4.1 회원 양성 행사

함께 고군분투하는 모습을 확인할 수 있어요. 집이 새로 완성될 때마다 추진력은 점점 커집니다."

익스플로라토리움과 셰어 아워 스트렝스도 이처럼 직접 체험하는 사업 모델이 있다. 익스플로라토리움은 박물관을 체험 교육의 장소로 활용하는 사업 모델을 개척했다. 박물관을 찾아온 관람객들은 거기서 직접 전시물들을 체험하고 이해하는 참가자들이다. 셰어 아워 스트렝스는 모든 사람이 기아와 싸우는 데 기여하고 "힘을 함께 나눌 수 있다"는 전제 위에서 세워졌다. 오늘날 이 비영리단체는 7만 명 이상 참가하는 행사를 해마다 150회쯤 개최한다. 해마다 즉석 빵과 과자를 구워 판매하는 행사에 참가하거나 자신들이 지닌 재능을 사회에 기부할 목적으로 100만 명이 동원된다. 셰어 아워 스트렝스의 이사 마이크 매커리는 이렇게 말한다. "참가 목적은 단순해요. 사람들은 자선행위와 즐거움을 함께 버무리는 방법을 안 거예요." (표 4.1은 단체별로 회원을 양성하는 '최고의 행사'를 나열한 것이다)

그러나 비영리단체가 모두 이들 세 단체처럼 손쉽게 '지지자들을 낚아챌 수 있는 도구'를 가지고 있는 것은 아니다. 우리가 연구한 대다수 단체들은 각자 나름대로 지지자들이 직접 단체의 활동을 체험할 수 있는 방법을 만들어냈다. 이를 테면 체험 행사나 단체의 목적과 관련된 자원봉사 활동에 참여할 수 있는 기회를 제공하거나, 또는 자기 단체의 활동을 개인적으로 더 자세히 접할 수 있는 여러 기회를 제공했다. 비록 자신들이 활동하는 사업 모델의 일부가 아닐지라도 자신들이 하는 일에 다른 사람들이 참여할 기회를 적극적으로 발굴했다.

예를 들면 시티 이어는 처음에 자신들의 활동에 일반 대중의 참여를 유도하지 않았다. 시티 이어의 청소년단은 17세에서 25세 사이의 청소년을 모아서 현지의 풀뿌리 시민단체를 통해 1년 동안 지역에 봉사하게 한다. 그러나 시티 이어는 이들 청소년단원보다 더 많은 사람을 이 일에 참여시키기로 생각을 바꿨다. 시티 이어는 자신들이 지향하는 가치가 기부자, 자원봉사자, 유권자, 열성 지지자 같은 사람들에게 확장되고 있다는 사실을 간파했다.

시티 이어의 공동 설립자 앨런 카제이와 마이클 브라운은 서바톤 Serve-a-thon, 걷기대회가 영어로 walkathon인 것을 흉내내서 만든 말이라는 봉사대회를 개발했다. 개인들이 걷기대회에 참가해서 기금을 모으는 것을 본뜬 것이었다. 서바톤은 사람들이 하루 동안 지역에서 봉사활동을 하면서 시티 이어를 위해 기금을 모금하는 행사다. 서바톤은 지금까지 9만 명이 넘는 사람들이 참가해서 54만 시간이 넘게 자기 지역에서 봉사활동을 했으며, 410만 달러를 모금했다. 그 과정에서 행사 참가자들은 시티 이어의 열성 옹호자가 되어 이후로도 기부와 자원봉사 활동을 열심히 하고 심지어 징병제를 지지하는 투표에 적극 참여하기도 했다. 짐 발판즈 최고운영책임자는 이렇게 말한다.

"체험은 앉아서 설명해야 하는 수많은 정보를 단칼에 정리해 설득시킵니다. 체험을 통한 설득은 시티 이어가 이상을 대중에게 전달하는 한 방법입니다." 시티 이어는 '포용 논리'가 뚜렷하다. 이 단체는 해마다 행사에 참여하기를 바라는 사람들의 수를 목표로 정한다(시티 이어는 그들을 '목격자와 옹호자'라고 부른다). 그리고 서바톤 말고도 여러 가지 행사를 주최하며 봉사활동 기회도 다양하게 마련한다. 이 모든 경험은 서로 조화를 이루며 시티 이어와 회원 사이에 긴밀한 관계를 형성한다. "시티 이어가 어떤 일을 하는 곳인지 한 번이라도 접촉하고 느끼고 목격하고 경험해본 사람이라면 거기에 말려들지 않고 감동받지 않기란 힘들어요"라고 리사 모리슨-버틀러 시티 이어 시카고지부장은 말한다.

티치 포 아메리카는 시티 이어와 비슷하게 난처한 처지에 있었다. 그래서 외부 사람들을 회원이나 열성 지지자로 바꾸기 위해 시티 이어처럼 창조적인 방법들을 연구했다. 티치 포 아메리카는 미국의 젊은 대학 졸업생들을 불우 청소년들이 다니는 학교의 선생님으로 채용하고 끌어들이는 프로그램을 만들었다. 이 프로그램을 이수한 졸업생들은 매우 활기찬 공동체를 형성했다. 그러나 처음에는 비영리단체의 교사로 외부 사람들을 참여시킬 만한 확실한 방법이 전혀 없었다. 특히 능력이 뛰어난 열성 교사를 확보하기란 정말 난감한 일이었다. 티치 포 아메리카는 개인들이 이 프로그램을 체험할 새로운 방법을 개발해야 했다.

그래서 나온 것이 '티치 포 아메리카 주간'이라는 행사였다. 이것은 '해마다 한 번씩 그 주에 미국 전역에서 모든 직종의 지도자들이 저소득층 자녀들을 한 시간씩 가르치는 전국 단위의 행사'다.[7] 1997년에 시작된 이래 영화배우 존 리스고, 오프라 윈프리, 제임스 베이커 전 국무장관, 로라 부시를 비롯해서 미국에서 성공한 지도층 인사 수백 명이 이 행사에 참가했다. 이 행사와 별도로 이 단체에 5000달러 이상 돈을 내는 기부자는 수업을 참관하거나 교사 개인을 후원하는 여러 가지 지역 행사에 초대받는다. 앞으로 살펴보겠지만 이런 실제 체험 행사는 티치 포 아메리카가 강력한 열성 지지자를 만들어내는 데 큰 도움을 주었다.

헤리티지재단은 아마도 우리가 연구한 단체 가운데 개인을 회원으로 끌어들이는 데 가장 소극적으로 대응하는 단체일 거라고 생각할 수 있다. 전형적인 두뇌 집단은 상아탑에 갇혀서 정책을 연구하며 결국에는 아무도 읽지 않을 기다란 보고서나 만들어낸다. 그러나 헤리티지재단은 이런 전통적인 두뇌 집단의 모델을 완전히 거꾸로 뒤집었다. 이 단체는 처음부터 풀뿌리 유권자와 광범위한 개인 기부자들을 적극적으로 활동에 끌어들였다. 헤리티지는 시에라 클럽 같은 환경단체나 여러 회원제 단체가 쓰는 방법을 이용해 개인에게 홍보우편물을 발송하고 지역 행사를 다양하게 개최해서 오늘날 27만 5000명이 넘는 회원을 확보하고 있다. "풀뿌리 민초들을 만나러 밖으로 나가는 일은 우리 재정을 든든하게 하는 데 큰 보탬이 되지요"라고 헤리티지재단의 설립자 에드 풀너는 말한다.

헤리티지의 접근 방식은 회원들에게 단순히 기부금을 내라고 요청하는 차원을 뛰어넘는다. 이 단체는 연설회, 대회, 연수회처럼 회원들과 일반 대중에게 공개된 다양한 지역 또는 전국 단위 행사를 수시로 개최한다. 또한 보수주의자들이 지역사회에서 행동으로 실천할 도구를 제공하고 개인이 보수적 대의에 더욱 동조할 수 있도록 다양한 방법을 고안해낸다.

한편 예산과정책우선순위센터, 셀프헬프, 유스빌드 유에스에이 같은 단체는 광범위한 대중을 상대로 한 체험 행사를 개발하지 않았다. 대신 자신들의 성공에 핵심 구실을 하는 목표 집단에 집중했다. 그러나 이런 집단 내부에 의미 있는 관계를 만들고 강력한 열성 지지자를 양성하는 것이 매우 중요하다는 사실을 이들도 알고 있다.

예를 들면 예산과정책우선순위센터는 언론매체와 각별히 긴밀한 관계를 맺는다. 연방 정부의 예산과 정책 논쟁에서 여론에 큰 영향력을 미치는 것이 바로 언론매체기 때문이다. 단체의 설립자 밥 그린스타인과 센터의 선임 경제학자들, 정책 전문가들은 연방 정부의 예산 현안을 다루는 저명한 기자나 편집자와 함께 매주 전화 회의를 한다. 이런 고강도의 긴밀한 접근 방식은 대개 보도자료로 현안을 알리는 대다수 정책 관련 단체와 차별화된 방식이다. 사람들을 직접 만나는 것이 예산 분석 작업에 중요한 것은 아니지만, 이 단체는 핵심 이해관계자와 직접 접촉함으로써 활동 범위를 넓히고 새로운 가능성을 발견한다. "우리는 기자들이 하루에 보통 9000통쯤 전자우편을 받는다는 사실을 알아요. 우리는 그것을 돌파하기 위해 열심히 노력하는 거예요"라고 엘렌 니센바움 법무책임자는 말한다.

유스빌드 유에스에이도 일반 대중을 끌어들이는 데 별로 관심을 두지 않지만 핵심 지지층 양성에는 능수능란하다. 이 단체는 지금까지 정부와 재단에 집중해 기금을 마련해왔기 때문에, 폭넓은 일반인을 대상으로 기부자와 자원봉사자를 모으는 일은 이제 걸음마 단계에 불과하다. 그럼에도 유스빌드가 성공한 까닭은 이 단체의 열성 지지 집단인 연방과 주 의회 차원의 지지자들에게 자신들의 활동을 체험할 기회를 제공한 덕분이다. 단체의 설립자 도로시 스톤맨은 해마다 청소년 수백 명을 국회의사당으로 초대해 의원들과 직접 만나게 하는 행사를 연다. 또한 주요 의원들을 초대해 현장에서 행사를 직접 눈으로 보면서 하루를 보내도록 만든다.

이런 체험 전략의 성과는 대단했다. B. J. 루드먼 최고재무책임자는 이렇게 말한다. "2년 전 의회에서 유스빌드에게 주택과 도시개발 관련 정부보조금을 지원하는 문제로 논쟁이 벌어졌어요. 공화당 의원들이 유스빌드 지원에 동의하자 몇몇 의원이 그 이유를 물었어요. 그들은 '유스빌드가 운영하는 프로그램에 참여해보면 우리가 왜 거기를 지원하는지 금방 알 겁니다'라고 대답했지요."

열성 지지자를 양성하라

어떤 비영리단체에서 좋은 경험을 하고 그 영향력을 확인했다면, 그 사람은 그 단체의 대의를 세상에 적극 알리는 홍보대사 역할을 자임할 가능성이 무척 높을 것이다. 우리는 연구한 모든 단체에서 이런 현상을 거듭 확인했다. 이사회 임원이나 활동가, 프로그램 참가자, 졸업생, 심지어 자원봉사자들까지, 인터뷰했을 때 그들은 왜 그 단체에 빠지게 되었는지 저마다 이야기를 갖고 있었다. 갓 들어온 신입회원에서 가장 높은 지위에 있는 이사회 임원까지, 그들을 열성 지지자, 홍보대사, 옹호자, 수호천사 등 어떤 명칭으로 부르든 이들 단체는 사회에 더 큰 영향력을 발휘하기 위해 그들과 긴밀하게 관계를 맺어야 한다는 것을 이미 알고 있었다. 시티 이어의 공동 설립자 앨런 카제이는 이렇게 말한다.[8]

"세상을 바꾸기 위해 스스로 헌신하고 자신의 열정과 이상을 다른 사람들과 나누고자 할 때 '수호천사'는 당신을 도우러 나타날 겁니다. 자신보다 더 큰 어떤 것의 일부가 되어 다른 사람들을 위해 봉사하려는 사람이 많아요. 기대도 하지 않았는데 정말 절실하게 필요할 때 이런 수호천사가 나타나 컴퓨터를 기부하거나 시간을 바쳐 자원봉사하며, 활동을 재정적으로 도와줄 사람을 소개해주거나 함께 점심식사를 하면서 기부금을 내놓지요."

영향력이 큰 단체들은 유능한 인재와 열성 지지자를 발굴하고 양성하는 능력이 남다르다. 이들 단체는 그 사람의 가치관과 단체의 대의에 대한 관심을 보고 누가 훌륭한 동맹자며 홍보대사인지 알아낸다. 그리고 그 사람을 이사회 임원이나 일반 회원으로 신중하게 끌어들일 줄 안다. 해비타트는 지미 카터 전 대통령 말고도 빌 클린턴, 앨 고어, 뉴트 깅그리치, 오프라 윈프리, 심지어 록 가수 존 본 조비까지 수많은 개인 지지자를 영입했다. 우리가 검토한 다른 비영리단체들도 이런 초대형급 열성 지지자 가운데 적어도 한 명 이상은 모두 단체의 고문이나 대변인으로 보유하고 있다.

그들은 그저 해당 비영리단체의 대의를 홍보하는 얼굴 마담 노릇만

하지 않는다. 대다수는 실제로 단체의 일에 깊이 관여하고 그것을 우선으로 생각한다. 풀러는 이렇게 말한다. "지미 카터는 우리 이사회에서 3년 일하는 동안 한 번도 회의에 빠지거나 늦게 와서 일찍 가지 않았어요. 회의를 전화로 하지도 않았어요. 그는 새로운 기준을 세웠어요." 팀버랜드 대표 제프 슈워츠는 수년 동안 시티 이어의 이사회에서 일하면서 단체가 성장하는 데 핵심 구실을 했다. 인텔의 공동 설립자 고든 무어는 현재 익스플로라토리움의 고문을 맡아서 시간을 바쳐가며 수시로 자문하고 도움을 준다. 이런 사례는 많다. 표 4.2는 그 가운데 일부를 보여준다.

초대형급 열성 지지자는 대개 해당 비영리단체를 한 차원 높은 다음 단계로 성장시킬 수 있다. 정치·경제·사회적 능력을 이용해서 조직이 한 단계 발전할 계기를 만들 수 있다. 대중의 관심을 끌고, 조직의 정당성을 만들어내며, 다른 사람들에게 강력한 역할 모델 구실을 한다. 언론과 미디어의 관심이 뒤따르면 동시에 돈과 회원, 자원봉사자의 수도 늘어난다. 풀러는 이렇게 말한다. "(지미 카터의) 영입은 조직의 보폭을 빠르게 만들었어요. 미국의 전임 대통령이 건설 현장에 나타나는데 언론매체가 따라붙을 것은 당연한 일 아니겠어요? 더 많은 사람이 우리 일을 더 빨리 알게 되었지요." 카터와 같은 열성 지지자는 또한 자기가 맺고 있던 사회 조직망에 접근해 정치 단체에게도 문호를 열게 해서 다른 영향력 있는 지도층 인사들을 소개시킬 수도 있다.

환경방위는 정부 정책과 기업 관행에 영향을 미치려는 전략의 일환으로 정계나 기업계의 주요 인물들을 오랫동안 접촉해왔다. 억만장자의 상속녀며 자선사업가인 테레사 하인즈 케리는 최근까지 환경방위 이

단체명	열성 지지자
예산과정책우선순위센터	윌리엄 줄리어스 윌슨, 비영리 부문 대표 다이애나 아비브
시티 이어	빌 클린턴, 아버지 조지 부시, 넬슨 만델라, 제프 슈워츠 팀버랜드 사장
환경방위	테레사 하인즈 케리, 조앤 우드워드, 존 도어 벤처자본가
익스플로라토리움	인텔 공동창업자 고든 무어
해비타트	지미 카터, 잭 켐프, 존 본 조비
전미라라자위원회	헨리 시스네로스, 펩시코 회장 스티브 레인먼드, 영화배우 에바 롱고리아
셰어 아워 스트렝스	유명 요리사 대니 메이어, 앨리스 워터스
티치 포 아메리카	갭 창업자 돈 피셔, 로라 부시
유스빌드 유에스에이	상원의원 존 케리, 마이크 드웨인

표 4.2 유명한 열성 지지자

사회에서 활동했으며, 이베이의 사장 멕 휘트먼은 비공식 고문이다. 휘트먼은 해마다 이 단체에서 주최하는 그랜드 캐니언의 급류 래프팅 대회(이 대회는 환경방위가 VIP 회원을 양성하는 최고의 행사 중 하나다)에 참가했다. 이런 강력한 사회 조직망은 환경방위와 거대 기업의 제휴를 중개해주며, 또한 중요 법안을 통과시키려고 할 때 지원을 요청할 힘이 된다.

아마도 환경보호를 위해 강력한 열성 지지자를 동원하는 능력을 가장 잘 보여준 사례는 2006년 여름, 환경방위가 캘리포니아의 지구온난화방지법을 통과시키기 위해 벤처 사업가 존 도어의 도움을 받은 사건일 것이다. 그 법은 이런 종류로 주 전체에 적용되고 연방법 제정의 모델이 된 첫 번째 사례다.[9] 환경방위는 도어와 수많은 토의를 거듭했다. 도어는 실리콘밸리에서 영향력이 큰 기업인 클라이너 퍼킨스 코필트 앤

바이어스의 투자자였다. 그는 마침내 기후변화 문제를 푸는 데 도움을 주기 위해 이 단체의 시장 중심적 접근 방식을 채택하기로 결정했다.

그러나 그 법안 통과는 지연됐고 환경방위는 도어에게 영향력을 행사해달라고 요청해야 했다. 캘리포니아 주지사 아널드 슈워제네거는 탄소배출상한제를 지지한 주 위원회의 권고를 받아들일지 말지 막판까지 결정하지 않았다. 주지사에 재선되기 위해 선거운동 중이던 그는 자신이 기업체들에게 지지받는다는 사실을 확인하고 싶었다. 슈워제네거의 고위 정책자문단 가운데 한 사람이 환경방위의 선임 관리자에게 전화해 첨단기술 관련 기업가들이 연서한 도어의 지지 서한을 팩스로 보내달라고 요청했다. 팩스를 보낸 지 몇 시간 지나지 않아 주지사는 법안 채택을 대외에 공표했다.

셰어 아워 스트렝스의 경우, 초대형급 열성 지지자의 양성은 처음부터 전략 사업이었다. 초창기부터 단체의 설립자 빌리와 데비 쇼어는 기아 퇴치를 위해 싸우던 앨리스 워터스, 에머릴 라가스, 토머스 켈러 같은 유명 요리사를 단체에 끌어들이려고 기회를 엿보고 있었다. 요리사들은 재능을 활용해서 기금 모금에 기여했다. 그뿐 아니라 요리사들은 평소 관계를 맺고 있던 사람들과 단골 고객들에게 단체를 소개했는데, 그들은 대부분 사회 엘리트 계층이었다. 요리사들은 후원을 늘리기 위해 기업체들에게도 영향력을 행사했다. 빌리 쇼어는 이렇게 말한다. "우리가 한 가장 중요한 일이 요리사들과 음식점 주인들에게 셰어 아워 스트렝스에 대한 소유 의식을 심어주는 일이었어요. 그들 대부분은 '그건 내 조직이야. 나는 처음부터 그 단체의 회원이었어'라고 말하죠. 그래서 그들은 우리를 위해 할 일을 발 벗고 찾고 있어요."

예를 들면 이 단체와 아메리칸 익스프레스의 제휴는 뉴욕의 요리사인 대니 메이어가 자기 식당에서 '기아 퇴치를 위한 카드 사용'이라는 지역 운동을 시작한 덕분에 이뤄졌다. 그 뒤 대니 메이어는 셰어 아워 스트렝스에게 이 운동을 전국으로 확산시키자고 제안했다. 메이어는 셰어 아워 스트렝스와 아메리칸 익스프레스가 서로 제휴하도록 도와 수백만 달러의 기아 퇴치 기금을 모금했을 뿐만 아니라 해마다 이 단체의 만찬 행사를 주관해 20만 달러의 기금을 모은다. 그는 셰어 아워 스트렝스의 중요한 매개자인 셈이다.

이제 셰어 아워 스트렝스는 전국요리협의회를 통해 더 공식적인 차원에서 이런 관계를 발전시키려고 한다. 전국요리협의회는 음식점업계의 주요 인사들로 구성된 단체로, 기아문제에 대해 압력을 넣기 위해 사회적 네트워크를 얼마든지 형성할 수 있다. 데비 쇼어 제휴담당 책임자는 이렇게 말한다. "요리협의회는 아주 작은 모임이 될 거예요. 이 업계에 종사하는 사람 20~25명으로 구성되죠. 명성이나 개별 조직 차원에서 전국적으로 영향력을 가진 와인 전문가, 요리전문지 편집자, 요리사들이죠. 그들은 요리의 혁신자들입니다. 요리 학교에서 학생들을 가르치는 사람도 있어요. 그들에게는 우리를 도와 이 단체를 성장시킬 만한 능력이 있죠."

셰어 아워 스트렝스는 또한 일반 대중과 마찬가지로 핵심 지지층이나 주요 기부자들이 지속적으로 체험할 프로그램 개발에도 매우 적극적이다. '희망 달기 Hinges of Hope'는 유명 요리사나 기업체 사장, 저명 언론인이나 저자들처럼 최상층 후원자들을 초청해 이 단체가 활동하는 전세계 공동체를 탐방하게 하는 새로운 프로그램이다. 이 소규모 집단들은 전문가의 안내를 받으며 이사회 임원들과 함께 한 지역을 직접 방문해서 기아문제와 그 분야에서 셰어 아워 스트렝스의 영향력에 대해 더 많은 것을 배운다. 개발담당 책임자 척 스코필드는 이렇게 말한다. "희망 달기는 회원을 교육시키는 도구입니다. 또한 가난과 기아에 대한 모든 것을 확인하는 과정이죠. 우리는 지난번에 요리사들과 기업체 임원들을 데리고 에티오피아에 갔어요. 그들이 아프리카에 대한 소명 의식을 깊게 가지는 계기가 됐죠."

사랑의 공동체를 만들어라

어떤 비영리단체가 사람들 가슴 속에 단체의 가치를 심어주고 감성을 사로잡아 그들을 열성 지지자로 바꿨다면, 이제 그 단체는 이런 관계를 확장해서 그들이 자기 조직에 헌신할 수 있는 완벽한 공동체, 사회적 네트워크를 건설할 수 있다. 다음 장에서는 이들 비영리단체가 영향력을 확대하기 위해 다른 비영리단체와 어떻게 조직적으로 연대하는지 주목할 것이다. 여기서부터 '네트워크'와 '공동체'의 의미가 서로 구분이 잘 안 되기 시작한다. 그러나 그것을 구분하는 일은 학문에서나 따지는 것이다. 위대한 비영리단체들은 지역 조직이든 산하 지부든 지역의 제휴단체든 상관없이 개인을 더 많이 만나고 포용하기 위한 장치로 조직적 연대를 이용한다. 그렇게 해서 이들 단체는 비영리단체와 그들이 내세우는 대의를 중심으로 수많은 관계망을 만들어내고 더 큰 공동체를 창조한다.

그런 다음 이들 비영리단체는 이런 공동체를 지속적으로 유지하기 위해서 많은 시간과 노력을 투자한다. 어떤 단체는 대외 홍보 기술이 뛰어나 웹사이트를 만들어 회원들에게 수시로 전자우편을 보내고 정기적으로 소식을 알린다. 그러나 기술이 만능은 아니다. 비록 웹사이트와 전자우편이 회원들과 관계를 지속시키는 중요한 구실을 한다고 해도, 이들 단체는 회원들과 서로 얼굴을 맞댈 기회를 꾸준히 제공해야 한다. 공동체 안의 개별 회원이 끊임없이 단체 활동에 참여하게 만들기 위해서는 감성과 신체적 체험을 함께 공유할 수 있게 자극해야 한다.[10]

위대한 비영리단체들은 회원들이 계속해서 단체 활동에 참여하도록 기회를 제공하는 한편, 더 큰 공동체를 한곳으로 모으고 다양한 후원자들이 하나가 될 수 있게 연차총회나 행사를 개최한다. 시티 이어는 '시저지 cyzygy, 일식이나 월식처럼 행성이나 위성들이 일렬로 서는 현상'라는 연차총회를 열고, 티치 포 아메리카는 전국대표자회의 National Summit를, 헤리티지재단은 자원은행회의 Resource Bank Meeting를 해마다 개최한다. 다른 단체들도 이와 비슷한 행사를 연다. 이런 행사들은 내부 상근 활동가나 산하 지부를 한 자리로 모을 뿐 아니라 기금 후원자, 자원봉사자, 기부자, 지역 지도자, 기타 여러 지지자가 함께 모여 지식을 나누고 협력할 기회를 제공한다. 뜻을 같이 하는 사람들이 함께 모여 하나의 공동체 의식을 강화하는 자리인 것이다.

"우리가 한 해 동안 하는 많은 일을 이 회의에서 보고하지요. 이 회의는 우리에게 가장 중요한 기금 모금 행사입니다"라고 제럴드 보렌스타인 전미라라자위원회 최고운영책임자는 말한다. 이 단체의 연차총회에는 해마다 평균 2만 명 정도가 참석한다. "전국에 흩어져 있는 산하 지부에서 모인 참가자들을 교육시키고, 서로가 협력할 수 있도록 도와

주며 우리의 미래상을 전달하는 시간이죠. 우리는 또한 미국의 기업인과 정치인이 우리 회원들과 교류할 기회도 줍니다. 우리는 서로 의견을 나누고 협력하고 축하하며 동지애를 나눕니다. 이 모든 것이 총회에서 이루어집니다."

성공한 비영리단체들이 공동체를 육성하는 또 다른 방법은 졸업생 프로그램을 적극적으로 활용하는 것이다. 우리가 연구한 단체 가운데 여러 곳이 자신들이 운영하는 프로그램을 끝낸 사람들을 단체 활동에 계속 참여하게 하기 위해 노력한다. 예를 들면 티치 포 아메리카는 교사 단원들이 가난한 학교에서 2년 동안 아이들을 가르치며, 시티 이어는 프로그램 참가자들이 1년 동안 자기 지역에서 봉사활동을 한다. 유스빌드 유에스에이는 회원들이 저소득층이나 무주택자들이 살 집을 지어주면서 리더십과 직업 기술을 연마한다.

비영리단체에서 운영하는 프로그램 과정을 마친 사람은 대개 그 단체를 떠나지 않는다. 앞으로 제5장에서 살펴보겠지만 더 넓은 무대에서 일하기 위해 리더십을 기르는 것은, 그 자체로 사회를 바꾸기 위한 하나의 방법이 될 수 있다. 여기서 배출된 지도자들은 자기가 경험한 단체와 비슷한 대의를 표방하는 다른 비영리단체들을 만들거나 이끈다. 또는 그런 단체들을 위해 기업이나 정부기관에서 열심히 활동하는 열성 지지자가 될 수도 있다. 그런 프로그램을 마친 졸업생들은 그 단체가 육성한 공동체의 핵심을 형성하며, 적극적인 참여를 마친 뒤에도 오랫동안 시간이나 돈이나 영향력을 이용해서 끊임없이 조직을 굳건하게 뒷받침한다. 이들이 바로, 비영리단체와 맺은 깊은 교감을 바탕으로 외부 사람들과 끊임없이 접촉하고 조직으로 끌어들이는 열성 지지자인 것이다.

앞서 말한 세 단체는 특히 이런 졸업생을 조직으로 포용하는 특별한 프로그램을 가지고 있다. 이 세 단체는 졸업생들이 어떻게 더 커다란 공동체에서 핵심 역할을 하는지 이미 알고 있다. 매킨지와 오미디아르 네트워크가 연구한 바에 따르면, 이런 일에 탁월한 이 세 곳을 비롯한 몇몇 단체가 공통적으로 가진 습관이 몇 가지 있다. 이 단체들은 졸업생을 조직 프로그램에서 없어서는 안 될 필수 요소로 생각한다. 이 단체들은 졸업생을 동등하게 생각하며, 스스로 조직하는 능력을 기르도록 권장한다. 이 단체들은 그 공동체의 가치를 높이기 위해 기술을 활용한다.[11]

이들 비영리단체가 지난 프로그램의 참가자들을 자신들이 육성한 공동체의 핵심 구성원으로 포용하든 아니면 외부 사람들을 회원들로 전환시키는 체험 프로그램을 운영하든, 그들은 모두 자기 조직을 스스로 유지할 수 있는 더 큰 공동체를 만들 줄 알았다. 조엘 포돌니 예일 대학교 경영대학원장은 이렇게 말한다. "사회적 기업이 추구해야 할 방향은 회원들이 서로 교류하고 연대하는 네트워크를 수단이 아니라 목적으로 만들어, 그 네트워크를 정보나 자원을 얻기 위한 도구가 아니라 공통된 가치를 공유한 하나의 공동체로 대하는 겁니다. 공동체 자체가 변화를 이끄는 동인인 셈이죠."[12]

각 단체가 운영하는 프로그램에 참가한 사람들은 이제 공통된 가치와 신념을 공유하는 더 큰 공동체로 통합된다. 그리고 기부자나 자원봉사자, 활동가로서 단체 활동에 더욱 깊이 참여하도록 동기를 부여받는다. 조직이 성장함에 따라 그 단체는 더욱 주목을 받고 더 많은 자원을 제공받으며 마침내 끊임없이 살아 움직이는 조직으로 거듭난다. 이것이 발전하면 바로 바이러스 마케팅 또는 자기 조직화로 나아간다. 해비타트의 스티브 사이델은 이렇게 말한다.

"조직 자체가 다음 단계로 발전하는 계기를 만들며, 강제로 밀어붙이기보다는 갈 길을 안내하는 지침 구실을 하지요. 제가 처음에 미니애폴리스와 세인트폴에서 해비타트 일을 시작했을 때 그 일에 대해 아는 사람은 거의 없었어요. 우리가 처음에 완성한 집은 한 채였고 몇 채는 짓는 중이었어요. 우리는 해마다 20~30채의 집을 지었고 점점 그 숫자가 늘어났지요. 성장하면 성장할수록 주목을 점점 더 많이 받았고, 그에 따라서 기금과 자원봉사자와 기업의 후원을 더 많이 받을 수 있었죠. 그리고 그 뒤로는 그것이 당연한 일이 되었어요."

변화의 물결

사람들에게 구체적으로 조직 활동을 경험할 수 있는 기회를 주어 그들을 열성 지지자로 만들고 공동체의 일원으로 유지하는 전략은 비영리단체가 언제나 쉽게 수행할 수 있는 방법은 아니다. 사람들을 조직으로 끌어들이는 일은 그렇게 하지 않을 때보다 시간과 노력과 초기 투자가 더 많이 필요하다. 또한 그 전략이 언제 어떻게 성과를 낼지도 분명하지 않다. 그러나 이들 비영리단체는 그런 일을 한다. 그런 방식이 언젠가는 반드시 사회 변화를 이끌어내는 강력한 지렛대 노릇을 한다는 것을 알기 때문이다. 해비타트의 에릭 듀얼 국제협력담당은 이렇게 말한다.[13]

"해비타트는 집을 지을 때 가장 쉬운 방법을 택하지 않았어요. 숙련된 임금노동자들과 주택 부지를 보유한 건설 회사가 이런 일을 하면 가장 쉽죠. 해비타트가 추구하는 궁극의 목표는 집이 아니라 그 집을 짓는 데 참여하는 사람들과 그 집에 살 가정, 그들이 소속된 사회를 변화시키는 것이기 때문에 그런 방식으로 일하지 않아요."

이런 방식은 성과가 대개 훌륭하다. 이들 단체는 개인을 조직으로 포용하는 소규모 초기 투자로 사회에 훨씬 더 큰 영향력을 행사할 수 있다. 이들 단체는 개인들을 접촉해서 다양하고 지속 가능한 기부자 기반을 마련하고 비용을 줄일 줄 안다. 또 이들은 지지자들을 동원해 자신들이 바라는 법안을 통과시키거나 특정 기업의 제품을 불매하거나 적극 구매하는 운동을 벌일 줄도 안다. 그리고 대의를 달성하기 위해 개인의 힘과 영향력, 사회 네트워크를 이용할 줄도 안다.

성공한 비영리단체들은 처음에는 한 사람 한 사람을 바꾸고 나아가 공동체를 바꾸다가 마침내는 사회 전반에 걸쳐 변화의 물결을 일으킨다는 점에서 서로 비슷하다. 언젠가 청소년들이 모두 서로 "너는 네 시티 이어 시절을 어디서 보냈니?"하고 묻는 것이 시티 이어가 바라는 미래의 모습이다. 셰어 아워 스트렝스는 개인이 세상을 바꿀 수 있다는 신념을 잘 표현하는 "기아와 싸우기 위해서는 음식보다 더 중요한 것이 필요하다"는 주문을 입에 달고 다닌다.

우리가 연구한 비영리단체들은 대부분 이런 변화의 계기가 만들어지는 과정을 표현하는 방법을 가지고 있다. 시티 이어는 영향력이 하나의 행동에서 시작해서 집단을 바꾸고 이웃과 지역사회를 바꾸고 나아가 국가와 전 세계를 바꾸는 과정을, 끊임없이 원을 그리며 널리 퍼져가는 '물결'이라는 개념으로 설명한다.

물결이라는 은유는 로버트 케네디가 1966년 남아프리카 케이프타운 대학에서 한 연설에서 나왔다. "오늘날 인류의 역사는 수없이 다양한 용기와 …… 신념의 행위에서 비롯됐습니다. 숭고한 이상을 지키기 위해 저항하거나, 다른 사람 모두를 향상시키기 위해 행동하거나, 불의에 대항해 힘차게 나아갈 때마다 그 사람은 희망의 작은 물결을 앞으로 보냅니다. 수백만 개의 서로 다른 힘과 용기의 중심에서 퍼지는 작은 물결들이 서로 교차하면서 하나의 큰 물결을 이루고, 억압과 저항의 거대한 장벽을 마침내 허물어버릴 것입니다."[14]

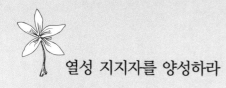

열성 지지자를 양성하라

■ 외부 사람을 열성 지지자로 바꿔라

성공한 비영리단체들은 많은 사람을 조직으로 끌어들이는 방법을 창조한다. 이들 단체는 그들에게 적절한 형태의 체험 활동을 제공하여, 단순한 자원봉사자를 조직의 대의에 충실한 열성 지지자로 바꾼다.

■ 더 큰 공동체를 만들어라

최고의 비영리단체들은 단순히 개인을 회원으로 가입시키는 차원을 넘어서 더 커다란 지지들의 공동체를 만들어낸다. 이렇게 만들어진 공동체는 그 자체가 목적이며, 더 크게 사회를 바꾸기 위해 동원될 수 있다.

■ 포용의 원칙을 따르라

● **조직의 사명과 전망, 가치를 전달하라** │ 조직의 가치를 전달하고 강력한 문화를 세워서, 그 가치를 중심으로 사람들이 모이고 영감을 받을 수 있는 감성적 '고리'를 만들어내는 것에서 시작하라.

● **의미 있는 경험들을 창조하라** │ 조직이 해야 할 일과 밀접하게 연결된, 의미 있는 체험 활동을 자원봉사자에게 제공하라. 단순히 자원봉사나 기부금을 내는 일 말고 더 많은 일에 관여하게 하라. 그들이 직접 활동을 체험할 수 있게 하라.

● **열성 지지자를 양성하라** │ 자원봉사자를 열성 지지자로 전환시켜 각자가 사회와 맺고 있는 관계 속에서 단체의 대의를 널리 알리게 하라. 조직의 가치와 이해관계가 일치하고 조직이 한 단계 발전할 계기를 제공할 초대형 열성 지지자를 양성하라.

● **사랑의 공동체를 만들어라** │ 열성 지지자로 구성된 더 큰 공동체가 만들어진 뒤에는 각종 회의나 전달 도구, 기술, 졸업생 프로그램을 이용해서 회원들이 서로 교류하고 소통할 방법을 제공하여 끊임없이 공동체를 키워라.

■ 공동체를 변화를 위한 강력한 힘으로 동원하라

앞서 말한 포용의 원칙을 따른다면 끊임없이 확장하는 개인 지지자들의 강력한 공동체를 창조할 수 있다. 공동 미디어운동이나 로비 활동, 대규모 시위 같은 집단행동에 이들 공동체를 동원할 수 있다.

다른 비영리단체들과
연대하라

Nurture Nonprofit Networks

"미래는 조직의 규모에 달려 있지 않습니다.

미래는 서로 다른 조직들이 네트워크를 이루며 얼마나 협력하느냐에 달려 있습니다."

— 들라코테, 익스플로라토리움 관장

익스플로라토리움은 세계 최고의 체험과학센터지만, 이 단체는 미국 한 지역에 한 곳만 있다. 익스플로라토리움은 다른 비영리단체들이 자신을 모방하도록 적극 나섰다. 자원과 전문성을 다른 과학센터들과 공유했지만, 그 대가로 아무것도 요구하지 않았다. 다른 박물관들을 따로 관리하거나 점검하지도 않고 공동 상호도 쓰지 않는다. …… 그러나 익스플로라토리움은 박물관을 어떻게 생각하고 과학을 어떻게 가르쳐야 하는지에 관한 우리의 생각을 근본적으로 바꾸어놓았다.

FORCES for GOOD

제5장 다른 비영리단체들과 연대하라

익스플로라토리움은 구닥다리 과학박물관처럼 보이지 않는다. 활기 없고 흐릿한 불빛만 비추는 전시물로 가득 찬 그런 곳 말이다. 샌프란시스코 북쪽 끝 마리나 지역의 움푹 들어간 대규모 창고 자리에 세워진 익스플로라토리움은 잘 계산된 혼돈의 분위기를 띤다. 넓은 공간 안쪽에는 사람들이 만지고 움직일 수 있는 나선형 티타늄 바퀴들과 공중에 떠 있는 비치볼, 깜빡거리는 네온 불빛들이 전시돼 있고, 눈 먼 사람이 사물을 만지고 느끼면서 세상을 경험할 수 있게 만든 반구형 촉각전시실도 있다. 박물관은 아이들과 함께 온 부모로 가득하다. 사람들은 모두 그곳에서 즐겁게 줄을 잡아당기고 단추를 누르고 있다.[1]

익스플로라토리움은 세계 최고의 체험과학센터지만, 북캘리포니아 외곽 사람들은 그 이름을 들어보지 못했을 수도 있다. 이 박물관을 찾는 관람객은 한 해에 50만 명이 넘지만, 박물관이 특별히 홍보를 많이 하는 편은 아니다. 시설도 40년의 풍파로 여기저기 낡아 보인다. 이곳 임원들은 이 박물관이 비영리단체의 경영 모습을 전형적으로 보여주지는 않는다고 말한다. 이곳의 문화는 틀에 박힌 제도나 과정을 중시하지 않고, 완전히 새로운 근본을 만들어내는 창조성과 끊임없는 혁신을 바탕으로 한다. 이 단체는 설립자가 죽은 뒤 기금 마련 방법과 리더십이 교체되는 과정에서 큰 문제에 직면했다. 심지어 노동조합과 갈등까지 겪었다. 익스플로라토리움은 '최상의 업무 관행'을 지닌 비영리단체와는 거리가 먼 단체였다.

따라서 이 책에서 익스플로라토리움을 미국의 가장 위대한 비영리단체 가운데 하나로 선정한 것을 의아하게 생각할 수 있다. 이 단체는 심지어 단체의 규모를 따지는 전통적 기준에도 맞지 않는다. 이 단체는 미국 한 지역에 한 곳만 있다. 그러나 이렇게 문제점이 많음에도, 익스플로라토리움은 박물관을 어떻게 생각하고 과학을 어떻게 가르쳐야 하는지에 관한 우리의 생각을 근본적으로 바꾸라고 요구한다. 자녀를 데리고 어린이 박물관을 간 적이 있거나 전 세계의 쌍방향 과학기술센터 300곳 가운데 어디라도 방문한 적이 있다면 누구든 간접적으로나마 익스플로라토리움의 영향력을 경험했을 것이다.

이 박물관은 원자폭탄의 아버지로 불리는 J. 로버트 오펜하이머의 형인 물리학자 프랭크 오펜하이머가 생전에 생각해낸 창작물이다. 프랭크 오펜하이머는 박물관 유물은 벽이나 유리 상자 안에 가만히 안치된 채 먼지만 풀풀 날린다는 고정관념을 깨뜨리는 방향으로 익스플로라토리움을 설계했다. 그는 방문객들이 의식을 확장시키는 경험을 통해 과학을 배우고, 3차원의 전시물을 만지고 작동시키며 몰입하는 박물관을 상상했다.

1969년 처음 문을 열 때부터 익스플로라토리움은 1970년대와 1980년대에 설립된 전 세계 쌍방향 박물관의 모델이 됐다.[2] 실제로 오펜하이머는 다른 사람들이 자신의 생각을 모방하고 차용하도록 열심히 협조했다. 로버트 셈퍼 익스플로라토리움 교육센터장은 이렇게 말한다. "익스플로라토리움은 전 세계 과학센터 분야에서 시금석 구실을 했어요. 이곳은 쌍방향 박물관을 지으려는 사람들에게 여러 가지 자원을 제공하는 장소였어요. 이런 활동을 하려는 사람들을 위해 지원 체계를 만들겠다는 꿈이 이미 설립자의 가슴 속에 들어 있었지요."

이런 운동을 하는 단체가 익스플로라토리움 하나만은 아니지만(U. C. 버클리의 로렌스 과학관과 토론토의 온타리오 과학센터[3]도 그런 일을 한다), 이 단체가 가장 혁신적으로 활동을 펼친 단체인 것은 분명하다. 익스플로라토리움은 다른 기관이 자신의 모델을 본뜨게 하기 위해 일찍부터 프로그램을 다양하게 개발했다. 대학 구내와 지역사회에 새로운 과학센터를 건립하기 위해 '중등과정 후 교육 개선을 위한 기금'이라고 부르는 프로그램을 통해 연방 정부로부터 기금을 지원받았다. 이 비영리단체는 3년 만에 맨해튼어린이박물관, 노스캐롤라이나 샬럿의 디스커버리 플레이스를 포함해서 미국에서만 쌍방향 박물관이 스물한 곳이나 건립되게 힘을 쏟았다.

익스플로라토리움은 언제나 아무 장벽이 없는 박물관이었다. 익스플로라토리움은 단순히 자기 조직을 위해 자원을 독점하기보다는 다른 비영리단체들이 자신을 모방하도록 적극 나섰다. "우리는 기부라고 말해도 될 정도로 나눔의 철학을 가지고 있어요"라고 데브라 메나커 최고재무책임자는 말한다.

발명자가 자신의 비밀을 남에게 거저 주고 나면 무엇이 남는가? 익스플로라토리움의 방식은 코카콜라가 비밀 제조법을 누구나 복사해가도록 인터넷에 올려놓아 펩시콜라가 더 좋은 탄산음료를 만들게 한 것과 비슷하다. 기업 부문에서 그러한 '소스 공개' 전략은 드물다. 누구나 소프트웨어를 복사하고 수정하고 기능을 개선할 수 있는 컴퓨터 운영체제인 리눅스와 달리, 대다수 기업은 새 아이디어를 개발한 뒤에는 기업 비밀로 독점한다. 그러나 익스플로라토리움은 자신의 모델을 전 세계 사람들에게 거저 주고 그들이 세운 쌍방향 과학센터들 사이에 네트워크를 형성함으로써, 더 많은 사람이 혜택을 받고 사회에 더 큰 영향을 줄 수 있다는 사실을 알고 있었다.

그렇다고 소스 공개 네트워크 전략에 문제가 전혀 없는 것은 아니다. 익스플로라토리움은 자신이 가진 자원과 전문성을 현존하는 과학센터들과 공유했지만, 그 대가로 아무것도 요구하지 않았다. 이 박물관은 다른 박물관들과 비공식적 협력 관계만을 유지했다. 공동 상호도 쓰지 않는다. 팻 머피 익스플로라토리움 과학출판주간은 이렇게 말한다. "때로 우리 뜻에 역행하는 일이 벌어지기도 하죠. 사람들은 '클리블랜드에도 익스플로라토리움이 있어'라고 말해요." 또한 익스플로라토리움은 서로 비공식 협력관계에 있는 다른 박물관들을 따로 관리하거나 점검하지도 않는다. 지금은 오펜하이머의 뒤를 이은 고에리 들라코테가 도입한 프로그램을 통해 박물관의 전시물을 빌려주고 최소한의 임대료를 받지만, 지난 수년 동안 익스플로라토리움은 자신의 아이디어를 모방한 박물관에게 어떤 돈도 받지 않았다.

익스플로라토리움이 언제까지나 그 명성을 인정받을 수는 없겠지만, 아직까지는 전 세계에서 체험과학교육운동의 촉매 구실을 충실히 하며 비슷한 종류의 박물관 가운데 최고로 인정을 받는다. 익스플로라토리움은 기금, 지식, 전시물, 재능 같은 소중한 자원을 비공식 관계에 있는 다른 박물관들과 공유한 덕분에 그처럼 커다란 영향력을 거둘 수 있었다.

익스플로라토리움의 전임 관장들과 마찬가지로 들라코테 관장도 이런 네트워크 전략의 가치를 알고 있다. "미래는 조직의 규모에 달려 있지 않습니다. 미래는 서로 다른 조직들이 네트워크를 이루며 얼마나 협력하느냐에 달려 있습니다."

네트워크형 사고방식 채택

우리는 처음에 이 책을 쓰면서 위대한 비영리단체들이 어떻게 만들어지고 관리되며 성장하는지 알게 될 거라고 생각했다. 그러나 서론에서 밝힌 것처럼 우리는 매우 중요한 뜻밖의 사실을 발견했다. 하나의 단체를 설립하는 것은 그 이야기의 오직 한 부분일 뿐이다. 여기에 등장하는 성공한 비영리단체들은 서로 다른 조직들과 협력하고 그들을 통해서 일한다. 그리고 그들은 혼자서 활동할 때보다 훨씬 더 큰 영향력을 발휘한다.

이 문제를 더 깊이 연구하면서 우리는 이 단체들이 협력 단체들과 기금 모금과 전문성, 리더십, 능력, 신뢰를 함께 나누기 위해 엄청난 시간과 노력을 쏟아 부었다는 사실에 크게 놀랐다. 그들은 자기 분야에 속하는 비영리단체들과 연대하기 위해 공식적으로든 비공식적으로든 네트워크를 만든다. 그리고 공동 목표를 달성하기 위해 서로 협력한다. 때때로 더 큰 대의를 위해 개별 단체의 중요한 단기 목표를 희생할 줄도 알며, 소소한 이해관계보다 장기적 차원에서 사회에 더 큰 영향력을 미칠 수 있는 전망을 더 중요하게 생각한다. 그들은 이렇게 하면서 동시에 조직도 관리하고 키운다.

그들은 자기만의 제국을 건설하거나 자원을 독점하는 일에 매달리지 않는다. 오히려 지식이나 자원을 나누어줌으로써 영향력을 확대하려고 한다. 전미라라자위원회의 에밀리 간츠 매케이 전임 부회장은 이렇게 말한다. "전미라라자위원회가 가장 중요하게 생각하는 일은 남미계 미국인의 생활을 개선하고 인종 차별에 맞서 싸우는 것이죠. 단순히 조직을 만든다고 그 일을 할 수 있는 것은 아니에요. 그런 일을 하려면 더 큰 분야를 만들어야 해요."

맨 처음 이런 현상을 발견했을 때 우리는 그것을 무엇이라고 불러야 할지 몰랐다. '협동'은 너무 흔한 용어다. 전략적인 의미를 담기보다는 그냥 좋다는 뜻을 나타낼 수 있다. '역량 쌓기' '훈련과 기술 원조' 또는 '협력 구축' 같은 용어도 그 뜻을 정확하게 담아내지 못했다. 이런 용어들은 모두 전술적 용어다. 그러나 어떤 목적을 위한 전술인가? 우리가 발견한 단체들은 모두 이런 데 능하다. 우리가 연구한 비영리단체들의 몇몇 지도자들은 이런 현상을 '운동 조직화'라고 말하기도 하고 '분야 구축' 또는 '네트워크 구축'이라고 말하기도 한다. 그들은 조직 구조와 그 안에서 조직이 움직이는 방식 둘 다를 포함해서 말할 때 그런 용어를 썼다.

마침내 우리는 그 용어들이 똑같은 현상을 서로 다른 말로 설명했을 뿐이라고 결론지었다. 위대한 비영리단체와 그렇지 않은 단체를 구분하는 진정한 차이는 그들이 더 큰 선을 위해서 다른 조직들과 어떤 방식으로 일하느냐에 달려 있다. 그들은 사회를 더 크게 바꾸기 위해서 개인

비공식 비영리단체 네트워크	공식 비영리단체 네트워크
예산과정책우선순위센터	피딩 아메리카
시티 이어	(200개가 넘는 식품은행)
환경방위	해비타트
익스플로라토리움	(전 세계 2100개 이상의 지부)
헤리티지재단	전미라라자위원회
셀프헬프	(지역에 300개 이상의 지부)
셰어 아워 스트렝스	유스빌드 유에스에이 (226개 지부)
티치 포 아메리카	

표 5.1 공식 비영리단체 네트워크와 비공식 비영리단체 네트워크

지지자를 집단으로 동원하는 것과 마찬가지로, 영향력을 더 확대하기 위해 다른 비영리단체들과 네트워크를 구축하고 연대한다. 우리는 이런 방식을 한마디로 '네트워크형 사고방식'이라고 부른다.

비록 네트워크라는 말은 어떤 구조나 공식적인 제휴 관계를 강조하는 것이지만, 실제로 이들 단체는 생각이 같은 단체라면 공식적 연대의 틀 속에 있는 지부에 속하든 상관없이 그들의 역량을 적극적으로 이용한다. 피딩 아메리카와 해비타트 같은 단체는 같은 단체명을 쓰는 공식 지부들을 거느리고 있다. 익스플로라토리움과 헤리티지 같은 단체는 한 지역에만 있지만, 광범위한 비공식 네트워크를 통해서 사업 모델을 널리 확산시키고 사회적 영향력을 더욱 확대한다. 또 시티 이어나 티치 포 아메리카 같은 단체는 기업체 구조(본사와 지점 또는 지역사무소)로 구성돼 있지만, 여전히 자기 분야에서 활동하는 다른 비영리단체들과 협력 관계를 유지한다(표 5.1 참조). 이들 비영리단체는 조직 구성에 상관없

이 개별 단체보다는 분야 전체의 능력을 모아서 더 많은 것을 성취하려는 협력적 사고와 행동 양식을 보여준다.

기본적으로 네트워크는 더 큰 목표를 달성하기 위해 서로 협력하는 관련 단체들의 집단을 말한다. 인터넷을 구성하는 컴퓨터 네트워크와, 교통망을 구성하는 거리 · 도로 · 고속도로 네트워크를 생각해보라. 말하자면 이런 네트워크는 개별 구성요소보다 더 크고 강력하다. 따라서 이런 네트워크 전략을 쓰는 비영리단체들은 홀로 활동할 때보다 사람을 더 많이 만나고 영향력을 더 크게 발휘할 수 있다. 그들은 이런 네트워크를 이용해서 필요한 자원에 좀더 쉽게 다가갈 수 있고 더 많은 공동체 속으로 더 깊숙이 파고들 수 있다. 간단히 말하면 그들은 더 적은 것으로 더 많은 일을 한다. 말하자면, 위대한 비영리단체들이 사용하는 최고의 차입 전략인 셈이다.

일반적으로 비영리단체들은 다른 단체가 피해를 입더라도 자기 조직을 세우는 데 더욱 집중하는 '조직 이기주의'에 휩싸여 있다. 프로그램을 더 많이 만들고, 새로운 것을 계속해서 추가하고, 자기 욕구를 충족하는 조직을 건설하고 성장시킴으로써 영향력을 확대하려고 애쓴다. 이런 방식으로 영향력이 조금씩 향상될지는 모르지만, 사회를 더 크게 바꾸는 가장 빠른 길을 제공하지는 못한다. 표 5.2는 자기 조직 중심적 방식과 네트워크 중심적 방식을 서로 비교한다.

우리는 처음에 이 책에 나오는 비영리단체들이 서로 경쟁하기보다는 협력하는 모습을 보고는 깜짝 놀랐다. 공공 부문이든 기업 부문이든 또는 사회적 부문이든 사람이 하는 일에 경쟁이 따르는 것은 당연하다. 실제로 모든 비영리단체가 자신들 몫이 계속해서 커질 거라고 생각하지

	자기조직 중심적 방식	네트워크 중심적 방식
사고방식	경쟁	협동
영향력 확대	자기 조직의 성장	네트워크 또는 전체 분야의 성장 전략
전형적 행동방식	제한된 자원을 두고 경쟁	전체를 위해 몫을 키움
	지식 보호	지식 공유
	경쟁력 개발	경쟁자의 기술 개발을 도움
	재능과 리더십을 독점	리더십 양성과 분산
	독자 행동	집단행동
	명예와 권력을 독점	명예와 권력을 공유
구조	중앙 집권화	지방 분산화

표 5.2 네트워크형 사고방식의 정의

는 않는다. 대다수 단체는 기금을 모금하거나, 사람들에게 인정받거나, 인재를 선발할 때 다른 단체들을 경쟁 상대로 생각한다. 경영 전문가들이 경쟁보다는 협력이 장기적으로 더 좋은 전략이라고 아무리 말해도, 조직 중심의 이기주의를 넘어서서 다른 단체와 협력하는 비영리단체는 많지 않다.

그러나 성공한 비영리단체들은 단기적 이익을 순간적으로 뛰어넘을 줄 알며, 경쟁이 아니라 협력을 선택하면 훨씬 더 많은 것을 성취할 수 있다는 사실을 인정한다. 비록 네트워크형 사고방식이 겉으로 보기에는 관대하고 이타적으로 보이지만, 실제로는 자신에게 돌아오는 이익이 더 크다. 성공한 비영리단체들은 스스로 사회에 더 큰 영향력을 끼치기 위해 다른 비영리단체들과 네트워크를 만들어 함께 활동한다.

이 단체들은 함께 행동함으로써, 정부와 기업에 더 강력한 힘과 영향력을 행사한다. 이렇게 하면 다양한 사회적 부문의 의견을 대변하기

다른 비영리단체들과 연대하라

때문에, 앞서 제2장과 제3장에서 본 것처럼 공공정책이나 기업 관행에 더 큰 영향력을 발휘할 수 있다. 더 나아가 그런 네트워크를 통해 구성원을 더 많이 확보하고, 따라서 그들의 다양한 생각과 프로그램, 봉사활동을 펼칠 기반을 갖게 되므로, 개인과 일반 대중을 광범위하게 끌어 모으고 그들에게 영향을 줄 기회를 더 많이 얻는다. 또한 이런 네트워크를 기반으로 영향력을 더욱 빠르고 효과적으로 확대할 수 있으며, 단체 혼자서 지역별로 서서히 조직을 키우면서 영향력을 키우는 것보다 직접 비용도 훨씬 적게 들어간다.

비영리단체 네트워크를 키우는 방법

이 책에 나오는 열두 개 비영리단체는 서로 다른 방식으로 네트워크의 힘을 활용한다. 그러나 대개 다음의 네 가지 방식은 공통으로 가지고 있다.

1. 전체 규모를 키워라 | 성공한 비영리단체들은 대개 제휴 관계가 있건 없건 네트워크나 분야가 같은 다른 단체에게 자금을 지원한다. 때로는 네트워크에 필요한 자원을 얻기 위해 서로 협력하기도 하고, 개별적으로 모은 기금을 재분배하기도 하며, 다른 단체들의 기금 조달 능력을 향상시키기 위해 도움을 주기도 한다. 그들은 또한 자기 몫만 챙기기보다는 더 큰 대의를 위해 전체 규모를 키우는 데 더 역점을 둔다. 그들은 대의 달성에 도움이 되는 자원을 늘리려 한다. 그것이 그들 전체의 영

향력을 높이기 때문이다.

2. 지식을 공유하라 | 이 비영리단체들은 공동 연구, 인쇄물, 활동 지침서를 통해 다른 단체들과 지식과 전문성을 적극적으로 공유한다. 다양한 교육 프로그램과 회의, 연수를 통해 협력 단체끼리 서로 전문 기술을 나눈다. 네트워크를 통해 구성원 사이의 효율성과 효과를 증가시킴으로써 마치 하나의 집단처럼 더 큰 영향력을 발휘할 수 있다.

3. 리더십을 개발하라 | 이들 단체는 대부분 유능한 활동가를 육성하고, 차세대 지도력을 개발하는 데 힘쓰면서, 더 큰 네트워크나 분야, 운동을 위한 리더십을 개발한다. 다른 단체들의 인재 육성 역량과 함께 네트워크 안에서 서로 사회적 교류 능력을 키움으로써 자신들의 영향력을 간접적으로 확대한다.

4. 서로 협력하라 | 이들 단체는 대개 공식적이든 비공식적이든 한 번 네트워크를 형성하면 내부 집단을 벗어나서 더 큰 협력 관계를 만들고, 집단의 더 큰 목적을 위해 그 네트워크를 이용한다. 다른 단체들과 서로 끌고 밀고 협력하며 성공에 대한 믿음을 공유한다.

우리가 연구한 단체들이 모두 이 네 가지 방식을 동시에 추구하지는 않지만, 대부분은 그렇게 한다. 이들 비영리단체 가운데 일부는 다른 비영리단체들과 공식적인 협력 관계를 맺음으로써 네트워크를 구축했지만, 대다수는 그렇지 않았다. 사회에 영향력이 큰 비영리단체들은 조직 구성이 서로 달랐지만, 네트워크 중심의 사고방식을 보여준다는 점에서는 일치했다. 그들은 더 거대한 사회 변화를 이루기 위해 다른 비영리단체들과 협력한다.

전체 규모를 키워라

네트워크 활동의 가장 큰 장점 가운데 하나는 해당 분야에서 활동하는 비영리단체 모두를 위한 기금 규모를 늘린다는 점이다. 이들 단체는 대부분 일반 개인이나 재단, 정부로부터 기금을 모은 뒤 그 돈을 같은 분야의 다른 비영리단체에게 다시 지원한다. 그들은 때때로 공식적인 제휴 관계가 없는 단체에 기금을 지원하기도 하고, 익스플로라토리움처럼 더 큰 영향력 이외에는 다른 대가를 전혀 받지 않고 자금을 지원하기도 한다. 중심이 되는 비영리단체가 재정 지원을 하는 조건으로 자기 단체의 상호를 쓰거나 자기들 기준에 따르도록 요구하는 경우도 있다. 또 유용한 기부자 명단을 공유하거나, 제안서 작성을 도와주거나, 기금 조달 기술을 가르쳐줌으로써 생각이 같은 단체를 간접적으로 도와주는 경우도 있다.

유스빌드 유에스에이는 매우 폭넓은 제휴 네트워크를 통해서 자기 단체의 자금과 지식, 리더십, 능력을 함께 나눈다. 행동주의자 도로시 스톤맨은 10대 청소년들을 가난한 이웃의 낡은 집 재개발 작업에 참여시켜서 '사회 변화의 주도 세력으로 적극 육성'하고자 이스트 할렘에 이 단체를 세웠다. 그러나 스톤맨이 바라는 미래상은 사업을 시작했을 때보다 언제나 더 컸다. 스톤맨은 이렇게 말한다. "미국에서 자라나는 아이들이 운동을 일으켜 가난과 차별을 만들어내는 사회 조건을 바꾸는 게 제 목표였어요. 새로운 프로그램을 만들어 규모를 키울 생각은 없었어요. 청소년들이 삶에 책임의식을 가지고 공동체를 바꾸는 운동을 하도록 돕기 위해 이 일을 시작했지요."[4]

그녀는 어떤 전문가가 자신에게 유스빌드 유에스에이를 일으키는데 주력하고 다른 비영리단체를 경쟁 상대로 보라고 잘못 자문해준 것을 기억한다. 그 전문가는 이렇게 말했다. "기업이라고 생각하세요. 제품은 당신이 청소년에게 주는 것입니다. 당신 도움이 필요한 청소년은 시장이에요. 청소년에게 또 다른 기회를 제공하는 다른 비영리단체는 바로 경쟁자지요. 프로그램 운영에 필요한 자금 조달을 위해 한정된 자원을 두고 그들과 경쟁하는 겁니다."

스톤맨은 반박했다. "아니요. 우리는 그런 식으로 생각하지 않아요. 다른 비영리단체는 모두 우리의 **동료**입니다. 우리가 해야 할 일은, 청소년에게 필요한 것을 충족시켜줄 공동 자원을 늘리기 위해서 다른 비영리단체와 협력하는 것이죠. 이런 환경에서 경쟁은 역효과만 낳을 뿐이에요."[5]

스톤맨은 언제나 단체행동을 가장 중요한 전략 수단으로 생각했다. 그녀는 뉴욕에 유스빌드 유에스에이를 본뜬 단체를 설립하면서 뉴욕 시로부터 자금을 지원받기 위해 '1000만달러를위한연합'이라고 부르는 네트워크를 조직했다. 그 시도가 성공하고 유스빌드 모델이 점점 많은 지역으로 퍼져나가자, 스톤맨은 이런 조직 모델과 운동을 전국으로 확산시키기 위해 연방 정부에서 기금을 지원받을 목적으로 전국의 250개 지역 비영리단체와 연합 조직을 결성했다. "연방 정부는 돈이 많지요. 그것은 가장 빠르게 기금을 늘리는 방법입니다"라고 그녀는 말한다(유스빌드의 기금 조달 전략에 대해서는 제8장을 참조하라).

유스빌드 연합이 봉사활동을 전국으로 확산시키기 위해 2003년 연방 정부의 주택도시개발부에서 처음으로 4000만 달러를 지원받았을 때, 스톤맨은 자기 단체를 통해 그 기금이 공급되는 것에 반대했다. 유스빌드 유에스에이가 직접 그 자금을 받는다면 연방기금관리지침에 따라 최대 2500만 달러밖에 지원받지 못하기 때문이었다. 2500만 달러는 한 단체가 받는 지원 규모로는 매우 컸지만, 더 커다란 네트워크가 지원받는 규모로는 적었다.

스톤맨은 더 커다란 선을 위해 단체의 이익을 포기했다. "우리가 그 돈을 직접 관리할 필요가 없다고 결론지었어요. 우리는 지역 풀뿌리단체에 대한 믿음이 있었어요. 그것이 부문 전체로 확산되기를 바랐지요." 유스빌드 네트워크는 연방 정부의 지원으로 뉴욕 시의 몇몇 지역에서 시작해서, 해마다 총 1억 8000만 달러의 기금을 모으는 전국 226개 단체의 연합체로 발전했다. 지난 10년 동안 청소년 6만 명이 활동에 참여했으며, 약 6억 5000만 달러의 연방 기금이 유스빌드가 후원하는 비영리단체를 통해 저소득층 지원에 쓰였다.

이런 전략이 계속 발전할 수 있었던 것은 유스빌드 유에스에이가 한 지역씩 서서히 넓혀가지 않고 빠른 시간 안에 급격하게 성장했기 때문이다. 그러나 여기에도 결점은 있었다. 유스빌드가 중간 조정 역할을 하지 않았기 때문에 전문 기술은 지원하되 기금 관리 결정권은 연방 정부 주택도시개발부에 양도했다. 그리고 정부가 지원하는 1억 1800만 달러의 기금을 직접 배분하지 않았기 때문에 유스빌드 유에스에이의 자체 예산은 1700만 달러에 지나지 않았다. 그것도 대부분 유스빌드 네트워크의 교육이나 기술 지원에 쓰인다.

스톤맨은 그 선택을 후회하지 않는다. 지나치게 관대한 것처럼 보이지만, 실제로 그것은 자기 단체 중심의 방식을 거부한다는 의미지 단순하게 네트워크 구축만을 고집하는 것은 아니다. 그녀는 스스로 일부 권한을 포기하고 그것을 네트워크에 넘김으로써 더 큰 영향력을 발휘할 수 있었다. "그것은 전략적 결정이었어요. 우리는 전국적인 조직으로 자금이 흘러가도록 만들 수 있었어요. 그러나 동시에 우리 사업은 하나의 시범 사업에 지나지 않게 되었지요. 아직 그 결정에 대한 결과는 몰라요. 지배력을 포기하고 영향력을 얻은 거라고 볼 수 있죠."

지식을 공유하라

이들 단체는 영향력을 확대하기 위해 다른 비영리단체들과 금융 자원을 공유하는 것 말고도 지식을 함께 나누고 서로의 기술을 적극적으로 수용한다. 그들은 정보를 내부에 쌓아놓기만 하지 않는다. 이른바 경쟁이라는 것에서 이기기 위해 그것을 거저 준다.

익스플로라토리움이나 유스빌드 유에스에이 같은 단체는 다른 비영리단체들이 자기네 프로그램을 본뜨는 것을 적극 지원한다. 또 다른 위대한 단체들은 교육이나 기술 지원을 통해 생각이 같은 비영리단체들이 성공적으로 활동할 수 있도록 돕는다. 이 두 가지를 다 하는 단체가 많다. 대개는 자랑할 만한 활동 실적을 인쇄물이나 온라인으로 보여주는 소극적 방식으로 지식을 공유하지만, 한편으로는 각종 회의를 통해 적극적으로 관련 단체나 지부를 한곳에 모아서 교육, 연수회 개최, 직접 자문 활동을 하기도 한다.

예산과정책우선순위센터는 정보와 전문 기술을 주나 지역 단체들과 공유한다. 그 과정에서 단체의 영향력은 급격하게 증가했다.[6] 이 단체는 조직의 성장보다는 다른 비영리단체들이 정부 예산 분석과 정책 활동 역량을 쌓게 하기 위해 그들과 협력하는 데 힘을 쏟는다. 이런 방식을 도입한 기업 부문의 사례는 스타벅스가 이웃 커피 가게와 제휴해서 지역 시장에 진입하는 것을 들 수 있는데, 그 자체로는 아무런 이익도 발생하지 않는다.

예산과정책우선순위센터는 유스빌드와 달리 전국적인 운동을 전개하는 데 역점을 두지 않는다. 밥 그린스타인은 레이건 1기 행정부 시절의 엄청난 사회적 부문 예산 삭감에 대항해서 필드 재단의 지원을 받아 1981년 이 센터를 설립했다. 이 단체의 목표는 가난한 사람들에게 배정된 연방 예산의 효과를 분석하고, 사회에서 천대받는 사람들에게 혜택이 돌아가는 복지프로그램을 지지하는 것이었다. 그린스타인은 처음부터 연방 정부의 정책 분석과 전국적인 정책 활동에만 주력했다. 전국에 커다란 조직망을 건설하는 것에는 별로 관심이 없었다. "우리는 조직을 크게 확장하려고 계획한 적이 한 번도 없어요"라고 그는 말한다.

센터는 설립한 지 몇 년 되지 않아 정치권 안에서 큰 명성을 얻었다. 1988년 〈워싱턴 먼슬리〉는 "(그 단체가) 이념의 차이를 넘어서 모두에게 신뢰받는 것은 그들이 내놓는 숫자만 봐도 자명하다"라면서 이 센터를 워싱턴에서 활동하는 5대 공익단체 가운데 하나로 지명했다.[7] 이처럼 성공했음에도 이 센터는 **연방** 예산 분석과 저소득층 대상 정책 현안에만 집중한 까닭에 영향력을 확대하는 데 한계가 있었다. 더군다나 정부 프로그램의 자금을 배정하거나 집행하는 결정권은 워싱턴이 아니라 주 정부에 있었다.

이 센터는 여러 재단의 재촉과 재정 지원을 받아 주 차원에서 이런 일을 하기 위해 1993년 주정부재정분석협의체를 발족했다. 이 센터는 새로 지역 사무소를 열어 이미 있던 비영리단체들과 경쟁하기보다는, 그들이 주 정부 예산을 분석할 역량을 쌓도록 도와주기로 결정했다. 이를 위해 센터는 해당 주 비영리단체들에게 정부 예산 분석에서 저소득층 대상 정부 프로그램의 수행에 이르기까지 모든 정보와 교육을 제공했다.

처음에는 주 차원에서 활동하는 비영리단체 열두 곳에 보조금을 약간 지원하는 것으로 시작했지만, 지금은 약 30개 단체가 750만 달러가 넘는 재단 기금을 쓰는 하나의 네트워크로 성장했다. 아이리스 래브 예산과정책우선순위센터 부국장은 이렇게 말한다. "네트워크는 우리가 혼자서 편안하게 있을 때보다 훨씬 더 큰 일을 하게 만들었지요. 우리는 여기저기 흩어진 30개 주마다 사무소를 따로 두고서 그들이 하는 일을 간섭하고 싶지는 않았어요."

마침내 이 협의체는 매우 중요하고 큰 영향력을 발휘했다. 예를 들어 주를 기반으로 만들어진 이 센터의 네트워크는 미국 저소득층을 위한 프로그램을 포함해서 사회 부문에 배정된 주 정부 예산 240억 달러를 지켜냈다. 2001년과 2002년 연방 의회는 재산세와 법인세를 바꾸는 법안을 통과시켰는데, 주 정부가 운영하는 사회적 부문 프로그램들의 재정을 심각하게 감축하는 내용이었다. 따라서 센터는 각 주에서 활동하는 단체들과 협력해서 세제 개편이 주 정부의 세수를 심각하게 감소시킬 수 있다는 사실을 사람들에게 알리는 작업을 했다. 마침내 34개 주 의원들은 재산세와 법인세 개편안 가운데 적어도 한 가지는 승인을 거부했다. 결국 이들 단체는 향후 4년 동안 가난한 사람들에게 돌아갈 주 정부의 복지 예산 240억 달러를 지켜낼 수 있었던 것이다.

예산과정책우선순위센터는 네트워크의 단체들과 정보를 공유하고 그들이 예산을 분석할 능력을 키우게 해서, 수직적 조직 형태를 취할 때보다 더 적은 자원으로 더 빠르고 효율적으로 영향력을 확대했다. 이것은 주의 개별 네트워크나 지역 비영리단체와 만나는 기회를 만들었는데, 그들은 자신들의 요구를 가장 잘 수용해줄 지방의원의 정보와 소통망을 이미 가지고 있었다.

센터의 전략은 **네트워크 중심의 사고방식**에서 나온다. 이 단체는 다른 단체들이 정책 분석을 정확하게 하도록 만드는 것이, 자신들의 목표를 훨씬 더 효율적이고 효과적으로 달성하게 한다는 사실을 알고 있었다. "우리는 그렇게 해서 영향력을 가집니다"라고 래브는 말한다.

리더십을 개발하라

이 비영리단체들이 네트워크를 강화하는 가장 중요하지만 형체가 불분명한 방식은 그들이 보유하고 있는 가장 소중한 자산인 인재를 개발하고 공유하는 것이다. 그들은 인재를 혼자만 독점하지 않고 전체 분야와 나눈다. 그런데 **인재**나 **리더십**은 어느 정도 의미가 불분명한 용어로 사람마다 생각하는 뜻이 다 다르다. 더 나아가 사람이 기반인 전략은 결과가 나오기까지 시간이 오래 걸리며 효과를 측정하기도 어렵다.

그러나 인재를 육성하고 리더십을 키우는 일은 티치 포 아메리카의 사례에서 본 것처럼[8] 네트워크를 구축하고 운동을 선도하며 새로운 분야를 개척하는 매우 강력한 도구가 될 수 있다. 티치 포 아메리카의 목표는 "장래가 촉망되는 지도자들을 활동에 참여시켜서 오늘날 이 사회에 만연된 교육 불평등을 해소하기 위한 운동을 펼치는 것"이다. 그러나 사회를 바꾸려는 장기 전략을 이해하는 외부 사람은 거의 없다. 티치 포 아메리카는 일부 비판에도 교육개혁을 이끌고 갈 지도자들을 서서히 그러나 꾸준히 육성함으로써 제한된 교실이나 학교 테두리에서는 얻을 수 없는 더 큰 영향력을 사회에 미치고 있다.

이 단체는 지금까지 졸업생 1만 2000명을 배출했다고 자랑한다. 이들은 대부분 아직 20대나 30대지만 영향력이 점점 더 커지고 있다. 이들은 현재 미국에서 가장 인정받는 학교 가운데 일부를 운영하고 있으며, 학교 이사회와 선출직 관리들에게 신선한 경험을 안겨주고 있다. 이들은 기업 자원을 교육과 사회 개혁에 쓰이게 끌어들이고 있다. 티치 포 아메리카는 자신들이 배출한 졸업생 가운데 60퍼센트 이상이 졸업 후에도 여전히 교육계에 복무하며, 교육계에 남지 않은 사람이라도 그 가운데 거의 절반은 저소득층 사회에 영향을 미치는 여러 가지 문제를 직접 다루고 있다고 추정한다.[9]

오늘날 새로 생기는 교육단체를 어느 곳이라도 겉만 슬쩍 들쳐보라. 그러면 거기서 개혁을 이끄는 티치 포 아메리카의 졸업생을 발견할 수 있을 것이다. 마이크 페인버그와 데이브 레빈은 공적 자금을 지원받아 설립한 자율형 공립학교의 전국 연합체 KIPP, Knowledge Is Power Program를 공동으로 설립했다. 그 공립학교 가운데에도 티치 포 아메리카의 졸업생이 세운 곳이 많다. 또 다른 졸업생 미셸 리는 '뉴 티처 프로젝트'를 설립했는데, 이 단체는 신입 교사를 채용하고 교육시키는 방법을 개선하기 위해 해당 학군과 협력한다. 티치 포 아메리카의 전임 상근 활동가

킴 스미스는 '뉴 스쿨 벤처 펀드'를 새로 만들었는데, 이 혁신적인 교육 모델에 5000만 달러가 넘는 기금을 끌어 모았다. 또 다른 상근 활동가는 '엘리 브로드 펀드'를 운영하는데, 학교 행정가를 교육시키고 양성하는 데 해마다 수백만 달러를 투자한다. 동시에 티치 포 아메리카의 졸업생들은 다른 부문의 권력 중심부에 파고들었다. 그들은 상하원 의원과 정부 인사를 정책 고문으로 끌어들이고 유수한 법률자문 회사와 제휴를 맺었다. 그리고 주요 기업체의 임원들에게도 접근했다.

티치 포 아메리카의 리더십 개발 활동은, 서로 공통점이 없는 조직들을 느슨하지만 강력한 가치를 중심으로 연결시키는 더 커다란 운동의 씨앗을 뿌렸다. 지도자들의 연대는 교육개혁에 정부와 기업의 자원을 활용하는 기반이 됐다. 그리고 정부 정책을 바꾸기 위해 정부와 거대 기관에 압력을 더 강력하게 행사할 수 있었고, 전국 학교가 강력하고 유능한 지도자를 육성하도록 도움을 주었다. 비록 그 효과는 간접적이고 수치로 나타내기 어렵지만, 강력하고 중요한 성과를 낸 것은 분명하다.

티치 포 아메리카처럼 열두 개 비영리단체 대다수는 차세대 지도자를 길러내기 위해 많은 공식적인 시간과 노력을 바친다(표 5.3 참조). 여기서 배출된 지도자들은 더 커다란 무대에서 여러 단체를 이끌어간다. 이들 단체 가운데 일부, 특히 청소년단체들은 이 방법을 사회 변화 모델에 없어서는 안 될 필수요소라고 생각한다. 다른 단체들도 새로운 청년 지도자를 많이 뽑아 훈련하고 키워내는 일에 우선순위를 두고 있다.

시티 이어와 유스빌드 유에스에이는 차세대 지도자들을 개발하고 훈련하기 위해 설립됐다. 두 단체는 청소년들에게 지도자로서 갖춰야할 소양을 가르치고, 그들이 사회문제에 적극 참여하는 시민으로 자라

단체명	공식적인 청년지도자 양성 프로그램
시티 이어	영 히어로스 : 청소년단 졸업생 과정
익스플로라토리움	청년 해설자 : 교사 훈련 과정
해비타트	캠퍼스 챕터스, 컬리지에이트 챌린지
헤리티지재단	청년지도자 과정
전미라라자위원회	남미계 청년지도자 과정
티치 포 아메리카	교사단 졸업생 과정
유스빌드 유에스에이	유스빌드단 졸업생 과정

표 5.3 청년지도자 육성

도록 엄청난 자원을 들인다. 유스빌드의 프로그램을 이수한 졸업생 5만 명과 지난 날 시티 이어 청소년단에서 활동한 8000명은 현장에 들어가서 저소득층을 위해 활동할 때 매우 강력한 변화 세력을 형성한다. 최근 시티 이어에서 연구한 결과에 따르면, 인종이나 교육, 소득 수준에 상관없이 이곳 졸업생들은 같은 또래 집단에 비해 더 적극적으로 투표에 참여하고, 자원봉사 활동을 하며, 자기가 속한 공동체에서 시민 지도자로 활동하는 경우가 더 많았다.[10]

비록 이들 열두 개 단체 가운데 몇몇은 뚜렷한 리더십 개발 과정이 없지만, 그럼에도 이런 리더십 개발을 중요한 인재 관리 전략의 하나로 인정하고 있다. 사람들을 새로 뽑고 채용해서 조직 내부에서 훈련시켜 중견 지도자로 키운 뒤 다른 비영리단체로 보낼 수도 있다. 실제로 스스로 성장하는 데 한계가 있는 단체가 많으므로, 중견 지도자에게 더 발전할 기회를 주려면 그런 자리가 있는 단체로 옮기는 것이 유일한 방법일 수 있다. 그러나 이들 단체는 다른 단체로 지도자 한 명을 보내는 것을 동맹 세력을 한 군데 더 얻는 것으로 생각한다. 톰 에스피노자 라자개발 기금 대표는 이렇게 말한다.

"전미라라자위원회는 그동안 남미계 청소년을 위한 환상적인 훈련 장 구실을 해왔어요. 그들은 우리와 함께 활동했어요. 그런 다음 여러 영역으로 흩어져서 다양하게 활동합니다. 그들은 우리를 떠나서 이제 공동체를 구성하는 하부구조로서 제 몫을 다하고 있어요."

이처럼 강력하게 형성된 사회 네트워크는 성공한 비영리단체들이 선을 위한 힘으로 사용하는 조직적 연대 기반을 구축하는 데 큰 도움을 준다.

서로 협력하라

성공한 열두 개 비영리단체는 기금과 전문 기술, 인재를 다른 단체들과 함께 나누는 것과 같은 방식으로 자신들이 보유한 힘과 신뢰도 기꺼이 공유하고, 동시에 더 큰 영향력을 발휘하기 위해서 조직 간 네트워크를 동원한다. 자신들보다 더 큰 체계와 싸울 때 네트워크를 매개로 서로 제휴하고 협력함으로써 그들에게 더 큰 영향력을 미칠 수 있음을 그들은 안다.

성공한 비영리단체들은 잘 조직된 홍보 활동으로 현안에 대한 일반 대중의 인식을 높이거나, 대중의 행동을 바꾸거나, 연방이나 주 차원의 정책 결정에 영향을 미치거나, 필요한 자원을 확보하는 것 같은 여러 가지 목적으로, 공식 또는 비공식으로 관계를 맺은 단체들을 이용하거나 그들과 함께 더 큰 연합체들을 조직한다. 제2장에서 본 것처럼 단체행동은 정책 활동의 효과를 증대시키는 매우 강력한 전략 수단이다. 이들 비영리단체는 서로 힘을 합쳐 행동하는 것이 혼자 나설 때보다 영향력이 더 크다는 것을 안다. 사회에 영향력이 큰 단체들은 스스로 앞장서 연합체를 이끌기도 하지만 때로는 다른 단체 뒤에서 묵묵히 자기 몫을 하기도 한다.

시티 이어는 봉사활동을 전국으로 확산시키면서 이 두 가지 역할을 다 했다.[11] 때로는 자신들보다 더 큰 연합 조직을 이끌기도 했고, 때로는 다른 단체의 지도에 따라 지원 역할도 했다. 앨런 카제이와 마이클 브라운은 지역공동체에서 봉사활동을 하던 시기에 다양한 청소년층을 활동에 끌어들이기 위해 1988년 시티 이어를 세웠다. 두 사람은 신중하게 고민한 끝에 처음부터 시티 이어를 연방 정부의 지원을 받는 전국적인 공동체 봉사활동 조직으로 자리매김하기로 했다. 이런 원대한 목표를 달성하려면 연방 정부의 지원이 무엇보다 중요하다고 생각했기 때문이었다.

실은, 시티 이어가 설립되기 20년 전부터 전국적인 공동체 지원 사업을 위해 연방 정부에게 기금을 지원해달라고 요청해온 더 큰 전국 봉사활동운동이 있었다. 1980년대 중반, 전국봉사보전연합 National Association of Service and Conservation Corps(NASCC)과 미국청소년봉사단 Youth Service America 같은 단체는 전국적인 봉사활동을 지원하는 법률안을 의회가 통과시키도록 압력을 넣기 위해 성격이 서로 다른 수많은 봉사단체(다양한 환경보호 단체, 도심 빈민 단체, 학교자원봉사프로그램들을 포함해서)를 거대한 연합 조직으로 통합하려고 애쓰고 있었다.[12] 시티 이어는 그런 단체 가운데 나중에 만들어진 신생 조직이었지만, 이런 대규모 연합 운동에서 매우 핵심적인 역할을 수행했다.

시티 이어는 도심과 교외의 빈민가 청소년들을 이 운동에 끌어들여 일반 대중 사이에서 광범위한 정치적 지지를 이끌어냈다. 시티 이어는 또한 공화당과 민주당의 정치 지도자들에게 이 운동이 왜 전국으로 확산돼야 하는지를 적극적으로 호소하고 설득했다. 시티 이어는 아버지 부시 행정부의 전국지역사회봉사위원회 산하 시범 사업으로 지정됐고, 빌 클린턴이 대통령으로 선출된 뒤에는 아메리콥스 설립에 모범 사례가 됐다. 시티 이어는 아메리콥스를 지원하는 법안을 통과시키기 위해 의회에 로비를 했고, 이 문제를 전국에 널리 알리기 위해 팀버랜드의 대표 제프리 슈워츠 같은 기업계 인사들을 동원했다.

시티 이어는 이미 연방 정부로부터 지원을 받고 있었지만 자기 단체의 이익보다는 미국 전체 자원봉사 단체의 이익을 먼저 생각했고, 그 운동을 독점하거나 명예를 독차지하려고 하지 않았다. 전국적인 자원봉사 관련 입법안을 최초로 기안하는 데 참여한 전임 의회 직원 셜리 사가와는 이렇게 말한다. "그들은 정말 적극적으로 자원봉사 활동 분야의 다양성을 인정했어요. 그 분야에서 활동하는 단체가 모두 함께 발전하기를 바랐죠. 그들은 만일 NASCC의 대표가 발언하는 것이 더 결과가 좋다면 그렇게 할 겁니다. 반면 기업 부문에서 (기업체 교육 전문가인) 아이라 잭슨을 내세우는 것이 더 효과가 좋다면 마이클 브라운은 주저하지 않고 그렇게 할 거예요."[13]

그로부터 10년 뒤인 2003년, 아메리콥스가 심각한 예산 삭감의 위기에 처했을 때 시티 이어는 그 극복 과정에서 아주 뛰어난 리더십을 보여주었다. 카제이와 브라운은 전국 봉사단체들(이 책에 나온 다른 두 단체인 티치 포 아메리카와 유스빌드 유에스에이를 포함해서)의 지도자들이 참석하는 연석회의를 조직했다.[14] 이렇게 해서 진행된 '아메리콥스 구하기' 캠페인을 통해 수천 명이 탄원서에 서명해서 의회에 보냈고, 스타벅스를 비롯한 여러 기업의 후원으로 주요 신문에 전면 광고를 게재했으며, 지역 언론에 수많은 기삿거리를 제공했다. 심지어 인기 높은 텔레비전 드라마 〈웨스트 윙〉에도 아메리콥스와 관련한 예산 삭감 반대 투쟁을 묘사하는 장면이 들어갈 정도였다. 시티 이어는 활동가 수천 명을 동원하고 단체행동의 위력을 과시함으로써 마침내 아메리콥스를 구할 수 있었다. "우리는 떨어져 있을 때보다 함께할 때 더 강했어요"라고 앤모라 코널리 수석부회장은 말한다.

한때 단기적으로 예산 삭감의 위기를 겪었지만(청소년단 지원 기금이 거의 절반으로 줄었다) 장기적으로 시티 이어의 큰 그림은 바뀌지 않았다. 시티 이어의 연합 조직은 다음해에 연방 정부의 지원을 복원해서 1억 달러의 기금을 받았다. 앨리슨 프랭클린 홍보책임자는 이렇게 말한다. "예산 삭감은 우리가 품은 더 큰 전망, 즉 시민운동의 힘을 확대하려는 노력을 거스르는 것이죠. (시티 이어) 청소년단의 존립뿐 아니라 시민운동이라는 개념까지 위협하는 처사였어요."

단체들이 서로 연합해 네트워크를 형성하고 능력과 신뢰를 나누는 것이 반드시 완전무결하지는 않다. 앨런 카제이는 2003년 한 해 동안 전국 단체들을 연합하는 데 시간을 많이 소비했고, 그 일에 참여한 활동가들도 급격한 업무 과중에 시달렸다. 덕분에 시티 이어 자체의 조직 확대 활동은 중단됐으며, 그 결과 연방 정부가 예산 삭감을 결정한 것이다. 그렇다면 연합 조직 활동은 그만큼 희생할 가치가 있었는가? 시티 이어 지지자 중에는 그런 선택에 동의하지 않는 사람이 많았다. 그들은 시티 이어가 전국적인 조직 활동을 지칠 줄 모르고 추구하다가 결국은 조직 내부의 부족한 부분들을 돌아보지 못할 거라고 우려했다. 코널리는 이렇게 말한다. "사람들이 마냥 '이해할' 거라고는 생각하지 않아요. 그러나 그건 우리가 스스로 선택한 일이에요."

위대한 비영리단체들은 때로는 더 큰 목적을 달성하기 위해 개별 단체의 이익은 무시할 줄 알아야 한다. 그것은, 때때로 선을 위한 더 큰 힘이 되기 위해 신뢰와 능력을 공유할 줄 알아야 한다는 것을 뜻한다. 전미라라자위원회의 전임 경영부회장 에밀리 간츠 매케이는 "우리는 다른 단체들과 연합해서 활동하는 전미라라자위원회를 전폭적으로 신뢰합니다. 그들은 서로 신뢰도 공유하고 일도 함께 하지요"라고 잘 요약한다. 현임 수석부회장 찰스 카마사키는 자신의 생각을 이렇게 표현한다. "마침내 우리 이름이 남지 못할지는 모르지만, 우리가 만든 변화는 남을 겁니다."

독자 노선을 선택하는 경우

우리가 연구한 비영리단체 가운데 많은 곳이 네트워크 구축과 협력을 주요한 활동 수단으로 삼았지만, 그들이 모두 중요한 시점에서 또는 동일한 수준으로 이런 전략을 채택한 것은 아니다. 어떤 단체의 활동 방식은 목표나 지향하는 방향에 따라 다르며, 활동하는 환경에 따라서도 달라지는 경우가 대부분이다. 이들 단체가 자신들이 활동하는 분야를 뒤엎거나 완전히 바꿀 정도까지 세력을 만들지 못한 적도 있다. 또는 이미 그 분야에 다른 단체들이 굳건하게 자리를 잡고 활동하는 경우도 있었다. 환경 분야에 뛰어든 환경방위와 교육 분야에서 활동한 티치 포 아메리카가 그런 경우였다.

환경방위는 '일하는 방법'을 찾는 과정 속에서 때때로 다른 환경단체들과 길을 달리할 필요가 있었다. 다른 환경단체들이 반대하는 기업을 대상으로 불매운동을 벌이는 데 반해, 환경방위는 그들 기업과 제휴하는 방식을 우선으로 삼은 것이 대표적인 예다(자세한 내용은 제3장을 참조하라). 그리고 정책 활동을 강화할 목적으로 다른 단체들과 연합 전선을 펴는 것을, 필수 활동이 아니라 활용 수단 가운데 하나일 뿐이라고 생각한다. "우리는 단체들이 서로 연합하는 것이 효과적이라고 생각할 때 그렇게 행동합니다. 그러나 그렇지 않다고 판단되면 주저하지 않고 연합 전선에서 떨어져 나와 독자 노선을 걸어요"라고 국제고문 애니 펫손은 말한다.

티치 포 아메리카 또한 기존의 교육운동 분야에서는 이단자로 취급받는다. 이 단체는 졸업생들이 만든 단체들과 제휴 관계를 맺고 활동하며 '아메리콥스 구하기' 캠페인 때처럼 성격이 다른 전국 자원봉사단체들과 협력하기도 한다. 그러나 티치 포 아메리카의 협력 관계는 거기서 멈춘다. 기존 교육운동 단체들은 티치 포 아메리카를 협력 대상으로 생각하지 않는다. 실제로 이 단체는 강력한 교원노조를 포함해서 기존의 교육운동을 뒤흔들려고 했다.

환경방위와 티치 포 아메리카가 이런 방식을 쓴 까닭 가운데 하나는 그들이 성장하기 시작할 무렵 이미 다른 단체들이 해당 분야에서 강력한 기반을 차지하고 있었기 때문이다. 그들은 당대에 널리 퍼져 있는 방식과는 다른 방식을 내놓을 수밖에 없었다. 환경방위는 초기에 대다수 환경운동가가 가장 싫어했던 기업 제휴를 방법으로 선택했다. 티치 포 아메리카가 교육 불평등 문제의 해결책으로 내놓은 방법은 교사를 뽑고 훈련하고 배치하는 방식을 완전히 뜯어고치는 것이어서 기득권 세력에 대한 직격탄이나 다름없었다.

때로는 어떤 비영리단체가 자기 영역이 아닌 다른 분야와 협력할 때, 같은 영역의 단체들은 그 단체가 자신들과 협력하지 않는다고 생각한다. 예를 들면 빈민들에게 주택을 제공하는 단체 대부분은 처음부터 해비타트를 주택 지원 사업 분야에서 독자 노선을 추구하는 단체로 보았다. 비록 몇몇 해비타트 지부가 그 지역에서 빈민에게 주택과 경제적 자립을 지원하는 단체들과 긴밀한 협력 관계를 유지하지만, 대부분의 지부는 그렇지 않다. 그러나 해비타트는 신앙 공동체와 교회 사이의 네트워크 구축에 집중했고, 성공적으로 수행했다. 해비타트는 이런 방식으로 활동 영역을 종교 단체로 한정했고, 따라서 주택 지원 활동을 하는 전체 영역이 아니라 종교 단체들을 중심으로 네트워크를 구축했다.

모든 분야의 단체들과 협력하기

헤리티지재단은 기금 모금, 지식, 리더십, 신뢰를 관련 단체들과 함께 나누는 것이 어떻게 더 강력한 네트워크를 만들고 더 커다란 운동의 시발점을 마련하는지 잘 보여준다. 헤리티지는 네트워크 중심의 사고방식과 그에 따른 행동 방식을 보여주는 아주 좋은 사례다.

1970년대 초 헤리티지가 설립될 때 기존의 두뇌 집단들은 대부분 분위기가 침체돼 있었다.[15] 자신들이 주목하는 의제를 적극적으로 알리려는 노력은 없이, 그저 연구만 하고 있었다. 헤리티지는 이 모든 상황을 완전히 바꿨다. 이 단체는 일반 대중과 의회, 백악관에 보수주의 정책을 적극적으로 소개하는 최초의 두뇌 집단이었다. 헤리티지는 그 과정을 통해서 미국의 보수주의운동을 한층 더 크게 확산시키는 촉매 구실을 했다.

헤리티지는 로널드 레이건이 1980년 대통령 선거에서 압승하는 데 큰 공을 세웠고, 그가 백악관에 입성한 뒤에는 정부의 정책 결정에 큰 영향을 미쳤다. 헤리티지는 1994년 연방 의회 선거에서 공화당에게 '미국과의 약속Contract with America'이라는 선거 공약을 내세우게 하여 미국 전역에서 보수주의 논쟁을 점화시킴으로써 많은 주가 '파랑색(민주당 지지)'에서 '빨강색(공화당 지지)'으로 바뀌게 만들었다. 2006년 연방 의회 선거에서는 민심이 민주당으로 돌아섰지만, 지난 20년 동안 미국이 강력한 보수주의 이념의 지배를 받은 것은 분명하다.

헤리티지재단은 지역의 풀뿌리 차원에서 보수주의 정책을 지지하는 세력들과 동맹을 맺고 비공식적인 네트워크를 구축하는 전략을 통해 이런 영향력을 확보했다. 헤리티지는 1977년 '자원은행Resource Bank'을 만들었다. 이 단체는 처음에는 몇몇 정책 분석가를 중심으로 시작했지만 지금은 2500명이 넘는 전문가와 여러 비영리단체를 포함하는 대규모 조직으로 성장했다. 헤리티지 네트워크의 회원들은 매년 봄에 열리는 회의에 참석해 논란이 되는 정책 현안을 토론하고, 보수주의 정책 의제들을 널리 확산시키는 전략을 공유한다. 또한 헤리티지가 후원하는 보수주의 정책 법률안 분석 연수회에도 참석할 수 있으며, 거기서 자신들의 주장을 알리고 기금을 모금할 수 있다. 헤리티지는 실제로 도움을 바라는 보수주의 지지자들에게 무상 지원을 아끼지 않는다.

예를 들면 자원은행의 회원인 존 앤드류는 보수주의 단체인 덴버 독립연구소를 설립하면서 그 지역의 기부자 명단을 확인하기 위해서 헤리티지재단이 보유한 데이터베이스를 이용했다. "자기 주에서 기부를 많이 하는 사람이 누구인지 알려주고 그 명단을 인쇄할 수 있도록 도와주는 곳이 이곳 말고 또 어디 있겠어요?"라고 앤드류는 묻는다.[16] 헤리티지는 지역 단체를 기금 모금을 위한 경쟁자로 보지 않는다. 더 커다란 보수주의 의제를 공유하고 진보주의에 맞서 함께 싸워나갈 동맹군으로 본다.

헤리티지는 또한 이들 보수주의 동맹 세력이 주장을 널리 전파할 수 있도록 도왔다. 헤리티지는 보수주의 여론을 만들고 주도할 세력과 지도자를 위해 국회의사당에서 두 블록 떨어진 본부 건물에 최첨단 라디오 방송실을 세웠다. "이 방송 시설은 진보주의와 싸울 때 우리의 동맹 세력이 무료로 사용할 수 있습니다"라고 레베카 해겔린 홍보마케팅담당 부회장은 말한다. 헤리티지는 정책 홍보 기술에서 조직과 정책 활동에 이르기까지 모든 것을 교육한다. 해겔린은 이렇게 말한다. "연방 의회 의원이든 아이오와에 사는 일반 서민이든 보수주의를 지지하는 사람이라면 누구나 교육시킬 예산이 있다는 사실에 놀랐어요. 헤리티지는 자기 조직보다는 운동을 발전시키려고 애쓰고 있죠."

헤리티지재단은 또한 이 운동이 끊임없이 지속되도록 차세대 보수주의 지도자 양성에도 힘을 기울이고 있다. 헤리티지는 워싱턴에 주거 시설을 제공하는 등 최고 대우의 연수생 제도를 통해서, 앞으로 시장에서 다른 보수주의 집단과 함께 중요한 자리를 차지할 대학생들을 양성한다. 스튜어트 버틀러 국내경제정책담당 부회장은 이렇게 말한다. "우리는 젊은 훈련생들을 미국의 미래를 이끌 보수주의의 뿌리로 봅니다. 그들은 나중에 다른 단체에서 일할 수도 있고 우리에게 돌아올 수도 있어요."

헤리티지재단이 다른 보수주의 단체, 특히 대다수 일반 두뇌 집단과 다른 점은 동맹 세력을 구축하고 양성하고 협력하는 일에 혼신을 다한다는 사실이다. 이렇게 구축된 네트워크는 다시 더 거대한 보수주의운동을 위한 중추 구실을 한다. 헤리티지는 다른 보수주의 단체들을 경쟁자로 생각하지 않는다. 오히려 그들을 위해 기금을 모금하고, 필요한 기술을 지원하고, 그들이 영향력을 높이기 위해 리더십을 개발하도록 도와준다.

헤리티지의 협력 방식은 아무 조건 없이 후하게 지원하는 것처럼 보인다. 하지만 남에게 아량을 베푸는 이타적인 것이 결코 아니다. 실은 목적을 실현하기 위한 전략의 한 방편이다. 베키 노턴 던롭 대외담당 부회장은 이렇게 말한다.

"(이 단체의 대표인) 에드 풀너와 필 트루럭은 이 분야를 개척하겠다는 생각을 언제나 가지고 있었어요. 우리는 다른 단체들과 경쟁하지 않아요. 우리는 전체 보수주의운동의 한 부분일 뿐이지요. 다른 단체들에게 무엇을 도와주든 그것은 보수주의 견해를 대변하는 것이고, 또 앞으로도 그렇게 할 겁니다. 우리가 바라는 것은 보수주의가 점점 더 커지고 성장하는 것이죠."

조직 사이의 연대가 미래다

네트워크와 소스 개방 기반은 오늘날 첨단 산업사회를 구성하는 핵심요소다. 링키드인 LinkedIn이나 마이스페이스 MySpace 같은 인터넷의 사회적 네트워킹 사이트는 우리가 개인 차원에서 공동체를 생각하는 방식을 완전히 바꿨다. 리눅스 같은 소스 공개 기술 기반은 위키피디아처럼 이용자가 만드는 웹사이트와 함께 사람들이 경쟁보다는 협력을 중시하는 사회로 이동하게 만들었다.

이런 패러다임의 전환은 현재 기업 부문으로 이동하고 있다. 최근에 발간된 《불가사리와 거미 - 지도자가 없는 조직의 막강한 힘 The Starfish and the Spider - The Unstoppable Power of Leaderless Organizations》이라는 책에서 저자들은 새롭게 떠오르는 이런 네트워크 구조의 영향력을 자세히 살펴본다.[17] 이 책이 말하는 핵심 내용은, 거미의 목을 베면 거미는 죽지만, 머리 없는 불가사리의 팔을 하나 자르면 죽지 않고 잘려나간 자리에 새로운 팔이 다시 돋아날 뿐만 아니라 잘려나간 팔이 다시 새로운 불가사리로 살아난다는 것이다. 거미 조직은 엄격한 질서와 상명하달식의 리더십, 중앙 집중 방식의 의사결정 구조를 가지고 있다. 군사 두뇌집단, 전통 기업, 관료제 정부 등이 대표적인 예다. 반면 불가사리 조직은 고도로 분권화돼 있고, 1 대 1의 수평적 관계 중심이며, 리더십이 넓게 분산돼 있고, 공통 가치를 중심으로 통합된 협력 공동체를 형성한다. 버닝맨Burning Man, 해마다 네바다 사막에서 8일 동안 열리는, 공동체를 소재로 한 문화예술 축제, 알코올중독자모임, 북미인디언국가가 대표적인 예다.

이런 분산된 네트워크 조직의 장점은 초기 투자가 거의 없고 조직을 쉽게 바꿀 수 있고 적응력이 뛰어나지만, 없애기는 힘들다는 것이다. 또 내부에 혼란을 일으킬 수 있는 요소를 안고 있다. 불가사리 조직은 주로 거미 조직으로 구성된 전통적인 기업들에게 심각한 도전으로 받아들여질 수 있다. 1 대 1 온라인 파일공유네트워크인 카자Kazza는 무료로 음악을 다운로드할 수 있게 해서 기존의 주류 음악산업의 기반을 허물어뜨렸다. 그 대가로 카자는 저작권 소송의 공격목표가 되었다.

불가사리 조직 모형은 권한을 나누고 구성원들이 가치를 공유하고 리더십을 널리 분산시키는 비영리단체를 완벽하게 비유한 것이다. 이들은 서로 협력해서 정부와 기업, 일반시민의 행동을 변화시키는 1 대 1 네트워크 조직들이다. 실제로 우리는 네트워크 조직들이 노예제 반대 운동과 알코올중독자모임과 같은 혁신적인 일을 하면서 맡았던 사회적 역할에 주목한다.

사회적 네트워크와 사회운동이 서로 관련 있기는 하지만, 비영리 부문에서 사회적 네트워크가 사회를 바꾸는 중요한 역할을 한다는 것을 대개는 잘 알지 못한다. 비영리단체 사이에서 협력이란 단순히 허울 좋은 인사말일 뿐, 실제로 협력을 도모하거나 그렇게 하는 것이 자신들에게 전략적으로 이익이 된다는 사실을 이해하는 비영리단체는 거의 없다. 네트워크 전략을 따르는 데 문제가 전혀 없는 것은 아니다. 네트워크 전략은 때때로 소속 단체들에게 희생을 요구하기도 하며, 본디 추구하지 않는 방향을 선택하게 만들기도 한다. 또한 네트워크 전략은 목표 달성까지 시간이 많이 걸리기 때문에 전체 조직에게 더 많은 이익을 안겨주기 위해 개별 단체의 이익을 넘어서는 더 큰 그림을 볼 줄 알아야 한다.

그러나 네트워크 전략은 비영리단체가 사회 변화에 영향력을 확대할 수 있는 고도의 접근 방식이다. 조직이 영향력을 확대하는 전통적인 방식은 새로운 지역을 하나씩 차례로 개척하고 기금을 조성하는 것이다. 조직 확장까지 시간도 많이 걸리고 돈도 많이 들어가는 반면에 조직의 영향력은 서서히 늘어난다. 그러나 비영리단체들끼리 **네트워크**를 구축하고 확대하면 서로 비용을 분산할 수 있으며, 규모는 더욱 빨리 커지고, 단체행동을 통해 영향력을 곧바로 확대할 수 있다. 네트워크는 또한 대규모 기관들에게 일반 대중이 영향을 미치게 만든다. 네트워크는 지역 차원에서 개인들을 조직에 끌어들일 방법을 더 많이 만들어낸다. 또한 봉사활동과 새로운 생각을 널리 퍼지게 하는 더 커다란 분배 기반을 제공한다.

비영리단체가 영향력을 확대하기 위해서는 조직의 틀 안에만 사로잡히지 말고 조직 바깥의 동맹 세력들과 네트워크를 구축하고 그것을 변화를 위한 동력으로 삼아야 한다. 이 네트워크 중심의 사고방식은 단기 전략으로 무엇을 선택해야 할지 더욱 분명하게 해준다. 비영리단체들의 네트워크는, 외부 사람 눈에는 보이지 않을지 모르지만, 비영리단체가 더 큰 선을 위해 사용할 수 있는 가장 강력한 힘이기 때문이다.

다른 비영리단체들과 연대하라

■ **성공한 비영리단체들은 네트워크 중심으로 사고한다.**

위대한 비영리단체들은 사회적 부문에서 활동하는 다른 단체들과 경쟁하기보다는 협력한다. 그들은 다른 단체들을 한정된 자원을 두고 서로 다투는 경쟁자로 보지 않는다. 오히려 서로 같은 생각을 가진 동맹 세력들과 함께 활동해야만 비로소 더 큰 영향력을 발휘할 수 있음을 안다.

■ **활동 영역을 더 크게 만들고 자원을 공유하며 다른 단체들이 일할 수 있도록 돕는다.**

성공한 비영리단체들은 자금이나 전문 지식, 교육, 인재 양성 같은 다른 단체들이 구하기 힘든 자원을 함께 나누어 그들이 성공하게 돕는다. 성공한 비영리단체들은 대부분 다음과 같은 습관이 있다.

- **전체 규모를 키워라** │ 그들은 전체를 위해 기금 규모를 늘리려고 애쓰고, 네트워크나 활동 분야 전체에 자원을 재분배한다.
- **지식을 공유하라** │ 그들은 다른 비영리단체들의 능력을 향상시키기 위해 자신들이 보유한 정보를 나누고 필요한 교육을 제공한다.
- **리더십을 개발하라** │ 그들은 더 커다란 분야에서 일할 리더십을 키우기 위해 많은 노력과 시간을 투자하며 활동 내용이 비슷한 동맹 세력들과 인재를 공유한다.
- **서로 협력하라** │ 그들은 네트워크 구축 여부와 상관없이 더 큰 대의를 달성하기 위해 다른 단체들과 공식, 비공식으로 서로 협력한다.

■ **마땅히 받아야 할 곳에 공을 돌린다.**

성공한 비영리단체들은 다른 단체들과 서로 공적을 나누고, 다른 단체들이 주목받을 방법을 찾는다. 그들은 연합체에 가입한 뒤 언제 앞장설지, 언제 뒤에서 따라가며 지원할지 또는 언제 두 가지를 다 할지 분간할 줄 안다. 대개 연합 조직에서 가장 영향력이 큰 단체는 겉으로 드러난 활동의 배후에서 움직이는 단체다.

제6장

완벽하게 적응하라

Master the Art of Adapation

성공한 비영리단체들은 구조와 혁신 사이에서 균형을 잡을 줄 안다. 그들은 적응력
과 전략에 대한 가장 중요한 교훈 하나를 깨우쳤다. 실행에 옮겨야 할 아이디어가 많
은 만큼 하지 말아야 할 것도 많다는 사실이다. 그들은 대개 새 프로그램을 추가할
때마다 효과가 작은 다른 프로그램은 모두 무시한다

FORCES for GOOD

제6장 완벽하게 적응하라

셰어 아워 스트렝스의 설립자 빌리 쇼어와 여동생 데비가 1984년 기아와 싸우기 위해 비영리단체를 설립하려고 할 때, 두 사람은 매우 단순한, 동시에 직관과 반대되는 방식을 쓰기로 마음먹었다. 기아퇴치운동을 하는 핵심 인사들에게 편지로 지원을 요청하는 대신 음식에 관심을 가지는 완전히 새로운 집단의 사람들(유명 요리사들과 음식점 주인들)과 접촉했다. 쇼어 남매는 이 음식 전문가들이 기아 퇴치 문제에 공감하고 그 대의를 위해 기꺼이 기부할 거라고 생각했다.[1]

이들 가운데 처음으로 반응을 보인 사람은 앨리스 워터스였다. 지역 농산물먹기운동으로 유명한 캘리포니아 버클리의 음식점 셰 파니즈의 주인이며 일류 요리사였다. 워터스는 셰어 아워 스트렝스에 기부금 1000달러를 보냈다. 빌리 쇼어는 '워터스는 돈보다 더 많은 일을 할 수 있다'고 생각했다. 그래서 쇼어 남매는 워터스에게 음식점업계에서 영향력 있는 사람들을 소개해달라고 부탁했다. 곧이어 미국 전역의 요리사들이 이 단체에 기부금을 보내기 시작했고, 셰어 아워 스트렝스는 기아 구호를 위해 2만 달러를 모금했다.

1986년 이 남매는 덴버에서 게리 하트 상원의원의 대통령 선거운동을 하면서 한편으로는 셰어 아워 스트렝스를 운영했다. 덴버에 있는 동안 남매는 그 지역 요리사들에게 태어난 지 얼마 되지 않는 애송이 비영리단체를 위해 와인을 곁들인 자선음식바자회를 열도록 설득했다. 요리사들은 손님들이 고급 요리와 와인을 시식할 수 있는 행사를 자원봉사로 꾸몄고, 행사에서 거둬들인 입장료 수입은 모두 셰어 아워 스트렝스에 기부했다. 셰어 아워 스트렝스는 이렇게 모금한 기부금을 기아퇴치프로그램에 모두 썼다.

행사 모금액은 1만 달러에 지나지 않았지만, 쇼어 남매는 이 행사로 더 귀중한 것을 얻었다. 셰어 아워 스트렝스의 100달러 기부 요청 편지에 답장한 요리사들의 수는 얼마 되지 않았지만, 이 행사에 자원봉사로 참여한 요리사들은 한 사람 앞에 800달러에 상당하는 음식 재료와 노동력을 제공했다. 요리사들이 봉사한 시간과 현물 기부와 이름값은 셰어 아워 스트렝스에게 돈보다 훨씬 더 가치가 컸다.

셰어 아워 스트렝스는 사람들에게 기부 요청 편지를 보내 기금을 모으던 모금 방식을 바꿨다. 셰어 아워 스트렝스는 덴버에서의 경험을 바탕으로 1988년 '전국 요리 시식회'라고 부르는 전국 규모 행사를 처음 개최했다. 행사는 2년 만에 18개 도시로 확대됐고 기금을 25만 달러쯤 모았다. 오늘날 이 행사는 60개 이상의 지역사회에서 열리며, 지금까지 기아 퇴치 기금으로 4000만 달러 이상을 모금했다.

셰어 아워 스트렝스는 이런 성공을 발판으로 기아 구호 기금 마련을 위해 사람들이 지닌 재능을 이용하는 여러 종류의 행사를 실험했다. '전국순회만찬회' 같은 행사도 그중 하나다. 일본 자동차 회사 렉서스가 후원하고 미국 유력 인사들이 참석하는 만찬 행사로, 전국 유명 요리사들이 일곱 가지 코스 요리를 만들어 제공한다. '위대한 미국인의 즉석 구이 빵 판매' 행사는 전국에서 자원봉사자 100만 명이 자기 지역을 중심으로 기아 퇴치 모금 활동을 한다. 이렇게 현장에서 구운 빵이나 과자를 파는 소박한 행사는 2003년에 굶는 아이를 없애기 위해 시작한 이래 300만 달러가 넘는 돈을 모았다. 셰어 아워 스트렝스는 최근에 가장 기부 실적이 높은 행사로 '기아 퇴치를 위한 아메리칸 익스프레스 카드 사용' 행사를 시작했는데, 이 행사 하나만으로 4년 동안 약 2100만 달러의 기금을 모금했다.

그러나 새로 시도한 행사가 모두 완벽하게 성공한 것은 아니다. 만찬 행사의 개념을 스포츠 분야로 확대한 '테이스트 오브 더 게임 Taste of the Game'이라는 행사는 단명으로 끝났다. 이 아이디어는 충분히 호소력이 있었다. 유명 코치나 운동선수들이 시간을 기부해서 아이들에게 미식축구를 가르치고, 부모들은 그 행사 입장권을 사며, 그 돈은 기아 퇴치 기부금으로 쓰인다. 그러나 행사가 열리는 날 갑자기 일이 꼬이기 시작했다. 옥외 활동만으로 구성된 이 행사에 비가 내렸으니 큰일이 난 것은 자명했다. 게다가 이 행사에 참여한 미식축구 코치들은 덴버의 요리사들만큼 열정을 보여주지 않았다. 셰어 아워 스트렝스는 시범 행사가 끝나자 그것으로 계획을 완전히 마감했다.

'다인 어크로스 아메리카 Dine Across America'도 실패작이었다. 이 프로그램은 애플비스나 체비스처럼 체인점이 수천 개인 음식점에게 수익 중 일부를 기부하게 한다는 생각이었다. "우리는 그 계획이 성공하지 못할 거라고 생각했어요. 당초 목표한 기부금이 100만 달러였는데 실제로 거둬들인 금액은 25만 달러뿐이었어요"라고 애슐리 그래험 리더십 개발담당 이사는 말한다. 셰어 아워 스트렝스의 상근 활동가들은 이 프로그램의 성격이 그다지 건전하지 않으며, 오랫동안 유지될 만큼 충분히 자원을 분배하지도 못할 거라고 생각했다.

셰어 아워 스트렝스는 이런 실패 경험을 바탕으로 더 발전된 프로그램을 '연구하고 개발하기' 위해 매킨지 출신 관리이사 팻 니클린에게 책임을 맡겼다. 니클린은 기업가 경험을 활용해서, 조직 내에서 새로운 아이디어를 판단하고 진행 중인 프로그램을 더욱 엄격하게 평가할 수 있도록 내부 체계를 뜯어 고쳤다. 셰어 아워 스트렝스의 활동가들은 이제 그런 체계를 바탕으로 새로운 프로그램 아이디어의 실행 계획을 짜며, 윗선에서는 주기적으로 진행 상황을 평가한다. 니클린은 이렇게 말한다.

"내부에서는 새로 만들어진 평가 체계를 만족해하는 것 같아요. 몇몇 아이디어가 결국 성과를 내지 못하고 실패한 경험이 있으니까요. '테이스트 오브 더 게임'은 우리 팀원들의 시간을 너무 많이 빼앗았어요." 오랫동안 이곳에서 활동한 그래험은 "우리는 언제나 우리 일에 기업의 운영 방식을 적용했지요. 우리는 크고 어렵고 담대한 목표를 세우는 데는 뛰어났지만 언제나 그에 알맞은 방식을 적용하지는 못했죠"라고 되풀이한다.

오늘날 셰어 아워 스트렝스의 창의성은 현장 수행 능력과 더불어 날로 성장하고 있다. 니클린이 구축한 새로운 체계는 새 아이디어를 억누르거나 부적절한 관료주의를 강요하기보다는 조직이 영향력을 최대로 발휘할 수 있는 곳에 자원을 집중 배치할 수 있게 한다. 성공할 것 같지 않은 새 프로그램에는 아예 시간과 노력을 쏟지 않는다. 결국 제도를 약간 보완함으로써, 조직의 혁신적 사고를 제한하지 않으면서도 아이디어가 현실에서 유효한지 적절하게 확인할 제도적 장치가 마련된 것이다.

셰어 아워 스트렝스는 비영리단체의 혁신을 대표하는 역할 모델이다. 이 단체는 지금까지 매우 창조적이고 뛰어난 아이디어들을 만들어냈다. 그러나 이 단체는 그 아이디어가 **성과**가 있으리라고 판단될 때는 실제로 수용하고 확대하지만, 성과가 없겠다고 판단될 때는 바로 폐기할 줄 안다. 셰어 아워 스트렝스는 이처럼 프로그램을 평가하는 체계를 창안함으로써 기업가 정신을 훼손하지 않으면서 조직의 효율성을 높였다. 간단히 말하면 셰어 아워 스트렝스는 현실 적응력이 뛰어났다.

적응력의 순환

이 책에 나오는 열두 개 비영리단체는 모두 셰어 아워 스트렝스처럼 적응력이 뛰어나다. 환경의 변화를 제대로 인식하고 그에 맞는 활동 방식을 새롭게 개발할 줄 안다. 바로 이 점이 이 단체들이 끊임없이 사회적 영향력을 넓혀가는 핵심요소라고 우리는 생각한다. 그들은 자신들이 바라는 목표와 현실이 서로 차이가 있음을 깨닫는 순간, 더 큰 선을 위한 힘이 되기 위해 기존 방식을 과감하게 수정한다.

적응력이란 바로 그런 현상을 설명하기 위해 쓰는 용어다. 영향력이 큰 비영리단체들은 이런 능력이 뛰어나다. 《성공한 비영리단체》의 저자들은 이렇게 말한다. "그것은 프로그램을 수행하는 능력이에요. ……조직의 임무를 수행하기 위해 각종 프로그램과 전략을 어디서 어떻게 바꿀지 아는 능력을 말하지요. 한 조직이 운영하는 프로그램들의 합보다 더 큰 무엇이 되기 위해서는 문제를 제기하고, 남의 말을 듣고, 그것을 반영하고, 변화된 환경에 잘 적응하는 능력이 있어야 하죠."[2] 크리스틴 레츠와 공동 저자들은 비영리단체가 조직의 효율성을 높이고 영향력을 확대하기 위해서는 반드시 스스로 적응력을 개발해야 한다고 주장한다.

그러나 이런 특성들은 놀랍게도 사회적 부문에서 찾아보기 힘들다. 관료주의의 늪에 빠져 있거나, 지금은 더 이상 작동하지 않는 낡은 방식으로 사회 변화를 추구하는 기존 대형 비영리단체가 많다. 그들은 세상이 바뀌고 있음을 깨닫지 못한다. 외부 환경이나 주요 이해관계자들이 보내는 신호를 제대로 인식하지 못하며, 기존 프로그램이나 접근 방식을 바꿀 줄도 모른다.

한편으로 수많은 신생 단체들은 스스로 기업가 정신과 혁신적 사고로 무장하고 있다고 자부하며 끊임없이 새 아이디어들을 만들어낸다. 그러나 대개는 쓸데없는 일이 되고 만다. 창조적 에너지는 끊임없이 분출하지만, 그것이 결실을 맺도록 관리하는 능력과 조직 체계를 비롯한 여러 가지 자원이 부족하다. 이런 비영리단체들은 새로 실시한 프로그램이 실패로 끝나면 무엇이 잘못됐는지 배울 줄 모른다. 《혁신 전략가를 위한 10가지 법칙 Ten Rules for Strategic Innovators》의 저자들이 지적하는 것처럼, 새로 아이디어를 발견하는 것보다 그것을 실행하기가 훨씬 더 힘들다. "혁신이 한계에 도달하는 것은 창조성과는 무관하다. 그것은 오히려 경영 체계와 더 관련이 깊다."[3]

그러나 우리가 연구한 비영리단체들은 창조적 혁신과 체계적 실행

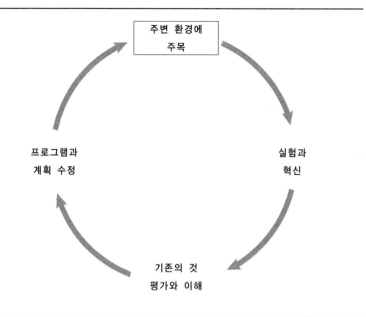

그림 6.1　적응력 순환

주. 이 그림은 일본의 PDCA(계획, 실행, 평가, 수정) 모델과 콜브의 학습 순환 같은 기존 모형에서
　개념을 차용했다.

사이의 가느다란 경계선 위를 어떻게 걸어가야 하는지 잘 알고 있었다.
남의 말에 귀를 기울이고, 조직을 혁신하고, 새로운 것을 배우고, 기존
의 방식을 바꿀 줄 안다. 그들은 그림 6.1에서 보는 것처럼[4] 우리가 '적
응력의 순환'이라고 부르는 것에 능통하다.

　원활한 적응력의 순환은 성공의 필수요소다. 성공한 비영리단체들
은 끊임없이 변화하는 시장과 정부의 교차점에 위치해 있기 때문에 그
속에서 살아남으려면 끊임없이 환경에 적응해야 한다. 예를 들면 공공
정책이 바뀌거나 집권 정당이 바뀔 때마다 비영리단체의 정책 활동도

그에 맞춰 변해야 한다. 또 경제나 시장이 바뀌고 그 때문에 사회적 욕구가 바뀔 때 비영리단체는 그에 알맞은 새로운 기회를 발견해야 한다.

적응력이 얼마나 중요한지 인식한다면, 특별히 이런 변화를 이끄는 요소가 무엇인지 이해할 필요가 있다. 그리고 전반적인 전략과 목표를 고려할 때, 새로운 프로그램을 어떻게 개발하고 평가하고 수정하는지 알아야 한다.

무엇이 혁신을 이끄나?

때때로 변화를 자극하는 힘은 외부에서 온다. 조직을 둘러싼 환경이 바뀌면 조직은 그 변화에 대응하게 마련이다. 때로 내부의 역동성 때문에 변화가 발생하기도 한다. 조직은 목표한 것과 실제 결과 사이에 차이가 생기면 기존 프로그램들을 평가하고 그 진로를 바꾼다.

우리는 기업에서 '고객 밀착'이라고 부르는 용어가 이들 비영리단체의 적응력을 키우는 가장 공통된 방식임을 발견했다. 이들 단체는 회원이나 기부자, 자원봉사자, 사회의 모든 분야에서 제휴를 맺고 있는 협력자 등 조직을 둘러싼 이해관계자들이 하는 말을 모두 세심하게 듣는다. 그들은 회원의 요구가 어떻게 바뀌는지 찾아낼 줄 알고, 사회문제들을 풀기 위한 새로운 기회를 인식한다. 셰어 아워 스트렝스가 '전국 요리 시식회' 행사를 개최할 수 있었던 것은 요리사들이 기부금을 내기보다 시간과 재능을 들여 직접 봉사하는 데 더 관심이 많다는 것을 알았기 때문이다. 이 단체는 요리사들의 관심사와 요구 사항에 귀를 기울였고,

그 결과 그들을 더욱 효과적으로 끌어들일 기회를 포착할 수 있었다.

조직 외부의 영향력은 대개 비영리단체를 혼란에 빠지게 하고, 기존 프로그램을 다시 설계하게 만드는 경우가 많다. 예를 들면 피딩 아메리카는 오래 전에 식품은행을 설립했다.[5] 약간 흠이 있지만 먹을 수 있는 포장식품을 저장했다가 다시 분배하는 곳이었다. 그러나 식품산업은 지난 10년 동안 크게 변해서, 선호도가 통조림 중심에서 즉석요리나 신선한 농산물 중심으로 바뀌었다. 신선한 농산물과 갓 구워낸 제과 중심으로 진열대를 꾸미는 식료품 가게들이 점점 더 늘어나고 있다. 잘 사는 사람 사이에서 다이어트와 영양 조절에 대한 관심이 높아지면서, 굶주리는 사람들이 먹는 식품의 형태도 영향을 받았다. 피딩 아메리카는 이런 시장의 변화를 보고 신선한 농산물을 제공하도록 자체 공급망을 바꾸고, 즉석요리프로그램을 개발하고, 식품산업의 변화 추세에 적응하기 위해 식품 조달 모형들을 새로 통합하면서 바뀐 환경에 발 빠르게 대응했다. 밥 포니 대표는 이렇게 말한다.

"기본적으로 우리는 식품산업의 흐름을 따라가고 있어요. 이제 우리는 통조림과 포장식품을 저장하고 운반하는 받침대뿐 아니라 냉동장치가 있는 새로운 식품 운송 체계를 갖춰야 합니다. 우리는 (농산물들을) 빨리 옮겨야 해요. 그러지 않으면 금방 상하니까요." 이런 변화는 쉽게 오지 않았고 돈도 많이 들었다. 피딩 아메리카는 최첨단 기술로 신선한 농산물을 빠르고 효과적으로 각 지역 식품은행에 나누는 온라인 유통 체계를 새로 개발해야 했다. 그리고 수송 중인 식품들을 저장할 냉동차량과 저장고에도 많은 돈을 투자했다.

피딩 아메리카가 만일 이런 변화를 눈치 채지 못하고 적절히 대응하지 못했다면 아직도 오그라진 통조림이나 나르면서 나름대로 중요한 임무를 다하고 있을 것이다. 그러면서 사회에 영향력을 행사하지 못하고, 더 많은 사람에게 더 좋은 음식을 제공하지도 못할 것이다. 앨 브리스레인 부회장은 이렇게 말한다. "세상은 가만히 있지 않아요. 매우 역동적으로 움직이지요. 사람은 환경에 적응해야 해요. 환경이 저절로 당신 형편에 맞게 바뀔 수는 없잖아요."

성공한 비영리단체들이 외부 신호에 잘 적응하는 까닭은, 개별 조직의 장벽을 넘어서 외부 조직들과 협력하기 때문이며, 그래야 더 큰 영향력을 보유할 수 있기 때문이다. 제2장에서 본 것처럼 현장 활동과 정책 활동의 병행은 조직의 영향력을 더욱 크게 확대한다. 이런 이중 사업 모델은 조직의 혁신 능력을 향상시켜, 현장 프로그램을 수행하면서 정책 활동을 활성화하거나 반대로 정책 활동을 전개하면서 현장 프로그램을 홍보할 수 있게 한다. 제5장에서도 살펴본 것처럼 지역에 지부를 만들거나 다른 조직들과 비공식 네트워크를 매개로 협력하며, 이들 단체는 현장의 목소리에 귀를 기울이게 된다. 조직의 네트워크들은 현재 무엇이 돌아가고 무엇이 안 돌아가는지, 또 무엇을 더 노력해야 하는지 알려준다. 제3장에서 우리는 또한 비영리단체들이 어떻게 기업들과 성공적으로 제휴하고 시장 변화에 조응하는지 보았다.

그러나 외부 요소가 언제나 변화를 이끌어내지는 않는다. 대개의 경우 적응 문제는 조직 내부에서 시작된다. 셰어 아워 스트렝스는 창립 20주년이 되기 직전, 심각하고 진지하게 그동안의 활동을 되돌아본 뒤에 정책 활동에 본격적으로 나서기로 방향을 전환했다. 그동안 미국 내의 기아 퇴치를 목표로 활동하면서 이룬 성과에 만족하지 않았다. 빌리 쇼어는 이렇게 말한다. "사람들에게 밖에 나가서 앞으로 20년 동안 우리가 사회에 큰 영향을 미칠 수 있는 **가장 설득력 있고 대담한 생각들**을 고민해보라고 요구했어요. 새로운 아이디어를 찾아서 사람들이 다시 힘을 내서 일하게 할 필요가 있었어요."

셰어 아워 스트렝스의 상근 활동가들은 아이디어를 쏟아냈다. 그 가운데 하나가 미국에서 어린이들이 밥을 굶는 일이 없도록 하자는 야심적인 생각이었다. 셰어 아워 스트렝스는 그해 가을 뉴욕에서 '지도자회의'를 개최했다. 미국 최고의 요리사, 음식점 주인, 제휴 기업의 최고책임자들을 포함해서 고위 자문단이 참석하는 조직 내부 행사였다. 행사의 본래 목적은 조직 운영에 관한 것이었지만, 회의 참석자들은 단체가 앞으로 가야 할 전략 방향에 대해 유용한 의견들을 내놓았다.

"우리는 미국의 '굶는 아이 퇴치' 운동 방식에 관해 이야기하기 시작했어요. 그러자 회의 참석자들의 관심이 하나로 모였지요"라고 쇼어는 말한다. 회의에 참석한 제휴 기업 임원들은 일부 활동가가 우려하는 것처럼 정책 활동에 반대하기보다는 오히려 **운동을 정치권으로 확대하자고 주장했다.** 쇼어는 그때 그 반응을 이렇게 회상한다. "당신들은 우리에게 저기 결승선이 있다고 말하고 있어요. 그곳이 어딘지 알고 있지요. 당신들이 그곳에 닿을 수 있다면 우리도 거기에 동참하고 싶습니다."

그 결과 셰어 아워 스트렝스는 활동 우선순위를 완전히 바꿨다. 워싱턴 D. C. 같은 도시 하나가 어떻게 아동 결식을 종식시킬지 알아내려는 노력이 시작된 것이다. "우리는 (단순히 기아를 줄이는 것에 만족하지 않고) 실제로 **우리가 기아를 끝장낼 수 있다**는 것을 확인하기 위해 그 일을 했어요. 나아가 우리는 이 세상에서 기아를 모두 몰아내는 것보다 더 많은 것을 이루기 위해 스스로 발 벗고 나서기를 바랐지요"라고 니클린 관리이사는 말한다. "그 결과 우리는 조직을 근본적으로 바꿔야 했어요. 우리는 이제 우리 인재들과 함께 일하는 방식을 바꾸고 있어요. 우리는 이제 기부금을 모금하는 사람일 뿐만 아니라 모두가 상담 전문가고 협력자며 전략가예요. 그리고 우리는 이제 대의 마케팅과 모금 행사를 꾸준히 하는 것과 별도로 여러 재단과 제휴를 맺음으로써 기부금 모금 방식도 바꾸고 있어요."

이런 반성의 과정은 조직이 새로운 프로그램을 도입하게 만들 뿐 아니라 낡은 프로그램을 없애도록 만든다. 이 장의 뒷부분에서 자기 평가를 적극적으로 하는 단체들은 대부분 새로운 프로그램들을 만드는 만큼 낡은 프로그램들을 버릴 줄 알며, 그로써 새로운 기회를 찾고, 기금 확보 가능성이 높은 제안을 개발하기 위해 한정된 기존 자원의 활용도를 높인다는 사실을 확인할 것이다.

서로 다른 문화가 적응력을 높인다

우리는 이들 열두 개 단체를 변하게 만든 동인이 무엇인지 더 잘 이해하게 됐고, 그들이 적응력을 어떻게 개발했는지 더 자세히 살펴보았다. 새 아이디어를 생각해내고 기존 프로그램들을 평가하고 수정하는 방법을 검토하면서, 우리는 그 과정들이 일정한 형식을 띠고 있다는 것을 발견했다. 그림 6.2에서 보는 것처럼, 우리는 그 방법들을 느슨한 형식에서 잘 구조화된 형식까지 구성의 긴밀도에 따라 몇 가지 형태로 분류했다.

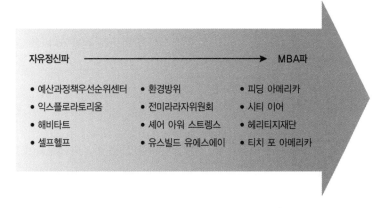

그림 6.2 서로 다른 문화가 적응력을 높인다

그 가운데 어떤 단체들은 다른 단체들보다 더 유기적인 접근 방식을 사용한다. 그들은 실험과 현장 학습을 중요하게 생각하고, 엄격한 체계보다는 창조적 문화와 색다른 평가 체계를 더 좋아한다. 우리는 이런 비영리단체들을 '자유정신파派'라고 부른다. 이들과 반대쪽에 있는 몇몇 단체는 적응력을 높이기 위해 정확한 진행 과정을 개발했다. 이들 단체를 방문해보면 기름칠을 잘한 기계 같은 느낌이 든다. 전략 기획 과정이 분명하며 세밀한 정책 지침에 따라 새 프로그램을 개발하고 평가도 엄격해서 기업체에 더 가까운 모습이다. 우리는 이런 단체들을 '엠비에이 MBA파派'라고 부른다.

끝으로 몇몇 단체는 그 둘 사이 어딘가에 있다. 개방성, 혁신, 체계적인 평가를 함께 가지고 있다. 보통 신생 비영리단체들은 자유정신파에서 시작해서 점점 더 체계적으로 진화한다. 이것은 영리단체든 비영리단체든 상관없이 대다수 조직이 발전해가는 자연스러운 경로다. 기업가 정신으로 무장한 단체들은 시간이 흐르면서 때로는 고통스러운 경험을 한 후, 조직 혁신을 위해 더욱 공식적인 방법들을 개발한다.

자유정신파

적응력을 높이기 위해 자유분방한 접근 방식을 쓰는 비영리단체들이 있다. 그들은 실험과 행동을 강조한다. 관료주의적 방식은 참지 못한다. 그들은 '기획자'가 아니라 '행동가'로 인정받는 것을 자랑스럽게 생각한다. 그 문화는 체계적이나 구조적인 것과는 반대되는 창조적이고 혁신적인 것으로만 설명될 수 있다.

셀프헬프는 자유정신파를 대표하는 단체다. 이곳의 상근 활동가들은 누구나 할 것 없이 자기 조직을 혁신적이고 현장 중심적이라고 말한다.[6] "우리는 자금을 빌려주고 혁신하고 또 더 많이 빌려주지요. 그런 다음에 거대 금융기관들이 바뀌도록 만들기 위해 정책 활동을 합니다"라고 랜디 챔버스 최고재무경영자는 말한다. 셀프헬프는 한 번의 대출을 다음 단계의 혁신으로 나가기 위한 발판으로 이용하므로 금융시장에서의 적극적인 활동이 매우 중요하다.

우리는 제2장에서 자기 집을 잃을 뻔한 통학버스 운전기사를 셀프헬프가 구제한 사례를 보았다. 이 한 번의 우연한 만남 덕분에 셀프헬프는 악덕 대출업체에게 부당하게 피해를 입은 수만 명을 발견하게 됐다. 셀프헬프는 3년 만에 조직 산하에 책임있는대출센터를 새로 설립했다. 이 센터는 그 뒤 전국 22개 주에서 약탈적대출방지법이 통과되도록 도왔다. 셀프헬프는 고객에게 바로 응답한 덕분에 문제점을 빨리 발견했고 신속하게 해결책을 제공할 수 있었다. 마틴 익스는 이렇게 설명한다. "우리는 아주 작은 것에 반응할 정도로 충분히 작고 민첩합니다. 우리는 칠판이 있는 방 안에 둘러앉아 꾸물거리면서 시간을 낭비하지 않아요. 활동 계획이 만들어지면 이리저리 검토하다가 뭉개기보다는 시험해보기 위해 먼저 발부터 물에 담그지요."

이런 행동 우선의 사고는 셀프헬프가 활동하는 영역을 생각해보면 어느 정도 당연하다. 사회 소외 계층에게 돈을 빌려주는 일은 지금도 여전히 성장하고 있는 새로운 산업이다. 따라서 선례가 많지 않다. 셀프헬프 벤처 펀드의 밥 샬 회장은 이렇게 말한다. "이 분야는 시장 조사 자료도 많지 않고 (우리 고객들에 대한) 객관적인 자료도 별로 없어요. 정보가 드러나지 않거나 아예 없는 경우도 많아요. 발전 계획을 짜기가 쉽지 않죠. 시장을 알고 어떻게 돌아가는지 정보를 얻으려면 먼저 시장 속으로 들어가야 해요."

심지어 새 프로그램 아이디어를 평가하는 셀프헬프의 시스템은 가장 체계적이지 못하다고 말할 수 있다. 셀프헬프 신용조합 회장 토니 립스컴은 새로운 프로그램의 아이디어를 무엇을 중점으로 평가하는지 보여주기 위해 황소의 눈을 예로 든다. 황소의 눈 중앙은 조직의 핵심 목표인 빈부 격차의 종식을 상징한다. 이 핵심 목표를 달성하게 만드는 아이디어는 수익성이 좀 떨어지더라도 조직 사업으로 채택된다. "대개 셀프헬프의 목표와 거리가 먼 아이디어일수록 거기서 만들어진 결과물이나 프로그램이 조직 재정에 더 보탬이 되는 경우가 많지요"라고 립스컴이 특별히 한 마디 덧붙인다.

이런 과정을 거쳐 만들어진 한 프로그램이 저소득층 가정의 아이들을 돌보는 아동보호센터에 돈을 빌려주는 새로운 대출사업이었다. 셀프헬프는 오래 전부터 저소득층 사람들이 집을 마련하거나 자영업으로 자산을 불릴 수 있도록 돈을 빌려주는 일에 집중했다. 아동보호센터는 본디 개인 재산을 불리는 일과는 상관없는 곳이다. 그러나 셀프헬프는 지역 상인이나 주택 소유자들은 자녀들이 안전하게 잘 지낼 때 안심하고 자산 관리를 더 잘한다는 사실을 발견했다. 따라서 아동보호센터 대출 사업은 셀프헬프의 황소의 눈 중앙에 더 가까워졌다.

이런 아이디어 심사 방법은 셀프헬프처럼, 성과를 판단하는 두 가지 기준(수익성과 사회적 영향력)에 구애받지 않고 조직을 운영하는 비영리단체가 사용하는 아주 단순한 제도다. 이 단체는 돈을 빌린 사람이 대출금을 상환하든 안 하든 실질적 재무제표들을 확인해서 새로운 대출프로그램들의 성공과 실패를 재빠르게 알 수 있다. 셀프헬프는 그 프로그램을 충분히 시험해보고, 시장 반응에 귀를 기울이고, 진행 상황을 주시함으로써 그런 정보를 얻을 수 있다.

한편, 익스플로라토리움 같은 단체는 본디부터 다른 단체들에 비해 사업 성과를 측정하기가 훨씬 힘들다.[7] 이 박물관은 사람들이 과학을 잘 이해하도록 돕고 공립학교의 과학교육에 영향을 미치고 싶어 한다. 그러나 진정한 예술적 요소 또한 무시할 수 없다. 이 단체의 성과는 눈에 보이는 확실한 정보와 마찬가지로 영감, 경외심, 창조적 과정 같은 정신적인 성과와 관련이 많다. 이처럼 보이지 않는 것을 평가하기는 더욱 힘들다. 따라서 익스플로라토리움이 느슨하고 비체계적인 적응 방식을 취하는 것은 그리 놀랄 일이 아니다. 이곳에서 일하는 과학자들과 예술가들은 박물관 방문객에게 지식과 영감을 주기 위해 끊임없이 새로운 전시물을 실험하고 있다. 끊임없는 변화와 창조적 파괴는 이들이 가진 또 하나의 문화다.

샌프란시스코의 움푹 파인 창고 부지에 있는 익스플로라토리움 안을 보라. 유리벽 너머로 처음 보이는 것은 용접용 안경을 쓴 예술가들과 과학자들이 새 전시물을 조립하는 기계 공장이다. 창문 너머로 금속이 모루에 부딪치면서 불꽃이 튀고 땅땅거리는 소리가 들려온다. 관람객은 전시물을 만지고 조작하며 실험할 수 있다. 배우는 즐거움을 다시 한번 경험하게 된다. 길 건너 본부 건물 분위기도 비슷하게 자유분방하다. 낡은 군대 막사로 지은 사무실들은 토끼 사육장처럼 칸막이가 쳐진 작은 공간들이다. 산뜻한 벽보들, 에셔의 기하학적 그림, 과학 현상을 담은 사진들이 벽에 걸려 있다. 책상 위에는 서류와 작은 장치들, 오려낸 기사들이 수북이 쌓여 있다. 단연 관행을 따르지 않는 창조적인 문화가 거기에 있다.

대학을 모델로 만든 익스플로라토리움의 조직 구성은 이런 혁신적 문화를 유지하게 만든다. 창조성을 짓누르는 것을 막기 위해 복잡한 관리 절차나 규칙을 철저하게 배제했다. 교육센터 책임자 로버트 셈퍼는 이렇게 말한다. "우리는 창조성을 쉽게 전파할 수 있는 수평적 조직 구조를 가지고 있어요. 조직 구성보다는 아이디어를 중심으로 조직을 짰어요. 아이디어는 어디에서고 나올 수 있어요. 누구든 생각이 떠오르면 그것을 실험할 수 있지요." 이곳 직원들은 자유 시간이 풍부해 누구나 자기가 좋아하는 실험을 할 수 있다.

창조적 자유를 너무 많이 허용하는 데서 오는 한 가지 단점은 정확성이 떨어진다는 것이다. 익스플로라토리움이 스스로 인정하는 것처럼 영감의 제단祭壇을 유지하기 위해 때로는 경영의 효율성을 희생해야 했다. 그리고 창조성과 학습 성과는 근본적으로 평가하기 힘들다는 것도 인정한다. 과학출판주간 팻 머피는 이렇게 말한다. "우리가 거둔 성과나 영향력을 평가하기란 매우 힘들어요. 연구 실적도 추가로 평가하고 평가자도 따로 두지만, 결코 쉽지는 않아요." 익스플로라토리움은 측정할 수 있는 것은 측정하지만, 더 높은 차원의 추상적인 성과는 숫자로 나타내지 못한다.

새 대표 데니스 바텔스는, 조직의 능력을 향상시켜 익스플로라토리움의 창조적 문화와 혁신을 지속하게 만드는 대안적 방법들이 매우 중요하다고 강조한다. "익스플로라토리움은 우리가 알지 못하는 여러 가지가 한꺼번에 늘어서 있는 곳이죠. 예술과 과학이 함께할 때 무슨 일이 발생하나요? 보이지 않는 것을 언제 보이게 만들지요? 불가능한 것을 물을 때 무슨 일이 일어나나요?" 과학자들이 복잡한 현상을 전시물로 바꿀 수 있게 도와주는 예술가들이 없었다면, 익스플로라토리움이 지금까지 관람객과 과학 분야에 끼친 엄청난 영향력은 상상하기 어려울 것이다.

엠비에이(MBA)파

티치 포 아메리카, 헤리티지재단, 피딩 아메리카 같은 비영리단체는 셀프헬프나 익스플로라토리움과는 반대편에 있는 적응 방식을 보여준다. 이들은 수행 중인 프로그램들을 매우 꼼꼼하게 평가하고 성과를 측정한다. 계획을 세울 때도 매우 전략적으로 접근한다. 혁신적인 것은 마찬가지지만, 실제 행동보다는 평가와 계획 과정에서 더 많은 것을 배운다. 연구 개발 계획과 단계적 절차를 중요시하는 이런 접근 방식은, 의약 산업에 속한 회사들이 쓰는 방식과 더 가깝다.

티치 포 아메리카의 본부 건물은 매우 현대적이고 차분한 전문가 분위기를 풍긴다.[8] 맨해튼의 의류상가 지역에서 창고를 개조해 만든 본부 건물의 내부는 매우 단아하다. 천정에는 노출된 파이프들이 줄지어 매달려 있고, 마루는 바닥칠을 하지 않은 콘크리트 바닥이며, 회의실 탁자는 금속 재료를 써서 차가운 느낌을 준다. 상근 활동가들은 모두 진지한 모습으로 활발하게 옆을 지나친다. 전국 대학에서 활동 전략을 최적하고 인원을 확충하기 위한 회의가 여기저기서 열린다. 티치 포 아메리카의 조직은 엘리트 군인처럼 유능하고 헌신적이며 훈련이 잘된 사람들로 구성돼 있다. 완전히 기업체 조직처럼 느껴진다.

티치 포 아메리카의 경영진은 마치 생명이라도 달려 있는 것처럼 자료를 샅샅이 검토한다. 레이저빔을 쏘는 것처럼 평가에 집중한다. 비록 초창기보다 느슨해지기는 했지만, 이 단체는 자기 단체 소속의 선생들이 교실에서 얼마나 성과를 올렸는지에 관한 각종 자료를 수집하는 데 몰두한다. 티치 포 아메리카는 평가를 매우 중요하게 생각한다. 최근에는 심리학자를 한 명 고용했다. 소속 교사 개개인의 특성을 분석해서 학생들이 학업 성적을 올리도록 하기 위해서다. 심리학자는 훌륭한 교사와 단순히 좋은 교사를 구분하는 핵심요소를 알아냈다. 그 요소 가운데 가장 눈에 띄는 것은 '강력한 내적 통제력'이다.

강력한 내적 통제력을 가진 교사는 통제할 수 있는 것과 없는 것을 구별하고, 통제할 수 있는 요소들을 바꾸려고 노력한다. 예를 들어 어떤 교사가 가르치는 학생이 수학을 잘 못하는데, 그것이 소질이 없어서가 아니라 가족이 많은 집에서 살기 때문이라면, 그 교사는 그 학생에게 숙제하기에 더 적합한 환경을 만들어 주려고 할 것이다.

이런 통찰력은 티치 포 아메리카의 교사 채용 전략을 완전히 바꾸게 만들었다. 교육학 전공자 중심으로 뽑거나 '평화봉사단원'식의 모집 방식을 지양하고, 리더십이 입증된 학생들을 중심으로 교사를 선발했다. 티치 포 아메리카는 이제 운동부 주장이나 학보사 편집자, 합창단 지휘자, 학생회 간부 출신처럼, 대학 안에서 지도 활동을 하는 학생들에게 구애의 손길을 뻗치고 있다. 이 단체가 접근해 가입을 권유하기 전까지는 가르치는 일을 전혀 생각해보지 않았을 사람들에게 말이다.

티치 포 아메리카는 또한 2년 동안 교사단에 가입해서 활동한 회원들의 경험을 평가하기 위해 상당한 자원을 들여 조사를 진행한다. 그러고 나서 교사 활동을 하는 단원들이 해마다 발전할 수 있도록 교사 자격 조건, 훈련과 지원 프로그램을 조정한다. 티치 포 아메리카의 지원금 신청서에는 이렇게 씌어 있다. "해마다 자료를 이처럼 광범위하게 모아서 교수프로그램을 수정하고 전파하는 교사훈련프로그램이나 교육지역(학군)은 없다. 이 방식은 지난 수년 동안 교사단의 규모가 커진 뒤에도 학생들의 성적을 끊임없이 향상시키게 만들었다."[9]

티치 포 아메리카는 자체 내부 평가는 물론 독립적인 외부 평가도 병행한다. 이 단체는 티치 포 아메리카 교사들이 가르친 학생들의 학업 성적과 다른 교사들이 가르친 학생들의 성적을 비교한 2004 매스매티카 정책연구소의 연구에 참여했다. 그 결과, 내부 보고서에 따르면 티치 포 아메리카의 교사들은 전국에서 가장 열악한 교실에서 가르쳤음에도 학생들이 "다른 교사들이 가르친 학생들보다 훨씬 더 높은 점수를 받았다. 초보 교사나 교사 자격증을 정식으로 받지 못한 선생뿐 아니라 베테랑 선생들보다도 성과가 좋았다."

시간이 흐르면서 점점 체계적인 조직으로 진화하는 티치 포 아메리카나 다른 비영리단체들과 달리, 헤리티지재단은 처음부터 체계적인 방식으로 시작했다. 이 단체는 한 해의 성과를 꼼꼼히 살피고 계획도 세밀하게 세운다.[10] 이런 문화를 만든 사람은 다름 아닌 재단이사장이라고 재단 직원들은 말한다. "에드 풀너는 와튼 스쿨 출신이지요. 매사에 매우 집중적이고 기업인처럼 일을 처리해요"라고 킴 홈스 대외정책담당 부회장은 말한다. 이런 방식은 조직 전반에 스며들었다.

풀너의 MBA 경력은 (조직 문화에 대한 그의 영향력과 함께) 조직 외양에도 똑같이 드러난다. 헤리티지재단의 사무실들은 풀뿌리 비영리단체보다는 우량기업 사무실에 더 가깝다. 복도는 대리석이며 사무실 벽면은 오크 목재로 구성돼 있다. 회의실에는 주문 제작된 책장들이 죽 늘어서 있고, 보수주의 정책, 정치, 기업 경영 관련 책들이 가득 꽂혀 있다. 우리가 재단 직원들을 인터뷰한 방 안에는, 헤리티지재단 이사며 경영자 교육과 연설로 유명한 브라이언 트레이시의 책과 강연 DVD들이 가득 진열돼 있었다.

예상대로 헤리티지의 고위 간부들은 기업 방식으로 활발하게 일을 처리한다. 그들은 평가와 계획을 매우 중요하게 생각한다. 국내경제정책담당 부회장인 스튜어트 버틀러는 이렇게 말한다. "우리는 우리가 실제로 얼마나 효과적으로 일하는지 끊임없이 알려고 합니다. 이제 막 재단 웹사이트 관련 회의를 끝냈어요. 웹사이트가 제대로 효과를 발휘하는가? 틀린 정보는 없는가? 우리가 바라는 대로 작동하는가? 요약하면, 우리는 적어도 웹사이트에 뭔가 쓰기만 하면 사람들이 모두 읽을 거라는 환상에 빠지지 않는다는 말이지요."

헤리티지는 계획을 전략적으로 수립하기 위해 자원을 많이 쓴다. 전략 회의는 달, 분기, 해마다 열리고 거기에는 풀너 이사장을 비롯해서 최고책임자들이 모두 참석한다. 달마다 고위 간부들이 참석해 반나절 동안 열리는 회의는, 새로운 기회를 평가하고 단기적인 문제를 논의하는 자리다. 홈스는 이렇게 말한다. "발표하고 싶은 아이디어나 계획이 있다면 그럴 수 있는 좋은 자리죠. 또 문제가 있다면 그것을 드러내는 시간입니다." 1년에 한 번 열리는 고위 경영자 연찬회는 조직의 장기 전략 계획을 발표하고, 더 커다란 그림을 그리기 위해 진행 상황을 살펴보는 자리다. "그 회의에서 앞으로 어떻게 다르게 일할지 집중 논의하지요"라고 버틀러는 설명한다.

이런 전략적 계획 과정은 해야 할 것과 하지 말아야 할 것을 헤리티지가 더욱 잘 분별할 수 있게 했다. 그것을 잘 보여주는 사례가 바로 헤리티지가 설립 초기부터 대폭적인 신뢰를 받을 수 있게 도와준 미국 최초의 보수주의 정책 분석 전문지 〈폴리시 리뷰Policy Review〉다. 세월이 흘러 헤리티지가 영향력 있는 단체로 성장하자 최고 경영진은 그 잡지를 스탠퍼드 대학 후버 연구소로 분리시키는 힘든 결정을 내렸다. 학술 잡지 발간은 대학 연구소가 더 적합하다고 생각했기 때문이다.

"참 어려운 결정이었어요"라고 스튜어트 버틀러는 회상한다. 〈폴리

시 리뷰〉는 헤리티지를 대표하는 보증상품 가운데 하나였으며, 잡지에 애착을 가진 고위 간부가 많았다. 그러나 재단의 엄격한 전략적 계획 과정은 그 잡지가 재단의 재정을 갉아먹는 존재가 되었으며, 이제 다른 곳으로 넘겨야 할 때가 됐다는 결론에 이르게 했다.

'적응력의 순환'에 이르는 지름길

어떤 단체가 자유정신파에 속하든 MBA파에 속하든 또는 그 중간 어디에 속하든 이 책에서 논의되는 비영리단체들은 모두 네 단계의 적응력

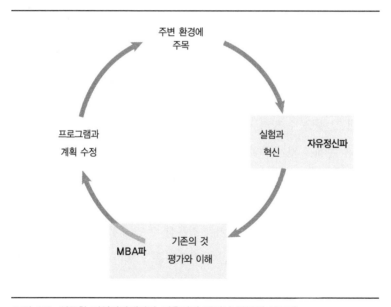

그림 6.3 성공한 비영리단체마다 적응력이 뛰어난 부분이 다르다

순환 과정을 아주 잘 수행할 줄 안다. 또한 어떤 단체는 특정 단계에서 다른 단체들보다 그 과정을 더 잘 수행한다는 것도 사실이다. MBA파에 속하는 단체는 평가와 **공정** 혁신에 뛰어난 반면에 자유정신파에 속하는 단체는 실험과 제품 혁신에 능력이 뛰어나다(그림 6.3 참조).

그러나 어느 부분에 속하든, 특징이 무엇이든 이들 열두 개 비영리 단체는 모두 기본적인 적응력을 갖고 있다. 특히 주변 환경의 변화에 효과적으로 귀를 기울일 줄 알고, 늘 실험하고 혁신하며(제품 또는 공정 개선 모두), 진행 중인 일들을 평가하고 이해할 줄 안다. 끝으로 여기서 얻은 새로운 정보를 바탕으로 활동 방식을 바꿀 줄 안다.

주변 환경에 귀를 기울여라

적응력은 환경의 변화 같은 외부 요소에 주목하고, 내부적으로 영향력을 확대하기 위한 기회를 탐색하는 데서 시작한다. 이런 기술은 더 큰 변화를 달성하기 위해 사회의 다른 부문들과 협력하는 데 주력하는 단체에서 잘 찾을 수 있다. 예를 들면 어느 단체가 공식적으로 다른 단체와 제휴 관계를 맺거나 비공식적으로 연합체를 조직하는 일은, 마치 자신들이 직접 지역에 사무실을 두고 활동하는 것처럼 민초들과 지속적으로 현장에서 접촉할 수 있도록 도와준다. 또 기업체와의 협력 관계는 시장의 변화를 빨리 파악해서 거기에 적응할 수 있게 한다.

전미라라자위원회가 끊임없이 적응력을 키워나갈 수 있었던 이유 가운데 하나는 전국에 수많은 지부 조직을 거느리고 다른 비영리단체와 협력 관계를 맺었기 때문이다. 이런 협력자들은 민초들의 생각을 전달하는 핵심 창구며, 지역사회에서 새 아이디어를 창출하고 시험하게 도와준다. 국가기관이 개발한 새 복지프로그램을 수행할 통로 구실도 한다. 전미라라자위원회는 또한 정책 활동과 현장 활동을 함께 하는데, 어떤 프로그램을 진행하면서 또 다른 프로그램을 알리는 활동도 한다. 그 결과 계속해서 성장할 수 있었고 시간이 흐를수록 영향력을 확대할 수 있었다. 제럴드 보렌스타인 최고운영책임자는 이렇게 설명한다.

"우리는 시대 상황에 따라 공동체의 요구 사항에 맞춰서 지속적으로 성장할 수 있었어요. 우리가 시민권운동을 적극적으로 벌이는 조직으로 성장하는 데는 이것이 한몫을 했지요. 그때 그건 아주 중요한 일이었어요. 지금도 마찬가지죠. 그러나 우리는 그것이 또한 교육과 사회복지에 접근하는 일과 관련돼 있다는 사실을 깨달았어요. 공동체에게 부와 기회를 제공하는 일이죠. 오늘날 라라자위원회는 공동체에 필요한 모든 것을 충족시키기 위해 애쓰는 단체로 진화했어요."

실험하고 혁신하라

새로운 기회를 포착한 비영리단체는 그것에 알맞은 프로그램을 새로 설계해 시장에 내놓아야 한다. 때때로 기업의 제품 혁신처럼 완전히 새로운 프로그램을 창조해야 한다. 또 내부 절차를 개선하거나 기존 프로그램을 더 잘 수행하는 일에 집중하기도 하는데, 기업에서는 일반적으로 이것을 '공정 혁신 process innovation' 이라고 부른다.

이 책에 나오는 비영리단체들은 모두 다양한 방식으로 이런 제품 개발과 공정 혁신을 뛰어나게 수행한다. 셀프헬프가 새로운 대출 수단을 개발하고 시험한 것처럼 새 제품과 서비스를 개발하자마자 바로 시장에 내놓기도 하고, 셰어 아워 스트렝스가 사업 계획을 짤 때처럼 새 프로그램 아이디어를 현장에 직접 적용하기 전에 좀더 체계적인 연구개발 과정을 거치는 경우도 있다. 또 어떤 단체들은 이미 하고 있는 일을 개선하는 데 집중하기도 한다. 교사 채용 과정을 더 효과적이고 효율적으로 만들기 위해 끊임없이 개선하는 티치 포 아메리카가 대표적인 단체다. 이들 단체가 주력하는 혁신의 형태가 무엇이든 혁신을 가능하게 만드는 요소는 많다.

전문 경력을 보유한 활동가를 다양하게 뽑는 일은 조직 혁신을 자극하는 중요한 한 가지 방법이다. 환경방위와 익스플로라토리움은 폭넓은 배경을 가진 뛰어난 활동가들을 뽑아 아주 비범한 해법을 찾아내게 한다. 환경방위는 과학자, 경제학자, 법률가들을 고용해서 환경문제를 시장 중심의 혁신적 방법으로 해결하게 만든다. 익스플로라토리움은 예술가와 과학자들을 참여시켜 자연 현상을 새롭게 보여주는 방법을 개발함으로써, 어린이와 어른이 모두 흥미를 느끼게 한다. 우리가 연구한 다른 단체들도 마찬가지로 다양한 경력의 활동가들을 보유하고 있으며, 하나의 문제를 다양한 시각으로 조명할 줄 안다.

혁신을 만들어내는 또 다른 열쇠는 내부 조직 사이의 협력을 권장하고 서로 소통하게 하여 내부 장벽을 허무는 것이다. 헤리티지재단 내부 조직은 보건 의료, 무역 정책 등 현안별로 만들어진다. 이런 식으로 조직을 구성하는 비영리단체가 많지만, 약점은 각 부서가 한정된 자원을 서로 차지하려고 다투는 부서이기주의를 낳을 수 있다는 점이다.

헤리티지는 이런 경향을 누그러뜨리기 위해서 여러 부서가 함께 회의하고 협력하게 함으로써, 조직 구성원들이 서로 정보를 교환하고 창조성을 키우게 한다. 헤리티지의 활동가들은 한 단계 더 앞으로 나아간다. 스튜어트 버틀러는 이렇게 말한다. "우리는 추진력 있게 일을 진전시키는 일종의 기업 조직 같은 특별한 (통합) 조직을 개발했어요. 이 작은 조직들은 헤리티지재단 내부가 어떻게 움직이는지 샅샅이 잘 알고 있지요." 이 조직들은 다양한 견해를 바탕으로 문제를 이해하고, 새 해법들을 전략적 맥락에서 어떻게 적용해야 할지 알고 있다.

현재 상황을 평가하고 이해하라

현재 무엇이 돌아가고 무엇이 돌아가지 않는지 아는 것은 혁신에서 매우 중요한 과정이다. 비영리단체에 기금을 지원하는 정부나 재단들은 모든 단체가 현재 진행 중인 프로그램을 진단 평가하고 적어도 최근의 진행 상황이나 결과를 정리해서 알려주기를 바란다. 그러나 몇몇 단체는 이런 공식적인 요청 사항보다 훨씬 진전된 평가를 실시하고, 그것을 조직의 이해와 지속적인 개선을 위한 기회로 활용한다. 유스빌드 유에스에이는 이런 평가를 특히 철저하게 하는 단체로 유명하다. 수전 피츠제럴드 연합회 회장은 이렇게 말한다. "우리는 결과와 자료 수집을 매우 중요하게 생각해요. 제가 기업가 출신이지만 유스빌드가 하고 있는 것을 보고 놀랐다니까요."

그녀가 10년 전 처음 이 단체에 합류했을 때는 프로그램을 진행하면서 나온 자료들이 효과적으로 활용되지 않았다. 그러나 지금은 정보 기술시스템이 도입돼 '자기만족에 빠진 이야기가 아니라 실제 결과에 근거한' 정보를 축적하고 분석한다고 그녀는 말한다. 전국에 분포한 유스빌드 지부들은 참가자들의 검정고시 통과 여부나 고등학교 졸업 여부, 출결 상황, 프로그램 이수, 취업 알선, 평생교육 같은 프로그램 관련 활동 정보를 달마다 본부로 보고한다. 뭔가 문제가 발생하면 유스빌드 유에스에이는 재빠르게 대응한다. 그리고 전국에 걸쳐 장기적으로 개선할 문제가 없는지 찾는다.

프로그램을 개선하기 위한 또 다른 전략은 다른 단체가 잘하는 일을 연구하고 자기 조직에도 도입하는 것이다. 이 기술은 기업 세계에서는 벤치마킹이라고 알려져 있다. 우리가 연구한 비영리단체 상당수가 이 벤치마킹을 이용해서 무엇을 할 수 있는지 이해하고, 개선 방법에 대한 새 아이디어를 수집한다. 때로는 기업 부문을 벤치마킹하기도 하고, 때로는 다른 비영리단체나 내부 지부를 벤치마킹하기도 한다.

시티 이어는 재무시스템을 개선하기 위해 시스코 시스템스에게 도움을 청했다. 낸시 로스 개발담당 부회장은 첨단 통신장비를 판매하는 시스코가 보통 월말 결산을 하는 일반 기업과 달리 날마다 회계 결산을 한다는 사실을 알아냈다. 실시간으로 회사의 재무 정보를 파악하기 위해서였다. 이에 반해 시티 이어는 분기별로 회계 결산을 하고 있었다. 루스는 문제를 제기했다. "왜 우리는 시스코처럼 날마다 회계 결산을 할 수 없을까?" 시티 이어의 간부들은 시스코의 임원들과 함께 시티 이어의 일일 회계 결산 체제를 만들기 위해 정보 기술과 재무 시스템을 결합하는 작업을 했다. 루스는 이렇게 말한다. "어떤 부문이든 상관없이 그 분야에서 최고인 곳에서 배운다는 생각을 가지고 있어요. 우리는 기술을 알고 싶을 때 시스코를 찾아 갔어요."

티치 포 아메리카도 일찍이 교사 채용 과정을 벤치마킹하기 위해서 기업 부문을 찾아 갔다. 이 단체는 세계 최고의 금융 기업인 매킨지와 골드만삭스 같은 회사의 직원 채용 과정을 연구했다. 그리고 거기서 1 대 1 관계망이나 개인별 이력 조사 같은 기술을 도입했다. 오늘날 티치 포 아메리카가 좋은 인재를 채용하려고 많은 대학에서 그 금융 기업들과 경쟁하고 있다는 것은 역설적 상황이 아닐 수 없다.[11]

이들 단체 가운데 많은 곳이 중요한 발전의 고비마다, 현재 상황을 검토하고 영향력을 확대하기 위해 외부 전문가들을 고용해 자문받았다. 시티 이어는 초기에 조직을 전국으로 확대하기 위해 베인 앤 컴퍼니의 도움을 받았다. 티치 포 아메리카는 주요 기금 모금 캠페인을 개발하기 위해 벤처 자선기금재단인 뉴 프로핏 잉크와 제휴 관계에 있는 모니터 그룹으로부터 무료로 자문을 받았다. 환경방위는 1997년 5개년 장기 전략 계획을 짜면서 뉴욕에 있는 독립적인 비영리 자문 전문가를 고용했다. 또 우리가 전미라라자위원회를 방문했을 때 그 단체는 지부 회원들과 관계를 재정립하기 위해 브리지스팬 그룹(베인 앤 컴퍼니의 비영리 자회사)과 고용 계약을 막 끝냈었다.

기존 프로그램을 수정하라

성공한 비영리단체들은 프로그램을 새로 개발하고 시행하고 그 결과를 평가한 뒤, 축적된 현 상황 정보를 이용해서 앞으로 어떻게 할지 결정한다. 새로운 프로그램을 시작하든 기존 프로그램을 개조하든, 이들 단체 대부분은 프로그램을 수정하고 성과를 높이기 위해 정보를 포착하고,

분류하고, 공유하는 능력이 매우 뛰어나다. 정식 지부나 지역 사무소 또는 비공식 연합체 같은 더 큰 조직망을 이용해, 다른 단체들이 잘 수행하고 있는 활동을 벤치마킹하고 지역에서 진행되고 있는 상황을 확인한다.

시티 이어는 심지어 이런 방식에 '세일 SAIL(표준화 standardize, 조정 align, 통합 integrate, 학습 learn)'이라는 이름까지 붙였다. 시티 이어가 이 명칭을 쓰기 전까지 각 지역 지부는 서로 다른 시기에 나름대로 독자적인 기금 모금 행사들을 열었다. 그러나 지금은 본부에서 각 지역 행사를 조정할 때가 많다. 이 '세일' 과정은 '별이 빛나는 밤 Starry Starry Night'이라는 새로운 만찬 행사에 시범적으로 적용됐다. 이는 한 지부 조직이 개발한 혁신적인 행사로, 기금 모금 실적이 아주 뛰어났던 행사다. 시티 이어는 이 행사를 전국에 확대하기로 결정했다. 처음에 행사를 주관한 지부에서 모범적인 행사 방안을 확정하고, 그 과정을 기록해서 전국의 다른 지부에 전달하면, 각 지부는 지역 사정에 맞게 수정해 행사를 여는 방식이었다. 이제 시티 이어 지부가 있는 곳에서는 해마다 같은 시기에 '별이 빛나는 밤' 만찬 행사가 동시에 진행된다. 마침내 이 행사는 전국적으로 언론 조명을 받으면서 기금도 많이 모금하는 대성공을 거뒀다.

유스빌드 유에스에이도 전국 지부 활동 중에서 우수한 사업들을 서로 공유해 조직 활동을 개선하는 데 능숙하다. 유스빌드는 전국의 지부를 위해 활동지침서를 발간하고 수많은 연수프로그램을 진행한다. 그리고 유스빌드의 정책을 소개하고 결정하는 여러 종류의 협의회에 각지역 지부장들을 참석하게 한다. "실적이 우수한 지부를 확인해서 어떻게 실적이 좋은지 파악하고, 그 정보를 나머지 지부에게 알리는 일은 유스빌드가 가장 중요하게 생각하는 일입니다"라고 피츠제럴드는 말한다.

끝으로 이들 단체가 모두 중요하게 생각하는 행사는 활동가와 지부, 관련 단체가 모두 모이는 연차총회다. 이 총회는 대개 며칠 동안 계속되는데 그동안 참석한 지부나 관련 단체는 새로운 사업 모델이나 우수한 실적 사례를 발표하고, 전체 활동가에게 교육 훈련을 실시한다. 그리고 앞으로 그들이 나아가야 할 전략을 집중해서 토의한다. 이 회의는 새로운 시각에서 계획을 수정하고 더 커다란 환경 변화에 적응할 수 있는 기회를 제공한다.

환경방위의 회장은 연차총회를 매우 중요하게 생각한다. 역사상 기금 모금이 가장 힘들었던 9·11이 일어난 그해에도 총회를 열어야 한다고 고집했을 정도다. 환경방위가 전국 9개 도시에서 상근 활동가 300여 명이 일하며 해외에서도 일부가 활동하고 있음을 감안할 때, 이런 선택은 매우 중요했다. 제인 프레이어 노스캐롤라이나 지부장은 이렇게 말한다. "나는 처음에 이런 연차총회의 중요성을 충분히 생각하지 않았어요. 제기된 현안들을 두고 격론이 벌어질 수 있고 비용도 많이 들겠지요. 그러나 이 회의는 우리를 하나로 묶어줍니다. 회의에 참가하면 전체 조직이 어떻게 돌아가고 있는지 알 수 있지요. 우리는 여러 가지 성공사례와 교훈, 사업 모델, 현장 이야기를 들어요."

포기해야 할 것

앞에 나온 사례들은 모두 이들 단체가 적응력 순환의 네 단계를 얼마나 능숙하게 수행했는지 잘 보여준다. 우리는 이처럼 뛰어난 적응력이, 성공한 비영리단체와 그렇지 못한 비영리 단체를 구분하는 아주 중요한 요소라고 생각한다.

이 적응력 순환의 단계들이 서로 정교하게 균형을 맞추지 못하는 비영리단체가 많다. 조직 문화가 너무 자유분방해서 창조적이기보다는 혼돈에 빠져 있거나, 반대로 너무 구조화돼 있어서 한쪽으로 치우치거나 기능이 마비된 경우도 있다. 그러나 영향력이 큰 비영리단체들은 이런 긴장 관계를 이겨낼 줄 안다. 그들은 적응력과 전략에 대한 가장 중요한 교훈 하나를 깨우쳤다. 실행에 옮겨야 할 아이디어가 많은 만큼 하지 말아야 할 것도 많다는 사실이다. 그들은 대개 새 프로그램을 추가할 때마다 효과가 작은 다른 프로그램은 모두 무시한다.

창조적이지만 혼란스러운 조직이 흔히 저지르는 잘못 가운데 하나는 너무 많은 프로그램을 우선순위를 정하지 않고 동시에 수행하려고 한다는 것이다. 동시에 운영되는 수많은 프로그램은 귀중한 자원을 낭비한다. 한정된 재능을 흡수하고 기부금을 소진하며 관리 시간도 많다. 한꺼번에 너무 많은 일을 하려다 보면 영향력을 발휘할 수 있는 조직의 능력이 빠르게 사라진다. 우리가 아는 한 비영리단체는 '우선순위에 있는 프로그램'이 30개가 넘는다. 이런 단체는 스스로 프로그램에 채여 넘어지기 십상이다. 만일 그 가운데 가능성이 큰 몇몇 사업에 집중해서 진행하는 법을 배웠다면 효과가 컸을 것이다.

혼돈을 막기는 쉽지 않다. 때로는 하고 싶은 사업을 손 놓아야 하는 경우도 있다. 그러지 않으면 내부 조직이 파열되기 때문이다. 티치 포 아메리카의 설립자 웬디 콥은 저서 《언젠가 모든 아이들이…… One Day,

All Children······〉에서 전국적인 교사단체를 창단하는 동시에 공립학교 교사들을 교육하는 '티치! TEACH!'와 뉴욕 시의 자율형 공립학교 교사들을 훈련시키는 '러닝 프로젝트Learning Project' 같은 새 프로그램을 실험하려고 분투한 과정을 서술한다.[12]

콥은 결국 이들 프로그램을 별도 비영리단체들로 분리해서 티치 포 아메리카가 핵심 사업에만 몰두할 수 있게 했다. 그러나 그 결정 과정은 쉽지 않았다. 콥은 티치 포 아메리카의 창립 공신인 경험 많은 활동가들을 포함해서 헌신적인 동료들을 다른 단체로 보내야 했다. 또한 티치 포 아메리카는 다른 단체로 넘긴 이들 사업의 생존을 보장할 수 없었다. '티치!'는 지금까지도 성장하고 있지만 '러닝 프로젝트'는 결국 문을 닫았다. 그러나 티치 포 아메리카는 이들 프로그램을 분리한 뒤 중심 사업에 자원을 집중 지원함으로써 계속해서 성장할 수 있었다.

이런 선별 과정은 끊임없는 적응력 신장에 필수요소다. 따라서 적응력은 단순히 혁신이나 새 프로그램 창출뿐 아니라 학습과 변화를 위해 필요하며, 사회에 더 큰 영향력을 끼칠 새 아이디어가 탄생할 공간을 마련하기 위해 필요 없는 것을 버리는 것과도 관련이 깊다. 이 책에서 거론되는 비영리단체들은 새 아이디어들을 전체 전략적 관점에서 평가한 뒤, 새로운 가능성과 프로그램이 수용될 공간을 만들기 위해 무엇을 포기해야 할지 결정하는 방법을 나름대로 다 가지고 있다.

이들 단체가 사업의 우선순위를 정하는 방법은 매우 다양하다. 어떤 것은 매우 구조적인 반면 어떤 것은 매우 유기적이다. 그러나 꼭 지켜야 하는 사업과 단순히 하고 싶은 사업을 구분하기 위해 던지는 질문은 서로 비슷하다. 그들은 스스로를 점검하면서 "우리가 잘하는 것은 무엇인가? 우리는 어디에 영향력을 가장 크게 미칠 수 있을까? 이것을 벌써 하고 있는 데는 없는가?"라고 자문한다.

환경방위는 설립한 지 거의 30년이 돼가는 시점에서 공식적으로는 처음으로 전략 계획 과정을 시행했다. 이 단체는 1년 동안의 평가와 계획 과정이 끝난 뒤 사업의 우선순위를 좁히고 해양, 기후·대기, 보건, 생태계 이렇게 네 영역을 핵심 전략 사업 분야로 정했다. 환경방위는 어떤 프로그램이 이들 전략 사업에 적합한지 고르기 위해 몇 가지 간단한 질문을 던졌다. 그 문제는 환경에 치명적인 영향을 주는가? 우리가 잘할 능력이 있는가? 다른 단체가 이미 그것을 하고 있지는 않는가? 그런 다음 환경방위는 네 가지 핵심 사업 분야에 맞지 않거나(예를 들면 인구 문제 같은), 경쟁력이 떨어지거나, 이미 다른 단체가 효과적으로 진행하는 프로그램들을 솎아냈다. 이제 비로소 가장 큰 영향력을 끼칠 수 있는 영역에 집중하기 시작한 것이다.

사회적 부문의 또 다른 한편에는 사업의 우선순위를 정할 때 너무 꽉 짜인 방법을 선호하는 비영리단체들이 있다. 그들은 대개 관료주의에 빠지기 쉽고, 계획을 너무 세밀하게 짜려고 하며, 변화하는 환경에 유연하게 대처하지 못한다. 또한 변화에 대응하지 못하거나, 창의성이 부족해 새로운 아이디어를 생각해내지 못하거나 시도하지 못한다. 대개 이런 단체는 시간이 지나면서 조직이 경직된 오래된 기득권 단체들로서, 수행 중인 프로그램을 안정적으로 운영할 수 있는 기금 원천을 확보하고 있는 덕분에 일종의 잠금 효과에 빠져들고 만다. 비록 그들은 중요한 서비스를 계속해서 제공할 수 있지만 영향력을 확대할 많은 기회를 놓치고 만다.

그러나 우리가 연구한 열두 개 비영리단체는 조직이 과도하게 관료화되지 않은 채 영향력을 지속적으로 확대해 왔다. 예를 들면 셰어 아워 스트렝스는 수백만 달러의 기아 퇴치 기금을 모금한 혁신적인 프로그램 '전국 요리 시식회' 행사를 성공시킨 뒤 계속 확대시키는 것으로 만족할 수도 있었다. 그러나 이 단체는 아메리칸 익스프레스와 협력해서 '기아 퇴치를 위한 카드 사용'과 같은 대의 마케팅을 개발하는 등 새로운 기회를 계속 발굴해냈다. 셰어 아워 스트렝스는 이런 경험을 새로운 사업에 접목시켜 다른 비영리단체들이 자체 수익사업을 개발하도록 도와주는 영리 목적의 자회사 커뮤니티 웰스 벤처스를 설립했다(제3장을 참조하라).

새로운 사업을 시도하기로 결정하는 데 위험이 따르지 않을 리 없다. 셰어 아워 스트렝스는 새 아이디어에 자원을 할당하는 일 때문에 '전국 요리 시식회' 행사를 더 크게 성공시킬 기회를 놓쳤다. 애슐리 그래험 리더십담당 이사는 이렇게 말한다. "만약 '전국 요리 시식회'를 해마다 1000만 달러의 기금을 모으는 행사로 키우려 했다면 아마도 그렇게 할 수 있었을 거라는 아쉬움이 있지요. 우리는 손익 계산이 아주 빠르고 적응력이 뛰어나다고 생각해요."

비영리단체들이 고민하는 문제가 바로 새로운 기회를 찾는 것과 기존의 우수한 프로그램을 유지하는 것 사이에서 적절한 지점을 찾는 일이다. 이것은 질서와 자유가 서로 균형을 유지하는 것을 의미하며, 혁신 능력뿐 아니라 새로운 자료들을 근거로 계획을 평가하고 이해하고 수정하는 능력까지 요구한다. 이 장에서 본 것처럼 그런 긴장 관계를 유지하기가 쉽지는 않다. 그러나 성공한 비영리단체들은 시간이 흐르면서 그

렇게 균형 잡는 법을 배웠고 끊임없이 혁신하는 방법을 찾았다. 그들은
진정으로 적응력이 뛰어난 비영리단체들이다.

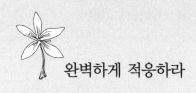 완벽하게 적응하라

■ **위대한 비영리단체들은 환경에 끊임없이 적응하며 활동 방식을 수정한다.**

성공한 비영리단체들은 정부, 기업, 다른 비영리단체, 일반 대중 같은 다른 부문의 힘을 이용한다. 그들은 외부 신호를 매우 잘 포착하고 변화에 예민하며 새로운 기회를 유연하게 받아들인다.

■ **경직된 관료주의와 억제되지 않은 창조성 사이에서 균형을 잡아라.**

몇몇 비영리단체는 새 아이디어를 만들어내는 데는 뛰어나지만 조직이 완비되지 않아서 그 아이디어를 제대로 수행하지 못한다. 또 어떤 단체들은 너무 관료화된 조직 때문에 변화에 능동적이지 못하다. 그러나 성공한 비영리단체들은 구조와 혁신 사이에서 균형을 잡을 줄 안다.

■ **적응력 순환의 각 단계에 능통하라.**

● **들어라** │ 주위 환경에서 들려오는 외부 신호와 조직 내부에서 나오는 새로운 아이디어에 늘 귀를 기울여라.

● **실험하고 혁신하라** │ 새로운 프로그램 아이디어를 개발(제품 혁신)하고, 기존 프로그램과 운영 방법을 끊임없이 개선(공정 혁신)하라.

● **평가하고 이해하라** │ 현재 잘 진행되는 것과 그렇지 않은 것을 엄격하게 평가하라. 전체 네트워크를 통해 정보를 공유하라.

● **수정하라** │ 평가 결과를 근거로 장래 계획을 바꿔라. 전체 조직의 방향을 바꾸는 것일 수도 있고, 프로그램 전반을 개선하기 위해 기존 조직들이 서로 지식을 나누는 것일 수도 있다.

■ **서로 다른 문화가 적응력을 강화한다.**

어떤 단체들은 매우 자유분방한 방식으로 적응력을 키우며 특히 현장 실험을 중시한다. 그러나 또 다른 단체들은 매우 체계적인 계획과 엄격한 제도를 가지고 더욱 체계적으로 혁신을 시도한다. 그들은 행동보다 평가와 계획을 더 중요하게 생각한다. 이 두 가지 방식 사이에 있는 비영리단체들도 있다.

■ 성공한 비영리단체들은 버려야 할 것이 무엇인지 안다.

이 단체들은 대개 새 프로그램을 추가하는 만큼 포기해야 할 프로그램을 추려낼 줄 안
다. 이것은 매우 힘든 선택이지만 새로운 기회를 창출하기 위해서는 낡은 것을 골라내야
한다.

선을 위한 힘

제7장

리더십을 공유하라

Share Leadership

성공한 열두 개 비영리단체 지도자들은 그 숫자 이상으로 인성이 다양하다. 그러나 깊이 들여다보면 한 가지 중요한 공통점이 있다. 그들은 더 큰 선을 위한 힘이 되기 위해 자신의 권력과 리더십을 다른 사람들과 공유한다.

이 지도자들은 서로 다르지만 조직 안팎에 리더십을 분배할 줄 알았다. …… 사회적 부문의 최고 자리에 오르는 유일한 방법은 권력을 나누는 것이다. 진정한 권력은 권한과 책임을 상층부가 독점하는 것이 아니라 할 수 있는 한 조직 내부에 널리 분산하는 데서 온다.

FORCES for GOOD

제7장 리더십을 공유하라

에드윈 풀너는 수줍어하거나 내성적인 사람이 아니다. 헤리티지재단의 회장인 풀너를 보면 경기장에서 손을 높이 들고 격렬하게 흔드는 건장한 체구의 미식축구 팀 감독 같은 느낌이 든다. 그의 사무실에 있는 거대한 책상에는 정치 소품들과 상들이 어지럽게 널려 있다. 연설, 정책 자문을 하고 여러 행정부와 함께 일하면서 받은 상들이다.[1]

풀너는 자기를 찾아온 사람들과 정치 세계의 벼랑 끝 전술에 관해 오랫동안 대화하기를 좋아한다. 특히 만만치 않은 최고의 논객들에 정면으로 맞서 토론하기를 즐긴다. "전에 랠프 네이더_{미국의 유명 소비자 운동가,} 정치가, 저술가와 논쟁한 적이 있지요. 그는 우리를 '쿠어스 재단'이라고 비난했어요"라고 그는 회상한다(1973년 조지프 쿠어스가 재단 창립기금을 냈다). "그래서 내가 '우리가 실제로 그들에게 받은 것은 전체 기금의 1퍼센트뿐입니다. 당신네는 얼마나 후원자가 많은지 우리에게 말하지 않겠지만 우리 재단의 **후원자는 20만 명이 넘어요**'라고 말했어요. 문제를 지적하고 한판 붙는 거죠." 풀너는 정정당당하게 싸우기를 좋아하지만 이기는 것을 더 즐긴다.

시간이 흐르면서 풀너는 헤리티지재단을 "워싱턴에서 가장 영향력 있는 공공정책 두뇌 집단"으로 성장시켰다.[2] 그러나 그 과정이 언제나 순조롭지만은 않았다. 이 재단은 초기 몇 년 동안은 이사 여러 명이 공동으로 관리하다가 1977년 이사회에서 풀너를 이사장으로 추대했다. 그는 당시 공화당 의원연구위원회의 책임연구위원이었기 때문에 여야를 불문하고 정치권의 사정을 모두 잘 알았다. 정책 연구에만 몰두하며 앞에 나서기를 꺼려하던 동료들과 달리 풀너는 통이 크고 카리스마적인 지도자 기질이 있었다.

아마도 이 이야기를 들으면 비영리단체 지도자에게 영웅적인 면모가 필요하다고 생각할지 모른다. 만약 그랬다면 지도자로서 풀너의 가장 중요한 강점을 놓친 것이다. **그는 다른 사람들과 권력을 나눌 줄 안다.**

워싱턴에서 벗어나 헤리티지재단 이사장이 누군지 물으면 머리를 긁적이는 사람이 많을 것이다. 정책 전문가 중에도 헤리티지재단과 풀너의 이름을 동시에 말하는 사람은 드물다. 단체 설립자인 제임스 돕슨과 동일시되는 기독교 보수 단체 포커스 온 더 패밀리나, 기독교연합의 전임 지도자인 설립자 이름을 단체 이름으로 쓰는 랠프 리드 같은 단체와 달리, 헤리티지재단은 어떤 개인과 특별한 관계가 없다. 그것은 풀너가 원하는 방식이기도 하다. "우리 목표는 언제나 우리보다 오래 살아남을 기관을 세우는 것이었어요. 그것은 계획된 것이었어요. 저는 제 이름이 알려지지 않은 것이 부당하다고 생각하지 않아요. 우리 재단의 이름이 널리 알려지는 것이 더 중요하니까요."

풀너의 비밀은 무엇일까? 그는 카리스마가 있지만 독선적이지는 않은 독특한 리더십을 지니고 있다. 그는 권력을 쌓기보다는 남에게 준다.

아마도 풀너의 리더십에 대해 가장 많이 오르내리는 이야기는 그가 처음으로 재단 이사장 자리를 제안받았을 때 이야기일 것이다. 그는 곧바로 의사당에서 일하는 친구 필 트루럭에게 전화를 걸어 "난 그 일을 할 거네. 그런데 자네도 나와 함께해야 하네"라고 말했다. 트루럭은 그 제안을 받아들였고 헤리티지재단의 2인자가 됐다. 지금까지 30년이 넘도록 두 사람은 헤리티지를 아주 강력한 조직으로 발전시켰다. 오늘날 헤리티지는 한 해 예산이 4000만 달러에 이르며, 2000개가 넘는 비공식 관련 민간단체와 정책 기관, 그리고 이 단체의 주장에 동의하는 회원 27만 5000명을 보유하고 있다.

헤리티지가 이렇게 눈에 띄게 성장한 배경에는 풀너와 트루럭의 리더십 공유가 한몫을 차지하고 있다. 그들은 모자라는 점을 서로 보완하는 능력이 뛰어나다. 풀너는 에너지가 넘치고 야심만만한 외향적 성격인 반면 트루럭은 성격이 내성적이다. 풀너는 처음부터 헤리티지를 더 커다란 운동으로 발전시키려고 마음먹고 보수주의 이념을 의회와 일반 대중에 전파하는 데 역점을 두었다. 트루럭은 조직을 관리하고 키우는 데 집중하면서 헤리티지를 대표하는 정책연구프로그램을 만드는 데 전력을 다했다. "두 사람은 위대한 동반자 관계입니다. 에드는 꿈이 있고 필은 현실주의자입니다. 그리고 두 사람 모두 자기 일에 능통하지요"라고 재단 산하 데이비스 국제학연구소 소장 킴 홈스는 말한다.

풀너와 트루럭은 서로 리더십을 공유할 뿐 아니라 비영리단체에서 20년 이상 일한 여덟 명을 부회장으로 임명하고 그들과 함께 강력한 집행부 집단을 구성했다. 트루럭은 그들이 처음 조직을 만든 때를 기억한다. "그때가 1981년쯤이었어요. 그리고 우리는 성장했지요. …… 그런데 어느덧 내게 보고하는 사람이 65명이나 되었어요. 에드는 5명이고

요. 아무도 저를 '2인자'라고 부르지 않았지만 2인자인 것은 맞았어요. 그래서 우리는 간단하게 조직도를 만들었어요. 에드가 맨 위에 있고 그 밑에 제가 있죠. 제 아래로 부회장들을 두었어요. 그 덕분에 우리는 계속해서 성장할 수 있었어요."

우리는 헤리티지의 성공을 연구하는 데 시간을 많이 들였다. 그리고 리더십을 여러 곳으로 분산시킨 이 구조가, 헤리티지가 지속적으로 성장하고 영향력을 갖게 된 핵심요소임을 알게 됐다. 헤리티지는 이 두 지도자가 오랫동안 권력을 쥐고 있었지만, 한편으로 강력한 권한을 위임받은 간부 조직을 구축함으로써 조직 전반에 잠재적 리더십을 풍성하게 만들었다. 또한 헤리티지는 수십 년 동안 활동한 고도의 전문가들로 구성된 이사회가 이끌어간다.

헤리티지는 지도자들을 이렇게 많이 보유한 덕분에 중요한 사회적 관계를 만들어내고, 연방 정책에 영향을 미치며, 주장을 전파하기 위해 고도의 홍보 활동을 전개할 수 있었다. 최고위 임원의 리더십 공유, 폭넓은 중견 간부층, 강력한 이사회로 구성된 3각 지도 체제는 헤리티지를 끊임없이 성장하는 단체로 만든 핵심 동력이다.

집단지도체제의 힘

우리는 당초 이런 리더십 공유 모델을 기대하지 않았다. 리더십 관련 연구에 종종 나오는 것처럼 기업에서는 대개 훌륭한 지도자가 등장하고 찬사를 받는다. 리더십 관련 책들도 그런 지도자의 특징이나 행태 또는 지도자와 추종자 사이의 관계에 초점을 맞추곤 한다. 지난 10년 사이에 '집단지도체제' 이론이 일반의 주목을 받기 시작했지만, 여전히 리더십 하면 대부분 개인행동으로 생각한다. 위대한 지도자는 능력과 특성 또는 인성이 뛰어난 것으로 칭송받는다. 달리 말하면 리더십보다는 지도자 개인에 관심을 더 많이 보인다.

사회적 부문에서도 오래 전부터 개인의 영웅적인 리더십 모델이 여전히 위세를 떨치고 있다. 사회적 기업 운동은 기업가 개인의 역량에만 흥미를 둔다. 집단지도체제나 집단적 행위로서의 기업가 정신에는 별로 주목하지 않는다.[3] 아쇼카, 에코잉 그린 같은 장학재단의 프로그램은 조직보다 개인을 강조하고 그들에게 보상한다. 비영리단체 프로그램 관련 시상은 여전히 전체 조직보다는 책임자 개인에게 초점을 맞춘다. 그리고 비영리단체 가운데는 설립자들의 카리스마적이고 야심만만한 리더십으로 어려운 시기를 헤쳐나간 것으로 유명한 곳이 많다. 이런 단체의 설립자들은 자신보다 단체를 더 오랫동안 지속되게 키우는 데 집중하기보다는 자신의 과장된 통찰력을 널리 전파하기 위해 조직을 이용한다.

우리는 지도자로서 개인의 역할을 무시하지 않는다. 실제로 이 책에 나온 열두 개 비영리단체도 뛰어난 재능을 지닌 지도자가 없었다면 지금처럼 높은 수준의 영향력을 지니지 못했을 것이다. 이 단체들에는 모두 전략적인 사고와 지성을 겸비한 지도자들이 있다. 단체 설립자든 나중에 합류한 사람이든 상관없이 그들은 모두 오랫동안 단체와 함께 동고동락했다(표 7.1은 이들 지도자의 재임 기간을 보여준다).

그러나 성공한 비영리단체의 강력한 리더십은 권력의 맨 위에만 존

	대표자 수 (2006년 기준)	재임기간(단위 : 년) 설립자 또는 대표명
헤리티지재단	2	33 (풀너)
전미라라자위원회	4	31 (이사게레)
해비타트	2	29 (풀러)
셀프헬프	1	26 (익스)
예산과정책우선순위센터	1	25 (그린스타인)
셰어 아워 스트렝스	1	23 (쇼어)
환경방위	4	21 (크루프)
시티 이어	1	19 (카제이, 브라운)
티치 포 아메리카	1	17 (콥)
유스빌드 유에스에이	1	17 (스톤맨)
익스플로라토리움	4	16 (오펜하이머, 들라코테)
피딩 아메리카	7	4.5 (7명 평균)

표 7.1 재임기간이 긴 비영리단체 지도자

재하는 것이 아니라 오히려 조직 전반에 널리 확산돼 있다. 성공한 비영리단체의 지도자들은 자신의 임무를 혼자만 수행하지 않고 조직에 고루 나눈다. 그들은 다른 사람들에게 권한을 분산시키는 리더십을 발휘한다. 현재, 우리가 연구한 열두 개 비영리단체는 모두, 중요한 권한을 위임받은 집행부 조직과 강력한 2인자를 두고 있다. 그들은 대부분 헤리티지처럼 헌신적으로 활동하는 거대 이사회를 운영한다. 그들은 조직 전반에 리더십을 분산하고 나아가 관련 단체나 협력 단체와도 리더십을 공유한다.

비록 집단지도체제와 조직의 성과가 어떻게 연관됐는지 명확히 밝

선을 위한 힘

히기는 어렵지만, 우리는 리더십 공유가 실제로 이들 비영리단체로 하여금 더 큰 영향력을 발휘하게 만들었다고 믿는다. 그들은 조직 외부 사람들이 활동에 참여하게끔 노력하기 때문에 수많은 관계를 관리하고 많은 조직과 만나야 한다. 나아가 정부 정책의 변화를 이끌어내기 위해서는 서로 다른 부문과 협력하거나, 기업과 제휴를 맺거나, 관련 단체들과 연합체를 만들거나, 지지자 수천 명을 끌어들여야 하는데, 그러려면 여러 기술이 필요해서 개인이 감당하기는 불가능하다.

그리고 이들 단체가 풀어야 하는 문제는 대부분 복합적이기 때문에 많은 이해관계자들이 함께 모여 문제를 해결하기 위한 대규모의 체계적 해법을 마련해야 한다.

최근 연구에 따르면 그런 복합적인 환경에서는 협력 모델이 훨씬 효과적이다. 비영리단체의 리더십 개발 분야에 관한 최근 보고서에서 베시 허버드는 "확실한 해답이 없거나 심지어 문제를 정확히 정의하지도 못하는 복잡하고 어지러운 상황에서는 대개 집단 중심의 리더십이 훨씬 더 효과가 좋다"고 썼다.[4] "그런 상황에서 지도자 개인의 주관이나 경험, 판단을 근거로 지시하는 전통적인 상명하달식의 리더십은 거의 성공하지 못한다."

우리 연구는 비영리단체를 이끄는 일이 기업을 이끄는 일과 매우 다르다는 사실을 강력하게 뒷받침한다. 따라서 비영리단체는 집단적인 리더십 형태가 더욱 필요하다. 기업체의 사장은 공식적인 권력을 가지고 있기 때문에, 사람들의 행동을 이끌어내기 위해 더 강제적이고 집행력 있는 방식으로 리더십을 사용할 수 있다. 이와 대조적으로 사회적 부문의 지도자들은 권력이 아니라 영향력으로 조직을 이끌기 때문에, 신념 하나로 다른 사람들이 행동하도록 설득해야 한다.

최고 지도자의 역할이 중요하지 않다고 말하려는 것이 아니다. 아니, 반대로 최고 지도자는 조직 전체의 색깔을 결정한다. 리더십을 연구하는 학자 그레그 마커스는 이렇게 말한다.[5] "집단지도체제 패러다임의 핵심은 지도자가 필요 없다는 것이 아니다. 오히려 …… 환경이 끊임없이 복잡하게 변할 때는 공식적인 리더십의 권위를 훼손하지 않으면서 조직 구성원들의 지원을 끌어낼 수 있도록 조직 내부 여러 곳에서 리더십이 발휘돼야 조직이 더 발전할 수 있다."

성공한 비영리단체의 최고 지도자에게도 단체에 대한 개인의 전망이 있겠지만, 지도자 혼자 힘만으로는 전체 운동을 촉진시키고 전체 시스템을 바꾸면서 조직을 키울 수 없다. 권력과 관계, 정보를 혼자만 독점하거나 스스로 의사결정의 걸림돌이 되면서 단체가 사회에 커다란 영향력을 행사하게 만들 지도자는 세상에 한 사람도 없다. 권력을 다른 단체들과 나누고 권한을 위임할 때 비로소 사회 변화를 확산시키고 촉진하는 거대한 조직망과 운동이 만들어질 수 있다.

한 가지 유형이 모두에게 적합한 것은 아니다

리더십에 관한 논문과 책이 수없이 많지만, 그 대부분은 지도자 개인의 특성에 초점을 맞춘다. 기업 경영과 관련해서 글을 쓰는 짐 콜린스는 《좋은 기업을 넘어 위대한 기업으로 Good to Great》에서 겸손한 인성과 전문가로서의 의지를 겸비한 사람을 '5단계' 지도자라고 표현했다. 이런 지도자는 강력한 전문적 해법을 가지고 있으며 자신의 이익을 채우기보다는 조직을 키우는 데 더 초점을 맞춘다. 콜린스는 이렇게 말한다. "5단계 지도자는 자신의 이해관계를 떠나서 위대한 기업 건설이라는 더 큰 목표를 향해 나아간다. 자신이 아니라 기업을 최우선에 두고 가장 중요하게 생각한다."[6]

우리의 결론은 이런 관점에서 콜린스가 발견한 것과 비슷하다. 위대한 비영리단체의 지도자들은 일류 기업의 지도자들처럼 자신의 이익보다 조직의 이익을 더 중요하게 생각했기 때문에 성공했다. 실제로 우리는 열두 개 위대한 비영리단체의 지도자들이 '5단계 리더십' 개념보다 한 단계 더 높은 차원에서 행동한다고 생각한다. 그들은 개인의 이해관계보다 조직의 이익을 먼저 생각할 뿐만 아니라 나아가 조직의 이해관계보다 전체 운동의 대의를 더 중요하게 생각한다(앞서 제5장에서 살펴보았다).

우리가 발견한 성공한 비영리단체 지도자들의 특징이 콜린스가 묘사한 위대한 기업 지도자들의 특징과 서로 다른 점은 바로 지도자 개인의 인성 영역이다. 콜린스는 5단계 지도자에 속하는 사람은 대부분 "차분하고 겸손하고 신중하고 여유가 있으며 수줍어한다"고 묘사한다.[7] 그러나 성공한 비영리단체의 지도자들은 겸손하고 수줍어하거나 특히 온후한 성품이라고 설명할 수 없었다. 해비타트의 밀러드 풀러와 헤리티지재단의 에드 풀너, 유스빌드 유에스에이의 도로시 스톤맨, 시티 이어의 앨런 카제이를 차분한 사람이라고 말하는 사람은 아무도 없으며, 그들이 배후에서 일을 조정한다고 생각하지도 않는다. 그렇다고 인간성이 부족한 것은 아니다. 비록 그들은 어떤 일을 시작하기 전에 자신을 돌아볼 줄 알지만 그것이 개성이 없음을 의미하는 것은 아니다. 오히려 그들 중에는 매우 역동적이며 외향적이고 영감이 풍부한 사람이 많다.

우리는 성공한 비영리단체의 지도자들이 보유한 리더십의 유형이 실제로 서로 매우 다르다는 것을 알았다. 오직 한 가지 지도자 유형만이 성공할 수 있다는 신화는 그저 신화일 뿐이다. 사회에 큰 영향력을 미치는 성공한 사회적 부문의 지도자들이 가진 리더십은 실제로 매우 다양하다.

예를 들어 웬디 콥은 처음에는 너무 내성적이어서 티치 포 아메리카의 회원들과 만나는 것을 피했다. 무슨 말을 건네야 할지 몰랐기 때문이다.[8] 그녀는 커피를 마시며 사람들과 대화를 나누는 것보다 밤을 새워 기금 모금 계획을 세우는 데 관심이 더 많았다.

그러나 콥은 내성적 성격임에도 자신이 하는 일에 지지를 부탁하기 위해 거액을 기부하는 기부자에서, 좋은 일자리를 버리고 도시 빈민학교의 교사직을 선택한 대학 졸업생에 이르기까지 수많은 사람들을 찾아다니며 설득했다. 콥은 교육개혁에 열정적이었기 때문에 자신의 신념을 사람들을 설득할 수 있는 영감으로 바꾸어냈다. 바로 이것이 지도자로서 약점을 극복하게 만든 뛰어난 능력이었다.

오늘날 사람들은 콥을 믿기 힘들 정도로 집중력이 강하고 자제력이 뛰어난 지도자로 생각한다. 그녀는 지금도 동료 활동가들이 더 커다란 성과를 이룰 수 있도록 영감을 불러일으키는 일을 한다. 스스로 모범을 보이며 조직 전체가 나아가야 할 방향을 정한다. 케빈 허프먼 부회장은 이렇게 말한다. "웬디는 티치 포 아메리카의 문제를 해결하는 마법의 탄환이에요. 외부 사람들은 꿈꾸는 사람이라고 말하지만 그건 마지못해 칭찬하는 거와 같아요. 그녀는 사람과 사업 모두에서 매우 효과적이고 능률적이죠. 그녀는 매우 높은 수준으로 일을 해치우죠. 그리고 그 일을 위해 기준을 더 높이 세워요. 제가 지금까지 일한 어떤 사람하고도 달라요."

셰어 아워 스트렝스의 빌리 쇼어 회장이 연설을 매우 잘하는 줄 아는 사람은 그가 대중 앞에서 연설하는 법을 배우려고 얼마나 노력했는지 알면 아마 깜짝 놀랄 것이다. 쇼어도 콥처럼 내성적인 사람이다. 자기 설명에 따르면 시간의 3분의 1은 깊이 생각하는 데 쓰고, 3분의 1은 자전거를 타는 데 쓰며, 나머지 3분의 1은 과학이나 종교 같은 다양한 주제의 책을 읽는 데 쓴다고 한다. 쇼어는 이런 혼자만의 시간을 새로운 아이디어를 떠올리고 영감을 유지하며 글을 쓰는 데 이용한다. 쇼어는 2억 달러가 넘는 기아 구호 기금을 모금하는 단체를 세웠지만, 책도 세 권이나 썼다. 비영리단체 활동이 많은 것을 되돌려준다는 동기를 불러일으키는 책들이다. 그는 또한 내성적인 성격을 극복하고 효과적으로 사람들에게 감명을 주는 훌륭한 연설가로 거듭났다.

쇼어는 콥과 다르게 세부적인 조직 관리에는 별로 관심이 없었고, 좀더 외부적인 관심사에 집중했다. 그는 기금을 모금하거나 만찬을 주최하고 수백만 달러짜리 대의 마케팅 계약을 체결하는 등 외부 사람들과 관계를 맺고 그들이 행동하도록 설득하는 데 시간의 대부분을 쓰는 영감이 풍부한 지도자였다. "빌리는 자기가 하는 일을 남들에게 잘 설명하고 글도 잘 쓰는 놀라운 능력을 지닌 사람이죠"라고 공동설립자며 여동생인 데비는 말한다. 개발담당 이사 척 스코필드는 "그는 아이디어와 사람을 연결하는 중간 매개자입니다. 혁신적이고 창조적인 인물이죠. 영감 또한 뛰어난 사람이에요. 제가 지금도 여기에 있는 것은 바로 그 때문이죠."

한편 시티 이어의 앨런 카제이와 유스빌드 유에스에이의 도로시 스톤맨, 환경방위의 프레드 크루프, 헤리티지재단의 에드 풀너는 매우 외향적인 사람이다. 지칠 줄 모르고 앞으로 돌진하는 정치가와 비슷하다. 그러나 그들은 일반 정치 현장에 나서기보다는 전국적인 사회봉사 활동에 몸을 던졌다. 크루프는 환경방위를 전문가 집단으로 발전시키는 데 큰 몫을 했을 뿐 아니라, 지구온난화를 해결하기 위해 수많은 정치가와 기업체 대표, 억만장자들을 효과적으로 설득하고 로비할 줄 아는 사람으로 널리 신망을 받고 있다.

이와 대조적으로 도로시 스톤맨은 '전형적인 1960년대식 조직가'로 알려져 있다. 정치권과 로비 활동에 능력이 뛰어나지만, 상류층 사람들과 함께 품위 있게 활동하는 전문가라기보다는 현장에서 민중과 함께 행동하는 활동가에 더 가깝다. 그러나 그녀를 만나면 사람들은, 공화당 사람이든 민주당 사람이든 상관없이, 그녀가 무시할 수 없는 인물임을 금방 알아차린다. 주변에서는 그녀를 "지칠 줄 모르고 집요하며 과단성 있는 사람"이라고 평한다. 그녀는 집권 정당이 어디든 상관없이 유스빌드 유에스에이가 대규모 정부 지원금을 받아내게 한 주인공으로 그 명성을 인정받았다.

셀프헬프의 설립자 마틴 익스 또한 1960년대식 행동주의자의 전형이다. 셀프헬프의 활동가들은 그를 열정적이면서 겸손하며 짐 콜린스가 말하는 "5단계 지도자로서 자기 신념에 충실한 지도자"라고 평가한다. 금융계를 강력하게 쥐고 흔드는 사람처럼 보이지는 않지만, 현재 10

억 달러의 자산을 관리하고 있으며 씨티그룹 전임 회장 샌디 웨일 같은 금융계 거인과 어깨를 나란히 할 정도로 영향력이 막강하다. 익스는 또한 주 정부의 입법 로비에서 조직 내부 프로그램 재조정에 이르기까지 조직의 모든 부분에 다 관여하는 꼼꼼한 경영자로도 널리 알려져 있다.

성공한 열두 개 비영리단체 지도자들은 그 숫자 이상으로 인성이 다양하다. 그러나 깊이 들여다보면 한 가지 중요한 공통점이 있다는 것을 알 수 있다. 그들은 더 큰 선을 위한 힘이 되기 위해 자신의 권력과 리더십을 다른 사람들과 공유한다.

이 지도자들은 서로 다르지만 조직 안팎에 리더십을 분배할 줄 알았다. 처음부터 그렇게 하지 않은 경우도 있지만, 지금은 모두 권력을 독차지해서는 영향력을 더 이상 확대할 수 없다는 사실을 인정한다. 사회적 부문의 최고 자리에 오르는 유일한 방법은 권력을 나누는 것이다.

두 명의 최고 지도자 — 2인자

이들 비영리단체 가운데 몇 곳은 사회적 기업가 한 명이 홀로 시작했지만, 대개는 처음부터 지도자 여럿이 리더십을 공유했다. 시티 이어는 친구 사이인 앨런 카제이와 마이클 브라운이 공동으로 설립했고, 셰어 아워 스트렝스는 빌리와 데비 쇼어 남매가 공동으로 설립했다. 헤리티지 재단은 초창기에 풀너가 이사장이 되면서 트루럭과 리더십을 공유했다. 유스빌드 유에스에이는 설립자 겸 회장인 스톤맨의 리더십이 워낙 강력하지만, 실은 남편인 존 벨과 함께 공동으로 설립했다. 존 벨은 현재 조직 내에서 리더십 개발 부문을 선두 지휘하고 있다. 전미라라자위원회는 남미계 미국인 지도자들이 집단으로 설립한 단체지만, 초기에 라울 이사게레를 대표로 임명했다. 그는 대표가 된 뒤 다시 더 큰 지도자 조직을 만들었다.

한편 티치 포 아메리카나 피딩 아메리카, 예산과정책우선순위센터 같은 단체는 한 사람이 설립했지만 금방 집단 지도체제로 발전했다. 그 밖에 셀프헬프, 해비타트, 익스플로라토리움 같은 단체는 설립자의 리더십이 워낙 카리스마가 컸던 까닭에 집단지도체제로 발전하는 데 시간이 많이 걸렸다. 이 지도자들은 손아귀에 쥐고 있던 리더십을 푸는 데 남들보다 더 힘든 과정을 겪었다.

그러나 서로 시기는 다르지만 이들 단체의 최고 지도자들은 모두 조직 운영을 위해 결국 강력한 2인자가 있어야 한다고 생각했다. 현재 이들 비영리단체에는 모두 기업체의 최고운영경영자COO; Chief Operating Officer같은 역할을 하는 사람이 있다. 지도자와 긴밀하게 업무를 수행하는 사람으로, 실제로 조직을 이끌어가는 최고 책임자가 두 명인 셈이다. 이들 2인자를 COO라고 부르든 부회장이라고 부르든 역할은 비슷하다. 이 서열 2위의 지도자는 대개 조직 내부 관리와 운영에 더 많이 집중하고, 회장은 주로 조직 외부에서 조직의 전망이나 전략, 현안에 대한 방향 제시, 대외 협력, 기금 모금 같은 일에 주력한다. 워렌 베니스와 버트 내너스가 제안한 리더십과 관리에 관한 정의는 깊은 공감을 준다. "관리자는 일이 올바르게 진행되도록 하는 사람이며, 지도자는 올바른 일을 하는 사람이다."[9]

2인자를 임명하는 시점은 조직마다 다 달랐다. 유스빌드 유에스에이 같은 단체는 이사회가 설립자에게 COO를 빨리 선임하라고 부추겼다. 한 이사회 구성원이 기억하는 것처럼 "처음 이사회에 들어갔을 때 오직 도로시 (스톤맨) 한 사람이 조직을 이끌고 있는 것이 내심 걱정이었지요. 도로시는 자신을 보좌할 경영진도 없이 모든 일을 하다가, 이사회의 권유로 COO를 찾기 시작했어요." 마침내 팀 크로스가 COO로 임명됐다. 스톤맨은 현재 단체를 대표하는 공식 얼굴이다. 조직 내부 운영과 국제 협력은 크로스가 관리하고 있다.

우리가 연구한 바에 따르면 몇몇 단체는 중심 역할을 한 지도자가 그만두는 위기의 순간이 있었다. 단체를 이끌던 설립자가 2인자에게 더 많은 권력과 책임을 주기 위해 잠시 단체를 떠나려고 했거나 실제로 떠나기도 했다. 대개 이런 파격은 설립자의 짐을 덜어주거나, 집중된 권력과 리더십을 조직 내부에서 넓게 공유하는 계기가 되기도 했다.

앨런 카제이는 시티 이어를 공동 설립하고 대표를 맡은 지 10년이 지난 뒤 결혼과 함께 세계 여행을 떠나기 위해 1년 동안 안식년 휴가를 떠났다. 그 사이에 마이클 브라운을 포함한 시티 이어의 다른 임원들은 더 많은 책임을 떠맡았다. 카제이는 결국 2006년 시티 이어를 그만두었지만 그와 브라운은 이미 강력한 집행부 조직을 만들어 놓았다. 브라운이 시티 이어의 대표가 됐고, 짐 발판즈를 내부에서 발탁하여 COO로 승진시켰다. 그리고 카제이의 대외 관계 역할을 대체하고 시민 리더십을 담당할 부회장으로 웨스트포인트[미 육군사관학교] 출신인 로버트 고든 대령을 새로 영입했다.

어떤 경우에는 조직이 성장함에 따라 2인자나 설립자가 자리를 다른 사람에게 물려주고 떠나야 하는 경우도 있었다. 셰어 아워 스트렝스는 공동설립자인 빌리 쇼어가 총 책임을 맡고 여동생 데비 쇼어가 2인자 역할을 했다. 그리고 두 사람의 오랜 친구 캐시 타운센드가 내부 운영을 관리했다. 설립된 지 12년이 지나자, 초기 집행부 형태로는 더 이상 조직이 성장할 수 없음이 분명해졌다. 조직을 전문적으로 운영할 줄 아는 사람이 필요했다. 빌리 쇼어는 마침내 매킨지에서 기업체 경영을 자문한 팻 니클린을 관리이사로 영입했다. 그녀는 현재도 이 단체에서 그 일을 하고 있다. 빌리 쇼어는 이렇게 말한다.

"우리는 너무 늦게 바꿨어요. 조직을 관리하는 사람들은 관리 능력이 뛰어난 게 아니라 그냥 여기에 가장 오래 있은 사람들이었어요. 힘든 결정이었지만 팻은 정말 뛰어난 사람이었고 내 여동생도 정말 훌륭하게 자리를 넘겨주었어요." 데비 쇼어는 자리를 넘겨주는 일이 정말 쉽지 않았다고 인정한다. "더 이상 뛰어넘을 수 없는 능력의 한계점에 있었어요. 그것은 한 개인 또는 그 개인이 일하는 방식의 문제가 아니라 조직의 문제였지요. 지도자는 끊임없이 발전해야 해요. 하지만 처음에 단체를 만든 설립자 대다수가 그것을 잘 못해요." 데비 쇼어는 지금도 셰어 아워 스트렝스에서 고위 임원으로 일하고 있다.

셀프헬프도 최근 들어 그와 비슷한 과정을 겪었다. 조직의 발전이 정체된 것이다. 설립자 마틴 익스는 이렇게 회상한다. "어느새 간부 20명이 제게 업무를 보고하는 단계로 조직이 커졌어요. 도대체 간부 20명을 적절하게 관리해낼 사람이 누가 있겠어요! 우리는 결국 조직 전문가를 한 사람 영입했는데, 그는 우스갯소리로 '그 사람들 절반은 마틴 당신에게 보고하지만 나머지 절반은 머릿속으로만 보고하죠'라고 말했어요. 조직 규모가 어느 선을 넘어서는 순간부터 난 조직의 성장을 가로막는 요소가 되었어요."

익스는 간부 네 명을 임원으로 승진시키고 새롭게 조직을 구성했다. 동시에 에릭 스타인을 COO로 임명했다. 랜디 챔버스는 이렇게 말한다. "에릭은 권한이 막강해요. 마틴이 없을 때는 마틴 대신 에릭이 모든 권한을 행사하죠."

집행부 조직의 리더십 공유

이들 비영리단체는 강력한 2인자가 있다는 것 말고도 다른 단체들과 구별되는 중요한 특징이 또 하나 있다. 권한이 막강한 집행부가 조직을 버티고 있다는 것이다. 그들은 단순히 '공동 책임을 지는 사람'이 아니라 실질적인 권한과 책임을 공유한 최고 의사결정 조직 전체를 의미한다. 대개 이런 리더십 공유는 본부의 테두리를 벗어나 지역 조직의 대표자까지 확대해서 포함하기도 한다. 그럴 경우 그 지역 조직은 해당 단체의 공식 지부 형태를 띠는 경우가 많다. 찰스 클라크 유스빌드 자산개발담당 부회장은 이렇게 말한다.

"비영리단체는 보통 최고 지도자가 전체 조직을 총괄하지만 여기는 그렇지 않아요. 유스빌드는 도로시 한 사람의 힘으로 성공한 게 아니에요. 그녀는 전국에 흩어져 있는 200명의 지역 조직 대표자가 누가 무슨 일을 할지 결정할 수 있게 실질적인 권한을 주죠. 그녀는 설립자 이상의 역할을 했어요."

우리가 연구한 대다수 비영리단체에는 흥미롭게도 매우 오랫동안 조직과 함께한 소수의 간부들이 있었다. 이 사람들은 매우 충성스러울 뿐만 아니라 조직을 대표해서 말하고 행동할 권한을 갖고 있었다. 그들은 자기가 맡은 부문에서 권한과 책임을 모두 가지고 있기 때문에 대표의 승인이 없이도 새로 직원을 고용하거나 해고할 수 있다. 우리가 연구한 바에 따르면 이런 강력한 권한을 가진 집행부 조직의 유무는 성공한 비영리단체와 일반 단체를 구분 짓는 또 다른 잣대다.

그렇지만 최고 지도자 가운데는 상황에 맞춰 리더십을 발전시키지 못하거나 권력을 나눌 줄 모르는 사람이 많다. 명색이 간부면서도 수하의 베테랑 직원을 해고하거나 고용하지 못하는 경우도 있다. 에밀리 간츠 매케이 전미라라자위원회 전임 경영 부회장은 이렇게 말한다. "명성이 자자한 단체를 한 군데 알고 있죠. 강력한 카리스마를 지닌 한 사람이 세운 곳이에요. 그들은 오랫동안 일한 직원들을 너무 보호하려고만 해요. 그건 정말 문제죠. 조직의 성공이 전적으로 한 개인에게 의존하는 조직은 능력이 뛰어난 관리자를 길러내지 못해요. 우리가 조심해야 할 부분입니다."

전미라라자위원회는 실질적인 권한과 책임을 부여받은 집행부 조직이 있는 성공한 비영리단체를 대표하는 곳이다.[10] 이 단체는 처음에 남서부 라라자위원회에 속한 피닉스 주의 남미계 미국인 지도자들이 시작해 1972년에 전국 조직이 되면서 본부를 워싱턴으로 옮겼다. 전미라라자위원회는 특히 라울 이사게레가 1974년에 대표를 맡은 뒤 단체의 목표와 중심 사업, 조직 구성을 강화하는 데 힘쓰면서 크게 성장했다(라울 이사게레는 2005년, 30년 넘게 머무르던 권좌에서 물러나고 클린턴 전 대통령의 보좌관이던 재닛 무르기아를 최초의 여성 대표로 선임했다).

이사게레는 신중하고 부드럽게 말하는 사람이다. 전에 그를 보좌한 활동가는 그를 '구세계' 사람이고 귀족 집안 출신이지만 권위적이지 않은 사람이라고 설명한다. 그는 점잖게 권력을 행사했다. 1930년대에 태어난 그는 미국 남서부에서 시민운동을 하는 부모 밑에서 자랐고, 열다섯 살 때부터 공동체운동을 시작했다. 이런 인격 형성기의 경험은 나중에 서전트 슈라이버가 이끄는 빈곤과의 전쟁에 참여하는 계기가 됐다. 이사게레는 서른 살에 전미라라자위원회의 대표로 뽑혔을 때 자신의 강점과 약점을 보완해줄 강력한 집행 간부들을 고용하는 통찰력을 보여주었다. 이사게레는 이렇게 말한다. "제가 지닌 가장 중요한 능력 가운데 하나가 창조성입니다. 아이디어 열 개가 있으면 그중 여덟은 쓸모없어요. 나머지 좋은 아이디어 두 개가 조직을 만들죠. 제 주위에는 이건 이거고 저건 저거라고 거리낌 없이 말하는 사람이 많아요."

1978년, 이사세레는 업무가 너무 많았다. 그래서 부회장 여러 명과 공동으로 조직을 이끄는 집단지도체제로 바꿨다. 그런 다음 그는 에밀리 간츠 매케이를 2인자로 두고 중요한 일을 상의했다. 그녀는 1983년 마침내 경영 부회장이 됐다. 간츠 매케이는 1994년에 전미라라자위원회를 떠났지만 10년 넘도록 이 단체에서 다양한 역할을 했다.

전미라라자위원회는 조직이 커지면서 미래에 조직을 이끌 젊은 지도자들을 많이 충원했다. 예를 들면 전미라라자위원회 텍사스 지부의 지역 활동가 찰스 카마사키는 1982년 본부에 합류한 이래 현재 수석부회장으로 활동하고 있다. 이처럼 오랫동안 조직에 몸담고 있는 전미라라자위원회 베테랑 활동가 가운데는 연구정책법무사무소담당 부회장 세실리아 뮤노스(18년 근무), 지부회원서비스담당 부회장 소니아 페레스

(16년 근무), 공보담당 부회장 리사 나바레테(18년 근무) 등이 있다. 최근에 단체를 그만두거나 은퇴한 장기근속자도 여러 명이다.[11] 마르코 데이비스 리더십부문책임자는 이렇게 말한다.

"라울과 전미라라자위원회가 효과적으로 활동한 요인 가운데 하나가 부회장 조직을 만든 것이었어요. 매우 중요한 작업이었지요. 무엇을 해야 하는지 정확하게 알고 서로 긴밀하게 협력한 부회장단이 조직의 중심에 있었죠. 라울은 그들에게 권한을 주었고 그들은 바로 결정을 내릴 수 있었어요." 이런 조직 구성은 또한 이사게레가 새 아이디어를 개발하고 외부와 관계를 맺으며 기금을 모금하고 좀더 높은 차원의 전략을 수행하는 데 집중할 수 있게 만들었다.

여기서 강조해야 할 부분은 이들 부회장단이 그저 이름만 그럴 듯한 직위가 아니라 조직 안팎에서 명실상부하게 중요한 지도자 구실을 실제로 수행한다는 점이다. "우리는 어떤 상황에서도 간부가 조직을 대변할 수 있도록 권한을 주고 훈련을 시켰어요"라고 이사게레는 말한다. 이사게레가 실제로 권력을 나누는 좋은 계기가 있었다. 과학이나 문화 분야에 공헌한 지도자에게 수여되는 맥아더 재단의 '천재상'을 2000년에 뮤노스가 받으면서였다. 뮤노스는 혼자 힘으로 미국의 이민 정책을 이끄는 지도자로서 사회에 큰 영향력을 미치고 있었다.

익스플로라토리움은 약간 다른 형태로 리더십을 공유하는데, 조직이 성장하면서 강력한 집행부 조직을 꾸리지 않았을 때 어떤 위험에 빠질 수 있는지 잘 보여주는 사례다.[12] 실제로 익스플로라토리움은 좀더 집단적인 지도 체제로 발전하기 전에 설립자가 죽고 새 지도자가 들어섰다.

1960년대 말 통찰력 있고 막강한 카리스마를 지닌 프랭크 오펜하이머가 설립한 이 박물관은 그 리더십 아래서 비공식적으로 운영됐다. 오펜하이머는 미국의 과학교육을 개혁하는 운동에 촉매제 역할을 자임할 뿐 조직 건설에는 별로 관심이 없었기 때문에 관리, 예산, 시스템 같은 것에 시간을 많이 들이지 않았다. 이 비영리단체는 1985년 그가 죽자 큰 혼란에 빠졌다. 공식 관리 조직이나 2인자가 없었고 권한을 위임받은 집행부 조직도 없었다. 조직을 어떻게 끌고 갈지 계획도 없었다. 크리스티나 오스 직원대표는 이렇게 말한다.

"익스플로라토리움은 그가 죽은 뒤 거의 아무 활동도 못했어요. 그러나 사람들은 그가 못다 이룬 꿈과 유산을 지켜나가기로 했지요. 그걸 그냥 사장시킬 수 없었어요. 조직을 어떻게 끌고 갈지 연구가 진행되는 동안 몇몇 사람이 임시로 조직을 이끌었어요." 외부에서 영입한 첫 번째 대표는 딱 2년 만에 익스플로라토리움의 조직 문화에 어울리지 않는다는 이유로 직원들이 거부했다. 결국 5년이 지나고 나서야 비로소 이사회는 프랑스 국가과학연구소 소장이던 고에리 들라코트를 익스플로라토리움의 대표로 영입했다.

"나는 거의 이 단체가 숨을 거둘 때쯤에서 책임을 맡아 이제 성장 단계로 만들었습니다"라고 들라코트는 말한다. 그는 전문적 관리 체계를 단체에 도입했다(들라코트는 거의 15년 동안 단체를 이끈 뒤 2006년에 유럽으로 돌아갔다. 그 뒤를 이어 익스플로라토리움 전임 간부 데니스 바텔스가 대표가 되었는데 앞서 또 다른 과학교육 관련 비영리단체를 책임지고 있었다).

들라코트는 관리 체계를 만드는 것과 동시에 강력한 집행력을 보유한 간부 조직 개발에도 힘썼다. 앤 바우어스 이사는 이렇게 말한다. "고에리 들라코트는 신문이나 방송에 이름 올리기를 좋아하지 않았어요. 매스컴의 조명을 받지 않았지요. 고에리는 다른 비영리단체들과 다른 조직을 만들고 있었어요. 그는 사람들의 의견에 귀를 기울이고 존중했어요. 사람들은 모든 의사결정에 함께 참여했지요. 다른 단체에서는 태양이 지도자 위에만 비추지요. 그러나 그런 식으로 조직을 만들면 안 돼요."

위대한 지도자는 오래 간다

우리는 성공한 비영리단체의 지도자와 집행부 조직을 연구하는 과정에서 그들 대다수가 매우 오랫동안 그 자리를 유지했다는 사실을 발견했다. 비록 이들 단체의 절반 정도가 적어도 한 번은 지도자가 바뀌었지만, 절반은 설립자가 여전히 조직을 이끌고 있다. 그리고 이들 단체는 모두 지도자 한 명이 수십 년 동안 자리를 지켜왔다. 설립자가 일찍 지도자 자리를 넘기는 경우에도 그 후계자는 대개 단체를 설립할 때 함께 애쓰고 오랫동안 그 단체에서 활동한 '성장의 주역'이었다.

일반적인 비영리단체 대표의 평균 임기가 4년이라는 사실에 비춰볼 때 이것은 매우 놀라운 발견이었다. 최근에 〈혁신적인 리더십 Daring to Lead〉이라는 제목으로 발표된 컴패스포인트 CompassPoint의 연구보고서는 사회적 부문 지도자들의 임기를 조사했는데, 비영리단체의 임원 가운데 약 25퍼센트만이 5년 이상 자리를 보전할 것이라고 예상했다.[13] 기업 부문에서 사장의 임기는 대부분 5년에서 7년 사이다. GE의 잭 웰치 같은 사람은 20년 동안 사장을 맡았는데 이런 경우는 거의 없다.

　그러나 우리가 연구한 단체들의 지도자들은 평균 20년 동안 단체의 대표로 일했다(그림 7.1 참조). 나아가 전미라라자위원회 같은 경우는 그 조직에서 오랫동안 함께 활동한 사람들이 집행부 임원 자리를 여럿 차지하고 있다.

　왜 그렇게 오랫동안 대표 자리에 있을까? 결론부터 말하면 그것은 돈 때문이 아니다. 이들 지도자는 비영리단체의 평균에 비하면 보수가 꽤 괜찮지만, 기업 부문에서 일하면 훨씬 더 많이 벌 수 있을 것이다(우리는 제8장에서 보상에 대해 살펴본다). 또 일이 쉬운 것도 아니다. 오히려 공식적인 권력이 많지 않으면서 수시로 복잡하게 바뀌는 환경을 헤치고 나가는 일은, 적어도 모험이 따르는 도전적인 일이라고 말할 수 있다.

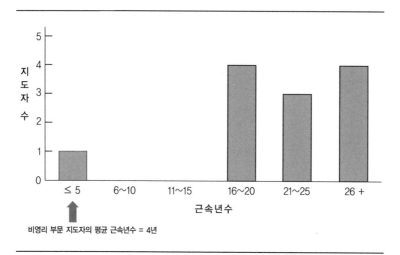

그림 7.1　성공한 비영리단체 지도자의 근속년수
주. 숫자는 2006년 기준

우리는 비영리단체의 대표들을 인터뷰하면서 그들이 조직에 그렇게 오랫동안 남아 있는 까닭은 바로 일에 대한 열정 때문이라는 것을 알았다. 그들이 맡은 역할은 단순한 일이 아니라 하늘이 준 소명이었다. 프레드 크루프 환경방위 회장은 이렇게 말한다. "진귀한 것은 닳아서 없어지지 않아요. 살면서 정말 하고 싶은 일이, 중요한 것에 큰 영향을 미치는 것이라면, 지금 내 일은 너무나 만족스럽습니다." 이들 단체의 지도자들은 모두 결과에 집착하고 실제로 사회에 영향력을 미치기를 바란다. 그것은 대개 몇 년이 아니라 수십 년이 걸리는 일이다.

더 나아가 이 지도자들을 더 오랫동안 조직에 붙잡아둔 요소는 바로 그들이 거둔 성공이다. 성공은 성공을 낳는 법이다. 이들 단체가 사회에 영향력을 크게 미칠수록 지도자들은 수입과 정서적 측면에서 모두 더 오래 머무를 이유가 늘어난다. 〈혁신적인 리더십〉은 조직이 크면 클수록 지도자의 임기도 더 길다는 것을 보여준다. "아마도 조직이 클수록 보수가 더 많고 인력 지원도 많으며 권위나 공동체에 미치는 영향력도 높아지기 때문에 더 오랫동안 활동하는 것이 아닐까"[14] 생각한다. 비영리단체 이사회는 지도자와 조직이 둘 다 성공한다면 굳이 지도자를 바꾸려고 하지 않는다.

한 사람이 오랫동안 대표 자리를 차지하는 것이 건강하지 않다고 주장할지 모르지만(과대망상의 지도자가 될지도 모른다고 우려하면서), 우리는 이런 지도자들과 중견 간부들 사이를 연결하는 리더십의 연속성이 오히려 성공으로 이끄는 열쇠 구실을 한다고 믿는다. 예를 들어, 어떤 조직에서 집행부 임원과 중견 간부들은 여러 가지 실무적인 일과 관계를 진행하는 데 노력을 많이 기울이지만, 그러다 지도자가 조직을 떠나면 이들 가운데 일부도 사라지고 만다. 대다수 비영리단체의 업무도 활동가 개인이 체화하고 있는 지식에 암묵적으로 기대는 경우가 많다. 최고 지도자가 그만두면 그 조직은 축적된 지식과 기술을 잃고 만다. 그리고 비영리단체가 당면한 문제들은 대개 매우 복잡하므로, 지도자가 계속해서 바뀐다면 그 조직은 내부 일에 더욱 매달리게 되고, 그 결과 외부적으로 성과를 내거나 영향력을 발휘하지 못하게 된다. 리더십의 연속성은 비영리단체가 성공으로 가기 위해 필요한 조건이다.

설립자 증후군과 후계 구도

일반 비영리단체는 성공한 비영리단체들의 리더십처럼 공유의 규모가 크고 깊지 않다. 사회적 부문 전체로 볼 때 리더십의 회전율이 빠르고 소모율도 높다. 그저 살아남기 위해 안간힘을 쓰는 조직이 많다. 우리는 카리스마가 막강하지만 자기중심적인 지도자가 이끄는 비영리단체를 많이 안다. 그들은 리더십을 자유롭게 쓸 줄 모르고 다른 사람과 공유할 줄도 모른다. 이른바 '설립자 증후군'이라고 알려진 현상이다. 이런 단체들은 익스플로라토리움이 그랬던 것처럼 설립자가 조직을 떠나거나 죽으면 언제고 파괴되고 말 위험 속에서 굴러간다. 후계 구도는 이 분야에서 매우 중요한 문제지만, 대개 무시하는 경향이 있다.

헤리티지재단의 필 트루럭은 주위 동료들을 보면서 이렇게 말한다. "솔직히 말해 보수주의운동을 하는 단체는 강력한 리더십을 가진 사람이 시작한 경우가 많지요. 조직의 지배권을 절대로 남에게 넘겨줄 생각이 없는 사람들이죠. 은퇴한 뒤 10년 동안은 정말 문제가 심각할 거예요. 절대로 자기 일을 아래로 이양하지 않는 사람이 많아요."

해비타트는 우리가 연구한 비영리단체 가운데 현재 유일하게 리더십을 더 광범위하게 공유하려고 애쓰는 단체로서, 이전에 설립자와 관련해서 지도자를 교체하는 어려운 과정을 겪었다.[15] 해비타트는 밀러드 풀러라는 전형적인 몽상가형 기업가가 세웠다. 그는 조직 관리에는 관심이 없었으며, 폭넓게 권한이 위임되게 집행부를 구성하지도 않았다. 그저 자신을 보좌할 핵심 인원으로 소규모 자문 집단을 꾸렸을 뿐이다.

해비타트는 1970년대 말 풀러와 부인 린다가 기독교 빈민 주택 건설 사업을 위해 공동으로 설립했다. 풀러는 해비타트를 널리 알리고 사업을 촉진하기 위해 지칠 줄 모르고 혼신을 다했다. 풀러의 기업가 정신과 영감에 가득 찬 리더십 덕분에 해비타트운동은 크게 성공할 수 있었다. 데니 벤더 전 홍보담당 부회장은 이렇게 말한다. "우리는 막강한 카리스마와 통찰력을 가진 설립자의 역할이 해비타트 발전에 얼마나 지대한 영향을 미쳤는지 잘 알지요. 해비타트는 세상에서 낙후된 주택을 없애겠다는 밀러드의 끝없는 추진력 덕분에 크게 발전했어요. 그것은 해비타트를 급격하게 성장시킨 동력이지요. 그의 노력은 성장을 위해 필요한 지원과 자원을 끌어들이지요. 좋은 생각으로만 충분하지 않아요. 누군가 행렬을 이끌 사람이 필요합니다."

그러나 풀러는 다른 사람들을 감화시키는 능력이 있었음에도 조직 건설보다는 운동을 펼치는 데 관심이 더 많았다. 다른 사람들도 자기처럼 쉬지 않고 자신을 희생하기를 바랐다. 풀러는 이렇게 말한다. "운동에서 가장 중요한 요소는 자신을 버리는 것이죠. 자신을 운동에 모두 바쳐야 해요. 마틴 루터 킹은 대의를 위해 모든 것을 바쳤고 마침내 목숨까지 내주었지요. 뒤돌아보지 마세요. 새벽 5시에 일어나서 한밤중까지 가야 합니다. 우리에게 필요한 것은 열정, 소명 의식, 헌신성입니다. 연금 확대나 봉급 인상 같은 운동은 진정한 운동이 아니에요."

따라서 풀러는 당연히 활동가의 재능, 봉급, 기타 관리제도 같은 것에는 관심이 없었다. 조직이 점점 커지면서 이 모든 것은 문제를 유발하기 시작했다. 마침내 중견 간부들과 해비타트 이사회는 강력한 조직이 뒷받침되지 않고는 운동을 지속하기 어려울 것이라고 생각했다. 클리브 레이니 지역사회대외담당 책임자는 이렇게 말한다. "이사회는 '우리 일을 운동이라고 부르지 않아도 좋다. 당신은 운동을 계획할 줄 모른다. 우리는 당신이 계획을 세우고 더욱 발전할 수 있는 해비타트를 만들길 바란다'라고 말했어요. 운동은 오래가지 않지만 조직은 오래가지요."

마침내 해비타트운동은 전국의 조직망을 효과적으로 관리하고 조직의 사회적 영향력을 유지할 내부 능력을 상실한 채 조직이 붕괴될 위기에 봉착했다. 대외적으로는 영향력을 엄청나게 발휘하고 명성을 떨쳤음에도 내부적으로는 큰 혼란에 빠졌다. 활동가들의 사기는 땅에 떨어졌고 내부 조직은 너무 허약했다. 수백만 달러짜리 거대한 세계적 비영리단체의 관리를, 관리 기술을 반드시 알 필요가 없는 수많은 자원봉사자에게 기댈 뿐이었다. 이사회는 내부 역량을 키울 것을 주문했지만 풀러는 관심이 없었다. 풀러와 이사회는 그의 권한과 후계 구도에 대해 서로 의견이 맞지 않았다. 이런 내부 분란은 한 전직 활동가가 풀러를 성희롱으로 고소함으로써 세상에 알려졌다. 결국 이사회는 풀러를 해고했다.

이어진 지도자의 교체는 활동가들에게 힘든 일이었지만 해비타트는 그것을 성공적으로 잘 이겨냈다. 풀러는 해비타트를 떠나 또 다른 주택 사업 단체를 조직했고, 이사회는 새로운 지도자를 영입하기 위해 전국 적인 조사를 진행했다. 그동안 조직은 임시 지도 체제로 갔다.

해비타트는 드디어 조너선 렉포드를 새로운 회장으로 영입했는데, 나무랄 데 없는 자격을 갖춘 사람이었다. 그는 베스트바이와 디즈니에 서 임원으로 일했고, 대형 장로교회의 행정목사며, 스탠퍼드 MBA 출신 으로 스스로 기독교인으로 다시 태어났다고 말한다. 렉포드는 빈민 주 택 사업에 대한 열정과 신앙공동체를 향한 개인적 소명 의식에, 10억 달러에 이르는 세계적 비영리단체를 이끌 경영 능력과 경륜을 겸비하고 있었다.

해비타트 사례에서 보는 것처럼 설립자 증후군은 비영리 부문에서 매우 중요한 문제다. 제대로 다루지 못한다면 조직을 파멸시킬 수 있다. 우리가 연구한 열두 개 비영리단체 가운데 일곱 개 단체가 아직도 설립 자(또는 성장의 주역 가운데 중심인물)의 지휘 아래 있으며, 이제야 비로소 후계 구도를 논의하기 시작하고 있다. 다른 단체들은 지금까지 적어도 한 번은 리더십 교체 문제를 겪었다. 이들 가운데 피딩 아메리카는 5년 마다 대표를 교체하는데, 이는 본부가 전국의 지역 식품은행에게 보고 하는 '상향식' 조직 구조를 가지고 있기 때문이기도 하다.

실제로 우리가 연구를 진행하는 동안에도 열두 개 단체 가운데 다섯 개 단체가 지도자 교체 과정을 거치고 있었다. 해비타트 외에도 전미라 라자위원회, 익스플로라토리움, 시티 이어가 그랬고, 2006년 피딩 아메 리카는 델타항공 전직 임원 비키 에스카라를 7대 대표로 영입했다.

흥미롭게도 내부에 강력한 집행부 조직이 있음에도 이들 단체 가운데 어느 곳도 새 지도자를 조직 내부에서 뽑지 않았다. 반면 성공한 기업에서는 대부분 새 사장을 회사 내부에서 발탁해 승진시킨다.[16] 성공한 비영리단체들이 새 대표를 모두 외부에서 영입했다는 사실은, 그들 내부의 잠재적 리더십 역량에 비춰볼 때 약간 뜻밖이다. 그러나 조직을 대변하고 일반 대중에게 지지를 얻어내기 위해서는 카리스마 넘치고 대외 관계가 뛰어난 지도자가 필요하다는 점에서는 당연한 일이기도 하다. 그렇게 함으로써 COO와 집행부 임원이 조직 내부 관리에 더욱 집중할 수 있는 구조가 만들어진다.

다섯 개 단체 외에 나머지 단체는 이제야 비로소 설립자 이후의 후계 구도를 이야기하기 시작했다. 유스빌드 유에스에이는 최근 들어서 중견 관리 조직을 만들었으며, 조직의 리더십 문제를 설립자이자 회장인 도로시 스톤맨 너머로 확대하기 시작했다. 아직까지 공식적인 후계 구도는 확정되지 않았지만 유스빌드의 리더십은 5년 전보다 훨씬 더 강해졌다. 스톤맨은 이렇게 말한다. "제가 트럭에 치이더라도 유스빌드는 살아남을 거예요. 우리는 현재 COO 한 명과 수석부회장 네 명, 일반 부회장 다섯 명이 있고 5~10년 경력의 중견 프로그램 관리자들이 그 뒤를 받치고 있지요."

셰어 아워 스트렝스는 빌리 쇼어라는 설립자가 아직도 막강한 리더십을 발휘하고 있는 또 다른 비영리단체다. 비록 내부 집행부 조직이 강력하지만, 아직까지 설립자 이후의 리더십 구도를 논의하지 않고 있다. 클린턴 대통령 전임 자문이며 셰어 아워 스트렝스 이사인 마이크 매커리는 이렇게 말한다. "빌리 쇼어는 셰어 아워 스트렝스와 떼어놓을 수 없는 인물입니다. 그는 우리의 거대한 자산이죠. 그러나 설립자 이후에도 사업의 안정성과 계속성을 유지하려면 어떻게 해야 할지 생각할 때가 되었어요. 한 조직이 성공적으로 발전하기 위해서는 설립자를 뛰어넘어야 해요."

보이지 않는 막강한 힘, 이사회

비영리단체의 지도자에 관한 논의는 조직 운영에 중요한 이사회의 기본 역할을 언급하지 않고는 완전할 수 없다. 그러나 우리가 인터뷰한 전문가들은 대부분 이사회의 역할을 제대로 말하지 못했다. 그것은 비영리단체의 중견 간부나 외부의 이해관계자, 심지어 이사회 구성원들조차도 이사회가 성공의 필수요소임을 인식하지 못했기 때문이다. 사회적 부문에서 강력한 이사회를 구성하는 것이 많은 관심의 대상이었음을 감안할 때 이런 현상은 다소 뜻밖이다.

그러나 우리가 인터뷰한 지도자들은 대부분 이사회와의 관계가 매우 중요하다고 말했다. 그것은 "사실이지만 새로운 것이 아니다." 만일 이사회가 효과적으로 일하지 못하면 조직이 무너질 수 있다. 그러나 일이 모두 잘 풀린다고 해도 이사회가 공로를 인정받는 경우는 드물다. 아마도 이것이 진정으로 위대한 비영리단체의 이사회가 지닌 특징일 것이다. 이사회는 조직을 이끄는 중심 구실을 하지만, 그 일을 늘 장막 뒤에서 한다.

우리는 비영리단체 이사회의 다양한 특징을 연구하면서 흥미로운

	이사 수
환경방위	42
익스플로라토리움	28
전미라라자위원회	26
티치 포 아메리카	26
해비타트	25
피딩 아메리카	21
시티 이어	21
헤리티지재단	20
셰어 아워 스트렝스	16
유스빌드 유에스에이	15

표 7.2   일반적인 이사회의 규모보다 더 크다

사실을 몇 가지 알아냈다. 우리가 연구한 성공한 비영리단체들의 이사회는 대개 이사 수가 많고 몇몇 이사는 임기가 길다. 단체의 대표는 이사회와 권력을 공유한다. 어느 누구도 혼자 최고의 권력을 독점하거나 조직을 지배하지 않는다. 이들 단체의 이사회는 매우 열심히 일한다. 이사회의 통솔 형태나 역할은 환경에 따라 다양하지만, 대부분은 단체 대표나 집행부와 잘 협력하며 조직이 성장하면서 같이 발전한다.

이사회를 구성하는 이사 수를 특히 기업의 이사회 수와 비교하면 놀랄 만하다. 대개 20명에서 40명 수준이다(표 7.2 참조). 이것은 아마도 이들 단체가 사회에 영향력을 크게 발휘하기 위해서는 조직 안팎의 많은 사람을 조직 내부로 포용해야 하기 때문일 것이다. 단체에는 다양한 기술과 배경, 사회적 네트워크를 대표하는 광범위한 이사회가 필요하다.

익스플로라토리움의 들라코테는 이렇게 말한다. "여러 가지 요소가 섞여야 해요. 돈 많은 사람도 있어야 하고 지역사회를 대표하는 사람도 있어야 하죠. 이사회는 현재 돌아가고 있는 사회를 그대로 반영하는 거울이어야 해요."

지도자와 중견 간부들의 리더십이 연속성을 가져야 하는 것처럼, 비영리단체가 성공하려면 이사회의 리더십도 연속성이 있어야 한다. 이들 단체의 이사회는 비록 새로운 활력과 아이디어를 충전받기 위해 어느 정도 바뀌기도 하지만, 대체로 오랫동안 이사로 근무하는 사람이 많다. "우리는 25년이 넘게 여기서 근무한 이사가 여섯 명이나 있어요"라고 버지니아 카롤로 루빈 익스플로라토리움 개발담당 책임자는 말한다. 그녀는 여러 차례 대표가 바뀌는 동안 임시 대표를 맡기도 했다. "그들은 정말 헌신적이에요. 이곳은 그들에게 활동과 사명감과 활력을 줍니다. 그들은 개인적 목적이나 특별한 대우 때문에 여기 있는 게 아닙니다."

이들 단체의 대표들과 집행부 조직은 더 높은 목적을 달성하기 위해 이사회와 리더십을 공유하는 방법을 찾아냈다. 대개 집행부 임원과 이사회는 권력을 균등하게 나눈다. 각자 모두 중요한 일을 하지만 서로 역할이 다르다. 특히 창립 초기나 성장 발아 단계에서 조직을 세세한 부분까지 관리하거나 실무에 관여하는 이사회가 많은 것을 감안하면, 이것은 매우 흥미로운 발견이었다. 그러나 영향력이 큰 이들 비영리단체는 이사회가 리더십을 독점하기보다는 대표나 집행 간부들과 권력을 공유하거나 서로 함께 협력하며 일한다. 이런 리더십의 균형은 조직 내부에 리더십 공유 모델을 만들고, 조직 성장 과정에서 좀더 성숙한 단계로 올라서게 한다.

어떤 단체는 설립 때는 이사회가 조직을 이끌고 권력을 독점하다가 나중에 더 강력한 대표자가 등장하면 리더십을 이양하거나 서로 공유했다. 예를 들면 전미라라자위원회는 1974년 라울 이사게레가 대표로 선임되었을 때, 강력한 권한을 가진 이사회가 조직을 이끌고 있었다(이 단체는 여러 집단이 공동으로 설립했다). 그는 최고 지도자로서 필요한 권한과 책임을 가지지 못했다. 그래서 조직 개혁을 요구하며 이사회와 맞섰다. 이사게레는 이사회가 자기에게 이사회의 승인 없이 중요한 결정을 내릴 수 있도록 권한을 주지 않는다면 대표를 그만두겠다고 위협했다. 말하자면, 이사회 중심의 하향식 권력 구조를 버리고 대표와 이사회가 리더십을 공유하는 체제로 전환하자고 로비를 한 것이다. 이사게레는 이렇게 회상한다.

"당시 이사회 의장은 정치권과 관계 깊은 강력한 인물이었고, 그가 맺고 있는 대외 관계와 관련 단체들이 조직을 지탱하고 있었어요. 이사회의 권한은 무소불위였어요. 하지만 이사회는 아무 책임도 지지 않았고 그건 직원들도 마찬가지였어요." 다행히 이사회는 이사게레가 그만두는 것을 막기 위해 자신들의 권한을 일부 포기했다. 그때부터 이사게레와 이사회는 비로소 서로 힘의 균형을 이루며 효과적으로 협력할 수 있었다.

이들 단체의 이사회는 단체 활동에 매우 광범위하게 개입한다. 더 중요한 것은 이들 이사회가 단체 대표와 서로 긍정적인 관계를 유지한다는 점이다. 일반적인 비영리단체의 대표는 대부분 이사회와 건설적인 관계를 유지하지 못하며, 그것이 바로 대표가 자주 바뀌는 원인의 하나라는 연구 결과가 있다. 〈혁신적인 리더십〉이라는 연구보고서에 따르면 "이사회와 사이가 나쁜 단체의 대표는 이사회를 좋게 생각하는 단체의 대표보다 빨리 그만둘 가능성이 두 배가 넘는다."[17] 이 연구는 또한 조사 대상인 비영리단체의 대표 가운데 "이사회가 자신들에게 좀더 일을 잘할 것을 요구한 것"에 적극 동의하거나 이사회를 "리더십을 지닌 하나의 실체"로 인정한 사람은 3분의 1에 불과하다고 지적했다.

우리의 연구 결과도 이런 일반적 인식과 별로 다르지 않다. 비록 이사회와 대표 사이의 관계를 연구한 심층 자료는 없지만, 우리가 관찰한 바에 따르면 우리 연구에 나온 비영리단체의 대표들은 대개 이사회와 협력 관계를 긴밀하게 유지한다. 들라코테는 다른 과학박물관 관장들에 대해 이렇게 말한다. "내가 아는 동료 대부분은 언제나 '난 이사회가 싫어'라고 말하죠. 그러나 나는 언제나 그 반대로 말했어요. 일과 관련된 관계가 무엇보다 가장 중요하니까요."

이사회가 하는 일은 단체마다 다르다. 대개는 기금을 모금하는 일을 하며(유스빌드와 셀프헬프는 예외), 이사들은 자신과 관련된 사회적 네트워크를 이용해서 해당 비영리단체가 직접 또는 간접적으로 필요한 자원을 얻도록 돕는다. 마르시아 아로노프 환경방위 사업담당 부회장은 이렇게 말한다. "프레드는 열심히 일하는 이사회를 만들려고 정성을 많이 쏟아요. 기부자를 얼마나 많이 확보하는가는 이사회가 자신들과 관련된 네트워크에 단체를 얼마나 열심히 알리느냐에 달려 있어요. 그것은 우리의 자원 확보 전략에서 아주 큰 부분이죠." 앞서 제4장에서 본 것처럼 이사들은 대개 정부와 기업에 중요한 인맥을 형성하고 있거나 그들에게 단체를 소개하는 가장 강력한 열성지지자들이다.

나아가 이들 단체의 대표들은 대개 이사회가 고차원의 전략을 짜는 데 도움을 주거나, 중요한 현안을 자문하는 일에 깊이 관여한다고 말한다. 이런 까닭에 이사회는 집행부의 활동을 정교하게 다듬을 수 있는 경력과 배경이 다양한 사람들로 구성된다. 또 법률, 마케팅, 금융 분야의 전문 기술이나 지식이 있거나 정부나 기업에서 일한 경험이 있는 사람들이 이사회에 포함된다(이사의 수가 많아지는 것도 한편으로는 이런 이유 때문이다).

이사회는 대부분 조직이 발전하면서 자연스럽게 구성원을 바꾼다. 예를 들면 셰어 아워 스트렝스 이사회는 처음에 "친구와 가족들로 시작했어요. 정말 명실상부한 설립자의 이사회였지요"라고 빌리 쇼어는 말한다. "우리는 명성이나 자원 제공 능력을 보고 이사를 뽑지 않았어요. 전략적으로 사고할 줄 아는지가 가장 중요했지만, 당시 이사회는 그런 정도로 성장하지 못했어요. 그래서 우리는 의사소통 능력이 뛰어나고 기업 경력이 있는 사람들을 찾았어요. 지금 이사회는 그때와 전혀 다르지만 여전히 매우 열심히 활동하죠."

강력한 리더십을 가진 비영리단체가 되기 위해서는 단체의 대표와 집행부, 이사회가 서로 정교하게 권력을 나눠야 한다는 것이 이제 분명해졌다. 익스플로라토리움 이사회의 명예의장이며 이사인 F. 밴 캐스퍼가 말한 것처럼 "이사회 이사들이 아주 강력한 소명 의식을 가지고 있고 헌신적이라면, 그들은 집행부와 이사회의 분위기를 열정적으로 만들 수 있어요. 이 두 조직이 서로 긴밀하게 협력한다면 그 단체는 성공할 수밖에 없다고 생각해요."

리더십 문제

사회적 부문의 규모와 중요성이 점점 커지고 있는 이때, 비영리단체에서 숙련된 리더십은 더욱 절실하다. 이미 살폈듯 리더십은 최고 지도자뿐 아니라 집행부 간부들과 이사회 구성원, 지역 간부들도 필요하다. 그러나 아무리 리더십을 공유하는 것이 중요하다고 강조해도 비영리단체에 필요한 최고의 지도자를 찾기는 언제나 쉽지 않다.

우리가 연구한 단체들은 모두 단체가 성장하고 영향력을 확대하는 데 가장 큰 장애물은 기금 부족이라고 말했다. 두 번째는 좋은 인재의 부족이다. 여러 연구 결과에 따르면, 오늘날 사회적 부문이 직면한 절박한 문제는 리더십 위기다. 수요는 늘어나는데 공급은 줄고 있다. 그동안 비영리단체에서 활동하던 베이비붐 세대가 물러나고 주요 단체의 지도자들도 점점 사라지는데, 대다수 단체들이 그들을 대체할 인재를 조직 내에서 충분히 발굴해내지 못했기 때문이다. 비록 이들 비영리단체가 조직 내부에서 리더십을 잘 육성했다고 해도 (다음 장에서 살펴보겠지만 조직의 보수 체계를 포함해서) 그것은 쉬운 일이 아니었다. 그들은 조직 전반에 걸쳐 리더십을 공유하기 위해 많은 시간과 돈, 노력을 쏟아 붓는다.

비영리 자문 회사 브리지스팬의 설립자 톰 티어니가 보고서에 쓴 것처럼, 현재 상황은 다음과 같은 비영리단체들이 더 많을 게 틀림없다. "리더십이 뛰어난 조직을 키우는 데는 시간과 노력이 많이 든다. 성공한 기업의 대표들은 대부분 시간의 절반 이상을 사람과 관련된 문제에 쓴다. 그러나 비영리단체의 대표들은 기금 모금에 가장 소중한 시간을 바친다."[18]

리더십은 비영리단체들에게 매우 중요한 문제다. 주로 봉사단체들이라 그들의 자산은 일반적으로 만져볼 수 없으며, 제공하는 프로그램이나 서비스는 오직 그들이 보유한 인적 자원이 얼마나 좋으냐에 달려 있기 때문이다. 사회적 부문이 새로운 리더십 모델을 개발해야 하는 까닭은 이보다 더 많다. '창조적리더십센터'에서 나온 한 보고서는 "비영리단체가 리더십 역량을 키우기 위해서는 개인의 리더십뿐 아니라 집단의 리더십도 개발해야 한다(작업 집단, 부서, 공동체의 리더십 등을 예로 들 수 있다). 비영리단체는 개인 사이의 관계를 개발하는 동시에 조직 내 집단 사이의 관계도 개발해야 한다. 나아가 조직을 둘러싼 핵심 구성요소와 이해관계자 사이의 관계도 발전시켜야 한다"[19]고 말한다. 물론 모든 것이 말처럼 쉽지는 않다. 우리가 연구한 성공한 비영리단체들은 그 일을 어디서부터 시작해야 하는지 약간의 단서를 제공한다.

영향력이 큰 비영리단체들은 내부의 리더십 역량 축적과 잠재적 인재 양성을 통해 성장을 지속할 능력을 키웠다. 강력하고 활동적인 이사회를 육성하고 단체 대표와 이사회 사이의 협력 관계를 돈독히 함으로써 서로 오랫동안 조직을 이끌어나갈 수 있었다. 어찌 됐든 이들 비영리단체는 개인의 전문 능력 측면에서나 조직 관리 측면에서 진정한 권력은 권한과 책임을 상층부가 독점하는 것이 아니라 할 수 있는 한 조직 내부에 널리 분산하는 데서 온다는 것을 깨달았다. 진정한 권력은 리더십이 조직 전반에 스며드는 문화, 권력을 자유롭게 내주는 것에서 온다.

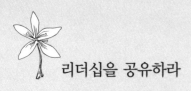

리더십을 공유하라

■ **위대한 비영리단체의 지도자들은 권력을 공유한다.**

현명한 지도자들은 조직의 잠재성을 실현하고 증대하려면 권력을 공유해야 한다고 인정한다. 그들은 더 커다란 영향력을 갖기 위해 자신의 권력을 포기할 줄 안다.

■ **여러 가지 유형의 리더십이 꽃피게 하라.**

한 가지 유형의 리더십만이 사회에 큰 영향을 미치는 조직을 완성할 수 있는 것은 아니다. 개인의 이익을 넘어 조직의 대의를 실현하려는 지도자라면 어떤 형태의 리더십을 가졌든 (카리스마가 있든, 겸손하든, 전략적이든, 실무적이든) 문제가 안 된다.

■ **조직 내부의 통제권을 COO에게 넘겨라.**

처음부터 2인자와 함께 조직을 관리하거나 나중에라도 2인자를 두는 조직 대표가 많다. 명칭이야 어찌 됐건 2인자는 대개 내부 조직 관리에 집중하는데, 그렇게 함으로써 대표는 대외 리더십에 더 몰두할 수 있다.

■ **집행부에 권한을 줘라.**

최고의 비영리단체 지도자들은 조직의 성공을 위해 강력한 집행부를 꾸려 그들에게 실질적인 권한과 책임을 줌으로써 그들의 잠재적 역량을 강화한다. 이것이 뛰어난 인재들을 오랫동안 조직에 머물게 하는 방법이다.

■ **위대한 지도자들은 오래 간다.**

성공한 비영리단체의 지도자들은 사회적 부문이나 보통 기업의 사장보다 훨씬 더 오랫동안 조직에서 활동한다. 그들의 오랜 근속년수와 리더십의 연속성은 이들 비영리단체가 성공하게 된 밑바탕이다.

■ **후계 구도를 짜라.**

위대한 지도자들은 그만둬야 할 때를 안다. 그때를 대비해 이사회와 함께 리더십 이양

계획을 세워라. 조직 내부의 리더십을 육성하고 외부에서 새 지도자를 영입할 준비를 하면서 변화를 대비하라.

■ 크고 전략적인 이사회를 구성하라.

오늘날 추세는 이사회 규모를 줄이는 것이지만, 이들 성공한 비영리단체의 이사회는 비교적 규모가 크고, 경력이 다양한 이사가 많다. 이사의 자질도 중요하다. 이사는 조직의 대의를 달성하는 데 도움을 줄 헌신적이고 다양한 기술과 안목, 사회적 네트워크를 가진 사람이어야 한다.

■ 권력의 균형을 유지하라.

이사회와 만나는 것을 최소화하려고 애쓰거나 그들과 끊임없이 맞서는 지도자가 많다. 반면 위대한 비영리단체의 지도자들은 이사회와 좋은 관계를 유지할 줄 안다. 그들은 더 큰 조직의 대의를 달성하기 위해 리더십을 공유한다.

영향력 유지하기

Sustaining Impact

짐 콜린스는 《좋은 기업을 넘어 위대한 기업으로》에서 "사람이 먼저고 그 다음에 일"이라고 했다. 그러나 비영리 부문에서는 그와 반대로 "일이 먼저고 사람은 그 다음"이다. 비영리단체들은 무엇보다 그들이 추구하는 목적에 따라 움직이는데, 그 목적은 바로 어떤 사람이 그 일을 선택하게 되는 근본 이유다.

FORCES for GOOD

"우리는 누군가가 셀프헬프에서 1주일도 채 버티지 못하고
'이게 우리 목적과 맞나요?'라고 문제 제기하는 것을 용납하지 않아요.
이곳은 돈 벌러 오는 곳이 아니죠.
일에 소명 의식이 없다면 버스에서 내리고 자리를 비워주세요."

―마틴 익스

제8장   영향력 유지하기

티치 포 아메리카를 설립한 지 불과 몇 년 지나지 않아 설립자 겸 회장인 웬디 콥은 활동가들의 반발에 부딪혔다. 1992년 8월 티치 포 아메리카는 로스앤젤레스로 전체 조직원을 소집했다. 신입 교사들이 학교 현장으로 가기 전에 받아야 하는 제2차 하계 훈련이 열리는 곳이었다. 그러나 단체의 상근 활동가들은 설립 후 2년이 넘는 동안 격무와 낮은 임금, 조직 체계의 미비, 불투명한 의사결정 권한에 진절머리가 났다. 그들은 콥에게 상황이 바뀌지 않으면 일을 그만두겠다고 말했다. 이 이야기는 나중에 '콥에게 일격 coup de Kopp' 사건으로 알려졌다.[1]

이 때문에 단체 활동에 중요한 몫을 차지하는 기금 마련에 문제가 생기면서 상황이 더 악화됐다. 콥이 4주 안에 70만 달러를 모금하지 못하면 단체는 문을 닫아야 할 처지였다. 그것은 완벽한 위기 상황이었다. 티치 포 아메리카는 폭발 직전이었다.

콥은 프린스턴 대학 졸업 논문의 아이디어를 바탕으로 1989년 이 야심만만한 비영리단체를 출범시켰다. 티치 포 아메리카는 대학을 갓 졸업한 젊은 교사들이 미국에서 가장 열악한 학교에서 아이들을 가르치면서 동시에 더 커다란 교육 개혁을 위해 노력하는 전국 단위의 교사단체가 될 것을 목표로 삼았다. 콥의 포부는 처음부터 매우 컸다. 먼저 한 곳에서 실험해보고 천천히 규모를 키우라는 주변의 권고를 무시하고, 시작부터 500명의 교사단을 꾸려 전국 단위로 바로 활동에 들어간다는 당초 생각을 고집했다.

콥은 자신이 쓴 책 《언젠가 모든 아이들이 One Day, All Children……》에서 이렇게 회상한다. "대부분 더 작게 시작하라고 충고했어요. 한 지역에서 50명으로 실험해본 뒤 그 경험을 살려 규모를 확대하라는 것이었죠. 그러나 그건 내가 생각한 티치 포 아메리카의 전망과는 반대였어요. 나는 티치 포 아메리카를 작은 비영리단체나 단순한 교사훈련프로그램 모델로 생각하지 않았어요. 그것은 하나의 사회운동이었어요."

콥은 이 운동을 시작하면서 자신을 모두 바쳤다. 콥은 첫 해 동안 '하룻밤 걸러' 잠자는 시간을 빼고는 24시간 내내 일만 했다. 열정적이고 지칠 줄 모르는 콥은 뉴욕에 사무실을 기부받고 주위를 돌아다니며 가구를 빌렸다. 그리고 거기서 기부금 요청 편지를 수천 통씩 썼다. 콥은 또한 자신의 교육운동을 지지하는 젊은이들을 고용했다. 그들은 전국 대학을 돌아다니며 자신과 함께 교육운동에 투신할 인재를 모집했다. 대학생들은 어느 학교에서 일할지, 보수가 얼마나 될지, 어떤 지원을 받을지 전혀 모르는 상황에서 티치 포 아메리카의 교사가 될 것을 권유받았다. 그들은 티치 포 아메리카와 함께 운동을 완성해나가야 했다.

티치 포 아메리카는 다른 단체들과 마찬가지로 처음 몇 년 동안은 언제나 위기 상황이었다. 회의는 날마다 아침에 세 번까지 잡혔다. 관리체계는 전혀 자리 잡혀 있지 않았다. 사람들은 똑같이 얼마 안 되는 연봉(2만 5000달러)을 받았다. 그리고 모두 직접 콥에게 보고했다. 더군다나 콥이 뽑은 대학 졸업자 대부분은 이전에 직업을 가져본 적이 없었다. 따라서 콥은 혼자서 이 전국적인 비영리단체를 운영해야 했다. 이 단체는 이상주의와 커피, 그의 꿈을 지지하는 개인 후원자들과 기부금을 기반으로 굴러갔다.

비록 직원들을 설득해 사태를 무마하기는 했지만, 그 '일격' 사건 뒤로 콥은 모든 것이 자기 능력 밖이라는 것을 깨달았다. 그래서 기업가 크리스 휘틀이 신생 교육업체 에디슨 스쿨스를 시작하며 매력적인 영입 제안을 했을 때, 힘에 부치는 티치 포 아메리카를 포기하고 싶은 유혹도 받았다. 마침내 콥은 그 제안을 거부했지만 휘틀은 곧바로 회사 부회장 닉 글로버에게 요청해 자금과 조직의 위기에 빠진 콥을 도와주게 했다.

글로버는 뉴욕의 월도프 아스토리아 호텔에서 콥과 그녀가 가장 신뢰하는 활동가 몇 사람과 함께 사흘 동안 연찬 모임을 가졌다. 그는 모금 활동에 시간과 노력, 인력을 더 많이 투입하고, 프로그램을 진행하는 활동가와 개발하는 활동가의 균형을 맞추라고 조언했다(당시 기금 모금 일을 하는 인력은 콥과 다른 한 명밖에 없었고, 나머지 활동가 60명은 프로그램 운영에 매달렸다). 글로버는 또한 콥에게 중견 관리 조직을 만들어 책임을 더 많이 주라고 말했다. 글로버는 모든 직원에게 보수를 똑같이 지급하는 규정을 바꾸라고 설득하고, 일을 매끄럽게 처리하기 위해 기본적인 관리와 의사결정 제도를 시행해야 한다고 권했다. 콥은 이렇게 말한다.

"효과가 있었어요. 몇 주 지나지 않아서 티치 포 아메리카는 마치 다른 곳처럼 바뀌었어요. 그동안 우리를 힘들게 한 조직 문제들이 사라졌어요. …… 교사단원을 뽑고 훈련하는 방식도 다시 손봤어요. 기금 또한 활동비로 쓰고도 남을 정도로 모았어요. 닉 글로버는 내게 다시 할 수 있다는 자신감을 주었어요. 그의 가르침 덕분에 우리가 무엇이든 할 수 있다는 것을 알았지요."

그러나 티치 포 아메리카는 여전히 어두운 숲에서 빠져나오지 못했다. 그 뒤를 이어서 콥이 '암흑기'라고 부르는 때가 찾아왔다. 티치 포 아메리카의 초기 자원이 바닥을 드러낸 것이다. 가진 것에 비해 단체 규모가 너무 커졌고, 몇 명 되지 않는 활동가가 너무 많은 프로그램을 진행했다. 따라서 이처럼 급격한 성장을 뒷받침해줄 조직 내부의 자원이 부족했다.

그러나 그 첫 번째 위기는 완벽한 전환점 구실을 했다. 위기에 처한 티치 포 아메리카가, 운동을 계속하려면 조직부터 건설해야 한다는 사실을 깨우치게 만든 계기였다. 그 뒤 몇 년 동안 콥과 집행부는 그리 중요하지 않은 프로그램은 중지하고 예산 규모에 맞게 비용을 줄였으며, (많은 프로그램을 운영하기 위해 끊임없이 더 많은 기금을 모금해야 하는 구조 대신에) 장기적인 기금 모금 계획을 세우고, 관리 체계를 더욱 정교하게 구축하며, 조직의 역량 개발과 인재 양성에 더 많이 투자했다. 티치 포 아메리카는 이처럼 안정된 기반 아래서 마침내 성장의 날개를 활짝 펼치기 시작했다.

오늘날 이 단체는 지난 10년 동안 미국에서 가장 큰 성공을 거둔 비영리단체로 널리 인정받고 있다. 티치 포 아메리카는 이제 650명의 상근 활동가, 연간 7000만 달러의 예산, 강력한 리더십, 높은 지명도를 지닌 교육계의 무시할 수 없는 힘으로 성장했다. 그러나 티치 포 아메리카가 만일 1990년대 초에 지금과 다른 길로 갔다면 우리는 이 책에 이 단체를 소개하지 못했을 것이다. 실제로 티치 포 아메리카는 높은 기대와 부족한 조직 역량 사이의 균열 속으로 추락한 수많은 비영리단체 가운데 하나가 될 수도 있었다.

균열을 넘어서

이 책에 나오는 단체들도 티치 포 아메리카처럼 어려운 시기를 대부분 몇 차례씩 겪었다. 그들이 거둔 성과는 정말 위대하지만, 멀리서 또는 나중에 보더라도 그들이 그렇게 되기까지 쉽지 않은 길을 걸었다는 것은 분명하다. 성공은 평탄한 길보다는 울퉁불퉁한 길을 선호한다. 우리가 연구한 몇몇 비영리단체는 대개 죽었다 살아나는 경험을 했다. 그때마다 거의 조직이 분열되거나 자금이 떨어졌고, 조직 운영이 원대한 목표를 따라가지 못했다.

전미라라자위원회가 그런 시기를 겪은 때는 라울 이사게레가 1970년대 말 회장을 맡고 얼마 되지 않아서다. 당시 전미라라자위원회는 전체 기부금의 절반 이상을 정부 지원금으로 충당했다. 그러나 1980년 로널드 레이건이 대통령에 당선되면서 지원금이 전액 삭감됐다. 단체의 예산은 하룻밤 사이에 500만 달러에서 200만 달러 이하로 줄었고, 상근 활동가 70퍼센트를 해고해야 했다. 그래도 조직이 살아남을지 불분명했다. 이사게레는 마침내 기업위원회를 결성하고 기금을 모금할 새로운 원천을 적극적으로 발굴하기 시작했다.

이미 살펴본 몇 가지 사례처럼 비영리단체들은 대부분 극복하기 어려운 난관에 빠진 것처럼 보였을 때 또는 너무 방만하게 조직을 키웠을 때 자금과 역량의 위기를 맞았다. 그리고 사회적 부문에는 시대에 뒤떨어진 낙오자, 이를테면 아이디어는 좋으나 성과를 거두지 못하는 비영리단체나 기본을 갖추지 못해 영향력을 유지하지 못하는 단체가 여기저기 어지럽게 많다. 비영리 자문 기업 브리지스팬 그룹의 윌리엄 포스터는 "비영리단체들의 역량과 그들이 시도하는 문제 사이의 간극이 마치 깊게 패인 균열처럼 커 보여요."[2] 라고 말한다.

비영리단체들은 대부분 일정 규모까지 성장하기를 바라지만(또는 지금 상태라도 지속적으로 유지하기를 바라지만), 그렇게 하기는 정말 쉽지 않다. 지속적으로 기금을 제공하는 후원자를 찾고 조직의 기반 구조와 운영에 투자하는 일은 모든 비영리단체가 직면한 문제다.

간단히 말하면 성공한 영리기업과 달리, 비영리단체에게는 활동비를 감당할 지속적인 수입 구조가 없다. 그들은 이윤을 남길 수 없다. 그들은 불완전한 시장을 바로잡고, 돈을 지불할 수 없는 사람들에게 도움을 주기 위해 존재한다. 따라서 목적을 달성하기 위해 해마다 제3자(재단, 정부, 개인)에게 더 많이 기부하라고 호소해야 한다. 전직 기업 임원인 에일린 제이컵스 시티 이어 이사는 이렇게 말한다. "기업은 대부분 스스로 자금을 조달할 수 있어요. 그러나 비영리단체는 그런 만족을 누릴 수 없지요. 대다수 비영리단체는 기부금이 그다지 많지 않아요. 그래서 해마다 대의를 팔아야 해요. 날마다 살아남기 위해 돈을 모으기는 정말 힘들죠."

기업은 또한 사업 확장에 필요한 추가 자금을 마련하기 위해 정교한 자본 시장을 이용할 수 있다. 성장과 더불어 자체적으로 주식이나 채권을 발행하여 사업에 투자하고, 발전 단계에 맞게 다양한 금융기관을 골라서 이용할 수 있다. 예를 들면 '엔젤' 투자자나 벤처 캐피탈, 투자은행, 다양한 금융 대출 기관을 만날 수 있다. 그러나 사회적 부문의 자본시장은 아직 발전하지 않았고, 이제야 조금씩 학자들과 금융업계에서 연구하고 논의하기 시작했다.[3]

또 비영리단체가 지속적으로 성공하기 위해 조직의 핵심요소인 사람과 기반 구조, 제도에 투자할 때 **불리한 점**이 한 가지 더 있다. 기업 부문의 투자자들은 기업이 상품뿐 아니라 그 상품을 생산하는 기업에 투자하는 것을 인정한다. 크리스틴 레츠, 윌리엄 라이언, 앨런 그로스먼이 1997년 영향력 있는 〈하버드 비즈니스 리뷰〉에 게재한 논문 〈고결한 자본 Virtuous Capital〉에서 주장한 것처럼, 비영리단체의 투자자들은 영리기업의 투자자들에게 많은 것을 배웠다.[4] 하지만 사회적 부문에는 투자된 돈을 간접비로 쓰지 말고 사업비로만 써야 한다는 잘못된 생각이 만연돼 있다. 마치 그 사업은 누가 돌보지 않아도 혼자 저절로 굴러가는 것처럼 생각하고 있는 것이다.

이런 까닭에 비영리단체 대부분은 목표 달성에 필요한 최소한의 규모에 도달하기가 더욱 힘들며, 따라서 혼자 힘으로 그런 규모를 유지하거나 장래의 영향력 확대를 위해 기반을 키우는 일까지도 스스로 해결해야 한다. 그렇다고 비영리단체가 영향력을 키우기 위해서는 무조건 **규모**를 키워야 한다고 주장하는 것은 아니다. 오히려 우리의 주장은 그 반대다. 해비타트는 10억 달러의 예산으로 전 세계에 영향을 미치지만, 예산과정책우선순위센터는 1300만 달러의 예산으로도 엄청난 영향력을 발휘한다(그림 8.1 참조). 이 두 단체는 서로 다른 사업 모델과 기금 모금 전략으로 운영되며, 추구하는 목적과 소명 의식 또한 다르다. 그러나

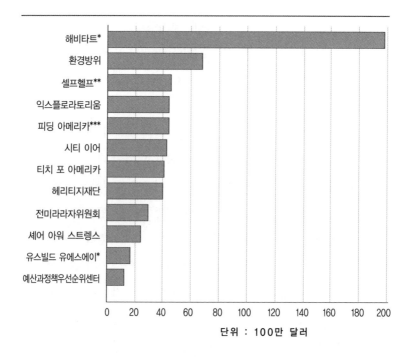

그림 8.1　총 수입 (2005년)

주.　* 본부만 포함. 지부 예산은 포함되지 않음
　　** 순수입
　　*** 현물 기부액은 포함하지 않음

한 비영리단체가 전략을 효과적으로 수행할 정도의 규모에 도달하면, 그때부터는 조직과 영향력을 유지하는 데 어려움을 느낄 수 있다.

　　그때부터 극복해야 할 난관들이 나타난다. 사회적 기업 대다수는 계속해서 규모가 커지기를 바라거나 적어도 지금과 같은 수준의 영향력을 유지하고 싶어 한다. 그러나 그들 앞에는 강력한 대항 세력이 등장한다. 이 책에 소개된 비영리단체 지도자들은 누구나 할 것 없이 어떻게 해야

선을 위한 힘

투자보다 가치를 더 많이 얻을지, 어떻게 해야 비용의 증가 없이 성과를 극대화할지, 어떻게 해야 조직 운영 자금을 충분히 모금할지 머리를 싸매고 씨름했다. 위대한 비영리단체들은 목표(더욱 큰 영향력)와 투자 욕구 사이의 벌어진 간격을 끊임없이 좁혀야 한다는 사실을 안다.

영향력을 유지하기 위한 세 가지 핵심요소

앞 장에서 우리는 이 열두 개 위대한 비영리단체가 더 강력한 영향력을 행사하기 위해 조직 외부의 힘들을 어떻게 이용하는지 살펴보았다. 그러나 외부로의 영향력 확대와 더불어 자신들이 약속한 것을 잘 이행할 줄 알아야 한다. 모든 단체가 완벽하게 관리될 수 없다는 것을 인정하지만, 좋은 인재를 확보하고 자금을 마련하고 기반 조직을 올바르게 갖추는 일 같은 기본적인 조직 활동까지 무시해서는 안 된다. 그들은 여섯 가지 경영 습관을 적용해 대외적으로 **영향력을 확대함과 동시에 그 영향력을 유지**하기 위해 조직 내부적으로 필요한 요소에 투자해야 한다. '이것 아니면 저것'이 아니라 '둘 다 모두'다.

야심적인 목표를 달성하는 일과 조직의 역량을 키우는 일은 서로를 강화하며 발전할 수 있다. 또한 비영리단체는 다른 부문과 협력해서 조직 유지에 필요한 재원을 발견할 수 있다. 정부, 기업, 개인과 같은 외부 협력자들은 대개 돈과 현물, 신용, 자원봉사 같은 여러 가지 핵심 자원을 제공한다. 앞서 본 것처럼 성공한 단체들은 정부 정책을 바꾸기 위해 자금 조달의 수단이자 목적으로서 정부에 영향력을 행사할 줄 안다. 마찬가지로 기업과 협력해서 목적 달성에 필요한 자원을 얻는 동시에 기업이 기존의 잘못된 관행을 바꾸도록 영향력을 행사할 줄도 안다. 기금 모금을 위해 개인들을 끌어들이거나, 다른 비영리단체들과 네트워크를 만들어 협력할 줄 안다. 또한 이런 네트워크를 동원해 민초들의 지지나 문화 개혁을 이끌어낼 줄 안다.

영향력이 큰 비영리단체들은 영향력을 유지하고 심화시키려면 세 가지 핵심요소가 필요하다는 것을 인정한다. 그것은 **사람, 자본, 기반 구조**를 말한다. 이것은 '만족스러운' 비영리단체를 만들기 위한 '필요조건이지만 충분조건은 아닌 요소'다. 이 요소 가운데 어느 것도 각자 독립적으로 작용하지는 않지만, 조직의 영향력을 유지하려면 없어서는 안 될 요소인 것은 틀림없다.

1. 사람 : 인재 양성 계획을 세우고 우수 인재를 높이 대우하라 | 성공한 비영리단체들은 모두 "사람이 가장 중요한 성공 요소 가운데 하나"라고 말했다. 비영리단체가 모두 활동가에게 크게 의존하는 것은 아니지만, 위대한 비영리단체들은 다른 단체에게 모범이 될, 우수 인력을 뽑고 양성하고 유지하는 특별한 능력을 지니고 있다.

2. 자본 : 지속적으로 기금을 공급받을 적절한 자금원을 찾아 | 이들 단체 가운데 업적과 영향력 유지에 필요한 지속 가능한 자금원을 한 군데 이상 보유하지 않은 곳은 하나도 없다. 자금원은 서로 다를 수 있지만, 성공한 단체들은 기금 모금을 위해 전략적 선택을 하며, 발생할 수 있는 재정 위기를 대비하기 위해 이들 자금원을 다각화한다.

3. 기반 구조 : 반대가 있더라도 조직 관리에 돈을 써 | 이들 단체는 모두 성

장 꼭짓점에 이르렀을 때 정보 기술과 건물, 관리 체계 정비에 투자하고 조직 역량을 키우는 데 관심을 기울였다. 그들은 이런 투자에 필요한 자본을 조달하기 위해 창조적인 방법들을 발견했다.

사람 : 우수 인재에게 투자하라

제7장에서 우리는 위대한 비영리단체들이 어떻게 중견 지도자들을 오랫동안 조직에 머물게 하는지 보았다. 이들 단체는 무엇보다도 임원들로 구성된 집행부에 강력한 권한을 주었다. 최고 경영층 임원들에게 계속해서 일에 충실할 수 있는 까닭이 무엇인지 물으면, 그들은 대개 맡은 일에 대한 열정, 사회를 바꿀 능력, 헌신적인 동료들 덕분이라고 말한다. 중간 관리자나 하급 직원도 마찬가지다. 대부분 처음에 비영리단체 활동에 대한 목적의식과 열정으로 자연스럽게 그 일에 끌려들어 왔다고 말한다.

그러나 이런 내적 동기가 사람들을 언제까지고 조직에 붙잡아 둘 충분조건은 아니다. 성공한 비영리단체들은 우수한 인재를 조직에 남게 하기 위해 인재 양성 전략이 필요하다는 것을 알았다. 놀랍게도 우리가 살펴본 단체 가운데 공식 인사 책임자나 인사부서가 있는 곳은 절반에 불과하다. 그러나 이들 단체는 모두 임원을 적절하게 대우하며, 이런 정책은 중간 관리자나 실무자에게도 마찬가지로 적용된다.

일이 먼저고 사람은 그 다음이다
우리가 연구한 비영리단체 가운데 많은 곳이 "적절한 사람이 버스에 타는 것"이 중요하다고 말했다. 심지어 짐 콜린스가 저서 《좋은 기업을 넘어 위대한 기업으로》에서 그 주제에 한 장을 할애하며 설명한 부분을 인용하기도 했다.5 콜린스는 성공한 기업들은 "사람이 먼저고 그 다음에 일 first who, then what"이라는 경구에 주목해야 한다고 주장한다. 이사회에 적절한 사람들이 들어간다면, 그들은 나름대로의 방법과 재능으로 그 버스를 어디로 어떻게 끌고 가야 할지 알아낸다는 말이다.

그러나 비영리 부문에서는 그와 반대로 "일이 먼저고 사람은 그 다음"이다. 우리가 연구한 비영리단체들은 모두 무엇보다 그들이 추구하는 목적에 따라 움직이는데, 그 목적은 바로 어떤 사람이 그 일을 선택하게 되는 근본 이유다. 이들 단체는 대의에 열정을 보이고 조직 문화에 잘 어울리는 새 인재를 찾는다. 달리 말하면 그들은 이미 버스가 어디로 가야 할지 알고 있다. 그래서 같은 방향으로 함께 갈 좋은 사람을 찾는 것이다. 전략과 전술은 시간이 흐르면서 바뀔 수 있지만, 단체가 추구하는 전체 대의는 바뀌지 않을 것이다. 마틴 익스 셀프헬프 설립자는 이렇게 말한다.

"가장 중요한 것은 우리가 추구하는 목표입니다. 우리는 누군가가 셀프헬프에서 1주일도 채 버티지 못하고 '이게 우리 목적과 맞나요?'라고 문제 제기하는 것을 용납하지 않아요. 이곳은 돈 벌러 오는 곳이 아니죠. 일에 소명 의식이 없다면 버스에서 내리고 자리를 비워주세요."

몇몇 비영리단체는 심지어 지식이나 기술이 얼마인지보다 단체의 목적에 적합한지가 훨씬 더 중요하다고 말한다. 전미라라자위원회의 세실리아 뮤노스는 이렇게 말한다. "기술도 중요하지만 열정보다는 못해요. 왜냐하면 기술은 나중에라도 배울 수 있잖아요. 목적의식과 소명

감은 배울 수 있는 것이 아니죠. 그것은 훌륭한 활동가가 갖춰야 할 기본 소양이지요."

급여 체계

비영리단체의 지도자들이 비록 돈 때문에 일을 택한 것은 아니지만, 그들이 계속해서 그 자리를 떠나지 않게 하려면(특히 다른 수입이 없거나 따로 재산이 넉넉하지 않으면서 가족을 부양해야 하는 경우) 적어도 현실에 맞게 기본급을 책정하는 일이 매우 중요하다. 하고 싶은 일을 위해 대학을 나오자마자 보수가 적은 직업을 선택하는 것과, 도시에서 가족을 부양하고 노후를 대비하기 위해 연봉 4만 달러가 필요한 것은 서로 다른 개념이다. 성공한 비영리단체들은 비영리단체에 대한 고정 편견과 달리 값싼 임금으로 인재를 소진하지 않는다. **소명 의식과 돈은 둘 다 중요하다.** 실제로 최근 연구에 따르면 보수에 불만인 비영리단체 임원이 1년 안에 그만둘 확률은 보수에 만족하는 임원보다 두 배나 높다.[6]

우리는 성공한 단체는 유능 인재를 영입하고 유지하기 위해 적절하게 보상한다는 사실을 발견했다. 그들은 '적절한 보수'를 지급한다. 이 책에 나오는 열두 개 단체 가운데 열 곳은 비슷한 분야와 지역에서 활동하는 비슷한 규모의 다른 비영리단체보다 보수가 더 높다(그림 8.2 참조). 처음부터 모두 그런 것은 아니지만(대다수는 일반적으로 처음에 그런 것처럼 봉급이 얼마 되지 않았다), 시간이 흐르면서 최고 수준으로 올라갔다.

이 비영리단체들은 또한 최고의 능력을 계속 발휘하게 하기 위해 우수 인재에게 높은 수준의 복지 혜택을 제공한다. 낮은 임금으로도 기꺼이 일하겠지만, 영향력을 크게 일으킬 만한 경험이나 능력이 없는 젊은

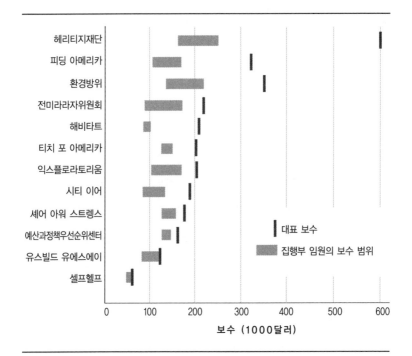

헤리티지재단
피딩 아메리카
환경방위
전미라라자위원회
해비타트
티치 포 아메리카
익스플로라토리움
시티 이어
셰어 아워 스트렝스
예산과정책우선순위센터
유스빌드 유에스에이
셀프헬프

ᅵ 대표 보수
█ 집행부 임원의 보수 범위

0   100   200   300   400   500   600

보수 (1000달러)

그림 8.2   성공한 비영리단체의 보수 현황 (2005년)
주. 2005년 또는 그 이전의 최근 자료를 근거로 함. 자료는 단체에서 직접 제공하거나 가이드스타에
    서 발췌했다. 상여금을 포함한 급여액으로 복리후생비는 포함하지 않음

이들에게 언제나 의존할 수는 없다.

환경방위는 성장을 거듭한 지 약 15년 만에 이런 결론에 도달했다.
여기서 24년 동안 일한 수석변호사 마이클 빈은 이렇게 회상한다.
"1980년대 초 우리 이사회에는 연금이나 복지 제도가 없었어요. 당시
이사들은 '우리가 고용한 우수 인재들을 계속 쓸까 …… 발상이 새로
운 20대 젊은이들을 새로 뽑을까?'를 고민해야 했어요." 마침내 이사회
는 전자를 선택했고, 대부분 1970년대에 조직에 합류한 중견 간부들을

계속 붙잡아두기 위해 보수와 복리 혜택을 늘렸다.

이들 단체의 중견 관리자 급여 수준은 기업보다는 여전히 더 낮지만, 다른 비영리단체들보다는 높다. 몇몇 비영리단체는 기업의 유능한 지도자들을 영입하기도 한다. 물론 임원들은 그 때문에 급여가 줄어드는 것을 감수한다. 그러나 급여 수준을 높이면 상황은 달라진다. 예를 들면 이 책에 나오는 단체들의 부회장 연봉은 13만 달러가 넘는다. 여기에 최상의 의료 혜택과 퇴직연금까지 추가로 제공된다.

우리가 조사할 당시 열두 개 비영리단체 가운데 급여 수준이 최고가 아닌 곳이 딱 두 곳 있었다. 해비타트는 다른 기독교 관련 비영리단체들보다 20퍼센트 낮던 급여 수준을 조너선 렉포드가 새 대표로 선임된 뒤 평균 수준까지 올리고 있다. 그러나 설립자 밀러드 풀러는 처음부터 무보수로 봉사해왔다. 한편 상근 활동가들은 급여 대신 '피글리 위글리' 식료품점에서 물품을 살 수 있는 '피그체크'라는 증명서를 받았다. 따라서 조직이 성장할 때 활동가들이 일에 필요한 기술을 반드시 가져야 할 필요는 없었다.

셀프헬프는 가장 높은 급여와 가장 낮은 급여 사이의 간격이 좁아야 하며 사람의 가치를 시장 가치로 따지면 안 된다는 생각을 바탕으로 해비타트와 비슷한 이념적 견해를 가지고 있다. 설립자 마틴 익스의 신조에 따라 2005년 셀프헬프에서 가장 높은 급여는 약 6만 3000달러였다(다른 단체들에 비해 훨씬 낮았다). 그러나 초임은 계속 올려왔기 때문에 가장 낮은 급여 수준은 다른 단체보다 상대적으로 높다. 셀프헬프는 이런 식으로 조직 내 급여 차이를 줄인다. 따라서 셀프헬프는 인력 시장에서 우수 인재를 얻으려고 경쟁하지도 않는다. 보상 문제를 경제적 선택이 아니라 윤리적인 문제로 만든다. 활동가들이 셀프헬프에서 활동하는 이유는 셀프헬프가 내세우는 대의 때문이지 돈 때문이 아니다(이런 보상 체계가 지속 가능할지는 두고 볼 일이다. 우리와 인터뷰한 여러 활동가가 그런 생각에 문제를 제기했다).

한편 일부 단체는 보수가 좋을 뿐만 아니라 급여를 능력에 따라 지급하기도 한다. 헤리티지재단은 일찍부터 이런 방식을 채택했다. 필립 트루럭 행정 부회장은 이렇게 말한다. "우리는 1980년대에 이미 목표 제도를 도입한 최초의 두뇌 집단 가운데 하나죠. 다른 단체들이 찾아와서 어떻게 하면 그렇게 잘할 수 있는지 물어요. 목표를 정하고 얼마만큼 달성했는지 측정하죠. 우리는 또 상여금 제도를 도입한 몇 안 되는 비영리단체 가운데 하나죠."

비관리 분야의 경력 개발 계획을 짜라

사회적 부문에서 일하려는 사람은 대개 교육이나 환경 같은 문제에 관심이 많거나 그 분야의 지식과 기술이 많다. 그러나 비영리단체에서 승진할 길은 대체로 관리자로 성장하는 방법밖에 없다. 때문에 정책 홍보나 연구, 저술, 프로그램 운영에 뛰어난 인재들이 소외되곤 한다.

성공한 비영리단체들은 대부분 내부 인재를 관리자로 승진시키지만, 경제학자나 과학자, 정책 연구자, 분석가 같은 뛰어난 전문가들을 위한 비관리 분야의 경력 개발 계획을 가지고 있다. "관리자로 승진하는 것이 성공이라고 생각한 때가 있었어요. 그러나 우리는 관리자가 되지 않고도 승진하는 경력 개발 체계를 만들기 위해 애썼지요. 만일 어떤 사람이 뛰어난 연구자라면 여기에 그대로 있으면서 그 일을 계속할 수 있어요"라고 헤리티지재단의 트루럭은 말한다.

이들 단체는 여러 방면에서, 전형적인 기업보다는 학사 행정(관리)과 교수단(부문 전문가)을 서로 분리하는 대학과 구조가 비슷하다. 실제로 예산과정책우선순위센터나 익스플로라토리움, 환경방위, 헤리티지재단처럼 연구, 분석, 정책 활동 등에 뛰어난 단체들은 내부에 박사 학위를 받은 활동가가 많다. 유능한 관리자와 함께 분야별로 뛰어난 전문가를 조직에 붙잡아 두려면 관리자가 되지 않고도 오랫동안 고위직을 유지할 수 있게 해야 한다. 우리는 이것이 바로 매우 높은 차원의 영향력을 계속해서 유지하게 하는 기본 요소라고 생각한다. 로버트 셈퍼 익스플로라토리움 교육센터장은 이렇게 말한다.

"예전에 한 번 세어 봤더니 프랭크 오펜하이머 설립자가 있을 때 들어온 사람이 지금까지 서른 명쯤 남아 있더군요. 저 같은 경우도 지금까지 자리를 지켜온 것은 그동안 맡은 일에 몰입할 수 있었고 교육 기회를 충분히 받았기 때문이죠."

무능한 사람은 내보내라

"성과를 내지 못하는 사람을 내치지 않고 오랫동안 그냥 놔두기 바라는 사람은 없을 거예요"라고 빌리 쇼어는 말한다. 우리가 만난 비영리단체의 대표들은 우수한 인재를 많이 고용했지만, 그 과정에서 사람을 잘못 뽑는 경우도 있었다. 조직의 대의에 충실하고 열정을 가지고 헌신적으로 일하지만 성과가 없거나 조직 문화에 맞지 않은 사람을 내보내는 일은 어느 관리자라도 힘든 일이다.

비영리단체들은 대의를 중시하고 기업보다 더 '인간적 관계'이기 때문에 무능한 사람도 오랫동안 받아주는 감성의 덫에 빠지기 쉽다. 그럴수록 조직의 성과는 지지부진해지고 효율성은 더 떨어진다. 무능한 사람들이 그대로 남아서 희희낙락하는 것을 보면 유능한 인력들의 사기가 꺾일 수도 있다. 자원은 한정돼 있고 달성해야 할 목표는 매우 큰 이들 단체가 자신들이 열망하는 커다란 영향력을 성취하려면 힘있고 우수한 인재가 필요한 것은 당연하다. 그것보다 더 중요한 것은 아무것도 없다. 성공한 비영리단체 모두가 그렇진 않지만, 무능한 사람을 잘 내보낼 줄 아는 단체가 많았다. 케빈 허프먼 티치 포 아메리카의 전략담당 부회장은 이렇게 말한다.

"성과를 내든지 그만두든지 해야 합니다. 기금 목표액을 달성하지 못하는 사람은 여기서 오래 버틸 수 없어요. 일하지 않거나 적응하지 못하면 지역 책임자가 그만두라고 권고합니다. …… 티치 포 아메리카에서 활동하는 사람들은 모두 개인별 목표를 정하고 거기에 책임감을 느끼죠."

환경방위의 프레드 크루프는 그럴 때 엄격한 태도를 취하라고 주장한다. "사람을 해고할 때 지켜야 할 철학적 신조가 있어요. 내보내야 할 사람을 내보내지 못하는 관리자나 부서에게 나는 이렇게 얘기하죠. '우리는 280명이 있어요. 그리고 우리는 지금 세상을 바꾸고 있다고 생각하죠. 그러나 만일 우리가 찾을 수 있는 최적의 사람을 구하지 못한다면, 만일 우리 스스로 나약해 보인다면, 우리는 결국 그렇게 되고 말아요.'"

성공한 비영리단체들은 모두 나름대로 인재 관리에서 효과를 보았다.

그러나 어떤 것이 원인이고 어떤 것이 결과인지는 쉽게 알 수 없다. 이들 단체가 지도자를 육성하고 오랫동안 붙잡아둘 줄 알았기 때문에 성공했을까? 아니면 이들 단체가 성공하고 안정된 성장을 이룩했기 때문에 인재들이 남았을까? 여러 연구 결과에 따르면 인재가 계속해서 조직에 남는 것은 조직의 규모와 안정성 사이에 상관관계가 있다고 한다. 아마도 그것은 두 가지 다와 관련 있을 것이다. 사람들은 누구나 영향력이 큰 성공한 단체에서 일하고 싶어 한다. 그들은 자신들이 세상을 바꾸고 있다고 생각한다. 그들은 흥미진진하고 의욕에 불타는 동료들로 둘러싸여 있다. 조직이 성장하면서 보수도 좋아지고 새로운 일도 생긴다. 따라서 더욱 그 단체에 남고 싶어진다. 좋은 사람들이 주위에 버티고 있으니 단체가 계속 성장하는 것은 당연하다. 스스로 발전하는 순환 구조가 만들어지는 것이다.

자본 : 적절한 자금원을 찾아라

비영리단체의 활동 자금을 잘 모을 비법은 없다. 저마다 나름대로 방법을 찾아내야 한다. 우리는 처음에 성공한 비영리단체들이 자본 구조나 자금원의 다양성 측면에서 다른 단체들과 뚜렷하게 구분되는 특이점이 있지 않을까 생각했다. 그러나 좀더 연구한 결과, 영향력을 유지하기 위해 기금을 모금하려는 단체라면 어디라도 도움이 될 몇 가지 흥미로운 통찰이 있음을 알게 됐다.

성공한 비영리단체들은 기금 모금을 하나의 독립된 관리 기능으로 보지 않는다. 그것은 단체가 실시하는 프로그램, 대의, 전략과 서로 긴

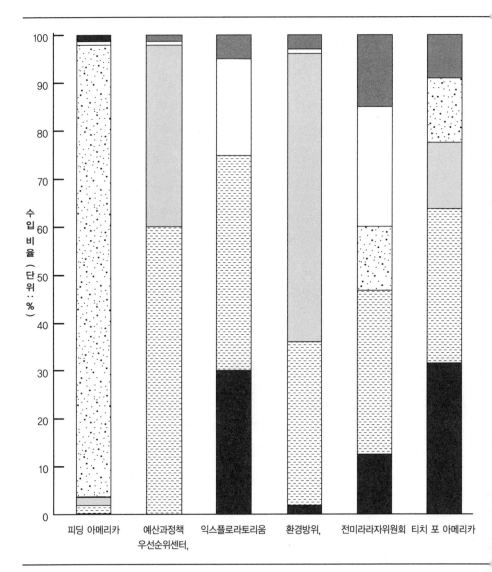

그림 8.3   수입원 (2005년)

주. * 셰어 아워 스트렝스에게 직접 전달된 행사 모금액이 기타에 포함.

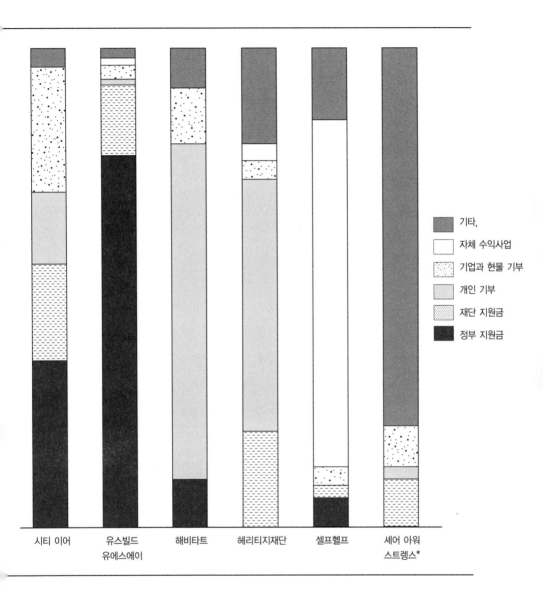

기타,

자체 수익사업

기업과 현물 기부

개인 기부

재단 지원금

정부 지원금

시티 이어　　유스빌드　　해비타트　　헤리티지재단　　셀프헬프　　셰어 아워
　　　　　 유에스에이　　　　　　　　　　　　　　　　　　　　　 스트렝스*

밀하게 연결돼 있다. 어떤 경우에는 기금 모금 활동 자체가 실제로 '세상을 바꾸는 방법'의 한 부분이 되기도 한다. 최고의 비영리단체들은 영향력을 창조하는 거대한 전망과 연계된 재무 전략을 가지고 있다. 정부나 기업, 개인에게 기금을 모금하는 것은 그들이 좋은 수입원이기 때문이 아니라 그들이 문제 해결에 도움을 줄 수 있기 때문이다.

제5장에서 본 것처럼 도로시 스톤맨은 유스빌드 사업을 전국으로 확대하기 위해 연방 정부에 로비했다. 사업을 신속하게 전국으로 확대하게 만들 만큼 큰돈을 보유한 곳이 바로 연방 정부라는 것을 알았기 때문이다. 그러나 스톤맨은 한편, 한때 시민운동가로서 정부가 저소득층 청소년들을 도와야 한다고 깊게 믿고 있었기 때문에 정부를 적절하게 설득할 수 있었다. 정부와 함께 일하는 것은 영향력 확대를 위한 커다란 전략의 일부일 뿐이었다. 그녀는 이렇게 말한다. "우리는 연방 정부가 문제를 다룰 책임이 있으며 그에 대해 해법을 내놓아야 한다고 생각해요. 정부와 함께 일해야 한다는 건 제 정치적 신념이지요."

헤리티지재단은 '이념 전쟁의 승리' 운동을 시작하면서 전통적인 두뇌 집단 방식으로는 정책 아이디어를 일반 대중에게 널리 알릴 수 없다고 생각했다. 그래서 헤리티지는 제4장과 제5장에서 본 것처럼 다른 비영리단체들과 함께 보수주의운동을 펼쳤다. 헤리티지는 이 과정에서 기부자 27만 5000명을 회원으로 끌어들였다. 이들이 세상을 바꾸는 방식의 변화는 기금 모금 활동에 보탬이 됐고, 반대로 기금 모금 전략은 이들의 활동 전략을 뒷받침했다.

한편 우리가 제2장과 제3장에서 본 것처럼 시티 이어의 마이클 브라운과 앨런 카제이는 처음부터 아메리콥스 재단의 지원과 함께 기업의 후원을 중요하게 생각했다. 그들은 전국에 걸쳐 봉사활동을 하려면 기업 사회의 협조가 절대 필요하다고 생각하는 새로운 사회적 기업가 세대에 속했다. 그들은 첫 번째 시범 사업에 다섯 개 기업으로부터 25만 달러를 후원받았다. 오늘날 시티 이어는 정부와 재단의 지원 말고도 광범위한 영역의 기업들에게 상당한 기금을 후원받는다. 대체로 이 정도의 연륜(15~40년)과 규모(1000만 달러 이상)를 가진 단체라면 쉽게 예상되는 것처럼, 이들 단체는 대체로 만약을 대비해 기금 자금원을 여러 곳으로 다각화했다(그림 8.3 참조). 그러나 동시에 결정적으로 자금을 조달하는 주요 자금원도 꾸준히 개발했다. 이들 단체는 대개 정부나 개인, 기업, 자체 수익사업, 재단 같은 자금원 가운데 한 곳에서 전체 수입의 절반 이상을 거둬들인다.[7] 다음에서 이들 자금원을 하나씩 살펴보자.

정부_영향력 확대를 위한 공공 기금의 동원

우리가 살펴본 비영리단체 가운데 거의 절반은 정부 지원금과 정책 관련 계약 수주를 위해 연방 정부나 주 정부, 지역 정부기관에 로비 활동을 한다. 자신들의 사업이 광범위한 민중의 지지를 받아야 할 만큼 중요하다고 믿기 때문에 정부 정책을 바꾸려고 노력하는 것이다. 따라서 공공정책을 바꾸는 일은 기금 확보 수단인 동시에 자체로 목적일 수 있다(일부 비영리단체가 정책 활동은 하되 정부의 지원을 받지 않는 까닭을 잘 음미해 볼 필요가 있다. 정부로부터 지원받을 경우 이해관계가 충돌해서 정책 활동에 영향을 끼칠 수 있다고 생각하기 때문이다).

정부에서 지원금을 받는 데 주력하는 단체들은 일단 지원금 확보에 성공하면 조직이 급격하게 성공하는 경우가 많다. 정부에서 지원하는 기금은 다른 어떤 자금원보다 초기 비용이 덜 들어가면서 가장 빨리 투자가치를 실현하기 때문이다. 정부 지원금이나 정책 관련 계약 수주는 아마도 단일 자금원으로서는 가장 규모가 클 것이다. 팀 크로스 유스빌드 유에스에이 COO는 이렇게 말한다. "정부는 큰돈이 있는 곳이죠. 어떤 기업이나 재단도 혼자서 1년에 6500만 달러를 내지 못해요. 할 수 있는 곳은 정부밖에 없어요."

유스빌드 유에스에이에게 정부 기금을 지원받는 일은 가장 중요한 일 가운데 하나였다. 스톤맨이 생각할 때 정부는 납세자들을 위해 일하는 단체에 거액을 지원해야 하는 곳일 뿐 아니라 유스빌드 사업을 전국에 빨리 확산시킬 유통 경로였다.

그러나 정부 지원에 너무 심하게 기대는 것은 위험하다. 유스빌드 유에스에이는 1990년대 중반에 행정부가 바뀌고 기존 지원 예산이 전액 삭감되면서, 급격하게 상승하던 사업이 완전히 역전되는 경험을 했다. 유스빌드는 몇 년 되지 않는 사이에 지방의 한 도시에서 시작한 작은 지역 사업에서 전국적인 사업을 하는 단체로 급성장했다. 전국 226개 지역에서 사업을 펼치며 해마다 4000만~6500만 달러의 정부 지원금을 포함해 총 1억 8000만 달러의 수입을 올렸다. 그러나 1996년 공화당이 의회의 주도권을 잡으면서 주요 지원 예산이 삭감됐고 사업도 축소될 수밖에 없었다. 오늘날 유스빌드 유에스에이는 여전히 예산의 70퍼센트를 정부와의 계약에 의존하지만, 연방 정부의 자금 조달 방식을 다각화하기 위해 애쓸 뿐 아니라 개인이나 기업의 후원도 늘리기 위해 노력하고 있다.

유스빌드 유에스에이는 연방 기금을 지원받는 방식도 새롭게 바꿨다. 전국 유스빌드 조직에 대한 통제권 대부분을 연방 정부의 주택도시 개발부로 이양했다. 제5장에서 본 것처럼 유스빌드는 정부 지원금을 직접 관리하지 않고, 지역 조직에서 운영하는 사업의 '소유권'도 주장하지 않기로 했다. 또한 지역 조직 활동가들에 대한 통제권도 일부 포기했다. 대신 유스빌드의 사업 모델을 더욱 빨리 확산시켜서 다른 비영리단체들도 정부 지원금을 받을 수 있도록 방향을 바꿨다.

가능한 한 빨리 영향력을 널리 확산시키는 것이 유스빌드가 추구하는 사회 변화 전략의 핵심이었다. 그리고 정부 기금은 영향력을 확대하기 위한 기본 도구 구실을 했다. 유스빌드의 전략은 매우 훌륭했다.

개인 후원자_시민의 지지 이용하기

성공한 비영리단체들은 거대한 개인 후원자 기반을 구축하고, 그것을 바탕으로 조직을 유지하고 영향력을 확대한다. 셰어 아워 스트렝스의 기금 모금 행사나 피딩 아메리카의 개인 후원자, 환경방위와 헤리티지 재단의 회원제, 헤비타트의 직접 마케팅 행사들은 모두 개인들에게 기부금을 많이 받는다. 이들 단체가 내세우는 목적에 적극 동의하고 활동하는 자원봉사자, 회원, 개인 후원자들은 조직의 영향력 확대 전략에서 매우 중요한 구실을 한다. 따라서 이들 단체가 개인 후원자를 조직 활동에 적극 참여시키고 열성 지지자들을 고취시키는 일에 몰두하는 것은 당연하다.

일반 시민들로부터 효과적으로 기부금을 많이 모금하는 단체 가운데 대표적인 곳이 헤리티지재단이다. 이 단체는 무려 27만 5000명의 개인 후원 회원을 보유하고 있다. 이렇게 폭넓고 다양한 개인 후원자 기반은 제4장에서 본 것처럼 헤리티지가 영향력 있는 보수주의운동을 펼치고 그 주장에 동의하는 개인들을 끌어모을 큰 발판이 됐다. 나아가 이들이 제공하는 기부금 덕분에 헤리티지는 자신들의 활동에 제약을 줄 수 있는 후원금을 거부할 수 있었고, 따라서 주장을 자유롭게 펼칠 수 있었다. 에드 풀너 회장은 널리 알려진 한 기업체 회장이 헤리티지의 무역정책을 반대한 일을 회상했다. "그는 우리가 입장을 바꿀 수 있는지 물었어요." 풀너는 그 사람이 건넨 수표를 찢어버렸다고 한다.

개인 후원자는 해비타트 활동에서도 매우 중요한 부분이다. 제4장에서 본 것처럼, 해비타트는 빈민들에게 주택을 지어주는 활동을 하면서 가장 효과적인 비용 절감 방식을 쓰지 않았다. 그러나 해비타트가 바라는 미래는 언제나 단순히 집을 지어주는 것보다 더 컸다. 해비타트는 자원봉사자들이 집을 제공받을 사람들과 함께 집을 짓기를 바랐다. 그 과정에서 궁극적으로 가난한 사람들의 주거 문제를 해결하는 운동이 펼쳐지기를 바랐다.

해비타트가 활동을 시작한 이래 그 운동에 참여한 자원봉사자가 100만 명이 넘는다. 그 결과 지금은 세계에서 가장 많이 알려진 비영리단체 가운데 하나가 됐다. 이것은 결국 이 활동에 참여한 자원봉사자들이 친구와 동료를 계속해서 끌어들이게 하여 엄청난 개인 기부금을 모을 든든한 기반이 됐다.

거대한 개인 후원자 그룹을 관리하고 갱신하기는 그리 쉽지 않다. 그에 상응하는 큰 투자가 따르기 마련이다. 대부분, 개인 후원에 많이 의존하는 비영리단체는 정부나 재단의 지원을 받는 비영리단체보다 관리 인력과 예산이 더 많이 필요하다. 예를 들면 환경방위는 인력 40명이 회원 수천 명을 관리하고 있다.

기업_사회를 바꾸는 데 기업 돈 쓰기

많은 기업이 이 책에 나오는 비영리단체들에게 많은 현금과 현물을 기부했다. 제3장에서 본 것처럼 성공한 비영리단체들은 기업들과 협력하는 방법을 안다. 그러나 기업의 지원에 절대적으로 의존하는 곳은 한 곳뿐이며(피딩 아메리카는 제휴 기업들에게 약 5억 달러의 식품과 관련 제품을 기부받는다), 대다수 단체는 기업 후원을 단체의 전체 후원을 보완하는 수입으로 생각한다.

예를 들면 제3장에 나오는 것처럼 시티 이어는 기업과 제휴를 맺을 때 활동에 직접 참여하게 한다. 마이클 브라운은 이렇게 말한다. "우리 목표는 단순히 기부금을 받는 것이 아니에요. 우리는 처음부터 후원자에게 활동에 함께 참여하고 봉사하라고 요청해요. 그것이 바로 사람들을 하나로 묶어주는 수단임을 알게 하는 것이죠." 기업과 맺은 이런 제휴는 시티 이어에게 많은 기금을 제공할 뿐 아니라 기업과 시티 이어 모두에게 여러 가지 이익을 준다. 시티 이어의 주장은 전국의 중요 인물들에게 영향을 미치고 일반 대중에게 널리 알려진다. 기업의 돈은 이제 시티 이어가 세상을 바꾸는 일을 지원하는 **정의로운 돈**이 된다.

전미라라자위원회는 처음에는 정부 지원에 의존했다가 1980년대 초 정부 지원금이 끊기면서 기업 후원으로 옮겨갔다. 단체는 기금을 제공해줄 기업들을 열심히 발굴하기 시작했다. 재닛 무르기아는 이렇게 말한다. "전통적으로 연방 정부의 지원에 의존하는 비영리단체가 많다고 생각해요. 라울은 기금의 다각화가 중요하다는 것을 절실히 깨달았죠. 다른 사람들보다 그것을 좀더 일찍 안 거에요. 그리고 실행에 옮겼죠. 재단과 기업체를 찾아다니며 관계를 증진했죠."

자체 수익사업_2중의 수익 추구

아마도 우리가 연구한 비영리단체 가운데 재무구조가 가장 지속 가능한 곳은 셀프헬프일 것이다. 자체 수익사업으로 벌어들이는 수입이 전체 재정에서 큰 부분을 차지하기 때문이다. 그러나 제3장에서 본 것처럼 그것은 예외일 뿐 규칙이 아니다. 자체 수익사업이 강력한 수입원이 된 것은 셀프헬프의 사업 모델이 자신들이 추구하는 목적과 완벽하게 맞아떨어지고, 그것으로 영향력을 확대할 수 있기 때문이다.

셀프헬프는 고객에게 제공하는 핵심 제품(주택 융자 대출)의 특징인 주택담보증서와 저리 대출 같은 자본 수단으로 자체 수익을 올린다. 여기서 발생한 수입은 셀프헬프가 활동의 독립성과 재정의 안정성을 누리게 보장한다. 제3장에서 본 것처럼 셀프헬프의 간부들이 자주 인용하는 은유는 '자전거의 두 바퀴'다. 앞바퀴는 조직의 목표고 뒷바퀴는 성장을 이끄는 재정이다. 밥 샬 셀프헬프 벤처스 펀드 회장은 이렇게 말한다. "우리 자전거는 우리가 위험을 무릅쓰고 혁신할 수 있게 하는 안정되고 일관성 있는 재무구조입니다. 우리는 무엇을 하거나 하지 말라는 기금 후원자의 요구에 볼모로 잡히지 않아요."

셀프헬프가 이룩한 재정 독립성이 인상적이기는 하지만, 다른 단체 가운데 재무구조가 그 정도 수준으로 독립적인 곳이 한 곳도 없다는 사실은 그리 놀랄 일이 아니다. 영향력을 확대하려는 전략이 반드시 수익성 사업 모델과 일치하지는 않는다. 어쨌든 일부 단체는 여전히 자신들이 추구하는 목표와 영향력 확대 전략을 일치시킬 수 있는 자체 수익사업으로 수입을 확보하려고 애쓰고 있다. 예를 들면 익스플로라토리움은 박물관 입장료 수입이 전체 수입의 15퍼센트를 차지한다. 그것은 실제로 일반 박물관보다 적은 수준이다. 그러나 이 단체는 간행물 판매, 전시물 임대 같은 다른 수입원을 개발하고, 그것으로 영향력을 동시에 확대하는 노력도 기울이고 있다.

재단_많은 비영리단체들의 주요 자금원

환경방위나 헤리티지재단, 예산과정책우선순위센터처럼 정부나 기업과 이해관계가 첨예하게 부딪치는 비영리단체들은 주로 재단에서 기금을 마련한다. 재단의 지원은 조사 연구나 새 아이디어의 출시, 기존 사업 평가 같은 다양한 목적에 유용하다. 비록 우리가 연구한 비영리단체들은 주로 다른 곳에서 기금을 마련했지만, 재단을 통해서도 추가적으로 기금을 모금했다.

특히 예산과정책우선순위센터는 재단 지원을 가장 많이 받은 단체였다. 그동안 지원받은 기금의 90퍼센트 이상을 주요 재단들에게 받았다. 2000년 이후 약 30개 재단에게 총 3440만 달러의 지원금을 받았고, 가장 많이 지원한 재단의 기부금이 전체 기부금의 13퍼센트를 차지한다. 이 단체는 주로 정부 예산 문제로 정부에 로비 활동을 해야 하기 때문에 납세자의 돈을 선뜻 지원받는 데는 어려움이 있다. 예산과정책우선순위센터는 아직까지 개인 후원자들에게 기부금을 받는 쪽으로 기금모금을 다각화하지 못했다. 그러나 이제 막 그 방향으로 나아가기 시작했다. 2006년 이 단체는 전체 기금의 35퍼센트를 소액 기부자들에게 모금했다.

오늘날, 어쩌다 가끔씩 비교적 적은 금액을 기부하는 '전통적' 자선가를 비평하는 사람이 많지만, 성공한 비영리단체들은 대개 재단들과 **수십 년에 걸쳐** 장기적인 유대 관계를 유지한다. 특히 포드 재단과 서드나 재단은 이들 단체에게 오랫동안 기금을 지원하는 핵심 역할을 했다. 전략이 명확하고, 사업 성공 사례가 많으며, 사업이 재단의 목적과 일치하는 비영리단체라면 적어도 일부 재단은 장기적으로 지원할 의향이 충분히 있을 것이다. 예산과정책우선순위센터의 개발담당 이사 캐서린 그린버그는 말한다. "우리는 후원자들과 장기적인 후원 관계를 유지합니다. 그들은 자신들이 지원한 돈이 어떤 결과를 불러일으키는지 보았거든요"

기반 구조 : 조직 관리에 투자하라

인재를 발굴하고 기금을 지속적으로 모금하는 일은 모든 비영리단체가 직면한 가장 중요한 두 가지 문제다. 그러나 이것 말고 세 번째 문제가 또 있다. 사회적 부문의 단체들은, 역량을 키우고 영향력을 유지하기 위해 필요한 바로 그것, 제반 제도와 기반 구조에 투자하기를 꺼려한다.

불행히도 개인 후원자들은 비영리단체가 조직 관리에 돈을 쓰는 것을 싫어하며, 자신들의 기부금이 모두 단체 사업에 직접 쓰이기를 바란다. 기업 세계에서는 자기 기업을 다른 기업보다 더 우수하게 만들어야 성공할 수 있다고 널리 인식하고 있다. 조직 관리에 쓰는 돈은 바로 돈을 벌기 위해 쓰는 돈이다. 그러나 사회적 부문에서는 그런 생각이 아직까지 기부자 마음을 사로잡지 못하고 있다. 재닛 무르기아 전미라라자 위원회 회장은 이렇게 말한다. "비영리단체들에게 정말 큰 문제입니다. 조직 활동에 돈이 들어간다는 것을 후원자들에게 알리면서 그 재원을 어떻게 마련할지가 중요한 문제죠. 조직 관리에 자유롭게 쓸 재원을 마련하기가 무척 힘들어요."

성공한 비영리단체들은 대부분 점점 성장하다가 어떤 시점이 되면 그때까지의 평균 운영비를 훨씬 넘어서는 막대한 자금을 조직 개발에 써야 할 때를 맞이했다. 그들은 급속하게 확장하는 사업을 관리하기 위해 건물과 컴퓨터, 관리 인력이 추가로 필요했고, 그것들을 마련하기 위해 처음부터 끝까지 매우 창조적인 방법으로 기금을 마련했다. 실제로 많은 단체들이, 진행 중인 사업 확대에 필요한 핵심 시스템과 조직에 투자하기 위해 '후원 행사'를 열었다. 그들은 대개 이 행사를 한 해 운영비를 마련하는 1회성 행사로 운영했다. 행사 비용을 줄이면서 동시에 후원자들에게 계기와 자극을 주는 기회로 만들기 위해서였다.

한편 티치 포 아메리카와 시티 이어는 다른 비영리단체들이 보통 건물 마련을 위해 벌이는 기금 모금 행사와는 성격이 다른 후원 행사를 열었다. 두 단체는 모두 더 이상 기존 시스템이나 기반 구조로는 조직을 유지할 수 없는 시점에 도달해 있었다. 그들은 조직 운영이 하루하루 힘들다는 것을 알고, 높은 목표와 실행 능력 사이의 차이를 줄이려면 기본적인 것에 투자해야 한다는 사실을 깨달았다.

시티 이어는 1999년부터 2004년까지 "영향력을 극대화하고 규모를 키우며 지속 가능한 자원을 육성하고 투자가치를 높인다"는 목표로 조직 역량 확대를 위해 3000만 달러를 모았다. 시티 이어는 이런 핵심 역량을 전략적으로 활용해서 앞으로 더 커다란 영향력을 발휘할 능력으로 발전시켰다.

시티 이어는 지난날 익명의 자선단체였던 애틀랜틱 필랜스로피스와 협력해서 처음에 1000만 달러의 기금을 받는 것을 비롯해서, 5년 동안 모두 3000만 달러를 모았다. 이 기금은 '사업 확대를 위한 내부 시스템과 관리 체계, 조직 역량 확대'를 위한 열두 가지 핵심 분야에 투자됐다. 이를테면 회원 모집 제도 개선, 졸업생 조직 구성과 운영, '액션 탱크' 공공정책 운영, 정보 기술 도입, 활동가 발굴과 교육, 전략 계획 등이 그것이었다.[8] 에일린 제이컵스 시티 이어 이사는 이렇게 말한다.

"(공동 설립자) 마이클 브라운은 우리가 성장하기 위해서는 내부 역량을 키워야 하며 그러려면 후원 행사가 필요하다고 생각했어요. 우리는 전에 이런 방식을 알지 못했어요. 그러나 그 의미는 엄청났어요. 갈수록 필요 없는 일을 계속하고 있다는 느낌이 들었어요. 조직을 더 잘 돌아가게 하려면 재무나 교육, 개발 도구 같은 시스템이 필요하다는 것을 깨달은 거지요. 투자 대비 효과도 매우 높았어요. 이제 우리는 조직이 훨씬 더 잘 성장하고 굴러갈 위치에 올라섰어요."

티치 포 아메리카의 예산 목표는 2005년까지 5년 동안 2000만 달러에서 4000만 달러로 두 배 늘리는 것이었다. 이제 2010년에는 그보다 다시 두 배 늘리는 것이 목표다. 단체는 이런 목표를 달성하기 위해 후원 행사의 대상이 될 개인과 재단을 신중하게 파악했다. 이 행사는 기존에 진행하던 활동 기금 마련과는 별도로 준비됐다. 티치 포 아메리카는 후원 행사의 취지를 널리 알리고 세심하게 준비한 덕분에, 최근 들어 미국 비영리단체에게 최악의 해로 기록된 9 · 11 사건이 일어난 다음해에 행사를 진행했지만 당초 수입 목표를 달성했다.

티치 포 아메리카는 또한 만약을 대비해 이 기금의 일부를 예비 운영 자금으로 비축했다. 6개월 동안 운영비로 현장에 바로 투입할 수 있을 정도의 규모였다. 이 자금은 조직 운영이 어려움에 빠졌을 때 조직의 성장 기금을 일상 운영비로 전용하지 않아도 되게 한다. 2003년 의회가 아메리콥스의 지원금을 삭감하겠다고 위협했을 때 티치 포 아메리카의 우수교사에게 주는 교육상 예산도 삭감됐다. 그러나 티치 포 아메리카는 비축하고 있던 예비 운영 자금으로 교육상 상금을 지급했고 프로그램을 계속 유지할 수 있었다.

티치 포 아메리카와 시티 이어가 둘 다 성공할 수 있는 열쇠는 그들이 조직의 성장 기금 마련 행사에 매우 신중하게 원칙을 갖고 공을 들였다는 점이다. 두 단체의 지도자들은 날마다 반복되는 기금 모금 활동에서 한 발짝 앞으로 나아가, 조직을 지속 가능하게 구축하기 위해 더 큰 그림을 그려야 한다는 사실을 깨달았다. 그들은 조직의 장기적인 전망을 보장할 전략적인 기금과 조직 육성 방법을 마련하지 못한 채, 더 이상 여기저기 지원금을 찾아다니며 연명할 수는 없음을 깨달았다. 이를 위해서는 조직 내 모든 차원에서 신념과 리더십을 공유해야 했다. "마이클은 이사회와 그 작업을 함께 했어요"라고 제이컵스는 설명한다.

한편 피딩 아메리카는 복잡한 식품 수송 체계를 개선하기 위해 중요한 기술을 도입해야 했고, 이를 위해 자금도 많이 필요했다. 처음에 대형 후원자들은 그처럼 조직 내부의 일상적인 사업에는 투자를 꺼렸다. 데이비드 프랜더개스트 기술계획담당 수석부회장은 이렇게 말한다. "기술 후원 기금 마련에 최초로 기부한 대형 후원자는 콘아그라였어요.

그들도 처음에는 기금을 내고 싶어 하지 않았어요. 대신 키즈 카페 사업에 기금을 내고 싶어 했죠. 그러나 우리 개발부에서 '기반 구조가 개선되지 않고는 그런 일을 할 수 없다'고 설득했어요. 그러자 그들은 수백만 달러에 이르는 몇 년 치 기부금을 한 번에 다 냈어요."

프랜더개스트는 기금 모금 계획을 매우 전략적이고 일관성 있게 짜야 했다고 말한다. "우리는 기금 모금 계획에 기술 계획을 넣는 데 성공했어요. 덕분에 마침내 5년 동안 필요한 기금 1200만 달러를 모금했죠." 기술을 유지하려면 계속해서 비용이 들지만 추가 비용은 초기 투자비보다 훨씬 적으며, 게다가 일반 운영 예산으로 편성할 수 있으므로 거기서 비용을 지출할 수 있다.

그밖에 다른 비영리단체들은 건물을 구매하거나 재무구조를 지속시킬 기금을 마련하기 위해 좀더 전통적인 자금 마련 행사를 진행했다. 전미라라자위원회는 라울 이사게레가 회장으로 있던 마지막 몇 년 동안 3500만 달러를 모금했다. 그들은 그 돈으로 건물을 마련하고, 조직에 필요한 기반 구조를 구축했으며, 만약에 대비해 일상 운영비를 보조할 수 있는 예비 자금을 비축했다. 재닛 무르기아는 '돈을 벌려면(모으려면) 돈을 써야 한다'는 격언을 강조하면서 이렇게 말한다. "이런 시스템이 모두 제 자리를 잡으면 우리가 기금을 더 많이 모을 수 있을 거라는 사실은 누구도 의심하지 않아요. 앞으로 활동하기가 전보다 훨씬 더 쉬워질 거예요. 이런 시스템은 우리가 얼마나 믿을 만하며 효과적으로 일하는지 잘 보여줄 테니까요."

그러나 이들 단체는 기반 구조에 투자한 탓에 비영리단체에 대한 전통적인 평가에서 좋은 점수를 얻지 못하기도 한다. 일부 단체는 조직의

단체명	가이드스타 등급
피딩 아메리카	★★★
예산과정책우선순위센터	★★★★
시티 이어	★★★★
환경방위	★★★
익스플로라토리움	★★
해비타트	★
헤리티지재단	★★★
전미라라자위원회	★★
셰어 아워 스트렝스	★★
티치 포 아메리카	★★★
유스빌드 유에스에이	★★

표 8.1   전통적인 평가 방식은 사회적 영향력을 고려하지 않는다

주. 셀프헬프는 등급 판정을 받지 못함.

구조 개선 활동에 들어가는 비용을 일상의 운영 예산과 구분해 별도 편성하는데도, 불리한 평가를 받는다. 비영리단체의 성과를 평가하는 측정 지표 대부분은 단체가 쓴 사업비 대비 일반 관리비(행정 업무나 기금 모금 활동에 들어간 비용)의 비율을 나타내는 간접비 비율이다. 표 8.1에 나온 것처럼 이런 전통적 지표로 볼 때 성공한 비영리단체가 모두 좋은 점수를 받는 것은 아니다.[9]

이런 기준의 문제점은 비영리단체들이 조직 내부 역량 강화에 투자한 것이 최종적으로 사회적 영향력을 확대하거나 그에 상응하는 발전을 초래한 것은 전혀 측정하지 못하고, 단순히 재무적 투입과 비율만을 가지고 성공 여부를 판단하는 것이다.[10] 더군다나 이런 기준은 비영리단체가 기반 구조나 지원 체계 없이 저절로 사업을 수행할 수 있다는 헛된 가정을 전제로 한다. 따라서 이런 기준은, 후원자들이 사람이나 정보 기술 체계, 조직 관리에 돈을 적게 쓰는 단체일수록 더 뛰어난 단체라고 오인하게 만들어 그런 단체를 더 많이 지원하게 만들 수 있다. 그것은 좋게 말해서 비영리단체들을 약화시키는 일이며, 나쁘게 말하면 비영리단체가 회계 조작을 하게 만들 수도 있다.

그러나 성공한 비영리단체들은 이런 기준을 너무 우려하지 않는다. 그 걱정보다는 오히려 영향력을 확대하는 데 시간을 들인다.

미래의 영향력 확대를 위한 발판

외부 활동에만 매진하는 것으로 충분하지 않으며 내부적으로 강력한 조직을 구축해야 한다는 것을 성공한 비영리단체들은 벌써 알고 있었다. 특히 지금도 여전히 급격하게 성장하고 있는 몇몇 단체는 마치 영원히 끝나지 않는 따라잡기 놀이를 하는 것처럼 보인다. 그들이 끊임없이 성장하고 확장하기 위해서는, 자신들의 기대치와 성과 사이의 간격을 채울 역량을 키워야 한다. 어떤 단체들은 이미 '안정된 상태'에 도달해 있고, 현재 상태와 같은 규모로 남기를 바란다. 그림 8.4는 지난 35년 동안 이들 비영리단체가 그린 성장 궤도를 잘 보여준다.

그림 8.4에서 보는 것처럼 성공한 비영리단체들은 성장 경로가 서로 다르다. 다른 단체보다 훨씬 빨리 성장한 단체도 있다. 티치 포 아메리

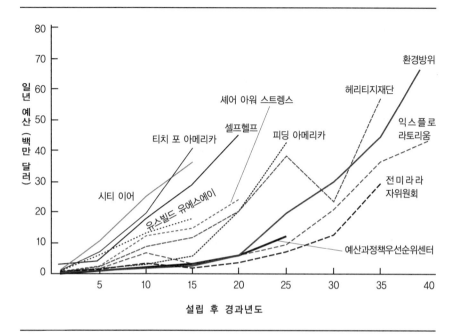

그림 8.4 수입 증가 경로

주 : 국제 해비타트 자료는 구하지 못함. 피딩 아메리카의 수입에는 현물 기부액이 포함되지 않음.

카와 시티 이어는 둘 다 1990년에 설립됐지만, 15년 만에 환경방위나 헤리티지재단처럼 성숙한 단체들과 어깨를 나란히 할 정도로 기금을 많이 모금했다. 다른 단체들은 대개 조금씩 성장하다가, 셀프헬프가 포드재단으로부터 기금 5000만 달러를 지원받고 패니메이에게 투자받았을 때처럼, 결정적인 순간을 맞아 급격하게 영향력을 확대하는 모습을 보인다.

일부러 성장 속도를 늦추는 단체도 있지만, 중요한 성장 단계인 단체도 여럿 있다. 티치 포 아메리카와 환경방위는 몇 년 안에 예산을 두

영향력 유지하기

배로 늘릴 것으로 보인다. 환경방위는 앞으로 5년 안에 예산 1억 달러를 확보하겠다는 성장 전략을 진행하고 있다. 데이비드 야널드 행정 부회장은 이렇게 말한다. "지금 매우 중요한 시점입니다. 이 시점에서 성공하느냐 마느냐는 순전히 우리의 집행 능력에 달려 있어요. 자금을 더 많이 바라는 것은 아닙니다. 우리는 많은 관련 단체와 후원자들의 네트워크를 가지고 있죠. 이제 그것을 어떻게 움직여야 할지 알아내야 해요. 그게 바로 우리의 실행 능력이죠. 우리는 비행기를 만들면서 동시에 하늘을 날고 있어요."

티치 포 아메리카는 2008년쯤이면 5년에 걸쳐 규모를 두 배로 키우는 성장 전략을 진행시키고 있을 것이다. 단체의 목표는 5000만 달러의 예산을 1억 달러로 늘리는 것이고, 그동안의 성과는 성공을 약속하고 있다. 웬디 콥 설립자는 이렇게 말한다. "규모를 키우는 것은 성공을 가늠하는 중요한 잣대죠. 우리는 그 같은 숫자 놀이를 해야 해요. 지역 공동체 안에서 우리 회원들이 스스로를 더 커다란 어떤 것의 일부로 느끼고, 전 국민의 의식을 깨우치게 하기 위해 아주 거대한 회원 집단을 만들어야 합니다." 티치 포 아메리카는 자문 단체인 모니터 연구소와 협력해서 조직을 확대하고 영향력을 급속하게 확산시키는 데 필요한 핵심 역량이 무엇인지 확인했다.

한편 헤리티지나 예산과정책우선순위센터 같은 단체들은 효율적인 조직 규모에 도달해 더 이상 성장할 필요가 없다고 판단한다. 주로 정책 활동에 집중하면서 주나 지역 단위의 관련 단체들과 비공식 관계를 맺고 협력하기 때문에, 실제로 영향력을 키우기 위해 더 성장할 필요가 없다. 스튜어트 버틀러 헤리티지재단 부회장은 이렇게 말한다. "저는 성장에 매우 회의적입니다. 규모가 커지면 그에 따른 비효율성이 발생할 수 있다고 생각해요. 저는 이미 헤리티지를 충분히 지켜봤어요. 문제는 비용이지요. 우리는 한때 직원 200명을 유지하느라 힘들었어요."

기금 모금보다 현재의 조직을 유지하는 문제가 더 중요한 단체도 있다. 이미 전 세계에 지부 2100개를 거느리고 있는 해비타트는 성장에 역점을 두기보다는, 현재의 조직을 유지하면서 활동 참여자들의 능력과 영향력을 향상시키는 방법을 고민한다. 해비타트는 이제 새 지도자의 영입과 함께 이런 세계적 규모의 운동을 유지하는 데 필요한 조직 건설에 주력하고 있다.

셰어 아워 스트렝스도 내부 역량을 키우는 데 주목하고 있다. 팻 니클린 관리이사는 이렇게 말한다. "우리는 다른 사람들을 위해 돈을 모으는 능력이 정말 뛰어납니다. 그러나 우리들을 위해서는 그렇지 못해요. 기아 퇴치 기금을 모금하거나 기업과 제휴하는 일은 지금까지 잘해왔어요. 그러나 조직의 운영 자금을 마련하는 일은 잘하지 못했어요. 지금까지 다른 사람들에게는 산소 호흡기를 씌우면서도 우리는 무방비로 놔두었어요. 다른 단체들은 우리 방식으로 사업을 다각화하려고 애쓰고 있는데, 우리는 또 다른 길로 가고 있으니 참 알 수 없는 일이에요."

선택이 무엇이든, 그들 대다수는 영향력을 늘릴 줄 알거나 적어도 현재 수준을 유지할 줄 안다는 것을 분명히 보여주었다. 그들은 인재를 끌어들이고 그들에게 권한을 주며 능력에 맞게 보수를 지급해야 한다는 것을 안다. 돈을 모금하려면 돈을 투자해야 한다는 것도 안다. 또 조직을 효과적으로 유지하려면 조직 체계를 완벽하게 구축해야 한다는 것을 안다. 그리고 그들은 이 모든 것을 가로막는 강력한 방해 세력이 있어도 그것을 뛰어넘어 반드시 실행하고 만다.

내부 조직 역량을 키우지 못하게 가로막는 장애물이 존재하는 것은 사실이지만, 비영리단체가 뛰어넘지 못할 정도로 강력하지는 않다. 성공한 비영리단체들은 그것을 이미 세상에 입증했다. 그들은 미래에 대비하는 능력을 대다수 사람들이 알고 있는 것보다 더 많이 갖고 있다. 티치 포 아메리카의 콥은 이렇게 말한다. "'이게 우리 계획이고 우리는 어쨌든 그것을 이뤄낼 것이다'라는 주문은 자기 최면이 돼 마침내 이뤄지고 말아요. 우리는 정말로 우리 운명을 조정할 수 있어요."

제9장

실천하기

Putting It into Practice

무엇이 위대한 비영리단체를 위대하게 만드는가, 직관에 반하는 것처럼 느껴질지 모르지만, 위대함은 다른 것과 협력하는 것이다.…… 비영리단체는 사회 주요 부문 사이에서 작동한다. 비영리단체가 사회를 바꾸는 게임에서 이긴다는 것은, 가장 크게 또는 가장 빠르게 발전하거나 가장 경영을 잘하는 단체가 된다는 것을 의미하지 않는다. 영향력이 강력하고 전략적인 비영리단체는 다른 사람이나 단체를 선을 위한 힘으로 변화시킨다.

FORCES for GOOD

제9장 실천하기

무엇이 위대한 비영리단체들을 위대하게 만드는가?

4년 전 우리가 이 야심만만한 연구를 시도하도록 자극한 것이 바로 이 질문이었다. 처음 이 연구에 발을 내디뎠을 때 과연 무엇을 발견할지 우리는 알지 못했다. 그저 미지의 세계로 한 걸음 한 걸음 나아갔을 뿐이다. 우리는 실망하지 않았다. 비록 처음에 가정한 몇 가지 사실이 틀렸음이 입증됐지만, 우리는 위대한 비영리단체들이 어떻게 그처럼 커다란 영향력을 갖게 됐는지 알아낼 새로운 방법을 발견했다.

조직을 만들고 규모를 키운다고 해서 비영리단체가 반드시 성공하는 것은 아니다. 경영 관리가 완벽하고, 마케팅 능력이 뛰어나며, 거대한 예산을 운영한다고 해서 성공하는 것도 아니다. 비영리단체로 성공하려면 사회에 커다란 영향력을 미치기 위해 다른 부문들을 이용하는 방법을 찾아내야 한다. 위대한 비영리단체들은 촉매 구실을 한다. 자신을 둘러싼 시스템을 변화시켜 더 커다란 선을 만들어낸다.

앞에서 살펴본 것처럼, 우리는 성공한 비영리단체들이 더 커다란 시스템의 변화를 만들어내기 위해 사용하는 여섯 가지 경영 습관이 무엇인지 밝혔다. 그들은 정부, 기업, 개인 그리고 다른 비영리단체들과 협력해서 혼자 할 수 있는 것보다 더 많은 일을 이룬다. 그들은 환경의 변화에 맞게 끊임없이 스스로 적응할 줄 안다. 그들은 선을 위한 힘이 되기 위해 조직 안팎의 사람이나 단체와 리더십과 권력을 공유하고, 그들에게 권한을 부여한다.

이렇게 생각할 수도 있다. '그래. 그건 모두 맞는 말이야. 이론상으로는 말이야.'

실제로 비영리단체 지도자 대부분은 복잡한 조직 운영 때문에 다른 생각을 할 여력이 없다. 지금 이 순간은, 회계연도가 끝나기 전에 다음 해 예산을 확보하기 위해 기금을 모아야 하는 시점일지도 모른다. 또는 임금 협상이나 공석인 간부직, 무능한 직원 문제 같은 중요한 인사 문제를 다룰지도 모른다. 동시에 현재 진행 중인 사업의 평가가 어떻게 나올지 걱정하고, 어떻게 활동해야 효과가 최선일지 고민할지도 모른다. 한편으로는 가장 중요하게 생각하는, 전략적이고 장기적인 사업들을 이 사회가 계속해서 관심을 가지도록 해야 한다. 그것은 비영리단체가 살아남는 방법일 수 있으며, 나아가 더 커다란 영향력을 발휘하기 위한 노력일 수 있다.

이제 잠시 일을 멈춰라. 아직, 올해 손실을 보전하도록 내년 지원금을 미리 달라고 재단 관계자에게 전화로 요청하지 마라. 아직 직원 모집 공고를 게시하지 마라. 아직 긴급 이사회 개최를 통보하지 마라. 아직 조직을 개편하지 마라. 아직 웹사이트를 수정하지 마라. 그냥 잠시 멈추고 생각하라. 무엇을 얻으려고 하는가? 이 세상에서 보고 싶어 하는 진정한 변화는 무엇인가? 오늘 하고 있는 일이 어떻게 내일 더 많은 영향력을 미치도록 만들 것인가? 지금 가장 중요한 활동에 집중하고 있는가? 목표가 끊임없이 위기에 시달리는가? 우리는 안다. 우리는 둘 다 거기에 있었다. 급히 서두르는 것은 중요한 일을 그르치는 요인이며, 서두르면 선한 일과 완전히 반대 방향으로 가기 쉽다.

이 책에서 읽은 것을 생각하라. 이 책의 내용을 신중하게 받아들인다면, 이제 모든 것을 다른 시각으로 보고 새로운 방식으로 일을 진행할 것이다. 이 책에서 기억하기를 바라는 한 가지는, 자기 조직만을 생각하고 활동한다면 더 커다란 사회 변화는 이룰 수 없다는 사실이다. 아무리 '기업처럼 잘 굴러가고' 효율적으로 관리되는 비영리단체라도 사업을 내부 역량만으로 유지하려 한다면 잠재력을 충분히 발휘하지 못할 것이다. 자기 조직을 무시할 수는 없다. 그러나 사회적 영향력 확대라는 더 커다란 목적도 잊어서는 안 된다.

비영리 부문에서는 너무도 자주 주객이 바뀐다. 과정에 집착한 나머지 결과를 잊어버리는 때가 종종 있다는 말이다. 잘못된 것들을 기준으로 측정하고, 그것에 사로잡히기 쉽다. 정말로 중요한 것들은 대개 측정하기 어렵기 때문이다. 우리는 비영리단체들이 스스로를 유지하기 위해 시간과 정력, 금융 자원을 조직에 집중해야 한다는 것을 안다. 그러나 그것만으로는 충분하지 않다.

위대한 비영리단체들에게 배운 것처럼 사회에 더 거대한 변화의 바람을 일으키기 위해서는 조직 외부에 있는 것에도 초점을 맞춰야 한다. 무엇이 위대한 비영리단체를 위대하게 만드는가, 라는 질문에 대한 대답은 바로 이것이다. 직관에 반하는 것처럼 느껴질지 모르지만, 위대함은 다른 것과 협력하는 것이다. 사회 부문 모두를 이용할 줄 알아야 선을 위한 위대한 힘이 될 수 있다.

선순환

우리는 앞서 성공한 비영리단체들이 혼자 이룰 수 있는 것보다 더 높은 차원의 사회 변화를 성취하기 위해 어떻게 경계를 허물고 협력하는지 살펴보았다. 몇몇은 처음에 우리가 정의한 여섯 가지 경영 습관 가운데 오직 하나나 둘만 갖고 시작했지만, 시간이 흐름에 따라 조직 규모가 커지고 경험이 깊어지면서 나머지 경영 습관이 더해졌다. 이미 아는 것처럼, 보유한 경영 습관이 많으면 많을수록 사회적 영향력은 더 크다. 이 여섯 가지 경영 습관은 각자 서로를 강화하며 선순환했다. 그 과정에서 이들 비영리단체는 신뢰성과 영향력을 얻었다.

여기서 우리가 전달하려는 뜻을 더욱 분명하게 보여주는 사례를 하나 들어보자. 제1장에서 설명한 것처럼 여섯 가지 경영 습관은 서로 상호작용을 통해 한 조직이 엄청나게 발전하는 계기를 만들어줄 수 있다. 셀프헬프는 이런 일이 어떻게 일어나는지를 보여주는 완벽한 사례다.

셀프헬프의 목적은 처음부터 소수자와 가난한 가정을 위해 부를 창조하는 것이었다.[1] 처음 몇 년 동안 설립자 마틴 익스는 저소득층에게 대출과 기술 지원을 해서 그들이 소규모 사업을 시작하게 도왔다. 그러나 그들은 대개 재정 상태가 불확실해 앞날을 예측하기 힘들었다. 작은 위기라도 닥치면 바로 장사를 접어야 했다. 그래서 셀프헬프는 그들이 좀더 안정된 환경에서 일할 수 있도록, 가장 기본적인 재산인 집을 마련하게 돕는 쪽으로 초점을 변경했다. 이런 생각은 이어서 다른 프로그램으로 확산됐고, 모든 프로그램의 초점을 미국의 저소득층과 빈민 노동자에게 경제적 권한을 부여하는 것에 맞췄다.

우리는 앞에서 셀프헬프가 사회 주요 부문을 어떻게 이용해서 영향력을 확대했는지 보았다. 제2장에서는 셀프헬프의 지칠 줄 모르는 정책활동이 어떻게 미국의 22개가 넘는 주에서 약탈적고리대금업금지법안을 통과시켰는지 보았다. 제3장은 주택 대출 분야에서 40억 달러가 넘는 시장을 창조해낸 와코비아와 패니메이 같은 회사들과 셀프헬프가 협력해서 어떻게 미국에서 가장 큰 저소득층을 위한 2차 주택담보대출 시장을 만들어냈는지 보여주었다. 주류 기업들은 셀프헬프의 사회 혁신 계획을 따랐고, 셀프헬프는 다른 분야에서도 새 사업 모델을 개척했다.

셀프헬프가 새로운 주택담보대출 시장을 만들거나 전국에 걸쳐 약탈적대출금지법을 통과시킬 수 있었던 것은 자기 조직을 키웠기 때문이 아니다. 다른 단체들과 협력하고 정부와 기업의 영향력을 이용할 줄 알았기 때문이다. 셀프헬프는 신용조합 활동을 확대해서 성장하는 것만으로 만족할 수 있었다. 그러나 익스는 조직의 재정 능력과 조직력이 일반 상업 대출기관과 비교할 때 매우 하찮으며 자신의 정치력 또한 정부에 비해 별 볼 일이 없다는 것을 인정했다. 그는 셀프헬프가 자신이 생각하는 혁신적인 방법을 수행하려면 은행을 확신시켜야 하며, 정부가 약탈적 대부를 규제하도록 설득해야 한다고 생각했다.

셀프헬프는 이 과업을 이루기 위해 노스캐롤라이나와 22개 주에 있는 관련 비영리단체들과 네트워크를 구축해야 했다. 이 네트워크는 각 지역 지역개발금융기관 CDFI들과 협력해서 혁신 법안이 통과되도록 도왔다. 셀프헬프는 돈이 많이 필요하지 않기 때문에 자원봉사자나 기부자 같은 개인 후원자를 적극적으로 끌어들이지는 않지만, 미국 기업과 정부 고위층 가운데는 셀프헬프의 대의를 열렬히 지지하는 사람이 많다. 미국 연방정부의 인가를 받은 모든 상업은행의 대표들은 익스의 열렬한 후원자다. 일반 대중 가운데는 익스나 셀프헬프를 아는 사람이 많지 않을지 몰라도 중요한 정치계 인물들은 대부분 그의 전화를 받는다.

셀프헬프는 또한 일반 단체와 다른 몇 가지 중요한 경영 습관 덕분에 그 분야에서 성공했다. 먼저, 셀프헬프는 끊임없이 혁신하고 환경에 적응하는 능력이 뛰어났다. 가난한 가정을 위해 부를 창조한다는 단체의 목적은 놓치지 않으면서, 그때그때 상황에 따라 전술이나 프로그램, 심지어 장기 전략까지도 바꿀 줄 알았다. 셀프헬프는 처음에는 사업 자금을 빌려주는 것에서 시작했지만, 도중에 저소득층에게 주택 자금을 빌려주는 것으로 바꿨고, 시간이 흐르면서 전국적인 정책 활동에 뛰어들었으며, 마침내는 부동산 개발 사업을 포함해 여러 사업을 추가했다.

익스는 또한 셀프헬프가 성장함에 따라 자신의 리더십을 조직 전반에 걸쳐 분산하고 '책임있는대출센터' '셀프헬프 벤처스 펀드' '셀프헬프신용조합' 같은 관련 단체를 세 개 만들어 그들에게 실질적인 권한과 책임을 주었다. 익스는 최근에 COO를 새로 임명하고 자신이 믿을 수 있는 핵심 중견 간부 조직을 만들었다. 셀프헬프는 위대한 비영리단체가 모두 그러는 것처럼 조직 기반을 견고하게 구축해 단체가 영향력을 유지하고 확대할 수 있게 했다. 셀프헬프는 일반 기업보다 급여가 낮지만, 인재들을 뽑고 유지하며, 사업 모델을 뒷받침할 수 있는 내부 시스템과 기반 구조에도 투자한다. 또 셀프헬프는 금융과 부동산 시장에서 활동하기 때문에, 자체 수입으로 조직 운영비를 감당하고 사업을 끊임없이 확대할 방법들을 발견했다. 자전거의 뒷바퀴(자체 수익사업으로 벌어들인 수입)가 끊임없이 앞바퀴(단체의 목적)에 동력을 전달하는 것이다.

셀프헬프는 성공한 비영리단체의 여섯 가지 경영 습관이 어떻게 함께 어우러지는지 잘 보여준다. 셀프헬프는 노스캐롤라이나를 비롯해서 여러 주에 있는 비영리단체들과 거대한 연합 네트워크를 구축하고 각 지역의 지역개발금융기관과 협력하기 때문에 정부와 공공정책에 매우 큰 영향력을 행사한다. 주와 지역 단위로 정책 홍보 네트워크도 함께 구축하고 있으며 최근에는 오클랜드, 캘리포니아, 워싱턴 D. C.에도 새 사무소를 열었다.

셀프헬프는 저소득층 사람들도 신용도가 높으며 은행이 이들에게 대출해서 이익을 볼 수 있음을 입증했다. 이에 영향을 받은 와코비아, 씨티그룹, 일반 상업 대출기관 같은 금융기업도 셀프헬프의 혁신적 대출 사업을 채택하고 저소득층 대상의 대출 업무를 개시했다. 또한 익스는 미국 기업 내에 이처럼 강력한 협력자들을 심어놓은 덕분에, 금융계 주변부에서 활동하는 약탈적 대부업자들을 규제하도록 정부에 압력을 넣는 데 이들의 영향력을 이용할 수 있었다.

셀프헬프의 전략을 구성하는 각각의 요소는 서로를 강화한다. 고위 정치 지도자들과의 협력은 사업의 신뢰성을 높이고, 사업의 신뢰성이 높아지면 그들과의 협력도 한결 쉬워진다. 그리고 폭넓은 대외 관계망의 구축은 비영리단체의 협상력을 더 높여준다. 셀프헬프는 중요한 권력 기반을 구축했고, 다른 기관에게 영향을 미치기 위해 그것을 활용했다.

우리는 이처럼 강력한 경영 습관들이 서로 어떻게 작용하는지 꼼꼼히 살펴보면서, 역동적인 사회 기구들의 생태계 속에서 성공한 비영리단체들이 어떻게 영향력을 행사하는지 알게 됐다. 셀프헬프는 어떤 비영리단체도 혼자서는 가난한 사람들에게 수십억 달러를 빌려줄 수 없다는 사실을 알았다. 그것은 미국에서 가장 큰 금융기관, 주와 연방 정부의 정책 결정자, 비영리단체와 시민 활동가들이 함께 힘을 모아야 할 수 있는 일이다. 그들은 더 커다란 사회 시스템 안에서 상호 작용한다. 더 위대한 선을 창조하기 위해서 이런 다양한 힘들을 서로 연결하고 일치시키는 역할을 하는 것이 바로 셀프헬프였다. 우리 사회의 가장 절박한 문제들을 푸는 해법은 어느 한 기관에 있지 않고 집단의 노력 속에 있다.

여섯 가지 경영 습관 실천하기

우리의 연구 결과는 비영리단체를 어떻게 이해하고, 운영하고, 기금을 모으고, 지원할지에 관한 중요한 암시들을 보여준다. 비영리단체의 영향력을 확대하는 요소들이 무엇인지 알았다면, 이제는 그런 특징을 사회적 부문에서 어떻게 배양할지 알아야 할 차례다. 조직의 틀에서 벗어나 바깥을 내다보고 변화의 촉매가 될 핵심 역량을 어떻게 육성할 것인가? 어떻게 하면 영향력의 유지 능력에 투자하는 비영리단체의 의욕을 꺾지 않고 그것을 적극 장려할 수 있을까? 사회 변화를 가장 효과적으로 매개하는, 따라서 진정한 영향력을 가진 그런 비영리단체에게 우리 사회가 보유한 자원을 어떻게 공급해야 할까?

무엇보다도 우리는 사회적 부문에서 성공한 리더십이 무엇인지 새로운 시각에서 이해하고, 그것을 육성하는 새로운 방법을 찾아야 한다. 열두 개의 성공한 비영리단체처럼 영향력을 최대로 확대하려는 비영리단체의 최고 지도자들은 조직의 경계를 허물고 외부와 다리를 놓을 줄 알아야 한다. 권위를 내세우지 않고 영향력을 발휘하는 방법을 알아야 한다. 조직의 이익만 생각하지 말고 더 큰 시스템 안에서 무슨 역할을 해야 하는지 볼 줄 알아야 한다(우리가 비영리단체의 리더십을 얘기할 때 그것은 단체 대표뿐 아니라 집행부 임원, 지역 또는 지부 대표자, 이사회까지 모두 포함한 것을 의미한다).

이런 지도자들은 세계적 기업의 사장들을 설득해서 진로를 바꾸게 만들 정도로 영향력이 있어야 한다. 그렇게 하기 위해서는 기업의 윤리적 책임뿐 아니라 사업에 미치는 영향에 대해서도 설명할 수 있어야 한다. 또한 자신들이 대변하는 집단의 더 커다란 이익을 위한 법안이 의회에서 통과되도록 의원들을 만나 설득할 줄 알아야 한다. 자기 조직에서 활동하는 자원봉사자들에게 의미 있는 기회를 만들어줄 정도로 조직 활동에 능통해야 한다. 그리고 관련 단체들과 네트워크를 조직하고 연대 활동을 하면서, 동지들의 지원을 결집하고 그들과 함께 명예를 나누며 자원을 공유할 줄 알아야 한다.

비영리단체의 지도자들은 무엇보다도 권력을 다른 사람들과 공유하고 그들에게 권한을 줄 줄 알아야 한다. 비영리단체의 지도자들은 권위의식이나 공식 직함에 의지해 남을 설득하려 해서는 안 된다. 오히려 뚜렷한 목적의식과 해결책 제시 능력으로 남들이 자신을 따르도록 만들어야 한다. 그들은 남들에게 명령하거나 통제할 수 있는 기업의 대표도 아니고, 정치력을 움직일 수 있는 정부 공직자도 아니다. 그들은 스스로 선을 위한 힘이 돼야 한다.

우리의 연구 결과는 기부자, 기업 대표, 정부 지도자, 그리고 일반 대중 같은 사회의 다른 부문에서도 중요한 암시를 내포하고 있다. 이런 영역의 지도자들은 영향력이 가장 큰 비영리단체를 찾아내 지원할 수 있어야 한다. 그런 단체를 찾으려면 비영리단체의 성공과 실패를 가늠할 새로운 평가 방법을 도입할 필요가 있다. 실제로 비영리단체의 성과를 판정할 기준을 정하기는 매우 힘들다. 비영리단체들은 더 커다란 사회 시스템을 바꾸기 위한 촉매 또는 매개 구실을 하기 때문이다. 그리고 거대한 시스템의 변화는 대개 계량화하기가 어렵다.

그러면 이제 우리는 영향력을 확보하거나 유지하기 위해 어디서부터 어떻게 바꿀 것인가? 다음에 나오는 부분은 비영리단체 지도자든, 후원자나 기부자든, 기업 대표든, 공직자나 정책 결정자든, 자원봉사자든, 그냥 관심 있는 시민이든, 그들이 무엇을 어떻게 해야 이 책에서 제시한 여섯 가지 경영 습관을 실제로 적용할 수 있을지 보여준다.

비영리단체 지도자

당신이 현재 비영리단체 가운데 하나를 책임지고 있다면, 이 책에 나온 경영 습관들을 채택함으로써 훨씬 더 높은 차원의 사회 변화를 일으키고 조직의 영향력을 확대할 좋은 기회가 될 것이다. 다음에 나오는 체크리스트는 여섯 가지 경영 습관을 유용하게 활용하도록 도와줄 것이다. 그러나 그것은 단지 시작일 뿐이다. 어떤 것을 실행하기 전에 반드시 먼저 자기 조직을 조사하고 전문가의 도움을 받아 계획을 세우는 것을 잊지 마라.

경영 습관 1_정책 활동과 현장 활동을 함께 하라

정책 활동은 정부가 보유한 엄청난 자원을 이용할 수 있기 때문에 그것만으로도 선을 위한 하나의 강력한 힘이 된다. 이런 정책 활동을 현장 프로그램과 결합한다면 당면 문제를 해결하는 영향력이 훨씬 커질 것이다. 두 활동을 하나로 합치면 그 힘은 따로 떨어져 있을 때보다 훨씬 더 강해진다. 그러나 대다수 비영리단체들은 '이것 아니면 저것'의 덫에 걸려 있다. 직접 현장에서 활동하거나 아니면 연구나 정책 홍보 활동에

할 일	일을 시작하는 방법
□ 위에서 시작한다.	이사회를 포함해서 조직의 최고 지도자들이 먼저 정책 활동에 대해 명확히 지지를 표명해야 한다.
□ 관련법을 알아야 한다.	정책 활동 관련 법률과 규제 내용을 확실히 알기 위해 법률가와 로비 전문가에게 자문을 구한다.
□ 계획을 세운다.	정책 활동 경험이 있는 다른 비영리단체에게 도움을 받고 스스로 연구한다.
□ 정책전문가를 고용한다.	내부에 전문가가 있으면 정책 활동이 엄청나게 탄력을 받는다.
□ 정치적으로 유연한 후원자를 물색한다.	어떤 후원자는 정치를 싫어하므로 만일에 대비해서 정책 활동을 지지할 대체 후원자를 찾는다.
□ 당파주의를 뛰어넘는다.	대다수 비영리단체가 제기하는 문제들은 극단적 정치 성향의 사람들보다 광범위한 중도층에 호소한다. 따라서 여야 양당 정치인들과 모두 협력한다.
□ 순수성을 보존한다.	핵심 원칙을 저버리면 안 되며 주장을 입증하기 위해 자료를 조작하면 안 된다. 한 번 신뢰를 잃으면 그것으로 끝이다.
□ 네트워크 조직과 개인 지지자들을 이용한다.	관련 단체들과 협력하고 개인 지지자들을 조직화하는 일은 정책 활동에 힘을 보탠다.

표 9.1   정책 활동과 현장 활동을 함께 하라

만 매달린다. 성공한 비영리단체들은 그것이 잘못된 이분법임을 안다. 둘 중 하나를 고르지 않고 모두 다 한다.

정책 활동을 주로 하는 단체라면 헤리티지재단이나 예산과정책우선순위센터처럼 조직의 영향력을 더 확대하기 위해 현장 프로그램이나 서비스들을 결합시킬 방법을 생각하라. 현장 활동이 중심인 단체라면 이 책에 나온 단체가 모두 그랬듯 지역이나 주, 연방 차원에서 정책 개혁에 참여할 방법을 찾아라. 표 9.1은 정책 활동을 개발할 때 유념해야 할 사항이다.

경영 습관 2_시장을 움직이게 하라

성공한 비영리단체들은 기업을 적으로 보지 않는다. 오히려 기업이 선

할 일	일을 시작하는 방법
☐ 세상을 바꾸기 위해 기업을 바꾼다.	기업 부문이 선을 위한 힘으로 이용할 수 있는 강력한 능력을 가지고 있음을 인정한다.
☐ 어떤 방식을 고를지 정한다.	단체의 당면 과제나 사업 모델에 따라 제3장에 나온 세 가지 방식 중 적절한 것을 고른다.
☐ 방법을 연구한다.	기업과 제휴하거나 자체 수익사업에 도움을 주는 자료가 많다.
☐ 기업 경력이 있는 사람을 고용한다.	기업과 효과적으로 협력하기 위해서는 기업 세계를 이해하는 사람이 필요하다.
☐ 적절한 협력 대상을 찾는다.	기업과 제휴하기 전에 해당 기업 실사를 하고 적절한 대상을 선택한다.
☐ 위험 가능성을 이해하고 잘 관리한다.	선택한 방식마다 위험이 따를 수 있으나 미리 예상해서 그 위기를 잘 넘길 수 있다.

표 9.2 시장을 움직이게 하라

을 위한 힘이 될 수 있다고 생각한다. 그들은 시장을 피하지 않고 거꾸로 시장의 힘을 이용한다. 거기에는 세 가지 방식이 있다. 첫째, 기업이 그동안 사회에 끼쳤던 부정적 영향력을 줄이고 긍정적 영향력은 늘리게끔 기존의 기업 관행을 바꾼다. 둘째, 기업과 제휴 관계를 맺고 대의 마케팅이나 전통적인 후원, 기부금 모금을 통해 기업의 능력과 자원을 이용한다. 셋째, 자체 수입을 올리기 위해 스스로 영리기업을 차리기도 한다. 이 가운데 어떤 방식을 선택하든, 표 9.2는 처음에 어떻게 시작해야 할지 안내할 것이다.

경영 습관 3_열성 지지자를 양성하라

위대한 비영리단체들은 일반 자원봉사자와 후원자들을 대의에 충실한

할 일	일을 시작하는 방법
□ 전략적으로 포용한다.	지지자들을 조직화하는 데 많은 시간과 노력, 자원을 쏟아부어야 한다.
□ 핵심 가치를 가지고 시작한다.	단체의 대의에 관심이 있는 사람에게 영감을 주고 그들을 조직으로 끌어들이기 위해 핵심 가치를 알린다.
□ 의미 있고 감동을 주는 체험 기회를 만든다.	현재 그런 기회가 없다고 해도 외부 사람들을 확실하게 사로잡을 방법을 고안해야 한다.
□ 열성 지지자들을 감동시키고 양성한다.	외부 사람을 아군으로 만들고 단체의 영향력을 확대할 초대형 열성 지지자로 양성한다.
□ 지지자 조직을 육성하고 서로 연결한다.	지지자 집단을 더 큰 조직으로 만드는 자체를 수단이 아니라 목적으로 생각한다.
□ 사회 변화를 위해 그 조직을 동원한다.	조직이 확대되면 더 큰 사회 변화를 위해 그것을 이용할 수 있다.

표 9.3　열성 지지자를 양성하라

열성 지지자로 바꾸는 방법을 안다. 그들은 핵심 가치를 표현하고 외부 사람을 포용하는 의미 있는 경험을 만들어낸다. 그리고 열성 지지자를 양성하며 지지층을 폭넓게 유지하고 엮어낸다. 표 9.3은 이런 전략을 실행에 옮기도록 도와줄 것이다.

경영 습관 4_다른 비영리단체와 연대하라

개인 후원자를 더 커다란 지지층 조직으로 끌어들이는 것과 더불어, 다른 비영리단체와 협력해 더 큰 능력과 영향력을 확보하는 것도 중요하다. 자체 지부 조직을 개발하거나 외부 관련 단체들과 연합체를 구축하

할 일	일을 시작하는 방법
☐ 경쟁하지 않고 협력한다.	자기 이익보다 영향력을 먼저 생각하는 자세로 시작한다. 성공한 비영리단체들은 동료 단체를 경쟁자로 생각하지 않는다.
☐ 네트워크 전략을 개발한다.	공식적인 지부 조직이 있든 없든, 네트워크를 구축하고 함께 운동하며 더 크게 연대할 방법들이 있다.
☐ 전체 규모를 키운다.	그 분야의 자원을 늘릴 방법을 찾는다. 네트워크를 통해 자원을 공유한다.
☐ 지식을 공유한다.	목적 달성을 위해 다른 비영리단체가 능력을 강화할 수 있도록 자신의 전문 지식을 이용해서 돕는다.
☐ 리더십을 개발한다.	자기 조직뿐만이 아니라 연합 네트워크 전체를 이끌 지도자들을 양성한다.
☐ 서로 협력한다.	서로 협력한다. 다른 단체와 권력을 공유하고 공을 나누는 법을 배운다.
☐ 자기 길을 가야 할 때를 안다.	단체행동을 해야 할 때가 언제고 독자 노선을 가야 할 때가 언제인지 구분할 줄 알아야 한다.

표 9.4 다른 비영리단체들과 연대하라

라. 다른 단체를 제한된 자원을 놓고 싸워야 하는 경쟁자로 보지 말고 뜻을 같이 하는 동맹자로 생각하라. 다른 단체가 선을 위한 힘이 되도록 역량을 키우기 위해 시간과 노력과 자원을 투자하라. 그러면 마침내 승리할 것이다. 표 9.4에 나온 아이디어들을 시도해보라.

경영 습관 5_완벽하게 적응하라

외부와 효과적으로 협력하기 위해서는 환경 변화에 재빠르게 대응하고 적응할 줄 알아야 한다. 이것은 끊임없이 혁신적으로 생각하고 행동하는 역량을 요구한다. 언제나 외부 신호에 주목하고 반응해서, 새 프로그

할 일	일을 시작하는 방법
☐ 창조성과 조직 구조 사이에서 균형을 유지한다.	관료주의에 매몰되거나 너무 많은 아이디어로 혼란에 빠지지 않도록 균형을 찾는다.
☐ 주변 환경에 귀 기울인다.	단체와 관련된 외부 신호에 주목한다. 네트워크나 현장 프로그램을 통해 주변의 목소리를 '듣는다.'
☐ 실험하고 혁신한다.	일을 새롭게 하려고 노력한다. 기존 관행이나 사업, 절차를 혁신한다.
☐ 평가하고 이해한다.	혁신이 어떻게 진행되는지 시험한다. 결과를 평가하고 이해한다. 바꿀 것이 무엇인지 정한다.
☐ 기존 프로그램을 수정한다.	바꿔야 할 것으로 판정된 프로그램이나 절차를 수정한다. 이 지식을 네트워크 전체와 공유한다.
☐ 이 과정을 반복한다.	듣고 혁신하고 이해하고 수정하는 과정을 필요할 경우 계속해서 반복한다.
☐ 전술이 아니라 결과에 주목한다.	현재 얻은 성과나 전술과, 이루려는 목표 사이의 차이를 없애기 위해 부단히 노력한다.

표 9.5   완벽하게 적응하라

램을 실험하고 평가하며 필요하면 수정할 줄 알아야 한다. 그리고 끊임없이 이 과정을 되풀이해야 한다. 관료주의에 빠져 있거나 변화를 거부하는 단체, 새 아이디어는 나오지만 그 창조성을 구현할 구조가 없는 단체는 얼마 안 가서 무능한 단체로 전락할 것이다. 성공한 비영리단체들은 표 9.5에서 보는 것처럼 전략적으로 조직의 균형을 유지할 줄 안다.

경영 습관 6_리더십을 공유하라

한참 성장하고 있는 비영리단체의 대표들이 조직의 영향력을 계속해서 확대하려면, 집행부 조직과 2인자, 이사회, 지역 조직 대표들에게 실질적인 권한과 책임을 위임해야 한다. 대표자 한 사람이 조직의 결정을 모두 감당하기 버거울 때가 오게 마련이다. 그때, 권력을 주위 사람들과

할 일	일을 시작하는 방법
□ 포기하는 법을 배운다.	자기 권력을 나누는 것은 자신에게 달려 있다. 리더십 분산은 조직 전체의 잠재력을 더욱 자유롭게 발휘할 수 있게 만든다.
□ 제2인자를 선임한다.	지도자가 외부 일에 집중할 수 있도록 조직 내부를 책임지고 이끌 강력한 COO를 임명한다.
□ 집행부를 조직한다.	유능한 인재를 뽑고 유지한다. 집행부와 권력을 공유하고 실질적인 권한을 준다.
□ 네트워크 안에서 지도자를 양성한다.	네트워크를 이끌어갈 리더십을 양성한다. 최고 지도자들은 조직에서 나올 수도 있고 관련 단체에서 나올 수도 있다.
□ 공유된 리더십을 공인한다.	위계적이지 않고 공식적인 권위에 의존하지 않는 분산된 리더십을 새로운 리더십으로 인정한다.

표 9.6   리더십을 공유하라

나눌 줄 알아야 한다. 표 9.6은 이런 여행을 시작하기 위한 준비 단계를 보여준다.

영향력 유지하기

끝으로 비영리단체들은 이 여섯 가지 경영 습관을 유지하고 영향력을 지탱하는 데 필요한 기본 요소에 주목해야 한다. 자기 조직에만 관심을 두는 것도 올바르지 않지만 그렇다고 완전히 무시해서도 안 된다. 비영리단체는 대외적 목표와 그 목표를 달성하기 위한 내부 역량 사이의 간격을 줄이기 위해 끊임없이 노력해야 한다. 따라서 유능한 인재와 지속 가능한 재원, 기본적인 조직 제도와 기반 구조는 반드시 확보돼야 한다.

할 일	일을 시작하는 방법
□ 조직을 위한 적절한 균형점을 찾는다.	영향력을 유지하기 위해 필요한 것이 무엇인지 찾고 거기에 투자한다.
□ 일이 우선이고 사람은 그 다음이다.	조직 문화와 목적에 맞게 사람을 뽑는다. 그 다음 그 것을 달성하기 위한 임무와 권한을 그 사람에게 준다.
□ 급여를 적절하게 지급한다.	유능한 인재에게는 그 분야에서 최고 수준의 급여를 지급할 수 있도록 적절한 급여체계를 마련한다.
□ 위기 분산을 위해 지속적으로 자금원을 찾는다.	다양한 자금원을 적절하게 배합하고 위기관리에 만전을 기한다.
□ 조직의 사회 변화전략에 맞게 기금모금 전략을 짠다.	정부와 기업, 일반 시민 모두 훌륭한 잠재적 자금원일 뿐 아니라 사회적 영향력을 확대할 수 있는 수단이기도 하다.
□ 삐딱하게 보는 외부 압력을 물리친다.	영향력 유지를 위해 조직 정비에 투자하는 것에 기부자나 언론이 간섭하지 못하게 한다.

표 9.7   영향력을 유지하기 위해 투자하라

표 9.7은 그 출발점으로 안내할 것이다.

재단 지도자, 자선가, 후원자

당신이 자선가라면, 우리의 연구 결과는 기금을 지원하고 후원할 비영리단체를 찾는 데 도움을 줄 것이다. 가끔 기부금을 내는 후원자든 전문적인 자선활동가든 상관없이 여기서 제시한 여섯 가지 경영 습관을 이용해서 어떤 비영리단체가 기금을 지원할 만한 곳인지 판단할 수 있다. 또한 그들을 어떻게 지원하는 것이 가장 좋은지 알 수 있을 것이다.

사회적 부문에 투입될 자금은 반드시, 사회에 큰 영향력을 미치거나 그럴 가능성이 있는 단체로 흘러들어가야 한다. 미국 역사에서 최초로 나타난 자선의 형태가 '초보적인 자선'(배고픈 사람에 물고기를 주는 것)이라면, 두 번째 형태는 '계몽된 자선'(배고픈 사람에 물고기 잡는 법을 가르쳐 주는 것)이다. 다음에 나타날 형태는 '사회 전체의 변화'(빌 드레이턴의 말처럼 수산업 전체를 바꾸는 것)일 수 있다.[2] 기금을 후원할 사람들은 최적의 투자 기회를 엿볼 수 있는 것이다.

얼마를 기부하든 그 단체가 그 소중한 돈을 받을 최적의 단체인지 잘 판단하라. 주식시장은 좋은 예가 될 수 있다. 투자자는 아무 회사에나 투자하지 않는다. 투자자는 투자회수율이 가장 높은 회사를 찾는다. 후원자도 마찬가지다. 성과가 가장 좋을 비영리단체가 어딘지 골라야 한다.

재단들은 처음부터, 사회에 더 큰 영향력을 행사하기 위해 다른 단체와 협력하는 비영리단체에 투자하는 것을 고려하기도 한다. 그들은 자신들이 지원하는 단체에 정부나 기업, 개인 후원자들이 진입하자마자 발을 빼기보다는(일부 재단은 그렇게 한다), 그것을 그 단체가 더 발전하고 있다는 신호로 본다. 그들은 최고의 비영리단체에 '더 많은 기금을 투입'할 것이다. 물론 이것은 그들이 '자원봉사자 1명당 비용' 같은 것보다 계량화하기 힘든 투자가치를 이해할 줄 안다는 전제 아래서 말하는 것이다.

시티 이어를 예로 들어보자. 시티 이어의 예산은 2005년에 4200만 달러였다. 16개 지역에서 활동하는 단원 수로만 해마다 영향력을 따진다면, 시티 이어의 프로그램 원가는 매우 높다. 그러나 자원봉사자 한 명당 비용은 이 단체가 벌이는 사업의 성공 여부를 판단하는 올바른 기준이 아니다. 시티 이어가 사회에 영향을 미치는 다른 요소들을 고려하지 않고 있기 때문이다.

시티 이어의 집요한 정책적 지원활동이 없었다면 전국적인 봉사단체인 아메리콥스가 오늘날 어디에도 존재하지 못했을 것을 믿는다면, 수많은 지역 단체에게 지원된 수억 달러의 정부 지원금과 다시 국가를 위해 자신을 희생한 수십만 명의 아메리콥스 자원봉사자 노력 또한 시티 이어의 성과로 계산해야 한다. 시티 이어는 수백 개의 기업과 협력하고 그들을 변화시켰으며 기업이 지역사회와 연결되도록 도왔다. 시티 이어는 전국적인 봉사활동의 체계를 완성했을 뿐만 아니라 사회적 기업 분야도 새롭게 육성했다. 시티 이어는 일개 청소년 봉사단체 이상의 일을 했다. 결국 자신을 둘러싼 시스템 자체를 바꾸는 데 일조한 것이다.

물론, 시티 이어의 정책 활동이나 기업과의 제휴 활동만으로 시티 이어가 보유한 영향력을 계량화하기는 쉽지 않다. 그와 같은 정보가 언제나 시티 이어 웹사이트에 발표되는 것도 아니다. 비영리단체를 평가하는 웹사이트에 발표되지 않는 것은 말할 것도 없다(그것을 반영해 달라고 직접 요청해야 한다. 우리는 이제 사회적 부문에서 성공을 평가하는 새로운 방법을 찾아야 한다). 우리는 이런 문제를 해결할 새로운 시스템과 중간 단계를 개발해야 한다.

어떤 단체가 자선가의 기부금을 가장 효과적으로 사용하는지 평가하고 싶다면, 이 책에 나온 성공한 비영리단체의 여섯 가지 경영 습관을 기준으로 삼을 수 있을 것이다. 이 책에 소개된 열두 개 비영리단체에 투자하는 것으로 시작할 수도 있다. 그러나 그들은 사회에 큰 영향력을 미치고 지원받을 자격이 있는 비영리단체 가운데 아주 일부일 뿐이다.

기업, 정부, 시민 활동가

사회와 환경에 더 책임지고 싶은 기업 지도자들은 그 목적을 이루도록 도와줄 특별한 비영리단체를 찾아 제휴 관계를 맺을 수 있다. 자본주의를 악마로 생각하며 기업에 저항하는 극단적인 행동주의자가 언제나 있게 마련이지만, 피딩 아메리카나 환경방위, 셰어 아워 스트렝스처럼 기업과 협력하기를 바라며 실용주의를 추구하는 비영리단체도 많다. 그들은 제휴를 맺은 해당 기업이 사업을 잘하면서 동시에 좋은 일도 할 수 있도록 기존의 경영 관행을 바꾸는 데 도움을 줄 수 있다. 성공한 비영리단체의 여섯 가지 경영 습관은 어떤 단체가 기업이 제공하는 자원을 활용할 준비가 돼 있는지 판단할 기준이 된다.

정부 지도자들 또한 이 여섯 가지 경영 습관을 정부의 지원 대상 비영리단체를 선정하는 기준으로 삼을 수 있다. 정부가 국가의 정책 사업을 끊임없이 외주 용역으로 돌리는 현실을 감안할 때, 계약 대상이 되는 비영리단체가 정책을 혁신할 뛰어난 자질이나 증명된 해결책을 보유하고 있는지 면밀히 검토하는 일은 매우 중요하다. 제2장에서 본 것처럼 성공한 단체들은 현장 프로그램과 정책 연구, 홍보를 결합하고 새 아이디어들을 시험하고 실행할 줄 안다. 이런 방식은 정부 정책이 실제로 현장에서 잘 돌아가게 만들 수 있다.

일반 시민의 경우도 마찬가지다. 규칙적으로 자원봉사 활동을 하는 사람이든, 비영리단체의 이사회에서 일하든, 또는 그냥 좋아하는 단체에 기부금을 내는 사람이든 상관없이 누구나 우리의 연구 결과를 활용할 수 있다. 여기서 제시한 여섯 가지 경영 습관과 관점에 따라, 자신이 활동하고 있는 비영리단체의 영향력을 평가해볼 수 있다. 또한 제4장에서 나온 열성 지지자 양성 방식을 바탕으로 단체를 평가할 수도 있다. 우리는 거기서 영향력이 큰 비영리단체들이 지지자들에게 의미 있는 경험을 훨씬 잘 제공한다는 것을 알았다. 그들은 일반 대중이 사회를 바꾸는 데 적극 참여할 수 있도록 더 커다란 공동체 조직을 만들고 육성하며 권한을 준다.

선을 위한 힘 되기

오늘날 자선이 의미하는 본뜻이 바뀌고 있다. 기부자들은 자신의 기부

성공한 비영리단체가 하는 일	성공한 비영리단체가 하지 않는 일
□ 대외적으로 모든 사회 부문과 협력한다.	자기 조직만 주목한다.
□ 시스템 전체를 바꾸기 위해 외부의 힘을 이용할 줄 안다.	조직의 성장만으로 영향력을 확대하려 한다.
□ 핵심 가치를 훼손시키지 않는 한에서 목적 달성을 위해서는 무슨 일이든 한다.	'성공하기'보다는 '옳은 것'만을 추구한다.
□ 정책 활동과 현장 활동을 함께 한다.	정치적인 것은 피하고 직접적인 봉사활동만 강조한다.
□ 시장의 힘을 이용하고 기업과 협력한다.	기업이나 자본주의와 협력하기를 거부한다.
□ 외부 사람들이 의미 있는 경험을 통해 조직과 장기적인 관계를 맺게 만든다.	자원봉사자를 공짜 노동력으로 보거나 기부자를 기껏 돈이나 내는 사람으로 생각한다. 그들에게 회보를 보내는 데만 집중한다.
□ 비영리단체 네트워크를 육성하고 분야를 구축한다.	다른 비영리단체들을 경쟁자로 본다.
□ 끊임없이 적응하고 창조성과 조직 구조 사이의 균형을 찾는다.	관료주의에 매몰되거나 아니면 아이디어만 너무 많다.
□ 다른 사람들이 이끌고 실행할 수 있도록 권한을 준다.	명령과 통제의 위계질서를 유지하고 지도자가 모든 권한을 독점한다.
□ 사람, 자본, 시스템 같은 기본 요소에 투자한다.	기본적인 내부 조직 기반 구축에 소홀해서 조직 관리를 위한 투자가 부족하다.
□ 사회적 영향력을 중시하고 최종 결과나 전체 시스템의 변화가 전보다 얼마나 발전했는지 평가한다.	과정을 중시한다. 결과보다는 투입량을 보고 평가한다.

표 9.8 새로운 비영리단체 패러다임

가 사회를 바꾸는 데 영향력을 더 크게 발휘하기를 바란다. 기업도 변하고 있다. 기업은 사회와 환경에 더 책임 있는 자세를 가지려고 노력하며, 주요 투자자들도 기업이 그렇게 하도록 끊임없이 압력을 넣고 있다.

연방 정부의 정책 결정이 점점 더 주나 지역 차원으로 이양되고, 비영리 단체들이 정책 프로그램을 점점 더 많이 외주로 맡으면서 정부 정책 또한 바뀌고 있다. 이 모든 힘이 한곳으로 모이면 엄청난 사회 변화의 기회가 만들어진다.

따라서 성공한 비영리단체들이 끊임없이 바뀌고 있는 것도 그리 놀랍지 않다. 그들은 단순히 봉사 활동을 하거나 기본적인 자선 행사에 머무르지 않고 그보다 훨씬 더 많은 일을 하고 있다. 그들은 그 과정에서 성공한 비영리단체가 된다는 것이 무엇을 의미하는지 다시 정의하고 있다. 오늘날 시민단체의 지도자들은 좋은 경영 습관을 많이 갖고 있으며, 이는 물론 다른 사람이 따라 할 수 있다. 실제로 성공한 비영리단체와 잠재력을 완전히 살리지 못하는 비영리단체 사이에는 엄청난 차이가 존재한다. 표 9.8은 비영리단체의 새로운 패러다임과 낡은 패러다임을 요약해서 보여준다.

비영리단체는 사회 주요 부문 사이에서 작동한다. 성공한 비영리단체들은 자신들이 사회에서 맡은 고유한 역할과 새로운 기회를 잘 활용해서 사회를 바꾸는 데 영향력을 크게 미친다. 비영리단체가 사회를 바꾸는 게임에서 이긴다는 것은, 가장 크게 또는 가장 빠르게 발전하거나 가장 경영을 잘하는 단체가 된다는 것을 의미하지 않는다. 영향력이 강력하고 **전략적인 비영리단체는 다른 사람이나 단체를 선을 위한 힘으로 변화시킨다.**

부록 I 이 책의 연구 방법론 Research Methodology

부록 II 이 책의 사례연구 지침과 질의 내용 Case Study Research Guideline and Question

부록 III 이 책에 선정된 비영리단체 소개 Organization Profiles

주석

부록

Appendices

이 책의 연구 방법론

우리는 위대한 비영리단체들이 비교적 짧은 기간에 어떻게 그처럼 높은 수준의 영향력을 갖게 됐는지, 어떻게 영향력을 확대할 수 있었는지 알기 위해 이 책을 쓰기로 했다. 우리는 유용한 교훈을 찾아내 그들처럼 위대해지기를 바라는 다른 비영리단체들과 함께 나누기를 바랐다. 우리는 이번 연구에서 학문적으로는 '근거 이론'[1]이라고 알려진 사례를 기반으로 하는 귀납적 연구 방법론을 따랐다. 부록 이 책의 연구 방법론은 제1장에서 간략하게 요약한 우리의 연구 방법론을 더욱 자세하게 설명한다.

우리는 이 연구를 4단계로 나눴다. 첫 번째 단계에서 사회적 부문의 맥락에서 '높은 사회적 영향력'이 무엇을 의미하는지 정의하고, 우리 연구의 기본 범위를 정했다. 두 번째 단계에서 단계적 과정을 이용해 연구 기준에 맞고 우리에게 새 통찰력을 줄 비영리단체의 사례를 다양하게 골랐다. 세 번째 단계에서는 선정된 비영리단체의 사례를 연구하고 결과를 종합해 개요를 작성했다. 네 번째 단계에서는 이 비영리단체의 영향력을 설명하는 데 도움이 되리라고 생각한 여러 출처의 자료를 분석하고, 사례 패턴을 서로 비교하고 검토했다. 우리는 여기서 나타난 여러 패턴과 가설을 전문가나 실무자들과 실제로 검증하고 다시 자료와 사례로 되돌아오는 과정을 반복했다. 그런 뒤 마침내 이 책에서 제시하는 일반론을 완성할 수 있었다.

1단계_ '높은 영향력' 정의와 연구 변수 정하기

우리가 넘어야 할 첫 번째 과제는 보편적인 측정 수단이 없는 부문에서 성공을 정의하는 것이었다. 제1장에서 설명한 것처럼 주주의 이익과 여러 가지 재무 지표가 성과의 평가 기준으로 사용되는 영리 부문과 달리 비영리 부문은 보편적으로 인정된 성공 기준이 없다. 비영리단체의 성과는 단체의 목적, 사업 모델, 당면 과제에 따라 다양하다. 비영리 부문은 본디 계량화하기 어렵다.

비영리단체 분석에 유용한 계량화된 데이터는 대개 미국 국세청에서 제공하는 비영리단체 예산 정보에 국한된다. 우리는 이 연구를 시작한 처음에 다양한 비영리단체들의 수입 증가율을 살펴보면서, 어떤 규칙적인 패턴이 나타나는지, 그리고 그것을 하나의 선정 기준으로 사용할 수 있는지 고민했다. 매킨지 앤드 컴퍼니의 조사 전문가 빌 미헌과 브라이언 트렐스터드가 이 연구의 초기 과정을 도와주었다. 그러나 얼마 안 있어 이런 재무 정보만으로는 비영리단체의 영향력을 제대로 판단할 수 없다는 것을 알았다. 예산 자료는 수입 증가나 사업 대비 관리비 지출, 전반적인 재무 건전성 같은 것을 측정하는 데는 유용하지만, 그것으로 조직의 영향력이나 효과를 측정할 수는 없었다. 기업 부문과 달리 비영리단체에서 돈은 단순히 투입일 뿐, 가치를 창조하는 산출물이나 측정치가 아니다. 이 문제를 매우 자세하게 분석한 연구들도 있다.[2]

비영리단체의 성공을 적절하게 정의하기 위해서는 조직의 영향력을 측정할 다른 기준이 필요했다. 우리는 사용 가능한 적절한 수치 자료가 없어 나름대로 새로운 방법을 고안해내야 했다. 또한 우리 연구를 현장 실무자들에게 의미 있고 유용한 자료로 만들 변수들을 정할 필요도 있었다. 그래서 우리는 1단계 연구에서 다음과 같이 연구 변수들을 정의하고 연구 범위를 정했다. 우리는 계속 연구를 진행하면서 이 변수들을 비영리단체를 검증하고 선정하는 데 사용했다.

영향력의 규모 | 우리가 관심을 가진 것은 영향력 측정뿐이었으므로, **미국 전역 또는 세계적으로 영향력을 미친 비영리단체에만** 초점을 맞췄다. 일부 지역 차원에서 영향력을 미친 비영리단체는 연구에서 배제했다.

지리적 위치 | 대상을 미국에서 설립된 비영리단체로 한정했다. 사회, 정치, 경제적 배경이 다른 단체들을 서로 비교할 경우, 사과와 오렌지를 비교하는 꼴이 될 수 있기 때문이었다. 현실적으로 세계적 차원에서 연구를 진행할 만한 자원을 가지고 있지 못했다는 것도 또 하나의 이유다(그러나 우리가 연구한 미국의 비영리단체 가운데 해외에서도 활동하는 단체가 많다).

설립 시기 | 우리는 **비교적 짧은 기간에 영향력을 확대했고, 적어도 10년 이상 영향력을 유지한 단체를** 연구하고자 했다. 따라서 1965년~1994년 사이에 설립된 단체만을 대상으로 연구에 들어갔다. 비슷한 사회, 정치, 경제적 조건에서 성공한 비영리단체들을 비교하는 것이 가장 유용하기 때문이다.

비영리단체의 유형 | 미연방법 501(c)(3)조에서 규정한 공익 자선단체로 한정했다. 또한 연구를 진행하면서 동호회나 사교클럽 같은 회원제 단체나 종교단체는 대상에서 뺐다. 결국 해마다 기금을 모금하는 비영리단체만을 연구 대상으로 확정했다. 이것은 기금을 조성하는 재단이나 하나의 기금 재원만으로 유지되는 단체도 제외된다는 것을 의미했다. 이들 단체는 대다수 비영리단체가 동일하게 직면하는 자본의 제약을 경험하지 않기 때문이었다.

이해관계의 충돌 │ 책의 공동 저자 레슬리 크러치필드가 연구 기간 동안 아쇼카 재단에서 일하고 있었기 때문에 아쇼카 재단을 연구 대상에서 뺐다.

우리는 이런 변수들을 폭넓게 고려하면서 영향력을 크게 두 가지로 정의했다. 첫 번째 정의는 단체에서 하는 일로 혜택을 받는 사람 수나 단체에서 만들어낸 성과물, 정부 정책에 미친 직접적인 영향과 같은 구체적인 산출물을 평가하는 것이었다. 그 단체는 미국 전역 또는 세계적 차원에서 중요하고 지속적인 성과를 거두었는가?

　우리는 이런 성과를 확인하기 위해 다양한 자료를 살펴보았다. 두 번째 정의는 이것보다는 좀더 추상적이고 질적이다. 우리는 어떤 **시스템에 큰 영향을 미치고** 다른 단체들이 모델로 채택한 단체를 연구하고 싶었다. 이제 우리에게는 이보다 더 큰 난관이 있었다. 우리가 정의한 성공한 비영리단체와 일치하는 단체의 사례를 고르는 일이 남아 있었다.

2단계_영향력이 큰 비영리단체 사례 선정

이제 우리의 연구 기준에 맞는 비영리단체의 대표 사례를 고르기 위해 어떤 절차를 밟았는지 설명한다.

전국적인 비영리단체 대표들의 동료 평가 조사

비영리단체의 영향력을 측정할 보편적인 수단이 없는 까닭에 우리는 성공한 비영리단체들의 목록을 뽑기 위해 새로운 방법을 찾아야 했다. 우리는 짐 콜린스와 제리 포라스가 《성공한 기업의 8가지 습관》에서 성공한 기업을 선정할 때 사용한 방법론을 이용해서[3] 전국 비영리단체 지도자들에게 서로를 평가해달라고 요청했다. 짐 콜린스와 제리 포라스는 700개 기업 대표들에게 가장 '전망 있는' 기업이 어딘지 선정해달라고 요청하고 그 결과를 이용해 18개 기업을 선정하고 연구했다. 우리도 이와 비슷하게 전국의 비영리단체 지도자들에게 자기 분야에서 '사회적 영향력이 가장 큰' 비영리단체를 뽑아달라고 요청했다. 이 조사는 듀크 대학의 사회적기업진흥센터가 아스펜 연구소 비영리 부문과 자선 프로그램의 도움을 받아 수행했다.

비영리단체 대표자 목록 수집

우리는 우선 사회적 부문 전체를 대표하는 다양한 집단의 비영리단체 지도자 2790명을 추렸다. 그런 다음 조직의 크기(예산)와 NTEE 코드 분류(전국자선통계센터가 개발한 비영리단체 분야별 분류 체계), 지역(푸에르토리코, 콜롬비아 특별구를 포함해서 50개 주 모두)에 따라 대표자 목록을 정리했다. 우리는 다음의 목록을 사용했다.

대형 비영리단체 | 〈크로니클 오브 필랜스로피〉가 2003년도에 예산 규모가 가장 큰 비영리단체 400곳의 명단을 전자우편으로 제공했다(5000만 달러 이상).

중형 비영리단체 | 가이드스타의 데이터베이스에 있는 85만 개 미국 비영리단체 가운데 2000개 중형 비영리단체를 임의로 골라서 정보를 구매했다.

소형 또는 신생 비영리단체 | 아쇼카, 에코잉 그린, 드레이퍼 리처드 재단, 뉴프로핏잉크, 로버츠 엔터프라이즈 개발기금, 슈워브 재단, 스콜 재단, 벤처 필랜스로피 파트너스, 〈패스트 컴퍼니〉의 '사회적 자본가' 수상 단체들을 포함해서 다양한 출처에서 찾은 400명의 신생 비영리단체 대표자 목록을 정리했다.

설문지 설계, 발송

우리는 2004년 6월 응답률을 높이기 위해 간단하게 작성된 설문지를 앞에서 선정한 비영리단체 지도자들에게 보냈다. 우리는 응답자들에게 "지난 30년 동안 전국, 세계, 지역 차원에서 가장 영향력이 컸던 미국 소재 비영리단체를 다섯 개까지 선정하고 그 까닭도 설명하라"고 요청했다. 그리고 응답자들에게 "자기 전문 분야에 한정해서 단체를 고르고 스스로 자기 단체를 선정하지는 말라"고 요청했다.

설문지 회수

우리가 전자우편로 발송한 2790통의 설문지 가운데 398통이 여러 가지 이유로 전달되지 않았다. 발송에 성공한 2392통의 전자우편 가운데 512통의 답장이 도착했고 응답률은 21.4퍼센트였다. 이 응답률은 통계적 유효성이 요구하는 기준을 넘어섰다.[4] 또 이 응답은 NTEE 코드에 따라 분야별로 고르게 분포됐고, 우리가 조사한 지역 분포도 적절하게 반영되어 있었다.

다음으로 우리는 응답자들이 서로 다른 명칭이나 약어로 기록한 단체들(예를 들어, 전미라라자위원회를 'NCLR' 또는 '라라자'라고 표기)을 다시 합산해서 데이터를 정리했다. 우리는 또한 자기 단체를 선정하거나 산하 단체가 상급 단체를 선정한 경우는 데이터에서 제외했다. 끝으로 앞으로 진행될 분석을 위해 일부 NTEE 코드로 분류된 단체들을 예술과 문화, 정책 활동과 시민권, 교육, 환경, 보건, 주택과 경제 개발, 기아, 국제 구호와 개발(미국 기준), 청소년 개발과 같은 9개 분야로 결합했다.

보완 조사 실시

예술 분야에서 나온 결과는 응답자나 응답률에서 모두 대표성이 없었다. 그래서 우리는 추가로 전자우편 조사를 하기로 하고 앞서 사용한 설문 방법을 이용해서 다시 미술 관련 단체 대표 300명에게 설문지를 보냈다. 이들은 극장, 오페라단, 박물관, 심포니, 무용단, 기타 공연 관련 예술단체를 고루 망라했고 앞서 설명한 다양성을 보장하기 위한 지침을 똑같이 따랐다.

결과 분석과 대상 압축

우리는 설문지 조사 결과를 받아 정리한 뒤 앞서 정한 기본 변수, 말하자면 영향력의 규모(전국 또는 세계적), 설립 시기(1965~1994년 설립), 지역(미국 소재), 비영리단체의 유형(재단, 회원제 단체 등은 제외)에 따라 기준에 맞지 않는 것은 하나씩 지우면서 대상 목록을 줄여나갔다.

조사 데이터의 유효성 문제 처리

조사 결과를 분석해서 우리 기준에 적합한 단체로 대상을 압축하고, 다시 전문가들의 정밀 검토를 받은 뒤, 우리는 그 조사 데이터가 연구를 더 진전시키기 위한 비영리단체 사례로 선정되기에 충분하지 않을지 모른다고 생각했다. 우리는 지명도는 높지만 실제로 영향력은 높지 않은 단체가 선정될 수도 있다는 점을 우려했다. 그래서 우리는 최종적으로 대상 단체를 뽑기 위한 추가 조치를 취했다.

현장 전문가 인터뷰와 검증

영향력이 큰 비영리단체를 최종 선정하기 위한 추가 자료를 얻기 위해 사회적 부문의 다양한 분야에서 활동하는 전문가들을 만나 자문을 받았다. 우리는 정성적 데이터가 많아서 대상을 좁히고 종합할 필요가 있을 때 전문가들의 의견을 물어 해결하는 델파이 방법론을 따랐다.[5] 우리는 다음 방식으로 조사를 진행했다.

분야 또는 대상 영역 선정

앞서 정한 9개 주요 분야에서 각각 활동하는 사상적 지도자 6~10명에게 자세한 의견을 요청했다.

현장 전문가 선정

우리는 해당 분야(기금 운영, 언론, 학술, 사상, 중개)에 식견 있는 현장 전문가를 선정하기 위해 애썼다. 특정 분야를 깊이 알고, 정치, 지역, 민족성 같은 요소에서 비교적 다양한 입장을 대변하는 사람이어야 했다. 나아가 우리 연구와 관련해 이해관계가 충돌하지 않도록 조심했다.

첫 번째 인터뷰—개인 설문조사

우선 각 전문가에게 1 대 1로 전화해서 미리 준비된 원고에 따라 어떤 비영리단체가 자기 분야에서 가장 영향력이 크다고 생각하는지 말하게 했다. 비영리단체 사이의 동료 조사 결과를 묻고, 선정된 특정 단체를 알고 있으면 다른 정보를 알려달라고 요청했다. 또 여러 사람에게 추천받은 어떤 단체가 실제로는 왜 영향력이 크지 않은지 따졌다. 우리는 처음 전화 설문에서 얻은 정보를 취합하고, 그것을 익명 처리해서 다시 각 분야 전문가들에게 다시 나누어주었다.

두 번째 인터뷰—집단 인터뷰

각 분야 전문가들이 집단으로 참여하는 전화 응답을 통해(참석할 수 없는 사람들은 개별적으로) 분야별로 최종 대상 단체를 뽑아달라고 요청했다. 이 과정에서 전문가들은 처음 인터뷰에서 나온 데이터들을 다시 검토하면서 심층적으로 토론과 논쟁을 거듭했다.

결과

전문가들과 함께 검토한 결과, 우리는 최종적으로 연구 대상이 될 비영리단체들을 추려낼 수 있었다. 전문가들과의 토론은 특정 분야에서 특정 비영리단체가 미친 영향력을 어떻게 평가해야 하는지 깊이 이해할 수 있게 했다. 전문가들은 또한 그 동안의 조사에서 나타나지 않은 성공한 비영리단체를 새로 찾아내고, 이름은 널리 알려졌지만 중요한 영향력을 지속적으로 발휘하지 못한 단체를 대상에서 제외할 수 있도록 도왔다.

최종 열두 개 비영리단체 선정

우리는 여기서 영향력이 큰 비영리단체 예비 후보로 서른여섯 개 단체를 추렸다. 각 분야에서 동료 단체나 전문가들이 전국 또는 세계적 차원에서 영향력이 가장 큰 비영리단체라고 인정했으며, 우리의 연구 기준에도 부합하는 곳들이었다. 다음으로 우리는 이 단체들에 관한 공식 자료에서(예산 규모, 활동 영역, 지리적 위치, 설립 시기, 사업 모델, 입증된 성과와 같은) 추가 데이터를 수집했다. 우리는 이 자료를 바탕으로 사회적기업진흥센터, 아스펜 연구소와 협력해서 심층 사례 연구 대상이 될 비영리단체들을 다시 추려냈다.

여러 가지 요소를 다양하게 검토한 결과, 이 책에서 소개된 열두 개 비영리단체가 최종 선정됐다. 우리는 미국 내 여러 지역에 위치하고, 당면 과제와 목적이 다양하며, 사업 모델과 리더십이 다양한 단체가 모두 포함되기를 바랐다. 우리는 우리 연구에서 나온 성공 패턴이 다양한 영역의 비영리단체에 광범위하게 적용될 수 있기를 바랐다. 우리는 연구 대상 단체를 합리적으로, 다양하게 선정하기 위해 이런 지침들을 이용했다.

활동과 사업 모델의 형태 | 우리는 직접 프로그램을 운영하는 현장 활동, 정책 홍보 활동, 조직 사업, 정책 연구를 포함해 다양한 영역에서 서로 다른 사업 모델을 지닌 단체들을 선정했다.

예산 규모 | 우리는 예산 규모가 아니라 사회적 영향력을 기반으로 단체를 선정했다. 그러나 그 선정된 단체의 예산 규모가 조사대상 전체의 예산 규모를 대표한다는 것도 확인했다.

활동 영역 | 선정된 단체가 내세우는 대의의 대표성을 확보하기 위해, 앞서 정의한 아홉 개 분야 가운데 같은 분야에서 비영리단체를 두 개 이상 선정하지 않기로 했다. 면밀한 검토 끝에 우리는 처음에 해외에서 설립된 단체를 제외했듯 미국에 소재한 국제 구호와 국제 개발 기구들은 연구 대상에서 빼기로 했다. 우리가 처음에 조사한 동료 단체 평가는 해외 응답자를 포함하지 않았기 때문에 조사는 미국 중심일 수밖에 없으며, 또한 세계적 규모로 조사를 확대할 자원도 가지고 있지 않았기 때문이다.

지리적 분포 | 최종 선정 후보에 오른 단체들이 대개 동부 해안 도시에 있었지만 최종 확정된 단체들은 합리적으로 다양한 지역을 대표했다.

리더십 | 우리는 최종 대상을 선정할 때 그 단체 지도자의 성, 인종, 민족에서 차별을 두지 않기 위해 노력했지만, 그렇다고 그것을 의사결정의 주요 요소로

삼지는 않았으며, 다른 중요한 기준보다 더 우위에 두지 않았다.

대표 사례 | 여러 단체가 조건이 모두 같을 경우, 해당 단체의 사례가 다른 단체들보다 더 흥미롭거나 더 견고하고 대표적인 사례라고 생각되는 단체를 선정했다.

아쉽게 배제된 단체들 | 우리가 정한 연구 변수 가운데 특히 설립 시기 때문에 고려 대상에서 제외된 단체가 많다. 예를 들면 아프리카계 미국인 권익 단체 가운데 높은 점수를 받은 NAACP(전미유색인지위향상협회), 법률변호기금 같은 단체는 1965년 이전에 설립돼 대상에서 제외됐다. 동시에 인터넷을 기반으로 생겨난 신생 단체들(무브온, 발룬티어마치 등)은 1995년 이후에 설립돼 모두 제외됐다.

유사성의 문제 해결

우리는 동료 평가 조사 결과를 분석하고 현장 전문가들이 추천한 단체들을 정리하면서 1위를 차지한 단체를 'A 사례'로 두고 그에 필적하는 2위 단체를 'B 사례'로 선정해 비교하려고 생각했다. 이 방식은 《성공하는 기업의 8가지 습관》과 《좋은 기업을 넘어 위대한 기업으로》의 저자들이 사용한 방법이다.[6] 이들 책에서는 만일 두 기업이 동일한 산업에 속하며 목적과 설립 시기가 비슷하면 짝을 이루는 사례로 선정했고, 둘 사이를 가르는 중요 요소는 지속되는 기간 동안 예외적으로 발생하는 주식 수익이었다.[7]

그러나 사회적 부문에서 이런 방식을 적용하기는 어려웠다. 첫째, 전국 차원에서 비슷한 일을 하면서 같은 시기에 설립되고 같은 분야에서 활동하는 비영리단체들이 서로 짝을 이루는 사례를 발견하지 못했다. 아주 드물게 발견했다고 하더라도 어떤 것이 '좋은' 단체고 어떤 것이 '위대한' 단체인지 구분할 만한 근거가 충분하지 않았다. 워낙 사업 모델과 활동 영역이 다양하기 때문에

서로 성과를 비교하고 측정할 만한 보편적인 자료를 구할 수 없었다.

둘째, 비영리 부문은 영리 부문과 달리 양질의 유용한 공인 정보가 없기 때문에, 조사 대상 단체 모두가 적극적으로 참여해야 했다. 그러나 'B 사례'로 선정된 단체는 정보 공유에 적극적이지 못할 가능성이 높았다. 기부자나 다른 중요한 이해관계자에게 2급 단체로 낙인찍힐 것을 우려할 수밖에 없기 때문이다. 공정한 정보 제공 없이는 두 단체를 적절하게 비교할 수 없다. 따라서 우리는 여기서 서로 필적하는 두 단체를 서로 비교하는 방식은 취하지 않았다.

3단계_사례 연구 조사와 분석

우리는 최종 선정된 열두 개 비영리단체를 1년 반 넘게 사례 연구했다. 우리는 매우 세밀한 과정을 거쳐 각 단체의 데이터를 모으고 비슷한 단체들과 서로 비교했다. 기초적인 분석을 하고 혼자 또는 둘이서 해당 단체의 대표와 인터뷰를 했다. 엄청난 양의 참고 자료 조사와 분석, 행정 업무는 우리의 감독 아래 MBA와 박사 과정 학생들이 도와주었다.[8]

사례사 정보 정리

우리는 먼저 관련 도서, 웹사이트, 연차보고서, 발간된 사례 연구, 가이드스타 정보, 언론 자료, 기타 2차 자료 등 공개된 유용한 자료를 참조하면서 열두 개 단체에 대한 방대한 관련 자료를 조사했다. 이를 이용해 해당 단체가 지금까지 활동해온 연혁, 진행 사업, 리더십, 재무 정보 같은 고급 정보를 한눈에 파악할 수 있는 15~30쪽 가량의 내부 사례사를 완성했다. 우리가 해당 단체를 방문해서 인터뷰하면서 정확한 대답을 유도해내기 위한 기초 자료였다.

해당 단체 방문과 공식 인터뷰

우리는 열두 개 단체를 차례로 방문하면서 임원, 이사, 간부 활동가를 한 곳당 평균 열 명씩 인터뷰했다. 또한 필요할 때마다 조직을 관찰하고, 특별 행사에 참석하고, 지역을 방문해 현장 사업을 확인했다. 우리는 인터뷰를 효율적으로 이끌기 위해 해당 단체의 전략, 조직 개발, 기금 모금, 리더십, 지배 방식, 사업 관리, 마케팅 같은 주제를 포괄하는 광범위한 질의서를 사용했다. 또한 자유로운 질의응답 시간도 가졌다. 자세한 내용은 부록 387쪽 〈이 책의 사례연구 지침과 질의 내용〉을 참조하라.

조직 내부의 추가 자료 수집

우리는 각 단체에 설립년도부터 지금까지의 연차보고서(또는 예산 정보), 조직도, 급여와 보상 체계 정보, 평가 보고서 등 연구에 필요한 내부 자료와 정보를 보내달라고 요청했다. 우리는 그 자료를 분석해 어떤 규칙성이 있는지 찾았고, 비영리단체들의 유용한 벤치마킹 자료와 비교했다.

재무 자료 | 단체별로 설립년도부터 지금까지 예산 증가를 분석하고 총 연간 성장률을 계산했다. 재원 또는 기금 사용에서 특별한 규칙성이 있는지 살피고, 재정 위기의 뚜렷한 증거가 있었는지 조사했다. 기준이 되는 요소나 비율은 가이드스타와 채러티 네비게이터의 공인된 정보를 이용했다.

조직 관련 자료 | 조직도, 보상 관련 자료, 이직률, 근속년수를 분석하고 그 정보를 전국적인 비영리단체들의 벤치마킹 자료와 비교했다. 또한 조직 구성을

살펴보고 그 구조가 기금 패턴, 활동 영역, 전략과 서로 연계성이 있는지 조사
했다.

사례 연구 개요 완성

우리는 각 단체를 방문한 뒤 인터뷰 결과와 현장 기록, 기타 자료를 종합해서
주제별로 사례 연구 개요서를 자세히 작성했다. 우리는 각 사례별로 단체들의
자료를 모두 분석하려고 애썼으며, 그 사례들을 가로지르는 규칙적인 패턴을
찾기 시작했다. 초안을 작성한 다음 단체들과 관련해서 데이터와 정보, 인용 자
료를 모두 다시 한 번 사실 확인했다.

4단계_최종 분석과 종합

우리는 사례별로 초안을 정리한 뒤, 다시 주제와 제목에 따라 분류하고 사례들
을 모두 서로 비교 분석하며 일관된 패턴을 찾았다. 패턴이 나타나면 데이터를
다시 검증하고, 현장 전문가들의 의견을 다시 참조하고, 비영리단체 경영 실무
와 문헌 자료를 동원해서 확인하는 과정을 반복했다. 우리는 또한 인터뷰에서
얻은 정성적 데이터의 진위를 확인하기 위해 내부 데이터를 사용했다. 그리고
이들 내부 데이터에 대해서도 마찬가지로 여러 가지 추가 분석을 실시했다.

우리는 이 단계에서 드러난 독특한 패턴의 유의수준을 검정했다. 각 단체에
이것을 적용한 결과 나타난 유의수준은 단체마다 달랐지만, 적어도 열두 단체
가운데 열 곳은 '패턴'의 규칙성을 인정할 수 있는 수준이어야 했다. 나아가 그
패턴이 유효하지 않거나 최초의 가설이 폐기되는 경우는 따로 기록했다.

규칙적인 패턴이 점점 분명해지면, 현장 실무자들과 그 분야 전문가들과 여러 차례 회의를 갖고 우리의 가설을 현장 검증했다. 이 과정을 통해 우리가 발견한 패턴이 실제로 일반 비영리단체와 성공한 비영리단체를 구분하는 기준이 될 수 있는지 확인했다. **그것은 성공한 비영리단체가 어떻게 그처럼 중요하고 지속적인 사회적 영향력을 얻었는지 설명하기도 했다.** 우리는 또한 계속해서 새로운 통찰력을 놓치지 않으려고 했으며, 어느 것도 단정해서 결론짓지 않으려고 애썼다. 우리가 발견한 사실이 기존 연구 결과나 전통적인 지식을 확인하거나 부인할 경우에 모두 기록했다. 이런 과정을 되풀이하면서 생각을 다듬고 더 많은 데이터를 수집하거나 확인된 가설을 다시 한 번 검증했다. 그 결과 마침내 이 책에서 제시된 여섯 가지 경영 습관이 나오게 됐다.

이 책의 사례 연구 지침과 질의 내용

다음은 각 단체 대표, 임원과 인터뷰할 때 지침으로 사용한 일반 질문 내용과 질의 영역이다. 우리는 인터뷰 대상의 전문 영역에 따라 질문을 서로 다르게 구성했다.

단체 대표자 인터뷰 지침

1. 언제 이 단체를 설립하거나 처음 들어왔는가? 당신이 꿈꾸는 미래상은 무엇인가? 오늘날 그것이 얼마나 많이 실현됐다고 생각하는가?

2. 가장 중요하게 생각하는 단체의 성과나 영향력은 무엇인가?

3. 앞으로 5~10년 동안 당신의 영향력을 더 크게 확대하기 위한 목표는 무엇인가?

4. 당신의 단체가 그렇게 크게 영향력을 확대할 수 있게 만든 다섯 가지 주요 성공 요인이 무엇이라고 생각하는가?

5. 앞에서 말한 다섯 가지 성공 요인의 순위를 매긴다면?

6. 조직의 성장과 영향력 확대와 관련한 중요한 결정을 어떻게 내리는가?

7. 조직의 장기 비전을 버리지 않고 미래를 위해 투자하면서 해마다 필요한 운영 기금은 어떻게 조달하고 관리하는가?

8. 영향력을 확대하려고 시도했다가 실패한 사례가 있으면 설명하라.

9. 당신의 단체가 다른 단체와 구별되는 주요 요소는 무엇인가?

10. 당신이 지닌 리더십의 특징을 설명하라. 그 강점과 약점은 무엇인가?

　단체를 설립할 때와 지금의 리더십이 다르다면 둘 다 설명하라.

11. 우리가 당신에게 묻기를 바라는 질문이 있다면?

조직 관련 질의 내용

Ⅰ. 사명, 비전, 전략_이 단체는 무슨 일을 어떻게 하는가?

1. 단체 사명과 비전_단체의 사명과 비전은 무엇인가?

2. 설립 역사_누가 왜 설립했는가?

3. 사업 모델_조직의 사업 모델은 무엇인가?

4. 전략_조직의 강점과 약점을 활용하는 방법은?

5. 이해관계자_누구를 대상으로 일하거나 봉사하는가?

Ⅱ. 영향력, 성과_이 단체는 자신의 영향력을 어떻게 생각하는가?

1. 일반_이 단체가 주장하는 '변화의 논리'는 무엇인가?

2. 측정, 평가_이 단체는 자신의 영향력을 어떻게 측정하는가?

Ⅲ. 조직, 구조_이 단체는 어떻게 구성돼 있는가?

1. 지부, 관련 단체_조직의 전체 규모나 범위는 어느 정도인가?

2. 구조_현재의 조직 구성은?

3. 성장_처음부터 '성장'을 목표로 설계됐는가? 아니면 나중에 이렇게 됐는가?

4. 인사: 활동가가 얼마나 많으며 어디에 배속돼 있는가?

급여 수준, 이직률, 일반 인사 정책은 어떤가?

5. 문화_조직 문화의 특징은 무엇이고 어떻게 관리되는가?

IV. 리더십_이 단체에서 리더십은 어떤 역할을 하는가?

1. 설립자, 대표자_지금까지 대표자가 얼마나 많이 거쳐 갔는가?

2. 중요 임원_중요한 경영 직책은 무엇이며 이직률은?

3. 통치방식_이사 수는 몇 명인가? 이사회의 역할은 무엇인가?

V. 예산, 재정_어떻게 조직을 유지, 운영하는가?

1. 예산_이 단체는 어떻게 재정을 늘렸는가? 성장의 변곡점은 언제였는가?

2. 기금 재원_활동 기금은 어떻게 마련하는가?

VI. 사업(프로그램), 운영_이 단체는 무슨 일을 하는가?

1. 활동, 사업영역_가장 중요한 사업 영역은 무엇인가?

2. 조직 및 사업 운영_중요한 운영 절차는 무엇인가?

3. 제도, 정보 기술_제도와 절차를 어떻게 정비하는가?

VII. 마케팅, 홍보

1. 마케팅_누구에게 홍보하는가? 어떤 경로로 홍보하는가?

2. 언론 홍보_언론 홍보 전략은 어떻게 진행하는가?

부록 III   이 책에 선정된 비영리 단체 소개

피딩 아메리카

Feeding America (www.feedingamerica.org)
35 E. Wacker Drive, Suite 2000
Chicago, IL 60601
Tel. 312-263-2303, 800-771-2303

목적

미국의 기아 현실을 일반 국민에게 널리 알리고, 정부가 기아 퇴치 정책 마련에
나설 것을 촉구하면서, 미국 전역의 공인된 관련 단체들을 통해 식량과 식료품
을 분배해 기아 없는 미국을 만드는 것이다.

사업

피딩 아메리카는 미국 50개 주와 콜롬비아 특별구, 푸에르토리코에서 활동하는
200개가 넘는 식품은행과 식품구호단체로 구성된 연합체다. 여기서 하는 사업
은 지역 주방 사업(저소득층 남녀를 위한 요리 직업 교육), 재난 구호 사업(재난민을 위
해 긴급급식소에 구호품 전달), 신선식품 사업(농산물, 생선, 고기, 유제품, 조리 식품을 안

전하게 보관하고 분배), 키즈 카페 사업(저소득층 어린이에게 공급되는 무료 급식), 구호
수송대 사업(기부받은 식품을 무료 또는 대폭 할인된 요금으로 운송), 해산물 사업(지역사
회에 고단백질의 해산물 공급), 배낭프로그램(주말에 집에 혼자 있는 어린이에게 음식이 가
득 든 배낭을 전달) 등이 있다.

수혜 대상

해마다 2500만 명이 넘는 '가난한 미국인'에게 식품을 제공한다. 이들을 인종
비율은 비남미계 백인 40퍼센트, 비남미계 흑인 38퍼센트, 남미계 미국인 17퍼
센트, 아메리카인디언, 알래스카 원주민, 아시아계, 하와이 원주민, 기타 태평
양 도서민 6퍼센트다.

영향력

해마다 900만 명이 넘는 어린이와 약 300만 명의 노인을 포함해 2500만 명 이
상의 미국인에게 긴급 식품 지원을 한다. 2005년에는 20억 파운드가 넘는 식량
과 식료품을 나눠주었다. 5억 2900만 파운드는 전국 규모의 식품업자들이, 4억
7800만 파운드는 정부에서, 9억 400만 파운드는 지역 식품업자들이, 나머지 2
억 600만 파운드는 구매해 지원했다. 또한 피딩 아메리카는 임시긴급식량지원
프로그램 같은 정부 정책 사업에 막강한 영향력을 행사한다.

조직

전국에서 지역 자선단체 약 5만 군데가 식품 저장실, 무료급식소, 긴급피난처,
방과후학교프로그램, 키즈 카페, 배낭프로그램 같은 사업을 포함해 프로그램
약 9만 4000개를 운영하고 있다. 이사회는 이사 21명으로 구성돼 있다. 2006년

에 비키 에스카라가 회장 겸 대표가 됐다. 이 책과 관련해서 조사할 때는 밥 포니가 회장 겸 대표였다.

수입, 지출

2005년에 배급한 식량과 식료품 약 20억 파운드의 대부분을 기부받았다. 1970년대에는 연방 정부의 지원이 많았지만, 1982년부터 지원 규모가 줄었고 따라서 기금을 마련할 다른 대안을 늘릴 수밖에 없었다. 2005년 전체 수입은 약 5억 4300만 달러며 그 가운데 약 5억 달러는 식품과 서비스로 기증받았다. 그해 전체 지출 비용은 약 5억 4400만 달러였다. 지출의 98퍼센트는 단체에서 진행하는 사업에 들어갔으며, 내부 행정이나 기금 모금 활동에 투입된 돈은 극히 일부였다.

역사

식품은행이라는 개념은 1960년대 말 애리조나 주 피닉스에서 은퇴한 기업가 존 밴 헨겔이 무료급식소를 운영하면서 처음 나왔다. 그는 지역 식품업자들이 버리려는 식품을 기부하게 했다. 기부받은 식품의 양은 곧 그가 관리할 수 있는 한계를 넘어섰다. 그래서 그는 기부받은 식품을 저장했다가 기아에 시달리는 사람을 돕는 자선단체에 배급할 수 있도록 창고를 세웠다. 1976년 연방 정부는 존 밴 헨겔이 전국에 식품은행을 건설할 수 있도록 지원금을 주었다. 1979년 식품은행은 전국에서 식품을 기부받는 단체로 확장됐고, 정식으로 세컨드 하베스트라는 단체로 설립됐다. 이 단체는 곧바로 전국 단위의 식품 회사들로부터 대량의 식품을 기부받는 식품집배센터가 됐다(1999년 세컨드 하베스트는 단체 명칭을 아메리카 세컨드 하베스트-전국식량은행네트워크로 바꿨고 다시 2008년 9월 피딩 아메리카로 바꿨다). 1980년대 중반에는 여러 주요 도시에 식량은행을 개발하면서 조직 확장 속도를 늦추고 기존 사업 개선에 초점을 맞췄다. 그 결과 식품은행 운영의 전문성과 효율성이 크게 개선됐고 전국 네트워크로 배급되는 식량과 식료품의 양도 훨씬 더 많아졌다.

예산과정책우선순위센터

The Center on Budget and Policy Priorities (www.cbpp.org)
820 First Street NE, Suite 510
Washington DC 20002
TEL. 202-408-1080

목적

예산과정책우선순위센터 CBPP는 저소득층, 중산층 가정, 개인에게 영향을 미치는 연방과 주 정부의 재정 정책과 공공사업을 감시하고 조언하는 미국 최고의 정책 활동 단체 가운데 하나다. 의회에 제출된 예산안과 세금 정책의 공개 토론에 정보를 제공하고, 저소득층 가정의 요구 사항이 반영될 수 있도록 조사와 분석을 수행한다.

사업

연방 예산, 연방 세금, 식량 지원, 보건 정책, 저소득 이민자 정책, 근로소득세 공제를 비롯한 저소득 가구 세금 공제, 노동시장 정책, 저소득층 주택, 빈곤·소득 정책, 사회보장과 퇴직 후 소득, 주 재정 정책, 실업보험, 복지개혁, 빈민 가정을 위한 현금 일시 지원 같은 영역에서 정책 조사와 제안을 한다. 정책 입안자와 주의 비영리 부문 정책 기관에 필요한 정보와 전문 기술을 제공하고, 지역 봉사활동도 한다. 정기적으로 언론에 관련 정보를 제공하기도 한다.

수혜 대상

여야 정치권의 정책 입안자, 비영리단체, 다양한 매체의 언론인이 이 단체의 연구 자료를 이용한다. 특히 미국 주 전체의 절반이 넘는 곳에 주 정책 연구기관 연합체 '주정부재정분석기구'가 설립되는 데 주도적 역할을 했다.

영향력

지난 20년 동안 현재 국가가 당면한 현안을 균형 잡히고 권위 있는 정보로 설득력 있게 전달한 단체로 명성이 높다. 지금까지 근로소득세 공제에서 식품배급표, 보건 정책에 이르기까지 저소득층 가정을 위한 중요 정책 입안에 기여했으며, 연방과 주 재정의 책임 있는 예산 편성과 세금 정책 실시를 위해 앞장섰다.

조직

활동의 절반은 주와 지역에 있는 수많은 비영리단체들과 공동으로 진행되지만, 사무소는 워싱턴 D. C. 한 곳에만 있다. 이사회는 이사 16명으로 구성되며, 로버트 그린스타인이 설립자 겸 대표다. 상근 활동가는 현재 100명이 채 안 된다.

수입, 지출

2005년 총 수입은 1300만 달러였다. 수입의 약 79퍼센트가 주요 재단, 가족 재단, 기부 자문 기금에서 들어왔고, 18퍼센트는 중요 기부자들이, 3퍼센트는 기타 재원에서 지원했다. 2005년 총 지출은 1280만 달러로, 그 가운데 약 89퍼센트가 프로그램 운영과 정책 분야에 직접 투입됐다. 7퍼센트는 일반 행정 관리에, 또 나머지 4퍼센트는 기금 모금 활동에 쓰였다.

역사

특별히 미국 저소득층에 대한 다양한 예산 배정에 영향을 끼칠 목적으로, 연방 예산의 우선순위를 분석하고 정책 대안을 개발하기 위해 1981년 설립됐다. 이 단체도 활동 영역은 설립 이후 점점 확대됐다. 무엇보다도 1990년대 초반에 예산 책임이 주 정부로 이전되는 것에 대응해서, 주 차원의 예산 우선순위 분석과 저소득층 대상 정책 사업 활동을 새로이 전개하기 시작했다. 현재, 주 정부의 예산 우선순위와 수입 구조 분석에서 저소득층 대상 관련 사업의 설계와 실행에 이르기까지 광범위한 현안의 관련 비영리단체와 정부 관리에게 정보와 전문 기술을 제공하고 있다. '국제예산프로젝트 IBP'라는 단체의 설립은 새로운 정책 영역으로 확대한 또 다른 사례다. IBP는 1997년 민주주의가 새롭게 부상하는 나라(구소련의 공화국들처럼)나 개발도상국의 시민사회단체가 정부 예산을 분석해서 자기 나라의 예산 체계를 그 사회의 요구에 맞게 좀더 투명하게 쓰이도록 하는 것을 돕기 위해 설립했다.

시티 이어

City Year (www.cityyear.org)
287 Columbus Avenue
Boston, MA 02116
TEL. 617-927-2500

목적

시민 봉사활동, 시민 지도자, 사회적 기업가 양성을 통해 민주주의를 육성하는 것이다. 세대와 사회적 배경을 뛰어넘어 모든 시민이 한 마음으로 지역과 국가, 세계에 봉사하고, 18세 청소년에게 가장 많이 묻는 질문이 "너의 청춘을 어디다 바칠 건가?"가 되는 날이 오기를 바란다.

사업

가장 중요한 사업은 시티 이어 청소년봉사단 사업이다. 특화된 지역 사업을 기업과 다른 단체에게 전문적으로 자문하는 케어포스 같은 기업형 사업도 한다. 청소년봉사단이란 다양한 경제, 인종, 지역 배경을 가진 17~24세 청소년이 1년 동안 자기 지역사회에 봉사하며 하나가 되는 10개월짜리 프로그램이다. 시티 이어는 또한 청소년리더십 과정을 운영하는데, 청소년봉사단원의 봉사 활동과 리더십 개발을 위해 세 가지 프로그램으로 구성돼 있다. 그 하나가 '시티 이어 방과후학교'다. 봉사단원들은 방과 후 이용할 수 있는 안전하고 매력적인 장소를 초등학생에서 고등학생에 이르기까지 제공한다. 또 캠프 시티 이어는 역동적인 일일야영프로그램으로 전국에서 5000명 가까운 어린이가 봉사활동을 하고 교육을 받는다.

참여자, 수혜 대상

시티 이어는 설립 이후 지금까지 9500명 이상이 청소년봉사단을 졸업했으며 어린이 98만 5000명이 수혜를 받았다. 봉사 시간은 총 1450만 시간에 이르며, 950개 이상의 기업과 2100개 이상의 봉사단체와 협력했고, 94만 5000명이 넘는 시민이 프로그램에 참여했다.

영향력

2006년 현재, 시티 이어의 청년 지도자 1200명이 학교에 다니는 아이들을 보살피며 개인 교습을 하고, 방과후학교와 방학프로그램을 짜고, 중학생 대상 프로그램을 개발하고, 육체노동을 제공하고, 어린이들에게 보건과 공공 안전을 가르치는 데 들어간 시간은 140만 시간이 넘었다. 1988년 50명이 하계 시범 사업으로 시작한 시티 이어는 2006년 미국 17개 지역과 남아프리카 공화국으로 사업 영역을 확대했다. 시티 이어는 또한 미국의 봉사 활동 정책을 널리 알리는 데 큰 몫을 했다.

조직

시티 이어는 다양한 부문의 전문가 말고도 청소년봉사단 활동을 한 사람들이 조직을 이끌어간다. 시티 이어에는 이사 26명이 있으며 임원 10명이 집행부 조직을 꾸리고 있다. 공동설립자 마이클 브라운은 2006년에 대표가 됐다. 이 연구를 진행하는 동안 대표를 맡은 사람은 다른 공동설립자 앨런 카제이였다.

수입, 지출

시티 이어는 1990년 아버지 부시 행정부가 제정한 전국및지역사회봉사법에 따라 처음으로 연방 지원금을 받았다. 기업 부문에서 조성된 기금 1달러 47센트당 정부 지원금 1달러를 받았다. 2005년 시티 이어는 시티 이어 챌린지 행사를 성공적으로 마쳤다. 모금한 돈은 3500만 달러였으며, 그 돈은 4년 동안 전략적으로 국제 사업을 추진하기에 충분한 금액이었다. 2005년 시티 이어의 총 수입은 4200만 달러. 약 절반은 기부금과 기업 후원금이며, 약 25퍼센트는 정부 지원금이었다. 2005년 시티 이어의 총 지출은 약 4200만 달러로 대부분 봉사활동 사업에 썼다.

역사

하버드 로스쿨에서 같은 방을 쓰며 공부하던 마이클 브라운과 앨런 카제이는 봉사하는 젊은이가 국가의 가장 절박한 문제를 해결할 강력한 자원이 될 수 있다는 데 동감하고 1988년 시티 이어를 설립했다. 시티 이어는 청소년봉사단원 50명, 설립 후원자 5명과 함께 보스턴에서 처음 8주 동안 시범 사업을 운영했다. 1990년 시티 이어는 1년 동안 진행하는 캠프 시티 이어 프로그램을 시작했고, 제1회 서바톤 행사를 조직했다. 1993년 로드아일랜드로 사업을 확장했고 1994년에는 네 곳에 추가로 사무소를 열었다. 1995년에 열린 시티 이어 콜럼버스 행사는 '시저지'라고 부르는 최초의 '이상적인 연차총회'가 됐다. 그 후 10년 동안 많은 지역으로 조직이 확대됐고 2004년에는 시티 이어 졸업생협의회와 웹사이트 cityyearalumni.org를 만들었다. 2005년 시티 이어는 처음으로 남아프리카 공화국 요하네스버그에 해외 지부를 세웠다.

환경방위

Environmental Defense (www.environmentaldefense.org)
257 Park Avenue South
New York, NY 10010
TEL. 212-505-2100

목적

환경방위의 설립 목적은 미래 세대를 포함해 모든 사람의 환경권을 보호하는 것이다. 인간은 깨끗한 공기와 물을 마시고, 안전한 먹을거리를 먹고, 생태계를 건강하게 보호할 권리가 있다. 환경방위는 이 목적을 달성하기 위해 비록 우리가 잘 모르는 방향이라 할지라도 환경문제를 과학적으로 진단하고 과학에 기초한 해결책을 강구한다. 정치적 이해관계가 없고 비용 대비 효과가 크고 공정한 해결책을 제시함으로써, 다양한 세력에게 지속적으로 경제적·사회적 지원을 받기 위해 노력한다.

사업

환경방위는 사업 목표(기후와 대기, 보건, 토양, 물, 야생동물, 바다)를 위해 과학계, 법조계, 경제계 전문가들과 함께 복잡하게 얽힌 경제 문제를 해결해 나간다. 환경방위는 조사, 정책 연구, 제휴, 소송 같은 방법 외에도 보고서와 환경 유지와 개선에 도움을 줄 수 있는 '친환경' 행동과 기업 관행에 관한 교육 자료를 인쇄물, 전자우편 소식지, 소책자 형태로 발간한다. 또 여러 가지 웹사이트에 활동을 소개하고 환경 보호 방법 정보를 알려준다.

참여자

2006년 현재 회원이 50만 명이 넘었다. 1967년부터 과학계, 경제계, 법조계, 혁신적인 기업계와 제휴를 맺고 심각한 환경문제의 놀라운 해법들을 고안해냈다. 환경방위는 회원 35만 명이 행동 네트워크를 항시 유지하고 있다. 이들은 온라인 행동주의자 역할을 자임하는 사이버집단으로, 입법기관이나 정책 입안자에게 전자우편과 팩스를 보내 경각심을 일깨운다.

영향력

최근, 페덱스와 함께 차세대 청정 트럭을 개발한 사업은 매연을 96퍼센트 줄이고 연료 효율성을 57퍼센트 높였다. 또한 지주, 정부 관리들과 협력해서 약 400만 에이커에 이르는 야생동물 거주 공간을 보호하는 데 성공했다. 뉴욕 주지사 조지 파타키는 세계무역센터 건립지에 새로운 대기오염방지법을 적용해달라는 환경방위의 요청을 지지했으며, 그곳의 대단위 재건축 사업에 사용되는 디젤엔진 건설 장비를 개선하도록 행정 명령을 내렸다. 또 개인별 어획량을 제한해서 멕시코 만의 심각한 어획고 감소를 복원하게 했다. 또 캘리포니아와 노스 이스트 지역에서는 온실가스배출상한제를 실시하고 감축하는 법안을 제안했다.

조직

미국 전역의 전략적 거점에 활동가 약 300명이 상주한다. 뉴욕 시에 본부가 있고, 8개 지역에 사무소를 두고 있으며, 베이징에 해외 사무소가 있다. 환경방위는 비슷한 다른 단체들보다 박사급 과학자와 경제학자를 더 많이 보유하고 있다. 이사 42명과 명예이사 5명이 있다. 프레드 크루프가 회장이다.

수입, 지출

2005회계연도의 총 수입은 6900만 달러로 전년도보다 36퍼센트 증가했다. 회원들이 낸 돈이 3780만 달러로, 전체의 55퍼센트를 차지했다. 총 수입의 37퍼센트인 2550만 달러는 재단 기부금이며, 4퍼센트인 250만 달러는 오스프레이 소사이어티 Osprey Society 회원들이 기부했다. 정부 지원금은 1퍼센트에 불과하며, 나머지 3퍼센트는 기타 투자 수입이었다. 환경방위는 기업의 지원을 1퍼센트도 받지 않는다. 활동의 독립성과 공공의 신뢰성을 보장하기 위해서다. 2005회계연도의 총 지출은 5200만 달러였다. 프로그램 사업비로 전체 지출의 80퍼센트에 이르는 4150만 달러를 썼는데, 대부분, 환경방위의 우선 사업 분야인 기후, 생태계, 보건, 해양 보호 사업에 들어갔다. 관리와 행정 업무에 5퍼센트가 지출됐고, 13퍼센트는 현재의 수입을 유지하고 장래 활동을 위해 필요한 기금 모금 활동에 투입됐다. 나머지 2퍼센트는 새 회원 확보 사업에 쓰였다.

역사

40년 전 롱아일랜드에서 과학자 네 명이 레이철 카슨이 《침묵의 봄》에서 경고한 DDT 살충제 사용 반대 운동을 하면서 설립됐다. 그 활동은 미국 전역에서 DDT 사용을 금지하도록 이끌었고, 마침내 오늘날 환경법의 모태가 됐다. 곧이어 경제에 피해 주지 않으면서 환경을 보호할 방법을 찾기 위해 경제학자와 공학 기술자, 컴퓨터 분석가를 고용하기 시작했다. 그 과정에서 미국에서 가장 영향력 있는 환경 정책 단체 가운데 하나가 됐다. 처음부터 발상이 잘못된 정책에 반대할 뿐 아니라 거기에 합당한 대안을 내놓는 것을 임무로 삼았다. 지금도 여전히 '필요할 때는 법정 소송도 불사'하지만, 가능하면 모두가 납득할 해결책을 제시하는 등 기업, 정부, 지역사회 단체와 협력하려는 경우가 많아지고 있다.

익스플로라토리움

Exploratorium (www.exploratorium.edu)
3601 Lyon Street
San Francisco, CA 94123
TEL. 415-563-7337

목적

1969년에 설립된 과학, 미술, 인간 인지 박물관이다. 인간을 둘러싼 세계에 대한 호기심을 키우도록 돕는 혁신적인 환경과 프로그램, 장치를 통해 새로운 학습 문화를 창조하는 것이 목적이다.

사업

일반 전시 사업과 공공 프로그램, 교사 전문 개발 과정, 일반 가족 대상의 강습도 제공한다. 박물관 조사와 평가 작업도 하고, 독창적인 1만 8000쪽의 웹사이트도 운영하며, 인터넷방송도 하고, 간행물을 발간하고 배포한다. 박물관제휴센터는 전시 기반의 교육을 지향하는 박물관과 교육센터를 지원한다. 익스플로라토리움은 전시물 판매나 임대, 자문 사업으로 전 세계 박물관과 교류한다.

수혜 대상

해마다 샌프란시스코의 익스플로라토리움을 찾는 관람객 54만 8000명 가운데 51퍼센트가 성인이고 49퍼센트가 어린이다. 50퍼센트가 베이 에어리어 사람이고, 25퍼센트는 캘리포니아 나머지 지역 사람이며, 18퍼센트는 다른 주에서 오는 사람이다. 나머지 7퍼센트는 해외 관람객이다.

영향력

미국 전역과 세계에 있는 과학센터에 익스플로라토리움 전시품을 보러 2000만 명이 방문한다. 해마다 학생과 교사 13만 명이 현장 학습으로 익스플로라토리움을 찾는다. 1만 명의 개인과 가족이 회원이다. 2006년에 관람객 4만 5000명이 수요일 무료관람 행사(매달 첫 번째 수요일)에 참가했다. 해마다 47개 주에서 6000명이 넘는 교사가 익스플로라토리움 주관 강습에 참여한다. 어린이교육복지 Children's Educational Outreach는 형편이 어려운 어린이 5000명에게 무료로 강습을 제공한다. 해설자 과정은 해마다 고등학생을 최대 120명까지 뽑아 교육한다. 모두 650개의 쌍방향 전시물과 화면 장치, 예술 작품을 보유하고 있으며 그중 현재 400개를 볼 수 있다. 또 강좌, 공연, 인터넷 생방송, 미술, 영화 같은 공공 프로그램도 운영한다.

2000만 명이 웹사이트를 방문한다. 익스플로라토리움과 원격지에서 해마다 최대 50개의 인터넷 생방송이 방영된다. 자체 발간한 36종의 간행물이 2006년과 2007년 사이에 5만 권쯤 팔렸다.

조직

전시품은 해외 과학센터 58곳과 미국 과학센터 66곳에 소장돼 있고, 전 세계를 순회하며 전시회가 열린다. 이사회는 이사 28명으로 구성되며 자문위원은 17명이다. 데니스 M. 바텔 박사가 2006년 대표로 임명됐다. 이 연구 동안에는 버지니아 카롤로 루빈이 대표를 맡았다.

수입, 지출

2005년 총 수입은 약 2800만 달러로 특별 수입은 제외했다. 국가과학재단 NSF

의 지원으로 10년 넘게 박물관계를 이끌었다. 현재는 광범위한 영역에서 전시품 개발, 교육, 비공식 과학교육 분야 연구에 17개의 과학 재단 기금을 지원받고 있다. 2005년 총 지출은 약 2700만 달러였다. 대부분 프로그램 사업비로 들어갔고, 나머지는 지원 사업에 쓰였다.

역사

저명한 물리학자며 교육자인 프랭크 오펜하이머가 1969년 설립했다. 오펜하이머는 1985년 죽을 때까지 이 사업에 모든 걸 바쳤다. 그의 꿈은 자연 현상을 쉽게 이해하게 만드는 여러 가지 실험을 한 자리에 모으는 것이었다. 그는 마침내 샌프란시스코 팰리스 오브 파인 아트 자리에서 꿈꾸던 박물관을 지을 곳을 발견했다. 1915년 파나마-태평양 국제박람회가 열렸던 빈 공간이었다. 박물관은 1969년에 전시품 수십 종만으로 문을 열었다. 그 대부분은 빌려온 것이었다. 박물관은 급속하게 성장했고, 1980년 전시물이 많아지자 전시장 내부를 중2층으로 확장했다. 1985년 오펜하이머가 죽은 뒤 1991년부터 2005년까지 프랑스의 과학자 겸 교육자 고에리 들라코테가 이끌었다. 들라코테가 재임하는 동안 박물관을 '네트워크'로 조직하는 일에 역점을 두고 전 세계 박물관과 연계 사업을 전개했다.

해비타트

Habitat for Humanity (www.habitat.org)
121 Habitat Street
Americus, GA 31709
TEL. 229-924-6935

목적

해비타트는 비영리단체로 세계교회운동의 기독교주택사업부다. 해비타트는 전 세계의 빈민 주택을 개선하고 무주택자에게 집을 지어준다. 적절한 주거공간에 사는 것을 인간의 양심과 행동의 문제로 생각하게 만든다.

사업

해비타트는 저소득층 가정에 안락한 주택을 제공하고 살기 좋은 공동체를 만들기 위해 여러 가지 프로그램을 진행하고 있다. 해비타트의 건설과환경설계부문이 주관하는 '베터 빌트' 프로그램은 에너지 효율이 높고 위생적이며 친환경적인 공법으로 집을 짓는다. 재난에 대비해 충격을 완화하고 회복에 중점을 둔 긴급재난대응프로그램, 국제자원봉사자프로그램, 여성 자원봉사자들이 주택과 공동체 건설에 참여하도록 설계된 '우먼 빌드, 걸스 빌드' 프로그램, 전문 건축업자와 해비타트 관련 단체, 관심 있는 자원봉사자들이 미국 전역에서 한 주 동안 함께 집을 짓는 '홈빌더스 블리츠' 행사 등을 개최한다.

참여자

해비타트의 주장에 따르면 전 세계에서 자원봉사자 수백만 명이 이 일에 참여하고 있다.

영향력

24분마다 전 세계 어디에선가는 집 한 채를 지어서 내놓는 해비타트는 해마다 약 2만 5000채의 집을 짓는다. 해비타트는 2005년 8월에 테네시 녹스빌에 20만 번째 집을 지어 봉헌했다. 24분 뒤에는 인도 카니아쿠마리에서 20만 1번째 집을 봉헌했다. 해비타트가 쓰는 1달러 가운데 81센트는 주택 건설 사업과 관련된 곳에 쓰인다. 인터브랜드의 연구에 따르면 해비타트의 '상표'는 31억 달러어치의 가치가 있으며 2001년보다 가치가 72퍼센트 상승했다. 오늘날 해비타트는 전 세계 3000개 이상의 지역사회에서 100만 명이 넘는 사람에게 쉴 곳을 마련해줬다. 해비타트의 주택 건설 사업 가운데 3분의 2는 미국 밖에서 일어난다.

조직

해비타트는 2100개 이상의 지역 단체와 주 지원 단체, 약 100개 나라에 있는 전국 단위 단체가 공동으로 참여하는 세계적인 집짓기운동 조직이다. 조직은 지방과 국가 단위의 지부, 지역 사무소(미국, 국제), 조지아 주 아메리쿠스의 본부 이렇게 3개 단위로 나뉜다. 지부들은 규모나 특징이 다 다르지만, 지부가 되기 위해서는 위원회 및 이사회 구성, 기금 모금, 지역공동체 지원 확보를 포함해서 77가지 단계로 구성된 9~12개월 과정의 입회 절차를 거쳐야 한다. 각 지부는 기금 모금, 집터 물색, 수혜 가정 선정과 지원, 집짓기, 주택 융자 같이 자기 지역에서 진행되는 해비타트 집짓기와 관련된 모든 활동을 관할한다. 이사회에는 이사 29명이 있으며, 조너선 렉포드가 대표다.

수입, 지출

2006회계연도 총 수입은 약 3억 6000만 달러로, 전년도보다 81퍼센트 증가했다. 개인(현금, 주식, 부동산, 연금 형태로 기부)과 기업(현금, 자산, 서비스 형태로 기부), 재단과 관련 단체가 두루 기부하며, 나머지는 미국 내 지부들이 모금한 십일조 기금으로, 주로 다른 나라의 집짓기 사업에 쓰인다. 2006회계연도에 미국 내 지부들이 모금한 십일조 수입은 약 1150만 달러였다. 2006회계연도에 약 1억 8160만 달러가 프로그램 사업비로 쓰였는데, 전체 지출의 81퍼센트였다. 지부들과 전국 단체들이 직접 쓴 비용을 포함했다. 나머지 15퍼센트는 기금 모금 활동에 썼고, 4퍼센트는 관리와 일반 경비로 지출했다.

역사

해비타트 사업에 대한 생각은 1942년 농부며 성서학자인 클래런스 조던이 조지아 주 아메리쿠스 외곽에 인종을 초월해서 설립한 작은 기독교농업공동체 '코이노니아 팜'에서 시작했다. 밀러드와 린다 풀러는 앨라배마 몽고메리에서 사업에 성공하고 풍족한 삶을 누리다가 기독교인으로 봉사하는 새로운 삶을 시작하기 위해 그곳을 떠나 아메리쿠스로 왔고 그곳에서 조던과 '함께 집짓는 사업'을 생각해냈다. 사업 모델은 소박하지만 단정한 주택을 갖고 싶어 하는 빈민들의 호응을 얻었고, 그들은 자원봉사자들과 함께 집을 짓는 과정에 참여했다. 집은 '인간애를 위한 기금'에서 재정 지원을 받아 부가 이익도 없고 이자도 없이 제공됐다. 미국의 전임 대통령이며 노벨평화상 수상자인 지미 카터의 합류는 해비타트를 자그마한 비영리단체에서 엄청난 영향력과 기금 조달 능력을 보유한 세계적인 단체로 바꾸는 전환점이 됐다.

헤리티지재단

The Heritage Foundation (www.heritage.org)
214 Massachusetts Avenue NE
Washington, DC 20002-4999
TEL. 202-546-4400

목적

1973년에 설립됐다. 자유 기업, 제한된 권한의 작은 정부, 개인의 자유, 미국의 전통 가치, 강력한 국가 방위를 기반으로 하는 보수주의 공공정책을 입안하고 널리 알리기 위한 연구 교육 기관이자 두뇌 집단이다. 자유와 기회, 번영과 시민사회가 만개하는 미국 건설이 꿈이다.

사업

미국과 세계의 중요한 사회 경제적 현안, 예를 들면 보건 의료, 교육, 범죄, 사회보장, 세금, 국가 안보, 정치, 정부 규제 같은 문제를 조사, 연구하며 정책 보고서를 발간한다. 당면 현안 연구 모임을 조직하고 강연회나 토론회를 개최한다. 중요 국내, 해외 현안에 대해 언론과 연방, 주, 지역의 정책 입안자를 대상으로 설명회를 자주 갖는다. 헤리티지 청년지도자 과정은 매우 인기 있는 프로그램으로, 영리하고 혁신적인 대학 재학생과 졸업생에게 정책 수립 과정을 알려주고, 공공 업무에 적극적이고 효과적으로 참여할 것을 장려한다.

참여자, 수혜 대상

언론 설명회와 방송 통신망을 이용해서 주, 지역, 연방 정부의 정책 입안자들을 같은 편으로 끌어들인다.

영향력

광범위한 영역에서 커다란 영향력을 미치는 단체로 널리 알려져 있다. 1981년
에 발간한 정책 분석집 〈리더십에 대한 지상명령 Mandate for Leadership〉은 공공
정책 자문 방식의 성격을 완전히 바꿔놓았다. 1000쪽이 넘는 이 정책 분석집은
정부 정책, 예산, 차기 레이건 행정부에서 일하게 될 모든 행정부처와 정부기관
의 공직자가 수행해야 할 실천 계획을 구체적으로 제시했다. 또 〈월스트리트저
널〉과 제휴해 해마다 전 세계 150개가 넘는 나라의 경제적 자유 수준을 측정한
경제자유지수를 발표한다. 국내 정책에서 한계 세율의 축소(감세정책)가 경제 성
장을 불러온다고 주장하는 공급 경제학을 옹호한다. 1994년에는 뉴트 깅그리치
와 보수주의자들에게 '미국과의 계약'이라는 정책을 개발하도록 자문했는데,
이것은 의회에서 공화당이 다수당이 되는 것을 도왔다. 그 결과 이 재단이 미국
에서 가장 영향력 있는 두뇌 집단이라고 생각하는 사람이 많아졌다.

조직

워싱턴 D. C.에 본부가 있으며 직원 약 200명이 일하고 있다. 회장인 에드윈 J.
풀너 박사, 행정 부회장인 필립 N. 트루럭의 지휘 아래 임원 10명이 근무한다.
각 부서는 국내 정치, 대외 관계, 재정 운영, 개발, 홍보와 마케팅, 정부 관계,
캐스린과 셸비 컬럼 데이비스 국제연구소, 정보 기술 부문으로 나뉘어 있다. B.
케네스 사이먼 미국연구센터와 법률사법연구센터는 별도 사업을 진행한다. 이
사회는 이사 21명과 명예이사 1명으로 구성된다.

수입, 지출

2005년 총 수입은 약 4000만 달러로 절반 이상이 개인 기부금이다. 최초 기금은 쿠어스 양조 회사의 소유주 조지프 쿠어스에게서 나왔다. 다른 부유한 자선가들도 기부금을 많이 내놓았다. 그러나 27만 5000명의 개인 기부자를 포함해 두뇌 집단 가운데 가장 광범위한 후원 기반을 가지고 있다. 전자우편, 전화 홍보, 1 대 1 대면, 예약 기부, 지원금 제안, 출판물 판매, 인터넷 홍보를 이용해 기금을 모금한다. 2005년 총 지출은 약 3650만 달러였다. 그 가운데 약 3000만 달러가 프로그램 사업비로 쓰였다.

역사

1973년 보수주의 활동가 폴 웨이리치가 설립하고 초대 대표를 맡았다. 1974년부터 에드윈 J. 풀너 박사가 이사장을 맡았다. 공화당 의원연구위원회 전임 위원이었고 필 크레인 하원의원(일리노이 주 공화당 의원)의 전임 보좌관이었다. 풀너의 지도력 아래 광범위한 영역에서 커다란 영향력을 행사하기 시작했다. 학자들과 망명한 정치인들이 연구소에 틀어박혀 두꺼운 책이나 발간하는 전통적인 두뇌 집단과 달리, 공공정책 분석가들을 고용해 매우 짧은 정책보고서를 발간, 정치인들이 이동하면서도 금방 읽을 수 있게 했다. 재단은 이를 두고 '서류가방 시험'을 통과했다고 부른다. 이 재단은 또한 지금은 워싱턴에 있는 두뇌 집단이면 어디나 하는 활동인, 정책 아이디어를 재빠르게 포장해서 대중매체를 통해 '마케팅'하기 시작한 최초의 단체다.

전미라라자위원회

National Council of La Raza (www.nclr.org)
1126 Sixteenth Street NW
Washington, DC 20036
TEL. 202-785-1670

목적

미국에서 가장 큰 남미계 미국인의 시민권보호단체로, 남미계 미국인의 기회
향상을 위해 일한다.

사업

주 사업과 보조 사업 두 가지 방식으로 일한다. 주 사업은 전국 남미계 지역 단
체, 특히 저소득층과 소외 계층을 대상으로 활동하는 단체의 경영과 관리, 프로
그램 운영, 자원 개발을 지원하는 것이다. 보조 사업은 남미계 미국인의 어려움
을 정책 입안자와 일반인에게 널리 알리고, 그들이 공정한 대우를 받을 수 있는
사업과 정책을 채택하도록 하기 위해 조사 연구와 정책 분석, 정책 옹호 활동을
전개하는 것이다. 대중 홍보와 언론 활동, 다른 단체와의 협력으로 이런 노력을
강화한다.

참여자, 수혜 대상

전국 모든 지역에 하부 조직이 있으며 애틀랜타, 시카고, 로스앤젤레스, 뉴욕,
피닉스, 새크라멘토, 샌안토니오, 산후안, 푸에르토리코에서도 활동한다. 약
300개의 지부 조직을 통해 해마다 41개 주와 푸에르토리코, 콜롬비아 특별구의

수백만 남미계 미국인의 권익을 보호한다.

영향력

조사 연구와 정책 분석, 정책 옹호 활동을 하며 주와 지역 단위에서 활동하는 지부의 역량 육성에 지원을 아끼지 않는다. 1986년에 이민개혁조정법을 통과시킴으로써 불법 체류 노동자 약 300만 명에게 법적 지위를 인정받게 했다. 1990년의 이민법과 1997년~2002년에 통과된 법안들은 저소득 계층 이민자 수백만 명에게 혜택을 주었다. 1992년에 투표권법을 보존하고 확대하도록 지원했고 2006년에 다시 한 번 영향력을 행사했다. 또 1990년 남미계 학생의 대학 특례 입학을 지원하는 남미계 교육특기생에 대한 행정명령을 이끌어내는 데 촉매 노릇을 했다. 1992년 근로소득세 공제 제도 확대와 2001년 육아세 공제 제도 수립에도 큰 몫을 했다. 전미라라자위원회 NCLR와 지부 조직들은 전국에서 가장 큰 남미계 미국인 주택 소유권 조직을 운영한다. 산하 단체 라자개발기금은 미국에서 가장 큰 남미계 지역사회 개발은행이다. 50개 자율형 공립학교와 대안학교를 세우는 데 도움을 주었다. 케이블 텔레비전에서 주요 시간대에 방송하는 아메리칸 라티노 미디어아트 ALMA 상을 후원하는데, 영화, 텔레비전, 기타 매체에서 공헌한 남미계 미국인에게 수여하는 상이다.

조직

이사 30명으로 구성된 이사회가 관리한다. 이사들은 미국 각 지역과 남미계 미국인 단체를 대표한다. 28개 주요 기업의 임원과 관계 직원으로 구성된 기업자문단의 지도도 받는다. 12개 관련 지역 단체 대표와 임원을 포함하는 지부위원회는 전국 모든 지역에서 선출된다.

수입, 지출

2005년 총 수입은 약 3100만 달러였다. 개인과 지부 조직 회원의 기부와 특별 행사 참가비와 후원 기금, 기업과 재단의 지원을 합한 일반 후원은 2120만 달러였다. 410만 달러는 정부에서 받았다. NCLR의 대차대조표에는 산하 기업 라자 개발기금의 자산과 부채도 포함돼 있다. 기부금을 관리하기 위해 만들어진 라라자전략투자기금의 자산, 부채, 수입, 지출은 2008년에 3000만 달러로 증가할 것으로 예측된다. 2005년 총 지출은 약 2850만 달러였다. 그 가운데 89퍼센트인 2180만 달러가 프로그램 사업비로 들어갔다. 여기에 모금 기금 활동비는 빠져 있다. 프로그램 사업비에서 가장 큰 것이 교육(34퍼센트)과 지역사회 개발(21퍼센트)이었다.

역사

본디 남서부 라라자위원회에서 점점 늘어나는 남미계 미국인들에게 여러 가지 현장 프로그램과 서비스를 제공하고 시민권보장운동을 벌이던 중요 인물 세 명, 헤르만 갈레고스, 훌리안 사모라, 에르네스토 갈라자가 1968년에 설립했다. 남서부 지역 3개 주에서 활동하던 7개 남미계 단체를 첫 번째 '지부'로 통합하고 지원했다. 1974년 라울 이사게레가 대표로 합류했다. 1970년대 말 정식으로 멕시코계 미국인뿐 아니라 모든 남미계 미국인을 대변하는 단체로 변신하고. 능력을 보완하기 위해 정치 분석력과 정책 역량을 정비했다. 이사게레는 2004년에 그만두었고, 뒤를 이어 전년도에 최고운영책임자로 합류한 재닛 무르기아가 대표가 됐다.

셀프헬프

Self-Helf (www.self-help.org; www.responsiblelending.org)
P.O. Box 3619
Durham, NC 27702
TEL. 919-956-4400, 800-476-7428

목적

소유권이 사람의 경제적 지위를 향상시킬 수 있다는 믿음을 기반으로 활동한
다. 주택 같은 자산을 소유하는 것은 한 가정이 어린이를 대학에 보내고, 사업
을 시작할 수 있게 하며, 가정 형편이 어려울 때 극복할 수 있게 한다. 직접 돈
을 빌려주는 활동을 함으로써 실제로 돈을 빌리는 가난한 사람에게 필요한 것
이 무엇인지 실험하고, 정부와 민간 부문에서 어떤 제도 개선이 필요한지 정책
을 개발하기도 한다.

사업

조직 목적에 충실한 여러 가지 주요 사업을 한다. 커뮤니티 셀프헬프 센터는 셀
프헬프 프로그램을 개발, 조정하고 경제 기회 향상을 위해 정책 개발 활동을 하
는 미연방법 501(c)(3)조에 규정한 비영리단체다. 셀프헬프신용조합은 연방 정
부가 보증하고 주 정부가 공인한 신용조합으로, 회원들이 예금한 돈에 시중 금
리를 적용하고 그 돈으로 상업 대출이나 주택 대출을 한다. 신용조합 회원은 비
영리단체와 종교단체, 사회적 책임 의식이 있는 개인이나 기관이다. 셀프헬프
벤처기금은 미연방법 501(c)(3)조에서 규정한 비영리단체로, 주로 위험도가 높
고 혁신적이며 영향력이 큰 사업에 투자한다. 여러 재단이나 종교단체, 기업,

정부기관이 이 벤처기금에 돈을 빌려주거나 지원금을 준다. 또 셀프헬프의 주택대출2차시장프로그램과 부동산 개발, 위험도가 높은 기업 대출을 관리한다. 책임있는대출센터 CRL는 전국 단위의 비영리단체로, 정치 중립적 연구와 정책을 개발한다. 마찬가지로 미연방법 501(c)(3)의 범위에 속한다. CRL은 불법 금융 관행을 제거하고, 주택 소유권과 가정 재산 보호에 헌신한다.

수혜 대상

2005년에 직접 돈을 빌려준 주택 대출 445건(4060만 달러) 가운데 17퍼센트가 여성 가장 가정이었고, 소수자 계층 가정에 대출한 건수는 92퍼센트였다. 또 농촌 지역 가정이 대출받은 비율은 32퍼센트였다. 2차 시장 자금 조달을 이용해서 대출한 건수는 6207건(5억 6200만 달러)으로 여성 가장 가정이 45퍼센트, 소수자 계층 가정이 63퍼센트, 농촌지역 가정이 19퍼센트 혜택을 받았다. 영세상인 대출은 243건(4230만 달러)으로 48퍼센트가 여성이었고, 42퍼센트는 소수자 계층, 45퍼센트는 농촌지역이었다.

영향력

1980년 활동을 시작한 이래 미국 전역에서 5만 개가 넘는 영세 사업과 비영리 단체, 주택 구매자들에게 45억 달러 이상 대출했다. 노스캐롤라이나 지역 전체에서 여성, 농민, 소수자 계층에게 자금을 빌려주었고, 이제는 워싱턴 D. C.와 다른 주 사람들에게도 주택 구입 자금이나 사업 자금으로 재산을 불릴 수 있게 대출한다. 1999년에 미국에서 처음으로 약탈적대부업자퇴치법안을 통과시키기 위해 다른 단체들을 이끌고 앞에 나섰다. 이런 노력 덕분에 미국의 많은 가정이 한 해에 40억 달러 이상을 억울하게 뺏기지 않게 됐다.

조직

노스캐롤라이나에 본부를 두고, 주택 대출, 2차 시장 자금 조달, 영세 사업 대출, 부동산 개발, 지역 시설 대출, 정책 개발 같은 여러 분야에서 일한다. 애슈빌, 샬럿, 더럼, 페이엇빌, 그린스보로, 그린빌, 윌밍턴, 워싱턴 D. C., 오클랜드, 캘리포니아에 지역 사무소가 있다. 마틴 익스가 대표며 설립자다. 이사회 네 개로 구성돼 있으며, 여성 12명과 유색인종 17명이 포함된 이사 42명으로 구성돼 있다.

수입, 지출

2005년 총 수입은 약 7500만 달러로, 대부분 돈을 빌려간 저소득층이 지불한 대출 이자와 주택담보증권에서 발생했다. 2005년 총 지출은 약 5100만 달러였다. 지출 대부분은 대출 사업 운영에 들어갔다. 이자 비용으로 2500만 달러와 장래에 대출금을 상환받지 못할 것을 대비해서 44만 5000달러를 유보해두었다.

역사

1970년대 말 마틴 익스와 당시 여자친구(지금은 아내) 보니 라이트가 해고 노동자들이 노동자 소유의 협동조합을 만드는 것을 돕기 위해 사업과 기술 지원을 시작하면서 설립의 씨를 뿌렸다. 그 단체를 가로막은 가장 큰 장벽은 자본에 접근하는 것이었다. 두 설립자는 1984년 빵을 구워 팔아 모은 77달러로 셀프헬프신용조합과 셀프헬프벤처기금을 설립해 직접 대출업을 시작함으로써 이 문제를 풀었다. 신용조합과 벤처기금이 성장함에 따라 자금 조달 활동은 기술 지원 활동보다 훨씬 더 빠르게 성장했다. 셀프헬프의 기업가 정신은 결코 후퇴하지 않았고, 오히려 대출과 보육 사업 자문 같은 새로운 영역으로 확대됐다. 주요 협력 대상에게 기술 지원도 했다. 소수자계층지원센터 건립을 지원하고 남미계 단체들과 협력해서 남미계 미국인을 위한 신용조합을 세우는 데 도움을 주었다. 또 저소득층 대출자를 위해 미국에서 가장 큰 2차시장프로그램을 만들었다. 마침내 1997년 포드 재단과 패니메이와 제휴 관계를 맺고, 저소득층 대출을 위해 20억 달러를 제공받았다.

셰어 아워 스트렝스

Share Our Strength (www.strength.org)
1730 M Street NW, Suite 700
Washington, DC 20036
TEL. 202-393-2925, 800-969-4767

목적

미국에서 굶는 아이를 없애는 것을 최우선 목표로 하며 기아 퇴치를 위해 개인과 기업이 힘을 공유할 수 있도록 영감을 불어넣고 조직화한다. 전국에서 자원봉사자들이 주도하는 특별 행사를 개최하거나, 대의와 관련된 마케팅 사업을 벌이거나, 기업 제휴하는 등의 혁신적인 방식으로 기금을 모금한다.

사업

'전국 요리 시식회'는 전국에서 가장 크고 멋진 요리 자선행사로, 최고의 요리사 수천 명과 식당이 60회 넘게 행사를 하면서 시간과 재능, 음식을 기부한다. '위대한 미국인의 즉석 구이 빵 판매'는 전국에서 동시에 벌이는 행사로, 수많은 미국인이 굶는 아이 퇴치를 위해 동네와 일터, 학교, 교회 같은 곳에서 직접 빵이나 과자를 구워 팔고 그 수익금을 기부한다. '오퍼레이션 프런트라인'은 혁신적인 영양교육프로그램으로, 값싸고 위생적인 음식 조리법을 가르친다. 셰어 아워 스트렝스의 만찬프로그램들은 결식아동 퇴치 기금을 마련하기 위해 음식 애호가들과 후원자들이 최고급 식당에서 최고급 만찬을 즐기는 행사다. 또한 '기아 구호를 위한 음식점' 행사는 현재 진행 중인 걸프 지역 복구를 돕기 위해 전국의 뜻있는 음식점 수천 곳이 참여하는 전국적인 외식 행사다.

참여자, 수혜 대상

수많은 요리사, 음식점, 일반 시민, 기업이 참여하고 미국과 해외의 굶주리고 가난한 개인들이 혜택을 받는다.

영향력

2003년부터 100만 명이 넘는 미국인이 '위대한 미국인의 즉석 구이 빵 판매' 행사에서 빵을 구워 팔거나 사서 300만 달러가 넘는 굶는 아이 퇴치 기금을 모았다. '전국 요리 시식회'는 해마다 요리사 4000명과 손님 5만 5000명이 참여한다. '오퍼레이션 프런트라인'은 강습 과정이 3000개가 넘으며 교육생 3만 7500명을 가르치기 위해 강사 2000명이 자원봉사로 참여했다. 지금까지 다양한 행사로 10만 명 이상이 혜택을 받았다. 또한 다양한 산업과 관련된 크고 작은 단체들이 기업과 제휴를 맺을 수 있도록 도왔다. 지금껏 2억 달러가 넘게 모금했는데, 기아퇴치운동을 하는 단체 1000곳이 모은 기금보다 많은 금액이다.

조직

기아 퇴치를 위해 지역, 전국, 국제적 차원에서 효과적으로 활동하는 다른 단체들에게 지원금을 후원한다. 식품을 지원하고 영양 교육을 실시하며 영양실조에 걸린 아이들을 치료하고 빈민들이 경제적으로 독립할 수 있도록 촉진하는 지역 단체들에게 지원금을 보낸다. 이사회는 이사 20명으로 구성된다. 빌리 쇼어가 설립자이자 대표다.

수입, 지출

2005년 총 수입은 약 2430만 달러로 여기에는 커뮤니티 웰스 벤처스의 수입이 포함돼 있다. 수입의 대부분은 제휴 기업의 후원금이며, 특별 행사의 수익과 자문 활동 수입이 그 뒤를 잇는다. 2005년에 기증받은 현물과 서비스를 시장 가치로 환원하면 약 1100만 달러다. 2005년 총 지출은 커뮤니티 웰스 벤처스의 지출을 포함해 2640만 달러였다. 비용이 가장 많이 지출된 부문은 기아 퇴치와 빈곤 퇴치 사업이었다.

역사

1984년 빌리 쇼어와 여동생 데비 쇼어가 공동으로 설립했다. 두 사람은 당시 기아 구호와 방지를 위한 지속적인 지원 방법을 모색하고 있었다. 두 사람은 요리사와 음식점업자, 식품서비스 전문가의 창조적인 재능을 이용하여 그들의 식품에 대한 애정을 기아 퇴치를 위한 강력한 힘으로 전환시켰다. 셰어 아워 스트렝스는 처음 몇 해 만에 전국 음식점에서 기금을 모았고, 그 기금을 미국과 해외의 기아 퇴치 사업에 사용했다. 1988년에는 전국에서 가장 큰 요리 자선행사인 '전국 요리 시식회'를 열었다. 지금은 전국 60개가 넘는 도시에서 1만 명이 넘는 요리사와 음식점이 참여한다. 이 행사로 지금까지 모금한 금액은 4000만 달러. 다른 행사와 사업도 여러 가지 개발했는데 1997년에 설립한 커뮤니티 웰스 벤처스^{CWV}도 그 하나다. CWV는 셰어 아워 스트렝스 산하의 영리기업으로, 일종의 사회적 기업이다. 비영리단체가 벤처 사업이나 기업과의 제휴로 돈을 벌 수 있게 함으로써 더 자립적인 재원을 마련할 수 있도록 돕는 자문 회사다. 또 CWV는 지역 투자 전략의 계획과 실행을 기업에 자문해서 수익을 향상시키게 돕는다. 2003년에는 '위대한 미국인의 즉석 구이 빵 판매' 행사를 베티 크로커, ABC 방송, 타이슨 식품의 후원을 받고 〈퍼레이드〉 잡지와 제휴해 진행했다.

티치 포 아메리카

Teach For America (www.teachforamerica.org)
315 West Thirty-sixth Street, 7th floor
New York, NY 10018
TEL. 212-832-1230, 212-279-2080

목적

전공을 불문하고 대학을 갓 졸업한 우수한 인재를 교사로 뽑아 도시나 농촌의 공립학교에서 2년 동안 아이들을 가르치게 하며 교육 기회를 확대하는 일에 앞장서는 전국 규모의 교사단체다. 목표는 교육 불평등 해소 운동을 이끌 유망한 미래 지도자들의 양성.

사업

전공이나 관심 있는 직업 분야와 상관없이 대학을 갓 졸업한 뛰어난 인재만을 골라 뽑는다. 인재들은 미국에서 가장 저소득층인 공동체의 자녀가 다니는 도시나 농촌의 공립학교에서 2년 동안 가르쳐야 한다. 그리고 평생 동안 소외 계층의 교육 기회 확대에 앞장선다.

참여자, 수혜 대상

회원들은 대학 평균 학점이 3.5며 전체의 95퍼센트가 대학에서 지도적 위치에서 활동했다. 2006년 교사단원 가운데 약 28퍼센트가 유색인종이었고, 25퍼센트는 연방 정부에서 지급하는 학자보조금 '펠 그랜트'를 받았다. 현재 교사 4400명이 전국 25개 지역의 100개가 넘는 학교에서 아이들을 가르치고 있다. 미국에서 교육 환경이 가장 열악한 지역을 선정해서 그곳에 교사들을 배치한다. 80퍼센트가 넘는 학생이 무료 또는 할인 가격으로 점심을 제공받는다. 약 95퍼센트에 이르는 학생이 아프리카계나 남미계 미국인이다. 활동 구역은 모두 연방 정부가 '매우 열악한' 교육구로 분류하는 곳이다.

영향력

해마다 학생 37만 5000명이 혜택을 받으며, 지금까지 학생 250만 명이 티치 포 아메리카 소속 교사들에게 가르침을 받았다. 2004년 매스매티카 정책연구소의 영향력 평가에 따르면 "이 단체에 소속된 교사들은 비록 티치 포 아메리카가 실시한 교사 훈련 외에는 정식 교사 교육을 이수하지 않았지만 소속 학교의 다른 교사들보다 평가 점수가 훨씬 높다." 나아가 이 단체의 2년 교사 과정을 끝낸 졸업생들은(대다수가 여전히 20대에서 30대 나이다) 교육개혁 운동을 새롭게 개척하고 있고, 필요한 자원을 다른 부문에서 끌어들이고, 정부 정책을 바꾸기 위해 애쓰고 있다. 또한 여기저기서 최고의 교사라는 칭찬을 듣고 있고, 그들이 운영하는 학교 가운데 저소득층 지역에서 교육 성과가 높은 학교가 여러 곳 있다. 25개 도시와 농촌 지역에서 활동하며, 44개 교사단을 운영하고, 교사단 졸업생이 1만 2000명이다.

조직

본부는 뉴욕. 25개 지역 사무소와 5개 하계 연수원, 지역과 조직을 지원하는 전국지원팀으로 구성돼 있다. 25개 지역 사무소는 그들이 활동하는 특정 지역 지원에 집중한다. 전국지원팀은 중요 핵심 지역을 지원하면서 새 지역 물색과 개발을 관리한다. 이사회는 이사 26명, 지역 위원 20명으로 구성돼 있다. 설립자 웬디 콥이 대표를 맡고 있다.

수입, 지출

2006년 총 수입은 약 5560만 달러. 수입의 3분의 2는 소속 교사들이 가르치는 25개 지역의 후원자들이 낸 기부금이다. 기부자 대부분은 민간 재단, 기업, 개인 기부자들이다. 전국 차원에서 연방 정부가 지원하는 공익 기금과 함께 기업, 재단, 개인이 낸 기부금도 중요 수입이다. 2006년 총 지출은 약 5500만 달러. 65퍼센트는 교사 모집, 채용, 훈련, 교사단원의 전문성 개발에 들어갔고, 나머지는 주로 졸업생 프로그램, 관리, 모금 기금 활동에 쓰였다.

역사

웬디 콥은 프린스턴 대학 시절 졸업논문에서 이 단체의 설립을 구상했다. 웬디 콥은, 자기 세대에 진정으로 세상을 바꿀 만큼 중요한 책무를 실천할 방법을 찾는 젊은이들이 많다고 생각했고, 우수한 대학 인재들이 돈을 더 벌 수 있는 일을 선택하기보다는 아이들을 가르치는 일에 나서야 한다고 믿었다. 콥은 21세 때 창업 기금으로 250만 달러를 모금한 뒤 함께 일할 핵심 인력을 뽑고 현장에서 교사들을 모집했다. 1990년 첫 해에 청춘 남녀 500명이 빈민 지역에서 아이들을 가르치기 시작했다. 그때부터 지금까지 약 1만 7000명이 회원으로 가입했다. 현재 미국에서 저소득층 지역에 교사를 가장 많이 보내는 단체로, 교육 평등을 실현하고 성과가 뛰어난 지도자를 양성하는 통로로 인정받고 있다.

유스빌드 유에스에이

YouthBuild USA (www.youthbuild.org)
58 Day Street
Somerville, MA 02144
TEL. 617-623-9900

목적

저소득층 청소년들의 혈기를 올바르게 이끌어 지역사회와 인생을 재건하고 노동과 교육, 사회적 책임, 가족을 중요하게 생각하며 다른 사람들과 협력해서 가난에서 벗어나도록 유도한다.

사업

교육을 제대로 받지 못하고 취업도 못한 16~24세의 청소년들이, 무주택자나 저소득층 사람들이 살 집을 지으면서 기술을 익히는 동시에 종합교육개발을 이수하거나 고등학교를 졸업하도록 한다. 특히 리더십 개발, 공동체 봉사활동, 성공하도록 서로 도와주는 청소년 공동체의 구축을 중요하게 생각한다.

참여자, 수혜 대상

2004년 현재, 회원의 72퍼센트가 남자고, 나머지 28퍼센트가 여자다. 전체 회원의 45퍼센트가 아프리카계고, 25퍼센트가 백인, 24퍼센트가 남미계, 3퍼센트가 아메리카 원주민, 3퍼센트가 아시아계다.

영향력

1994년 이래 6만 명이 넘는 유스빌드 학생이 저소득층을 위해 지은 집이 1만 5000채가 넘는다. 2004년에 유스빌드가 시행하는 프로그램에 참여한 학생의 91퍼센트가 종합교육개발을 이수하지 않았거나 고등학교 졸업을 하지 않았다. 33퍼센트는 재판을 받은 경력이 있었고, 27퍼센트는 유스빌드 가입 전에 정부로부터 생활보조금을 받았다. 이런 어려운 환경에도 전체 학생의 58퍼센트가 프로그램을 끝까지 마쳤고, 이수한 학생의 78퍼센트는 대학에 진학하거나 시간당 평균 8달러 21센트를 받는 직장에 취업했다. 전국적인 유스빌드 프로그램을 운영하기 위해 지역 단체 약 1000개가 연합 조직을 구축한 유스빌드 네트워크와 함께 줄기차게 정책 활동을 전개하고 있다.

조직

지역의 유스빌드 프로그램은 대개 독립적인 지역단체나 종교단체가 서로 협력하며 운영하는 소규모 공동체다. 유스빌드 유에스에이는 유스빌드 프로그램을 전국에 확산시키기 위해 중간에서 매개하는 센터 구실을 한다. 따라서 공익기금 마련을 위한 정책 활동, 프로그램 수행 지침과 프로그램 내용 개발, 청소년과 활동가의 리더십 개발, 최고의 활동을 위한 연구 조사, 유스빌드 관련 단체에게 보조금과 대출을 지원하는 일 등을 총지휘한다. 유스빌드 유에스에이가 후원하는 유스빌드 네트워크는 전국 49개 주에서 유스빌드 프로그램을 운영하는 1000개 가까운 단체의 연합 조직이다. 2005년에 43개 주와 워싱턴 D. C., 푸에르토리코, 버진 아일랜드에서 운영 중인 유스빌드 프로그램은 모두 226개였고 청소년 약 8000명이 참여했다.

수입, 지출

유스빌드는 정부와 민간이 손을 잡은 단체다. 유스빌드 프로그램은 대개 정부(연방, 주, 지역)와 민간 지원이 혼합된 안정된 기금을 확보하고 있다. 정부의 지원은 1992년 제정된 크랜스턴-곤잘레스법의 IV조 D항에 따라 발효됐다. 그때부터 미국 주택도시개발부 HUD는 4억 4550만 달러가 넘는 지원금 지급과 정부 사업 수주 계약을 유스빌드와 체결했다. 포드 재단, 찰스 스튜어트 모트 재단, 빌 앤드 멜린다 게이츠 재단, W. K. 켈로그 재단 같은 주요 민간 재단의 지원도 받는다. 또 주택도시개발부, 노동부, 보건후생부, 전국 및 지역사회 봉사단으로부터 정부 지원금을 받고 계약을 체결한다. 2005년 총 수입은 1780만 달러. 그중 1670만 달러는 정부 지원금과 계약금이었다. 1년에 참여자 1명당 평균 비용은 주택 건설에 투입된 인건비를 포함해 2만 달러다. 이것은 청소년직업훈련센터에서 주관하는 직업교육 잡콥스나 신병훈련소, 군대, 감옥, 대학 같이, 직업이 없는 청소년이 갈 수 있는 곳에서 들이는 비용보다 적다. 2005년 총 지출은 약 1740만 달러. 그 가운데 900만 달러가 프로그램 사업비에 쓰였다.

이 책에 선정된 비영리단체 소개

역사

현재 대표인 도로시 스톤맨은 1978년 이스트 할렘의 이웃 10대들에게 어른들이 지원한다면 자기 동네를 어떻게 개선할지 물었다. 학생들은 "집을 다시 지을 거예요. 비어 있는 건물에서 마약 판매상과 범죄를 몰아낼 거예요"라고 대답했다. 스톤맨은 그들은 함께 '청소년행동프로그램'을 결성하고 최초의 유스빌드 건물을 고쳤다. 1980년대 동안 뉴욕 시 5개 지역에 이 프로그램을 확산시켰다. 1990년 마침내 프로그램을 전국 조직으로 확대하면서 유스빌드 유에스에이가 설립됐다. 1990년대 초 프로그램은 전국 11개 도시로 퍼져나갔고 연방 정부의 주택도시개발부가 관리하는 연방 프로그램으로 인정받았다. 2006년 노동부가 그 관리 권한을 이양받았다. 1978년 활동이 처음 시작된 이래 수만 명이 유스빌드 운동에 기여했으며 〈뉴욕타임스〉는 이를 두고 '사람을 새롭게 바꾸는 수원지'라고 불렀다.

이 책에 나오는 단체들을 하나하나 조사하면서 수많은 인터뷰를 진행했고, 단체 내부에서 제공하거나 외부에 공개된 유용한 출처에서 나온 자료를 모두 분석했다. 만일 따로 출처를 표시하지 않은 인용이 있다면, 그것은 우리가 이번에 조사하면서 나온 것이다.

서론_비영리단체, 변화의 중심에 서다

1 도시연구소 전국자선통계센터의 자료에 따르면 2004년 미연방법 501(c)(3)의 공익 자선 단체가 쓴 총 지출액은 1조 달러가 넘었다. 여기에 나온 비영리단체들의 2004년 총 수입은 약 1조 4000억 달러고 자산은 3조 달러였다. 이 금액에는 미연방법에 따라 '보고 대상이 아닌' 공익 자선단체(법에 따라 자료를 제출하지 않아도 되는 소규모 단체와 종교 단체)들이 지출한 금액과 민간 재단의 지출액이 포함돼 있지 않다. 자원봉사자들이 활동한 시간의 가치도 환산해서 반영되지 않았다. 출처. National Center for Charitable Statistics, The Urban Institute, "The Nonprofit Sector in Brief: Facts and Figures from the Nonprofit Almanac 2007."

2 Silverman, L., Lowell, S., and Taliiento, L. "Nonprofit Management: The Gift That Keeps on Giving." *McKinsey Quarterly*, 2001, no. 1, 147쪽.

3 Salamon, L., Helmut, K., Anheier, R., List, S., Toepler, S., Wojciech, S., and Associates. *Global Civil Society: Dimensions of the Nonprofit Sector.* Baltimore, Md.: Johns Hopkins University Coparative Nonprofit Sector Project, 1999, 4쪽.

4 Salamon and others, 1999.

5 "The State of Foundation Giving, 2006." *Foundation Yearbook* 2006년판에서 발췌.

6 Havens, J.J., and Schervish, P. *Millionaires and the Millennium: New Estimates of the Forthcoming Wealth Transfer and the Prospects for a Golden Age of Philanthropy.* Boston: Social Welfare Research Institute, Boston College, 1999.

7 사회적 기업가 가운데 일부가 클라우스 슈바브가 주재하는 다보스세계경제포럼에 초대

받아 참가한다. 슈바브는 스위스 제네바에 있는 세계경제포럼의 회장이며 창립자다. 그와 아내 힐데는 1998년 사회적 기업을 위한 슈바브 재단을 설립했다.

8 Letts, C. W., Grossman, A., and Ryan, W. P. *High Performance Nonprofit Organizations*. Hoboken, N.J.: Wiley, 1999.

9 Letts, Grossman, and Ryan, 1999.

제1장 선을 위한 힘

1 여기에 제시된 사실과 인용문은 모두 티치 포 아메리카 직원들과의 인터뷰 또는 내부 자료, 외부에 공개된 정보에서 나왔다.

2 Sellers, P. "Schooling Corporate Giants on Recruiting." *Fortune*, Nov. 27, 2006, 87쪽.

3 여기에 제시된 사실들과 인용문은 모두 해비타트 직원들과의 인터뷰 또는 내부 자료, 외부에 공개된 정보에서 나왔다. 〈크로니클 오브 필랜스로피〉 목록은 2004년도부터 나온 것을 인용.

4 여기에 제시된 사실들과 인용문은 모두 환경방위 직원들과의 인터뷰 또는 내부 자료, 외부에 공개된 정보에서 나왔다.

5 Drayton, W. "What Is a Social Entrepreneur?" 2007.

6 Dees, J. G. "The Meaning of 'Social Entrepreneurship,'" White paper. Center for Advancement of Social Entrepreneurship, Duke University Fuqua School of Business, May 30, 2001.

7 Collins, J. *Good to Great and the Social Sectors*. New York: HarperCollins, 2004.
   콜린스는 사회적 부문의 투입물과 산출물 사이에 혼돈이 있다고 말한다. 왜냐하면 기업 부문에서 "투입물(위대함을 얻기 위한 자원)과 산출물(위대함의 측정)은 모두 돈이다. 그러나 사회적 부문에서는 투입물만 돈이지 산출물인 위대함은 측정할 수 없기" 때문이다. 5쪽.

8 Collins, J. C., and Porras, J. I. *Built to Last: Successful Habits of Visionary Companies*. New York: HarperBusiness, 1997.

제2장 정책활동과 현장활동을 함께 하라

1 여기에 제시된 사실과 인용문은 모두 셀프헬프 직원들과의 인터뷰 또는 내부 자료, 외부에 공개된 정보에서 나왔다.

2 Smucker, B. *The Nonprofit Lobbying Guide.* Washington, D.C.: INDEPENDENT SECTOR, 1999.

3 여기에 제시된 사실과 인용문은 모두 전미라라자위원회 직원들과의 인터뷰 또는 내부 자료, 외부에 공개된 정보에서 나왔다.

4 Letts, C. W., Grossman, A., and Ryan, W. P. *High Performance Nonprofit Organizations.* Hoboken, N.J.: Wiley, 1999, 77쪽.

5 여기에 제시된 사실과 인용문은 모두 피딩 아메리카 직원들과의 인터뷰 또는 내부 자료, 외부에 공개된 정보에서 나왔다.

6 여기에 제시된 사실과 인용문은 모두 환경방위 직원들과의 인터뷰 또는 내부 자료, 외부에 공개된 정보에서 나왔다.

7 예산과정책우선순위센터 밥 그린스타인과 인터뷰.

8 Brown, M. "National Service or Bust: Action Tanking, The Social Entrepreneur's Trap, and a Promising Pathway to a New Progressive Era." Paper presented at the New Profit Inc. Gathering of Leaders, New Paltz, N.Y., Feb. 2006.

9 이러한 관찰 내용은 아스펜 연구소 연구원 수전 리스가 독자적으로 연구한 '비영리단체의 효과적인 정책 활동'의 내용과 매우 일치한다. 1997년 연구보고서는 의원들과 기관장들이 가장 영향력 있는 비영리 정책 활동 단체들의 주요 성공 요인들을 자세하게 설명하고 있다.

10 Gantz McKay, E. *The national Council of La Raza: The First Twenty-Five Years.* Washington, D.C.: National Council of La Raza, 1993.

제3장 시장을 움직이게 하라

1 여기에 제시된 사실과 인용문은 모두 환경방위 직원들과의 인터뷰 또는 내부 자료, 외부에 공개된 정보에서 나왔다. 이 장의 다른 주석에서 인용한 사례 연구 외에도 다음 자료를 참고했다. Plambeck, E., and Hoyt, D. "FedEx and Environmental Defense: Building a Hybrid Delivery Fleet," Stanford GSB Case SI-82, Jan. 2006.

2 Krupp, F. "New Environmentalism Factors in Economic Needs." *Wall Street Journal*, Nov. 20, 1986, 34쪽.

3 Sale, K. "The Forest for the Trees: Can Today's Environmentalists Tell the Difference?" *Mother Jones*, 1986, 11(8), 25-33쪽.

4 Reinhardt, F. "Environmental Defense." Harvard Business School Case 703-029. Cambridge, Mass.: Harvard Business School Press, 2003. The "Final Report" of the McDonald's Corporation and Environmental Defense Fund Waste Reduction Task Force, Apr. 1991, 인용. 환경방위 내부에서 나온 다른 자료로 이 데이터를 확인함.

5 "A Cleaner Road Ahead." *Solutions*(환경방위 소식지), July-Aug. 2003, 34(4), 1-2쪽.

6 Vascellaro, J. "Green Groups See Potent Tool in Economics." *Wall Street Journal*, Aug. 23, 2005, 웹사이트에 게재.

7 Dees, J. G. "Enterprising Nonprofits." *Harvard Business Review on Nonprofits*, 1999, Harvard Business Review Press, 139쪽.

8 Sagawa, S., and Segal, E. *Common Interest, Common Good: Creating Value Through Business and Social Sector Partnerships*. Cambridge, Mass.: Harvard Business School Press, 2000, 3쪽.

9 여기에 제시된 사실과 인용문은 모두 셀프헬프 직원들과의 인터뷰 또는 내부 자료, 외부에 공개된 정보에서 나왔다.

10 Sagawa and Segal, 2000.

11 Sagawa and Segal, 2000.
Austin, J. *The Collaboration Challenge: How Nonprofit and Businesses Succeed Through Strategic Alliances*. San Francisco: Jossey-Bass, 2000.

12 Austin, 2000.

13 Sagawa and Segal, 2000, 20-21쪽.

14 Sagawa and Segal, 2000, 19쪽.

15 여기에 제시된 사실과 인용문은 모두 피딩 아메리카 직원들과의 인터뷰 또는 내부 자료, 외부에 공개된 정보에서 나왔다.

16 여기에 제시된 사실과 인용문은 모두 시티 이어 직원들과의 인터뷰 또는 내부 자료, 외부에 공개된 정보에서 나왔다. 이 장의 다른 주석에서 인용한 사례 연구 외에도 저자들은 다음 자료를 참고로 했다. "City Year: Timberland and Community Involvement," Harvard Business School Case 9-396-196. Cambridge, Mass.: Harvard Business School Press, 1996; and Dees, J. G., and Jaan, E., "City Year Enterprise," Harvard Business

School Case 9-396-196. Cambridge, Mass.: Harvard Business School Press, 1996.

17 "City Year: National Expansion Strategy (A)." Harvard Business School Case 0-496-001. Cambridge, Mass.: Harvard Business School Press, 1995, 사례 연구에 나온 내용.

18 여기에 제시된 사실과 인용문은 모두 셰어 아워 스트렝스 직원들과의 인터뷰 또는 내부 자료, 외부에 공개된 정보에서 나왔다. 그리고 다음을 사례 연구 근거로 사용했다. "Share Our Strength and American Express: Development Marketing Alliance," (A) "Taste of the Nation Sponsorship," M-289A, and (B) "Charge Against Hunger and Dine Across America," M-289; Stanford University Graduate School of Business, Oct. 1997.

19 Austin, J., and Peason, M. "Community Wealth Ventures, Inc." Harvard Business School Case 399-023. Cambridge, Mass.: Harvard Business School Press, 1998.

20 *Columbus Dispatch*, sept. 12, 1996에서 인용.

21 Austin and Pearson, 1998, 3쪽 인용.

22 Shore, W. *The Cathedral Within: Transforming Your Life by Giving Something Back.* New York: Random House, 1999. 단체에서 나온 Creating Community Wealth 홍보지 1쪽에 인용된 것 발췌.

23 Austin and Pearson, 1998에서 인용. 1997년 2월 25일 셰어 아워 스트렝스와 파이자에서 후원한 토론회 요약 보고서에서 인용.

24 *Powering Social Change: Lessons on Community Wealth Generation for Nonprofit Sustainability*, by Community wealth Ventures, 2003.

25 Flint, J., "Strange Bed Partners." Forbes.com, Nov. 24, 2003에서 인용.

제4장 열성 지지자를 양성하라

1 여기에 제시된 사실과 인용문은 모두 해비타트 직원들과의 인터뷰 또는 내부 자료, 외부에 공개된 정보에서 나왔다.

2 2002년 해비타트는 자기 단체의 상표 가치를 평가하기 위해 인터브랜드에 용역을 의뢰했다. 그 결과 스타벅스와 맞먹는 3조 1000억 달러라는 평가액이 나왔다.

3 이 수치는 우리가 분석한 20년 동안 연간 총 수입 성장률을 근거로 한다.

4 Hanlon, P. *Primal Branding: Create Zealots for Your Brand, Your Company, and Your Future.* New York. Simon & Schuster, 2006.

5 Podolny, J. "Social Networks as Ends Rather Than Means." Paper presented at the

Skoll World Forum, Said Business School, Oxford, Mar. 2005. 나중에 *Stanford Social Innovation Review* 겨울호(2007)에 "Networks for Good Works,"로 발표됨.

6 여기에 제시된 사실과 인용문은 모두 시티 이어 직원들과의 인터뷰 또는 내부 자료, 외부에 공개된 정보에서 나왔다.

7 여기에 제시된 사실과 인용문은 모두 티치 포 아메리카 직원들과의 인터뷰 또는 내부 자료, 외부에 공개된 정보에서 나왔다.

8 Khazei, A. "Nineteen Tips for Being a Social Entrepreneur." (내부 자료)

9 환경방위의 행정부회장 데이비드 야널드에게 이메일로 사실 확인을 받음.

10 "Building Sustainable Networks." 리더십 러닝 커뮤니티가 주관하는 지속 가능한 네트워크 구축 팀이 작성한 내부 연구 보고서.

11 "Effective Alumni Engagement: Key Themes and Promising Practices." 오미디아르 네트워크가 발표한 내부 보고서. 2003년 매킨지 앤드 컴퍼니가 분석함.

12 Podolny, 2005.

13 "Habitat for Humanity International." Harvard Business School Case 9-694-038. Cambridge, Mass.: Harvard Business School Press, 1994, 7쪽에서 인용.

14 "Ripples." 시티 이어 웹사이트의 *Founding Stories*에서 인용.

제5장 다른 비영리단체들과 연대하라

1 여기에 제시된 사실과 인용문은 모두 익스플로라토리움 직원들과의 인터뷰 또는 내부 자료, 외부에 공개된 정보에서 나왔다. Allen, S. *Finding Significance*. San Francisco: Exploratorium, 2004.

2 Semper, R. "Fanning the Flames: The Exploratorium at the Birth of a Science Center Movement." In C. C. Yao (ed.), *Handbook for Small Science Centers*. Lanham, Md.: AltaMira Press, 2006.

3 Semper, 2006.

4 "YouthBuild USA Case Study." Center for the Advancement of Social Entrepreneurship, Fuqua School of Business, Duke University, Dec. 2003. 여기에 나온 또 다른 사실과 인용문은 모두 유스빌드 유에스에이 직원들과의 인터뷰 또는 내부 자료, 외부에 공개된 정보에서 나왔다.

5 "YouthBuild USA Case Study," 2003.

6 여기에 제시된 사실과 인용문은 모두 예산과정책우선순위센터 직원들과의 인터뷰 또는 내부 자료, 외부에 공개된 정보에서 나왔다.

7 McWilliams, R. "The Best and the Worst of Public Interest Groups." *Washington Monthly*, 1988, 20(2), 19-27쪽.

8 여기에 제시된 사실과 인용문은 모두 티치 포 아메리카 직원들과의 인터뷰 또는 내부 자료, 외부에 공개된 정보에서 나왔다.

9 2005년 4월, 티치 포 아메리카가 아마존닷컴에 지원금을 요청하며 보낸 제안서

10 시티 이어 정책연구위원회가 수행한 졸업생 포용 정책에 대한 평가 연구.

11 Husock, H., written for Moore, M. "The AmeriCorps Budget Crisis of 2003: (속편) Why the National Service Movement Faced Cutbacks and How It Responded," C15-04-1740.1. Kennedy School of Government Case Program, Harvard University, 2004.

12 Waldman, S. *The Bill: How the Adventures of Clinton's National Service Bill Reveal What Is Corrupt, Comic, Cynical-and Noble-About Washington.* New York: Viking, 1995.

13 셜리 사와가 인터뷰, March 17, 2006.

14 Husock, 2004.

15 여기에 제시된 사실과 인용문은 모두 헤리티지재단 직원들과의 인터뷰 또는 내부 자료, 외부에 공개된 정보에서 나왔다.

16 Edwards, L. *The Power of Ideas.* Ottawa, Ill.: Jameson Books, 1997.

17 Brafman, O., and Beckstorm, R. *The Starfish and the Spider: The Unstoppable Power of Leaderless Organizations,* New York: Portfolio, 2006.

제6장 완벽하게 적응하라

1 여기에 제시된 사실과 인용문은 모두 셰어 아워 스트렝스 직원들과의 인터뷰 또는 내부 자료, 외부에 공개된 정보에서 나왔다.

2 Letts, C. W., Grossman, A., and Ryan, W. P. *High Performance Nonprofit Organizations.* Hoboken, N.J.: Wiley, 1999. 저자들은 리더십과 관련한 적응력에 대한 논의를 Ronald A. Heifetz, *Leadership without Easy Answers* (Cambridge, MA: Belknap Press of Harvard University, 1994)에서 인용한다.

3 Govindarajan, V., and Trimble, C. *Ten Rules for Strategic Innovators: From Idea to*

Execution. Cambridge, Mass.: Harvard Business School Press, 2005.

4 이 장에서 설명한 '적응력 순환' 개발에 대한 우리 생각은 계획-실행-평가-수정(PDCA)의 4단계 과정을 반복하면서 품질을 관리하는 '데밍 사이클' 개념에서 일부 빌려왔다. PDCA는 오늘날 품질 관리의 아버지라고 부르는 에드워드 데밍 박사에 의해 널리 알려졌다. 콜브 학습 사이클도 이와 비슷한 모델인데, 데이비드 콜브가 경험적 성인 학습의 4단계, 경험, 관찰과 반영, 추상적 개념화, 새로운 상황에서 시험을 설명하기 위해 개발한 것이다. 이 모델은 본디 개인에 대한 연구에서 비롯됐는데 조직 연구에도 마찬가지로 적용됐다.

5 여기에 제시된 사실과 인용문은 모두 피딩 아메리카 직원들과의 인터뷰 또는 내부 자료, 외부에 공개된 정보에서 나왔다.

6 여기에 제시된 사실과 인용문은 모두 셀프헬프 직원들과의 인터뷰 또는 내부 자료, 외부에 공개된 정보에서 나왔다.

7 여기에 제시된 사실과 인용문은 모두 익스플로라토리움 직원들과의 인터뷰 또는 내부 자료, 외부에 공개된 정보에서 나왔다.

8 여기에 제시된 사실과 인용문은 모두 티치 포 아메리카 직원들과의 인터뷰 또는 내부 자료, 외부에 공개된 정보에서 나왔다.

9 2005년 4월, 티치 포 아메리카가 아마존닷컴에 지원금을 요청하며 보낸 제안서

10 여기에 제시된 사실과 인용문은 모두 헤리티지재단 직원들과의 인터뷰 또는 내부 자료, 외부에 공개된 정보에서 나왔다.

11 Sellers, P. "Schooling Corporate Giants on Recruiting." *Fortune*, Nov. 27, 2006, 87쪽.

12 Kopp, W. One Day, *All Children ...: The Unlikely Triumph of Teach For America, and What I learned Along the Way.* New York: Perseus Books, 2001.

제7장 리더십을 공유하라

1 여기에 제시된 사실과 인용문은 모두 헤리티지재단 직원들과의 인터뷰 또는 내부 자료, 외부에 공개된 정보에서 나왔다.

2 Edwards, L. *The Power of Ideas.* Ottawa, Ill.: Jameson Books, 1997, 90쪽.

3 Light, P. C. "Reshaping Social Entrepreneurship." *Stanford Social Innovation Review*, 2006, 4(3), 46-51쪽.

4 Hubbard, B. *Investing in Leadership: Vol. 1. A Grantmaker's Framework for*

Understanding Nonprofit Leadership Development. Grantmakers for Effective Organizations, Washington, D.C., 2005, 11쪽.

5 Markus, G. *Building Leadership: Findings from a Longitudinal Evaluation of the Kellogg National Fellowship Program.* Battle Creek, Mich.: W. K. Kellogg Foundation, 2001. Hubbard, 2005, 11쪽에서 인용.

6 Collins, J. *Good to Great: Why Some Companies Make the Leap … and Other's Don't.* New York: HarperBusiness, 2001, 21쪽.

7 Collins, 2001, 27쪽.

8 Kopp, W. *One Day, All Children …: The Unlikely Triumph of Teach For America, and What I learned Along the Way.* New York: Perseus Books, 2001.

9 Bennis, W., and Nanus, B. *Leaders: Strategies for Taking Charge.* New York: HarperBusiness, 1997.

10 여기에 제시된 사실과 인용문은 모두 전미라라자위원회 직원들과의 인터뷰 또는 내부 자료, 외부에 공개된 정보에서 나왔다.

11 전미라라자위원회 근속년수 자료는 여러 인터뷰와 2005년 조사에서 나왔다.

12 여기에 제시된 사실과 인용문은 모두 익스플로라토리움 직원들과의 인터뷰 또는 내부 자료, 외부에 공개된 정보에서 나왔다.

13 Bell, J., Moyers, R., and Wolfred, T. *Daring to Lead 2006: A National Study of Nonprofit Executive Leadership.* A Joint project of CompassPoint Nonprofit Services and the Meyer Foundation. San Francisco: CompassPoint, 2006, 3쪽, 6쪽.

14 Bell, Moyers, and Wolfred, 2006, 17쪽.

15 밀러드 풀러, 다른 해비타트 직원들과의 인터뷰.

16 Collins, 2001.

17 Bell, Moyers, and Wolfred, 2006, 9쪽.

18 Tierney, T. J. *The Nonprofit Sector's Leadership Deficit.* San Francisco: Bridgespan Group, Feb. 2006, 17쪽.

19 Van Velsor, E., and McCauley, C. "Our View of Leadership Development." *In The Center for Creative Leadership Handbook of Leadership Development* (2nd ed.). San Francisco: Jossey-Bass, 2004. Hubbard, 2005, 11쪽에서 인용.

제8장 영향력 유지하기

1 이 이야기와 대부분의 설명은 Kopp, W. *One Day, All Children …: The Unlikely Triumph of Teach For America, and What I learned Along the Way.* New York: Perseus Books, 2001.을 참고했다.

2 Foster, W. "How Nonprofits Get Really Big." *Stanford Social Innovation Review*, 2007, 5(2), 46-55쪽. (이것은 정확하게는 앞서 발표한 내부 보고서 초안에서 인용했다. 공식적으로 발표된 것에는 빠져 있다.)

3 Emerson, J. "The U.S. Nonprofit Capital Market: An Introductory Overview of Developmental Stages, Investors and Funding Instruments." 2000; Miller, C. "Hidden in Plain Sight: Understanding Nonprofit Capital Structure." Nonprofit Quarterly, Spring 2003, 1-8쪽 참조.

4 Letts, C. W., Ryan, W. P., and Grossman, A. "Virtuous Capital: What Foundations Can Learn from Venture Capitalists." *Harvard Business Review on Nonprofits*, 1999, Harvard Business Review Press, 91쪽.

5 Collins, J. *Good to Great: Why Some Companies Make the Leap … and Other's Don't.* New York: HarperBusiness, 2001.

6 Bell, J., Moyers, R., and Wolfred, T. *Daring to Lead 2006: A National Study of Nonprofit Executive Leadership.* A Joint project of CompassPoint Nonprofit Services and the Meyer Foundation. San Francisco: CompassPoint, 2006. (CompassPoint Nonprofit Services와 the Meyer Foundation의 공동 연구)

7 우리가 비영리단체들의 현재 자금원에 대해 분석한 결과를 바탕으로 했다. 결정적으로 자금을 조달할 수 있는 한 곳을 집중적으로 개발하는 것에 대한 부분은 주석 2. William Foster의 논문에 나온다.

8 *The City Year Challenge: Strengthening Our Capacities to Serve.* (내부 자료)

9 가이드스타 평점은 가이드스타 보고서에서 인용했다. 별의 개수는 그 조직의 '효율성'을 표시하는 것으로 최고 4개에서 최저 0개다. 이러한 평가는 그 단체의 일반관리비 대비 프로그램 사업비 비율로 결정한다. 더 자세한 내용은 www.guidestar.org를 참조하라. 채러티 네비게이터도 이와 비슷한 평가 체계를 사용한다. 이들이 분석하는 데이터는 미국 국세청이 비영리단체들의 면세를 위해 요구하는 990 문서에 기록된 자료를 근거로 한다.

10 Lowell, S., Trelstad, B., and Meehan, B. "The Ratings Game." *Stanford Social*

Innovation Review, 2005, 3(2), 39-45쪽.

제9장 실천하기

1 여기에 제시된 사실과 인용문은 모두 셀프헬프 직원들과의 인터뷰 또는 내부 자료, 외부에 공개된 정보에서 나왔다.

2 Drayton, W. "What Is a Social Entrepreneur?" 2007. 아쇼카 웹사이트 참조.

부록 | 이 책의 연구 방법론

1 Eisenhardt, K. "Building Theories from Case Study Research." *Academy of Management Review*, 1989, 14(4), 532쪽.

2 Lowell, S., Trelstad, B., and Meehan, B. "The Ratings Game." *Stanford Social Innovation Review*, 2005, 3(2), 39-45쪽.

3 Collins, J. C., and Porras, J. I. *Built to Last: Successful Habits of Visionary Companies*. New York: HarperBusiness, 1997.
   Collins, J. *Good to Great: Why Some Companies Make the Leap ... and Other's Don't*. New York: HarperBusiness, 2001.

4 미연방법 501(C)(3)에 속한 비영리단체 가운데 가이드스타 데이터베이스에 수록된 총 수입이 100만 달러 이상인 단체 5만 3,583개를 모집단으로 하고 유의수준 95퍼센트, 신뢰구간 ±5퍼센트라고 가정할 때 통계적으로 유의미한 응답자수는 383통이었다. Salant, P., and Dillman, D. A. *How to Conduct Your Own Survey*. Hoboken, N.J.: Wiley, 1994 참조.

5 델파이 방법론에 대해 더 자세히 알고 싶으면 www.iit.edu/~it/delphi.html 참조.

6 Collins and Porras, 1997; Collins, 2001.

7 Collins and Porras, 1997, 5쪽.

8 연구에 참여한 사람 명단은 '감사의 말'을 참조.

감사의 글

무엇을 하든 노력이 따르는 것처럼 이 책은 수많은 개인과 기관의 도움이 어우러져 완성됐다.

《선을 위한 힘—성공한 비영리단체의 6가지 습관》은 그레그 디스라는 정신적 지도자의 도움이 없었다면 세상에 나오지 못했을 것이다. 이 책 덕분에 우리는 10년 넘도록 그레그 디스라는 사람을 알게 되는 특권을 누렸다. 그는 우리의 조언자이자 후원자며 교수고 동료고 또한 영원한 친구다. 그레그는 현재 듀크 대학 푸쿠아 경영대학원 교수며, 사회적기업진흥센터 CASE의 설립이사다. 전임 CASE 관리이사 베스 앤더슨은 연구 지도부터 연구 관리, 연구 윤리에 이르기까지 다방면으로 연구를 도와주었다. 그레그와 베스는 중요한 시기마다 우리의 생각을 전폭 지지했고, 중요한 물적 지원도 아끼지 않았다. CASE 또한 헤더가 이 책을 완성할 수 있도록 2년 동안 연구 장학금을 지원했다.

이 책은 또한 앨런 에이브럼슨의 학술적 도움과 아스펜 연구소의 비영리부문및자선프로그램의 지원이 없었다면 존재하지 못했을 것이다. 사람들이 이 책이 과연 필요한지 왈가왈부할 때 앨런은 주저 없이 시간과 돈을 제공했으며, 아스펜 연구소가 우리의 재무대리인 구실을 하게 도와주었다. 그레이퍼 리처드 재단의 이사 제니 실링 스타인도 우리 연구를 처음부터 지지했다. 그 재단도 연구 기금을 제공했으며 또 다른 재무대리인 역할을 자임했다.

짐 콜린스에게 우리는 깊은 존경과 고마움을 드린다. 위대한 기업들에 관한 그의 책들은 우리에게 이처럼 위대한 비영리단체들에 관한 책을 쓰도록 영감을 주었다. 그리고 그는 처음부터 우리 계획에 진심으로 격려를 아끼지 않았다. 또한 우리가 사회적 부문의 위대한 비영리단체들을 고르고 연구하기 위해 구체적으로 어떤 방법을 쓸지 골머리를 앓고 있을 때 귀중한 지침을 제공했다.

또 여러 기관이 우리에게 도움을 주었다. 모리노 연구소의 마리오 모리노는 오랫동안 친구며 조언자였다. 그와 셰릴 콜린스는 우리에게 가장 먼저 연구 지원금을 제공했고, 레슬리에게 연구실을 내주었다. 스탠퍼드 대학 사회혁신센터 CSI는 필요한 연구 기금과 자재를 제공했다. 크리스 데이글마이어 이사는 헤더에게 연구실을 제공했다. CSI는 대학원생 조교 두 명을 연구 보조원으로 승인하기도 했다. 〈스탠퍼드 사회 혁신 리뷰〉는 책 편집에 도움을 주었다.

우리에게 기금을 제공하고 생각을 함께해준 다른 많은 후원자에게도 감사의 마음을 전한다. 유엔 재단과 캐시 부시킨, 진 앤드 스티브 케이스 재단과 벤 빈스윙거, 록펠러 브러더스 펀드와 스티븐 하인츠, 서드나 재단의 에드 스크루트와 빈스 스텔레, 스콜 재단과 댄 크리사풀리, 랜스 헨더슨과 샐리 오스버그, 패니메이 재단의 킬 허와 엘렌 라자, 유잉 메리언 카우프만 재단과 먼로 리처드슨, 피치 재단과 그레그 피터스마이어, 골디시 재단과 필 커터, 스티브와 로버타 데닝이 그들이다. 특히 크리스티 친은 다방면에서 이 분야를 개척하면서 우리에게 영감을 주었다.

그 외에도 여러 사람이 우리의 초기 연구 요약을 읽고 방향을 잡아주는 것에서 원고 초안 검토까지, 다방면에서 공식·비공식으로 의미 있는 자문을 해주었다. 아큐멘 펀드의 최고재무책임자이자 오랜 친구며 동료인 브라이언 트렐스터드, 매킨지 앤드 컴퍼니의 빌 미헌이 그들이다. 하버드 대학의 크리스틴 레츠는 매우 건설적인 자문을 해주었고, 그녀의 저작들은 우리 생각에 영향을 크게 주었다.

연구를 보조해준 여러 대학의 대학원생들에게도 많은 빚을 졌다. 듀크 대학 푸쿠아 경영대학원의 제시카 토머스와 에이드리언 시히, 스탠퍼드 대학의 브루크 리컬드와 랜드 퀸, 하버드 경영대학원의 크리스티 기브와 새라 루커스, 예일 경영대학원의 제니퍼 카이네는 모두 유능한 보조연구원들이다. 우리는 또한 연구원 엘리자베스 아얄라, 애너벨 캔디아, 맥심 코, 제시카 드로스테 야갠에게도 감사한다.

이 책에 소개된 열두 개 비영리단체의 지도자들에게도 감사의 마음을 전한다. 단체 대표들과 집행부 임원들은 우리를 자기 단체로 초대해 자신들의 '성공 비결'을 연구하게 해주었다. 우리 요구들을 하나같이 정성껏 들어주었고, 많은 사람들이 시간을 내주었으며, 내부 자료를 심지어 아주 민감한 내용까지 내주었다. 특히 시티 이어의 홍보담당 이사 앨리슨 플랭클린, 전미라라자위원회의 부회장 찰스 카마사키, 셀프헬프의 매리 마운트캐슬, 환경방위의 행정 부회장 데이비드 야널드에게 감사드린다. 이들은 우리 질문에 답하기 위해 많은 시간을 내주었고 연구를 진행하면서 함께 고민해주었다.

우리는 연구를 진행하면서 광범위한 영역의 단체와 개인에게 신세를 졌다. 〈크로니클 오브 필랜스로피〉와 수많은 비영리단체 기금 운영자들이 우리의 동료 평가 조사(부록 372쪽 〈이 책의 연구방법론〉을 참조)를 위해 대상 목록을 제공했다. 개별 현장 전문가들은 우리가 열두 개 비영리단체를 선정하는 데 많은 시간과 통찰력을 나눠주었다. 그들을 여기에 일일이 거명하기에는 너무 많다.

우리의 노력은 철저한 조사로 시작해서 한 권의 책으로 끝났다. 우리가 여기에 이르기까지 꾸준히 도와준 저작권 대행자 레이프 새걸린에게도 신세를 졌다. 또 조시-배스 출판사의 편집자 앨리슨 브루너와 헌신적인 편집팀에게도 고마움을 전한다. 우리가 집필 과정에 들어갔을 때 프리랜서 편집자 미키 부츠가 큰 도움을 주었다. 미키는 우리가 책의 윤곽을 정하고 사고를 정리하고 문장을 바로잡도록 도왔다.

이 책은 우리의 원고 초고를 기꺼이 읽고 다듬어준 많은 친구와 동료 덕분에 이만큼 좋아졌다. 앞서 언급한 사람들 말고도 캐서린 풀턴, 바버라 키베, 셜리 사가와, 토니 데이펠, 베시 페이더, 앨라나 코너, 마거릿 휴턴 그리핀은 결정적인 부분들을 지적해주었다. 또 빌 드레이턴, 스시미타 고시, 애너매리아 신들러, 다이애나 웰스, 아쇼카의 수전 데이비스, 줄리엔 필립스, 딕 카바노, 돈 클리퍼드, 앨런 그로스먼, 셰릴 돌시, 제드 에머슨, 데이비드 본스타인도 우리에게 영향을 많이 주었다.

또 긴 여행 동안 우리와 늘 함께 있어준 친구들에게도 감사의 말을 전하고 싶다. 수전 글래서와 피터 베이커가 보여준 학문적 우정에 감사하며, 헤더와 그 가족을 워싱턴 D. C.의 집에 여러 차례 묵게 해준 데 특히 고마움을 전한다. 레슬리와 그 딸을 베이 에어리어의 집에 묵게 해준 백스터 가족에게도 감사한다. 우리를 뉴욕의 집에 머물게 해준 잔 브라운, 앤디 코언, 레오노라 질카에게도 감사한다. 또한 저녁식사를 하며 우리 이야기를 들어주고, 마감 때문에 힘들어할 때 같이 공감하고, 좋은 제목을 짓도록 아이디어를 제공해준 비영리 부문의 많은 친구들과 동료들에게도 고마운 마음을 보낸다.

끝으로 우리는 가족에게 가장 깊은 감사의 마음을 전한다. 특히 헤더의 남편 엘리엇 그랜트(엘리엇은 파워포인트로 그래프를 작성하는 데 도움을 주었다)와 레슬리의 남편 앤터니 매신티어에게 고맙다. 그들은 우리 원고를 읽고 또 읽으며 비평도 하고 충고도 하면서 끊임없이 격려해주었다. 그들은 둘 다 지적이며 다정다감한 반려자다. 우리 인생에서 그늘을 만난 것을 축복으로 생각한다.

또 특히 우리 부모님들, 팸과 짐 크러치필드와 루시와 앨 맥로이드는 평생을 우리에게 사랑과 영감과 격려를 아끼지 않았다. 또 우리가 지난 몇 년 동안 처음으로 작가가 되고 엄마가 될 수 있도록 안전하게 키워주신 데 대해서도 감사드린다.

우리 어린 딸들, 칼리 크러치필드 매신티어와 서머싯 엘리노 그랜트에게 이 책을 바친다. 우리는 이제 너희가 세상에 나가 자기 나름대로 선을 위한 힘이 되기를 바란다.

풀뿌리운동에서 사회적 기업까지

비영리단체는 영리를 목적으로 하지 않고 사회 복리와 공익을 위해 조직된 단체다. 수익이 발생하더라도 그 이익을 주주나 소유주들에게 나누어주지 않고 공익을 위해 재투자한다. 대개 비영리단체 하면 떠오르는 것이 병원이나 학교, 종교, 자선단체들이지만 사실은 그것 말고도 정치와 경제, 사회 영역 전반에 걸쳐 활동하는 수많은 풀뿌리시민단체나 비정부단체들도 비영리단체에 속한다. 특히 최근 들어 사회적 기업이 나라 안팎으로 단연 화두로 떠오르고 있는데, 비영리단체의 정의에 비춰서 약간 벗어난다고 하더라도 큰 의미에서 공익을 실천하고 있는 조직이라는 점에서 사회적 기업도 비영리단체 범주에 넣을 수 있다. 사회적 기업은 자본주의 경제를 바탕으로 영리를 추구한다는 점에서 영리 기업이라고 할 수 있지만, 사회 정의와 공익을 동시에 추구한다는 점에서 기존 기업들과는 다르다. 실제로 이 책에서는 사회적 기업을 비영리단체의 일부, 더 나아가 진화된 비영리단체의 한 형태로 본다.

'성공한 비영리단체' '성공한 사회적 기업'. 언뜻 '성공'이라는 단어는 '비영리'나 '사회적'이라는 말과 어울리지 않는 것처럼 보인다. 하지만 그 둘이 합쳐진 말이 바로 이 책이 보여주고자 하는 핵심어다. 여기서 성공을 가늠하는 잣대는 단순히 자본이나 조직의 크기를 두고 하는 것이 아니라 그들의 행위가 사회에 '얼마나 큰 영향력이 끼쳤느냐'다.

이 책에 나오는 성공한 비영리단체들은 모두 미국 국내 단체들이다. 따라서 이들이 활동하는 사회적 기반과 환경은 우리나라와 여러 모로 다르다. 특히 요즘처럼 정부와 시민단체들이 서로 극하게 대립하고 있는 우리 환경에서는 이 책에서 나오는 일부 내용이 우리의 현실과 맞지 않다고 느껴질 수도 있다. 하지만 그런 현실을 인정한다고 하더라도 우리의 비영리단체들이 이 책에 나오는 성공한 비영리단체들의 활동을 보고 냉정하게 자신의 현재 모습을 되돌아볼 필요가 있지 않나 생각한다.

이를테면, 여기에 사례로 나온 성공한 비영리단체들은 정부나 기업을 적대세력으로 보지 않고 자신들의 대의를 실현하기 위한 수단이나 동반자로 본다. 역사적으로 볼 때 우리나라 풀뿌리시민운동이 정치나 이념 대립 속에서 대정부 투쟁의 한 부분으로 시작한 경우가 많고 실제로 시민운동의 활동가 가운데는 그런 경험과 의식을 공유하고 있는 사람들이 많다. 이런 상황에서 우리 시민단체들에게 정부와 기업을 동반자로 생각하라는 얘기는 어용관변단체가 되라는 말로 들리기 십상이다.

하지만 이 책에 나온 성공한 비영리단체들의 활동과 경험을 찬찬히 살펴보면 우리나라 비영리단체들도 그렇게 못할 까닭이 없다는 생각이 든다. 그 단체가 내세우는 대의가 진보든 보수든 공익을 추구하는 비영리단체의 목적 달성을 위해서는 좀더 체계적이고 현실적이며 적극적인 자세를 취해야 한다. 우리 사회가 건강하게 발전해 나가고 환경, 교육, 노동, 의료보건, 빈곤, 인권과 같은 사회 각 분야에서 광범위하게 전개되는 풀뿌리사회운동이 시민사회에 굳건하게 뿌리내리면서 세상을 바꾸기 위해서는 이런 비영리단체들이 성공해야 한다.

특히 이 책의 비영리단체의 자금 조달과 운영 사례는 우리의 비영리단체들에게 매우 중요한 점을 시사한다. 비영리단체의 운영자금이 어디서 어떻게 조달되는가는 비영리단체의 독립성과 무관할 수 없다. 정부나 기업의 지원에 전적으로 의존하는 구조일 경우, 정권과 시장의 부침에 따라 조직과 사업의 성패도 엇갈릴 수밖에 없다. 우리의 현실도 이런 상황과 크게 다르지 않다. 따라서 기금 모금이나 후원자 모집뿐 아니라 자금 마련을 위한 다양하고 창의적인 방안들을 지속적으로 개발하지 않으면 안 된다.

이것과 관련해서 최근 들어 눈여겨봐야 할 분야가 있다. 앞에서도 잠깐 언급한 사회적 기업이 그것이다. 그들의 목적은 단순히 돈을 버는 것이 아니다. 그들은 기업 활동을 통해 사회 전반에 영향력을 끼치고자 한다. 기업의 효율성과 사회의 공공성을 접목시킨 새로운 비영리단체의 진화된 모습이다. 정부나 기업의 지원, 회비, 기금 모금 차원에서 벗어나 스스로 수익을 창출하는 주체로 나섰다는 점에서 자본주의 사회에서 좀더 현실적이고 적극적으로 공익을 실현하려는 자세라고 볼 수 있다.

아직 우리나라의 사회적 기업은 초기 단계다. 무엇이든 초기에 방향을 잘 잡아야 성공의 길로 나아갈 수 있는데 최근 정부에서 주창하는 사회적 기업 확대가 자칫 정치적 목적의 구호성 사업으로 그치지 않을까 불안한 마음이 크다. 방글라데시의 그라민 은행처럼 민간 주도의 사회적 기업이 성공시킨 소액신용 대출 사업이 우리나라에서는 정부가 주도권을 잡은 뒤부터 영 엉뚱한 방향으로 흐르고 있는 것을 봤을 때 더욱 그런 근심이 든다. 하지만 희망제작소 같은 싱크탱크에서 진행하고 있는 '세상을 바꾸는 1000개의 직업'과 같은 행사는 어둠 속의 한 줄기 햇살처럼 사회적 기업이 성장할 희망의 씨앗을 뿌리는 작업이다.

이 책이 보여주는 성공한 비영리단체들은 공공의 이익이라는 공통된 목표를 앞에 두고 어떻게 하면 사회적 영향력을 최대로 강화할 수 있는가에 초점을 맞추고 있다. 조직의 구성과 운영, 자금 조달, 회원 관리, 정부와 기업과의 관계, 지도자의 자질과 리더십의 운영, 다른 단체들과의 관계에 이르기까지, 비영리단체 활동과 전망 전반에 걸쳐 보여주는 구체적 사례와 분석은 우리에게 많은 시사점을 던져준다. 명망가 중심의 조직 운영에서 벗어나 사업과 활동 중심의 단체로 우뚝 서기 위해서는 이 책에서 말하는 내용들을 하나하나 면밀히 검토해서 우리 실정에 맞게 적용해 나가는 노력이 필요하다.

비영리단체나 사회적 기업과 관련된 분야에서 일하는 사람들, 앞으로 그런 곳에서 일하기를 꿈꾸는 사람들, 그리고 건강한 사회 만들기에 관심 있는 일반 시민들, 특히 세상을 바꾸기 위해 열정을 불사르는 이 땅의 비영리단체 활동가들에게 이 책이 조그마한 힘이라도 된다면 번역자로서 더 할 나위 없는 보람일 것이다.

지은이와 옮긴이

레슬리 크러치필드 Leslie R. Crutchfield는 아쇼카 재단의 경영책임자며 아스펜 연구소 비영리 부문및자선프로그램의 연구 장학생이다. 2001년 아쇼카 재단에 합류하기에 앞서 1993년 에서 2000년까지 사회적 기업 전문지 〈누가 돌보나 - 사회를 변화시키는 도구 상자〉를 공 동으로 창간했다. 그동안 전국에서 5만 명이 본 잡지다. 자선사업 전문가로서 수많은 훌륭 한 재단과 비영리단체를 도왔다. 또한 15년 넘게 비영리단체와 비정부기관의 지도자로 일 한 경험을 바탕으로 사회적 기업, 비영리단체 경영, 국제 구호 개발에 관한 문제들을 주제 로 글도 쓰고 강연도 해오고 있다. 감비아의 크로스로드 아프리카에서 자원봉사를 했고 지 금은 시드 재단의 이사다. 하버드 대학에서 경영학 석사와 문학사를 받았다. 현재 워싱턴 에서 남편과 두 아이와 함께 산다.

헤더 머클로우드 그랜트 Heather McRoed Grant는 스탠퍼드 사회혁신센터에서 자문 일을 하고 있으며 듀크 대학 사회적기업진흥센터의 연구위원이다. 헤더는 매킨지 앤드 컴퍼니에서 상담역으로 일했으며 〈누가 돌보나〉를 공동 창간한 것을 비롯해 15년 넘게 사회적 기업 분야에서 지도자로 일했다. 최근에는 유수한 비영리단체와 자선단체들에게 조직 전략과 개발을 주제로 자문을 해주었다. 〈스탠퍼드 사회 혁신 리뷰〉의 이사회를 포함해서 다양한 비영리단체의 이사회에 참여하고 있으며, 비영리단체와 관련해 글을 쓰고 공개 강연도 한 다. 스탠퍼드 경영대학원에서 경영학 석사를 받았고 하버드 대학에서 문학사를 받았다. 현 재 샌프란시스코 베이 에어리어에서 남편과 딸과 함께 산다.

〈선을 위한 힘〉은 듀크 대학의 사회적 기업 진흥 센터에서 지원한 프로젝트 중 하나였다.
관련 사이트는 www.forcesforgood.net

옮긴이 **김병순**은 연세대학교 경영학과를 졸업했으며, 지금은 전문번역가로 활동하고 있 다. 옮긴 책으로는 《여우처럼 걸어라》 《경제인류학으로 본 세계 무역의 역사》 《인간의 얼 굴을 한 시장경제, 공정무역》 《사회 · 법체계로 본 근대 과학사 강의》 《생명은 끝이 없는 길을 간다》 《월드체인징》 《탐욕의 종말》 《그라민은행 이야기》 《산티아고, 거룩한 바보들 의 길》 등이 있다. 전자우편 bestom61@naver.com